제3판

조세형사법

김종근 저

SAMIL | 삼일인포마인

제3판 서문

『조세형사법 해설』이 독자 여러분의 관심과 성원 속에 세 번째 개정판을 출간하게 되었습니다. 이 책이 출간된 이후, 저자의 독창적인 통찰과 견해, 체계적인 구성과 내용이 학계뿐만 아니라 법조인, 세무사, 회계사 등 실무가들에게도 널리 참고되고 있다는 평가를 들으며 큰 보람을 느꼈습니다.

이번 개정판에서는 2022년부터 2024년까지 선고된 주요 조세형사 관련 판례를 분석하고, 이를 실무적 관점에서 정리·해설하였습니다. 또한, 같은 기간 개정된 조세 관련 법령을 모두 반영하여 최신 법제 변화가 실무에 미치는 영향을 정리하였습니다.

그간 필자의 신상에도 변화가 있었습니다. 2022년 8월부터 법무법인 율우에서 새로운 여정을 시작하였으며, 이곳에서 법원과 검찰에서 맹활약했던 저명한 변호사님들과 함께 민사, 형사, 행정, M&A 분쟁, 경영권 및 주식분쟁, 건설 및 개발, 의료이슈 등 다양한 분야에서 전문적인 법률서비스를 제공하고 있습니다. 특히, 조세 및 관세 분야에서는 형사사건뿐만 아니라 행정소송, 불복청구까지 아우를 수 있는 필자만의 강점을 더욱 살려 차별화된 법률서비스를 제공하고 있습니다.

이번 개정판이 법조인, 학자, 실무자뿐만 아니라 조세형사법을 연구하거나 조세 형사 문제로 고민하는 독자 여러분께 실질적인 도움이 되기를 바랍니다. 조세법과 형사법이 맞물리는 영역에서 발생하는 다양한 문제를 해결하기 위한 이론적·실무적 논의가 더욱 활성화될 수 있도록 독자 여러분의 소중한 의견을 공유해 주시면 감사하겠습니다. 업무 중 궁금한 사항이 있으시면 언제든 문의를 환영합니다(연락처는 홈페이지 참조, www.urlawyer.co.kr).

앞으로도 조세형사법 분야의 발전을 위해 지속적으로 연구하고 고민하며, 더욱 충실한 내용을 담은 개정판을 이어 나가겠습니다. 여러분과 가정에 평안과 행복이 가득하시길 기원합니다.

2025년 3월

저자 드림

제2판 서문

　'조세형사법 해설' 초판이 발행된지 약 1년 2개월이 지났습니다. 많은 분들의 관심과 사랑으로 이번에 개정판을 내게 되었습니다.

　그간 필자에게도 큰 변화가 있었습니다. 2003. 4. 1. 서울중앙지방검찰청 초임검사로 임용되어 인천지방검찰청 제2차장검사, 창원지방검찰청 차장검사에 이르기까지 약 18년 동안의 공직생활을 마치고 지난 2021. 7. 1. 명예퇴직을 하였습니다.

　그리고 2021. 7. 19.부터 법무법인(유한) 현진의 대표변호사로서 새롭고 흥미롭고 보람된 여정을 시작하였습니다. 형사와 조세, 관세뿐만 아니라 민사, 행정, M&A 분쟁, 경영권 및 주식분쟁, 건설 및 개발, 의료이슈 등 각종 분야를 다루면서 인간과 삶에 대해 더 많이 배우고 이해하며 시야를 넓히고 있습니다. 특히 조세 및 관세 분야에서는 형사사건뿐만 아니라 행정소송, 불복청구 모두를 전문적으로 수행할 수 있는 필자의 장점을 살려 위 세 분야를 통합한 특화된 법률서비스를 제공하고 있습니다.

　개정판에서 변화된 부분에 관하여 간단히 말씀드리겠습니다. 먼저 2021년 이후부터 2022년 2월까지 선고된 조세 분야의 판례를 반영하였습니다. 그리고 부가가치세법, 국제조세조정에 관한 법률, 국세징수법 등 초판 이후 개정된 세법을 반영하였습니다. 마지막으로 가상자산 관련 해외금융계좌등에 대한 신고의무가 추가된데다 초판에서 상세히 다루지 못했던 해외금융계좌 미신고 관련 범죄 부분을 대폭 보완하였습니다.

　이 책이 독자 여러분의 업무에 실질적으로 도움이 될 수 있기를 소망하며 그러한 역할을 할 수 있도록 계속 보완해 나가도록 노력하겠습니다. 마지막으로 이 책의 내용이나 조세형사분야에 관하여 좋은 의견이 있으신 분들은 언제든지 연락주시기 바랍니다(연락처는 홈페이지 참조, www.urlawyer.co.kr).

2022년 3월
저자 드림

초판 서문

　　먼저 이 책을 탄생하게 해 주신 하나님께 감사드린다. 그분이 주신 영감과 용기가 없었다면 불가능한 일이었다.

　　필자가 조세에 관심을 두게 된 계기는 2008. 1.경으로 거슬러 올라간다. 어찌 보면 그것이 이 책의 씨앗이 되었다고 할 수도 있겠다. 당시 필자는 지방의 모 검찰청 특수부에 근무하면서 어느 대단지 아파트 시행사 대표의 정관계 로비, 공금횡령 및 탈세 혐의에 대해 수사하고 있었다. 법원으로부터 압수수색영장을 발부받아 회사에서 수많은 회계장부를 압수해 왔지만 정작 필자는 회계장부를 제대로 읽을 수 있는 능력을 갖추고 있지 못했고, 수사관들 또한 사정은 마찬가지였다. 처음으로 회계원리와 세법 책을 사서 읽고 주변의 전문가들로부터 조언을 받아가며 가까스로 수사를 마칠 수는 있었으나, 회계와 조세에 관한 전문지식의 부재에 따른 수사역량의 한계를 절실히 느꼈다.

　　2010. 1. 서울동부지방검찰청으로 발령을 받으면서 조세와 회계를 체계적으로 학습하기 위해 2010. 3. 서울시립대학교 세무전문대학원 석사과정에 진학하여 2012. 1. 세무학석사학위를 취득하고, 2012. 3. 같은 대학원 박사과정에 진학하여 2016. 1. 세무학박사학위를 취득하였다. 대학원에서 우리나라의 세법학과 회계학을 선도하시는 훌륭한 교수님들과 강사진으로부터 직접 가르침을 받고, 조세 분야에 정통한 법조인, 회계사, 세무사, 국세청 공무원 등 많은 분들과 교류할 수 있었던 것은 정말로 큰 행운이었다.

　　그 와중에 2013. 4. 서울중앙지방검찰청의 조세전담 형사부(형사 제4부)에서 부부장으로 근무할 기회가 주어졌다. 그리고 또 다시 2018. 2.에는 서울중앙지방검찰청 조세전담 형사부(형사 제9부)의 부장검사로 근무할 기회가 주어졌다. 위 두 기간 동안 조세범 처벌법과 특정범죄 가중처벌 등에 관한 법률에 규정된 각종 조세범을 폭넓게 다룰 수 있었다. 그런데 당시까지만 해도 검찰 내에서 조세범을 체계적으로 수사해 본 검사도 드물고 수사관도 찾아보기 어려웠다. 이에 필자는 검사와 수사관들을 위해 알기 쉬운 조세범 수사매뉴얼을 만들어 배포하여 아쉬운 대로 현안사건을 수사하는데 참조하도록 하였다. 이를 토대로 법무연수원에서 평검사들을 상대로 조세범죄 수사실무 강의를 하기도 하였다.

　　또한 조세범죄를 연구하는 약 300명의 회원을 가진 조세전문검사커뮤니티에서 부장간사와 운영팀장으로 활동하면서 일선에서 조세범 수사를 전담하는 검사들과 조세범 수사실무 및 재판실무 상의 문제점과 개선방안에 관하여 많은 토론을 나누었다. 필자가 운영팀장으로 일하는 조세전문검사커뮤니티는 2016년부터 매년 6월경 한국세법학회와 '조세형사법의 동향과 전망'이라는 제하에 공동학술대회를 진행하며 조세형사법과 관련한 주제를 심도 있게 연구하고 토론해 오고 있다. 이러한 실무경험과 학술활동을 통해 필자가 갖게 된 문제의식이 있다. 조세형사분야는 세법학계에서 별로 주목받지 못하는 분야이고, 그런 이유로 이 분야에 관한 연구가 많이 부족하다는 것이다. 연구의 부족은 실무에서의 새로운 시도의 부재로 연결된다. 그래서인지 수십 년간 이 분야에 대한 실무사례나 판례, 연구실적은 답보상태에 있다는 느낌을 지울 수 없다.

위와 같은 문제의식은 필자가 이 책을 집필할 결심을 하게 만들었다. 2016년 초에 처음 펜을 들었으나 격무로 인하여 지지부진하다가 천신만고 끝에 부족하나마 모양새를 갖추어 빛을 보게 되었다. 필자는 이 책에서 먼저 실무상 이미 문제가 되고 있거나 문제가 될 가능성이 높으나 아직 이에 관한 적극적인 논의나 해결방안이 도출되지 않은 주제를 쟁점화하고 이에 관하여 나름대로의 논증을 통해 바람직한 해결방안을 제시하려고 노력하였다. 그리고 종전에 당연하고 익숙하게 받아들여졌던 문제들에 관해서도 새로운 관점에서 검토하여 종전의 내용을 보완하거나 해석론적 관점이나 입법론적 관점에서 개선방안을 제시하려고 노력하였다. 또한 실무상 사례가 드물어 종전에는 연구가 거의 되어 있지 않았던 조세범에 관하여도 이 책을 참고하여 실질적인 업무처리가 가능하도록 상세하게 기술하려고 노력하였다.

이 책의 구성과 특징에 관하여 보다 구체적으로 소개하고자 한다.

1. 이 책은 크게 제1부 조세형사법 총론과 제2부 조세형사법 각론으로 구성되어 있다. 조세형사법 총론에서는 먼저 조세범에 관한 기본이론을 기술하고, 다음으로 형법총칙에 해당하는 일반 형법이론, 즉 형법의 적용범위, 범죄성립요건론, 공범론, 신분범론, 죄수론 등이 조세범에서는 어떤 식으로 적용되어 나타나는지 이론과 판례를 상세히 기술하였으며, 마지막으로 조세범에 적용되는 특례에 관하여 상세히 기술하였다. 조세형사법 각론에서는 조세범 처벌법과 특정범죄 가중처벌 등에 관한 법률에 규정된 각 조세범을 순차적으로 다루었는데, 먼저 대표적인 조세범인 조세포탈죄와 세금계산서 관련 범죄를 기술하고 이후부터는 조세범 처벌법 조문 순서에 따라 각 죄를 기술하였다.

2. 2020. 11.까지 선고된 주요 대법원 판례를 전부 반영하고, 2020년까지 발간된 관련 주요 관련 서적과 논문도 대부분 반영하여 최신 판례와 이론을 상세히 정리·분석하였다.

3. 우리나라에서의 논의만으로 부족한 부분에 대해서는 일본과 미국의 서적과 논문을 참고하여 기술하여 비교법적 평가가 가능하도록 하였다.

4. 연초의 법령개정과 관련하여 조세범 처벌법과 국제조세조정에 관한 법률에 대하여는 2021. 1. 1. 시행된 개정 법률을 기준으로 기술하였으나, 나머지 법령에 대해서는 2021. 1. 1. 개정 법률 시행 전의 것을 기준으로 기술하였다.

마지막으로 이 자리를 빌려 감사를 드려야 할 분들이 많다. 먼저 대학원 과정에서 성심껏 지도해 주시고 학자로서 최고의 경지에 도달해 계시면서도 언제나 학문에 대한 존경스러운 열정을 보여주시는 석사과정 지도교수님이셨던 김완석 교수님과 박사과정 지도교수님이셨던 박훈 교수님께 깊이 감사드린다. 필자에게 여러 가지로 세심한 조언을 해 주신 양건수 부장검사님과 정유리 부부장 검사님께 감사드린다. 그리고 사법연수원에서 필자와 동고동락했던 분들로서 좋은 의견을 주신 권용덕, 유영진, 김민경, 정기헌 변호사님과 김창수 재판연구관님께 감사드린다. 이 책의 발간과정에서 많은 격려를 해주신 삼일회계법인의 주정일 세무자문 부분 대표님과 깔끔한 편집으로 딱딱한 내용의 책을 질리지 않게 예쁘게 만들어 주신 삼일인포마인의 이희태 대표이사님, 조원오 전무님, 조윤식 이사님, 임연혁 차장님께 감사드린다. 마지막으로 집필로 인하여 일과 후나 주말에도 가정에 충실하지 못했던 가장을 인내해주고 격려해 준 사랑하는 아내와 딸에게 감사드린다.

2021년 1월
저자

차 례

제 **1** 부

조세형사법 총론

제1장

서론

제1절　조세의 의의

　조세란 국가 또는 지방자치단체가 재정수입을 조달할 목적으로 법률에 규정된 과세요건을 충족한 자에게 직접적인 반대급부 없이 부과·징수하는 금전급부라고 정의된다. 조세는 국가나 지방자치단체가 공공서비스를 제공하는데 필요한 재원을 조달하는 기능 외에도 누진세율구조, 공제제도, 법인세 등을 통한 자동경기조절기능, 소득재분배의 기능, 각종 국가 정책지원기능 등을 가지고 있다.

　조세는 국가나 지방자치단체의 존립에 필수불가결한 것이지만 동시에 국민의 재산권을 직접적으로 침해하는 것이기도 하다. 이에 헌법 제38조는 국가의 자의적인 과세권의 행사로부터 국민의 재산권을 보장하기 위해 "모든 국민은 법률이 정하는 바에 의하여 납세의 의무를 진다"라고 규정하는 한편, 헌법 제59조에서 "조세의 종목과 세율은 법률로 정한다"라고 규정하여 국민의 대표기관인 국회가 제정한 법률에 의해서만 조세의 부과와 징수가 가능하도록 제한하고 있다.

　조세는 크게 국세와 지방세로 분류한다. 국세는 국가가 과세권의 주체가 되어 부과하는 조세이고 지방세란 지방자치단체가 과세권의 주체가 되어 부과하는 조세이다.

　조세는 이를 실질적으로 부담하는 자가 누구인지에 따라 직접세와 간접세로 나뉜다. 직접세는 납세의무자가 직접 조세를 부담하는 것이 예정되어 있는 조세이고 간접세는 납세의무자가 아닌 다른 사람에게 조세의 부담이 전가되는 것이 예정되어 있는 조세이다. 소득세, 법인세, 상속세, 증여세, 종합부동산세 등이 직접세이고, 부가가치세, 개별소비세, 주세, 인지세, 증권거래세 등이 간접세이다.

　그리고 조세의 조달 목적을 기준으로 하여 보통세와 목적세로 분류하는데, 보통세는 일반적인 경비에 충당할 목적을 가진 조세이고, 목적세는 특정 경비를 충당하는데 사용할 목적을 가진 조세이다. 국세 중에서는 교육세와 농어촌특별세가 목적세이고, 지방세 중에서는 지역자원시설세와 지방교육세가 목적세에 해당한다.

　또한, 조세를 독립적인 세원의 보유 여부에 따라 독립세와 부가세로 분류한다. 독립세는 독립적인 과세물건에 대해 조세를 부과·징수하는 조세이고, 부가세는 독립적인 과세물건 없이 독립세에 부가하여 부과·징수하는 조세이다. 부가세로는 교육세(금융·보험업자의 수익금액과 개별소비세, 교통·에너지·환경세, 주세에 부가), 농어촌특별세(종합부동산세, 개별소비세, 레저세 및 조세특례제한법에 따른 소득세, 법인세, 관세, 취득세, 등록면허세 감면분 등에 부가), 지방교육세(주민세, 재산세, 등록면허세 등에 부가)가 있다.

제2절 조세법의 기본원칙

I 조세법률주의

앞서 살펴본 바와 같이 헌법 제38조와 제59조는 법률에 근거 없이 조세를 부과·징수할 수 없도록 규정하고 있는데 이러한 원칙을 조세법률주의라고 한다. 조세의 부과와 징수는 국가가 국민의 재산권을 강제적으로 침해하는 권력작용이므로 국민의 대표기관인 국회가 이에 관하여 법률로 승인한 경우에만 정당화된다는 것은 법치국가의 이념상 당연한 것이라고 할 수 있다.[1]

조세법률주의는 헌법상 평등원칙에서 도출되는 조세공평주의와 함께 조세법의 기본원칙 또는 기본이념이라고 인식되고 있다.[2] 조세법률주의의 구체적인 내용에 대해서는 의견이 통일되어 있지 않지만 통상 과세요건 법정주의, 과세요건 명확주의, 소급과세 금지의 원칙, 세법의 엄격해석의 원칙 등을 그 내용으로 다룬다. 요컨대 조세법률주의는 조세법의 입법에 관한 원리이기도 하고 조세법의 해석과 적용에 관한 원칙이기도 하다.

판례도 조세법률주의를 위와 같이 이해하고 있다. 판례는 조세법률주의에 관하여 "조세법률주의 원칙은 과세요건 등은 국민의 대표기관인 국회가 제정한 법률로써 규정하여야 하고, 그 법률의 집행에 있어서도 이를 엄격하게 해석·적용하여야 하며, 행정편의적인 확장해석이나 유추적용은 허용되지 않음을 의미하므로 법률의 위임이 없이 명령 또는 규칙 등의 행정입법으로 과세요건 등에 관한 사항을 규정하거나 법률에 규정된 내용을 함부로 유

---

1) 조세법률주의는 연혁적으로 "대표 없이는 과세 없다"라는 사상으로 표현되어 왔고, 1215년 영국의 대헌장에서 비롯되어 1626년 권리청원, 1689년 권리장전, 1776년 미국의 독립선언과 1789년 프랑스 인권선언으로 이어지며 그 내용이 더욱 구체화되었다. 조세법률주의는 시민계급이 왕의 자의적인 과세로부터 자신들의 재산권을 보호하기 위해 항쟁을 통해 쟁취한 역사적 산물이라고 할 수 있다.
2) 헌재 2009. 11. 26. 2007헌바137 ; 헌재 2001. 12. 20. 2001헌바25 ; 대법원 1990. 3. 27. 선고 89누4949 판결 ; 대법원 1990. 8. 28. 선고 90누4419 판결.

추, 확장하는 내용의 해석규정을 마련하는 것은 조세법률주의 원칙에 위배된다"라고 판시하고 있다.[3]

Ⅱ 조세공평주의

조세공평주의란 조세의 부담은 국민들 사이에 담세능력에 맞게 공정하게 배분되어야 하며 각종 조세법률관계에서 국민은 평등하게 취급되어야 한다는 원칙이다.[4] 조세의 공평한 분배는 담세력(조세를 부담할 수 있는 능력)에 상응하여 과세하는 것, 즉 응능과세에 의해 달성이 가능한 것으로 생각되고 있다.[5]

헌법 제11조 제1항은 "모든 국민은 법 앞에 평등하다. 누구든지 성별·종교 또는 사회적 신분에 의하여 정치적·경제적·사회적·문화적 생활의 모든 영역에 있어서 차별을 받지 아니한다"라고 규정하고 있다. 조세공평주의는 위와 같은 헌법상 평등원칙의 조세법적 표현이다. 헌법재판소도 조세공평주의에 관하여, '조세평등주의는 헌법상 평등의 원칙 또는 차별금지의 원칙의 조세법적 표현이라고 할 수 있다. 따라서 국가는 조세입법을 함에 있어서 조세의 부담이 공평하게 국민들 사이에 배분되도록 법을 제정하여야 할 뿐만 아니라, 조세법의 해석·적용에 있어서도 모든 국민을 평등하게 취급하여야 할 의무를 진다'라고 판시하고 있다.[6]

이러한 조세공평주의의 이념을 조세법률관계에 구현하기 위한 실천적 원리가 있는데, 실질과세원칙이 그것이다.[7] 실질과세원칙에 관한 정의는 논자마다 조금씩 다르지만 일응 '조세부담의 공평이 이루어지도록 경제적 의의 또는 실질을 기준으로 하여 조세법을 해석하고 과세요건사실을 인정하여야 한다는 원칙'이라고 정의할 수 있다.[8][9] 실질과세원칙은 조세법

---

3) 대법원 2000. 3. 16. 선고 98두11731 전원합의체 판결.
4) 金子 宏, 『租稅法』, 弘文堂, 2019, 89쪽.
5) 酒井克彦, 『租稅法』, 財経詳報社, 2015, 173쪽.
6) 헌재 2008. 9. 25. 2007헌바74 ; 헌재 2002. 8. 29. 2001헌가24.
7) 대법원과 헌법재판소도 실질과세원칙을 헌법상 조세평등주의의 실현을 위한 파생원칙으로 이해하고 있다 (대법원 1992. 5. 22. 선고 91누12103 판결 ; 헌재 2008. 9. 25. 2007헌바74 ; 헌재 2002. 8. 29. 2001헌가24).
8) 김완석·정지선, 『소득세법론』, 삼일인포마인, 2024, 154쪽이 위와 같이 정의하고 있다. 그 밖에 오윤, 『세법원론』, 한국학술정보, 2020, 154쪽은 실질과세원칙을 "세법의 적용대상이 되는 사실관계를 확정함에 있어 납세자가 형성한 명의, 명칭 또는 형식에 불구하고 그 사실 또는 실질에 대해 세법을 적용하여야 한다는 원칙"이라고 정의한다. 이태로·한만수, 『조세법강의』, 박영사, 2023, 31쪽은 실질과세원칙을 "과세요건 사실에 대한 세법 규정의 적용에 있어서 어떤 거래나 행위의 법률적 방식 내지 효과와 당사자가 의도한 경제적 효과나 실질이 다른 경우에 그 경제적 효과나 실질에 따라 과세하는 정신이다"라고 정의한다.
9) 대법원은 실질과세원칙에 관하여, "실질과세의 원칙은 헌법상의 기본이념인 평등의 원칙을 조세법률관계에 구현하기 위한 실천적 원리로서, 조세의 부담을 회피할 목적으로 과세요건사실에 관하여 실질과 괴리되는 비합리적인 형식이나 외관을 취하는 경우에 그 형식이나 외관에 불구하고 실질에 따라 담세력이 있는 곳에 과세함으로써 부당한 조세회피행위를 규제하고 과세의 형평을 제고하여 조세정의를 실현하고자 하는 데 주

에 본래적으로 내재하는 조리로서 인정되는 것이고 세법에 명문규정이 있더라도 이는 창설적인 것이 아니라 선언적·주의적인 것으로 이해하는 것이 일반적이다.[10]

국세기본법 제14조가 실질과세원칙에 관하여 규정하고 있는 대표적인 규정이다. 국세기본법 제14조 제1항은 "과세의 대상이 되는 소득·수익·재산·행위 또는 거래의 귀속이 명의일 뿐이고 사실상 귀속되는 자가 따로 있는 때에는 사실상 귀속되는 자를 납세의무자로 하여 세법을 적용한다"라고 하여 과세물건의 귀속에 관한 실질주의를 규정하고 있고, 제2항은 "세법 중 과세표준의 계산에 관한 규정은 소득·수익·재산·행위 또는 거래의 명칭이나 형식에 불구하고 그 실질내용에 따라 적용한다"라고 하여 과세표준 계산에 관한 실질주의를 규정하고 있으며, 제3항은 "제3자를 통한 간접적인 방법이나 둘 이상의 행위 또는 거래를 거치는 방법에 의하여 이 법 또는 세법의 혜택을 부당하게 받기 위한 것으로 인정되는 경우에는 그 경제적 실질에 따라 당사자가 직접 거래한 것으로 보거나 연속된 하나의 행위 또는 거래로 보아 이 법 또는 세법을 적용한다"라고 하여 이른바 우회행위 및 다단계 거래행위(step transaction)에 관하여 규정하고 있다.

제3절 조세범의 개념

 의의

조세범은 개별 세법상 조세의 확정·징수 및 납부와 직접적으로 관련되는 범죄라고 정의하기도 하고[11], 형사적 제재의 대상으로 규정하고 있는 세법상의 의무위반행위라고 정의하기도 한다.[12] 그런데 위와 같은 강학상의 정의와는 별개로 조세범은 조세범 처벌법, 조세범 처벌절차법, 국세기본법 등에 사용되고 있는 법률용어로서 조세범 처벌법에 규정된 범죄 또는 같은 법에 규정된 범죄를 저지른 자를 지칭한다. 그리고 조세범 처벌법에 규정된 조세범의 일부는 특정범죄 가중처벌 등에 관한 법률(이하 필요시 '특가법'이라고 약칭한다)에

된 목적이 있다"라고 판시하고 있다(대법원 2012. 1. 19. 선고 2008두8499 전원합의체 판결).

10) 김두형, "조세법에 있어서 경제적 관찰방법의 의의와 본질", 『조세연구』 1집, 세경사, 1996, 140쪽 ; 이재희, "조세회피행위의 규제와 조세법률주의", 『저스티스』 통권 제115호, 한국법학원, 2010, 285쪽 등 참조. 이준봉, 『조세법총론』, 삼일인포마인, 2024, 135쪽. "실질과세원칙은 조세평등주의에 기하여 조세법률주의를 수정하거나 조세법률주의 자체의 요청에 기하여 납세자의 조세회피 또는 탈세에 대응하기 위한 것으로서 헌법에 내재된 것이라고 볼 수 있다"라고 한다.

11) 金子 宏, 앞의 책, 1119쪽 ; 이준봉, 앞의 책, 1109쪽 ; 임승순, 『조세법』, 박영사, 2024, 363쪽.

12) 이태로·한만수, 앞의 책, 1217쪽.

의해 가중처벌되는데 이것도 조세범으로 분류한다.[13][14]

본서에서는 이러한 조세범에 국한하여 다루기로 한다.

Ⅱ 유형

조세범은 조세의 부과·징수권을 직접 침해하여 세수감소를 초래하는 탈세범과 세수감소를 직접 초래하지는 않으나 조세의 부과·징수권의 적정한 행사를 침해할 위험이 있는 각종 의무규정위반행위인 조세위해범으로 구분할 수 있다.

탈세범에는 ① 협의의 탈세범[조세포탈(조세범 처벌법 제3조)], ② 간접탈세범[15][면세유 부정유통(동법 제4조), 가짜석유제품 제조 또는 판매(동법 제5조), 무면허 주류의 제조 및 판매(동법 제6조)], ③ 원천징수의무불이행범(동법 제13조), ④ 체납처분면탈범(동법 제7조) 등이 있다.

조세위해범에는 ① 면세유류구입카드 등의 부정발급(동법 제4조의2), ② 장부의 소각·파기 등(동법 제8조), ③ 성실신고 방해 행위(동법 제9조), ④ 세금계산서 발급의무 위반 등(동법 제10조), ⑤ 명의대여행위 등(동법 제11조), ⑥ 납세증명표지의 불법사용 등(동법 제12조), ⑦ 거짓으로 기재한 근로소득 원천징수영수증의 발급 등(동법 제14조)이 있다.[16]

Ⅲ 성격

1. 형사범 vs 행정범

범죄는 형사범(또는 자연범)과 행정범(또는 법정범)으로 구분할 수 있다. 형사범은 법률의 규정이 없더라도 행위 그 자체가 반윤리적, 반사회적이어서 당연히 범죄로 평가되는 경우이다. 예를 들면 살인, 절도 등이 형사범에 해당한다. 행정범은 행위 자체는 반사회적, 반윤리적은 아니나 국가가 행정목적 달성을 위해 설정한 행정법규상의 명령 또는 금지에 대한 강제성을 확보하기 위하여 이를 위반하는 행위를 범죄로 규정한 경우이다. 예를 들면 불법체류자 고용행위, 무허가 건축행위 등이 행정범에 속한다.

---

13) 안대희, 『조세형사법』, ㈜도서출판 평안, 2015, 122쪽. 대법원 2014. 9. 24. 선고 2013도5758 판결 및 대법원 1996. 5. 31. 선고 94도952 판결도 같은 입장에 있다고 할 수 있다.

14) 그 외 조세에 관한 범죄 중 관세 관련 범죄는 관세법에 의하여 처벌되고, 지방세 관련 범죄는 지방세기본법에 의하여 처벌된다.

15) 무면허 주류제조와 같이 조세수입 확보를 위해 일반적으로 금지된 행위를 허가 없이 하는 경우 그 자체가 탈세행위는 아니지만 그러한 행위자는 그에 따른 납세의무를 이행하지 않을 것이 명백하기 때문에 조세범 처벌법이 이를 처벌대상으로 규정하는 경우가 있는데 이를 간접탈세범이라고 한다.

16) 조세범의 분류에 대한 자세한 내용은 金子 宏, 앞의 책, 1119쪽 이하 : 이준봉, 앞의 책, 1111쪽 이하 참조.

형사범에 대해서는 형벌이 가해지고 행정범에 대해서는 행정형벌 또는 행정질서벌(과태료)이 가해진다. 행정범과 형사범의 구분은 입법과정에서 형법총칙 중 적용을 배제할 규정의 설정, 범칙행위의 설정, 양벌규정의 설정, 거증책임의 전환규정 설정, 고발전치주의의 설정 등의 결정에 영향을 미칠 수 있다.[17]

조세범은 종래 행정범에 속하는 것으로 인식되었다.[18] 그런데 최근에는 우리나라와 일본 모두 조세범의 반사회성과 반윤리성을 강조하여 점차 형사범화를 추진해 나가는 추세이다.[19][20] 정부는 2010. 1. 1. 조세범 처벌법 전면 개정 시, 조세범에 대하여 형법총칙 규정 중 책임에 관한 일부 규정[21]을 적용하지 않도록 규정하고 있던 조항을 폐지함으로써 형법상 책임주의 원칙이 조세범에도 전면적으로 적용되도록 하였다. 이로써 조세범과 일반 형사범 간의 간극이 더욱 좁혀지게 되었다.

2. 범칙행위

조세범 처벌절차법은 조세범 처벌법 제3조부터 제16조까지의 죄, 즉 조세범 처벌법에 규정되어 있는 모든 죄를 조세범칙행위로 규정하고 있다(조세범 처벌절차법 제2조 제1호). 다시 말해 조세범 처벌법에 규정된 모든 조세범은 조세범 처벌절차법에 의해 범칙행위로서의 성격을 갖게 되는 것이다. 이로써 조세범은 일반 형사범죄와 달리 조세범 처벌절차법이 정하는 바에 따라 범칙행위에 인정되는 고유한 처리절차를 거치게 된다. 즉, 1차적으로 세무공무원에 의해 조사와 처분(통고처분, 무혐의, 고발)이 이루어지며, 특정범죄 가중처벌 등에 관한 법률에 의해 가중처벌되는 일부 조세포탈죄를 제외하고는 원칙적으로 세무서장 등의 고발이 있는 경우에 한하여 형사절차가 개시된다.

---

17) 임웅, 『형법총론』, 법문사, 2024, 117쪽을 일부 참고하였다.
18) 이태로·한만수, 앞의 책, 1217쪽. 조세범은 행정범에 속한다고 한다.
19) 金子 宏, 앞의 책, 1119, 1120쪽. 일본에서도 종전에는 조세범을 행정범의 일종이라고 보는 견해가 강했는데 최근에는 조세범의 형사범적 요소를 강조하는 견해가 유력해지고 있다고 한다. 전쟁 전에는 조세범에 대한 형벌은 재산형만 있었고 특히 조세포탈죄에 대한 벌금 및 과료의 액수는 포탈하거나 포탈하려고 한 세액의 배수로 정해진 정액형이었으며, 형법총칙의 주요한 규정도 대부분 적용을 제외하였으나 전쟁 이후 순차적인 개정을 통해 현재는 재산형주의 및 정액형주의가 완전 종료되었고, 조세범에도 형법총칙의 규정이 일반적으로 적용되고 있어 조세범은 일반범죄와 거의 동일하게 취급되고 있다고 한다.
20) 임승순, 앞의 책, 363쪽. 조세범도 형사범의 일종임은 분명하나, 조세법규의 실효성을 담보하고 간접적으로 의무이행을 확보하기 위하여 그 수단으로서 조세벌을 과하는 것이므로 그러한 의미에서 행정범적인 특색을 지닌다고 한다.
21) 형사미성년자 규정(제9조), 심신미약 감경(제10조 제2항), 농아자 감경(제11조), 법률의 착오(제16조), 종범 감경(제32조 제2항) 등이다.

조세형사법령

여기서 조세형사법령이란 조세범에 대한 형벌과 처벌절차를 규정한 제반 법령을 말한다. 조세범 처벌법, 조세범 처벌절차법, 특정범죄 가중처벌 등에 관한 법률이 조세형사법령에 해당한다. 조세범에도 형법의 총칙과 형사소송법이 일반적으로 적용되지만 조세형사법령에 특별한 규정이 있는 때에는 그것이 우선 적용된다(형법 제8조).

Ⅰ 조세범 처벌법

조세범 처벌법은 세법의 실효성을 높이고 국민의 건전한 납세의식을 확립함을 목적으로 세법을 위반한 자에 대한 형벌에 관한 사항을 규정하고 있다(조세범 처벌법 제1조).

조세범 처벌법은 ① 조세포탈, ② 면세유 부정유통에 의한 조세포탈, ③ 면세유류구입카드 등 부정발급, ④ 가짜석유제품의 제조·반출 등에 의한 조세포탈, ⑤ 무면허 주류의 제조 및 판매, ⑥ 체납처분 면탈, ⑦ 장부의 소각·파기, ⑧ 성실신고 방해, ⑨ 세금계산서 발급의무 위반 등, ⑩ 사업자등록 명의대여 등, ⑪ 납세증명표지의 불법사용 등, ⑫ 원천징수의무자의 원천징수 미이행 등, ⑬ 거짓으로 기재한 근로소득 원천징수영수증의 발급 등, ⑭ 해외금융계좌정보의 비밀유지의무 등의 위반, ⑮ 해외금융계좌 신고의무 불이행 등의 행위를 처벌하는 규정을 두고 있다. 그리고 행위자뿐만 아니라 업무주까지 처벌할 수 있도록 양벌규정을 두고 있다.

아울러 조세범 처벌법은 조세범 처벌에 관한 절차규정으로서 형법상 벌금형에 대한 제한 가중규정의 배제(제20조), 고발전치주의(제21조), 공소시효의 특례(제22조) 등을 규정하고 있다.

구 조세범 처벌법은 과태료로 제재되는 세법상의 의무위반행위까지도 함께 규정하고 있었으나, 형법의 특별법인 조세범 처벌법을 그 성격에 맞게 운영하기 위하여 2019. 1. 1. 동법 개정 시 과태료나 몰취로 제재하는 세법상의 의무위반행위에 관한 규정을 동법에서 삭제하고 이를 개별 세법으로 이관하였다.

Ⅱ 조세범 처벌절차법

앞서 언급한 바와 같이 조세범 처벌절차법은 조세범 처벌법 제3조부터 제16조까지의 죄를 조세범칙행위로 규정하고 있다. 조세범칙행위의 혐의가 있는 사건을 조세범칙사건이라고 하는데(조세범 처벌절차법 제2조 제1호, 제2호) 조세범 처벌절차법은 조세범칙사건의 조사와

처분에 관한 제반 사항을 규정하고 있다. 조세범 처벌절차법에 따른 조사와 처분에 관한 보다 상세한 내용은 제1부 제5장 제1절을 참고하라.

　그 밖에 조세범칙사건에 대해 범칙혐의 유무를 입증하기 위하여 조사계획을 수립하고, 조세범칙행위 혐의자 또는 참고인을 심문하거나, 압수·수색을 하거나, 범칙처분을 하는 등의 조사사무의 집행과 관련된 사항이 국세청 훈령인 '조사사무 처리규정'에 일부 규정돼 있고, 조세범칙행위자에 대한 통고처분시의 벌금상당액에 대한 양정기준이 국세청 훈령인 '벌과금 상당액 양정규정'에 규정돼 있다.

Ⅲ 특정범죄 가중처벌 등에 관한 법률

　조세범 중 죄질이 중한 조세포탈범죄 및 허위 세금계산서 관련 범죄는 특정범죄 가중처벌 등에 관한 법률에 의해 가중처벌된다. 특정범죄 가중처벌 등에 관한 법률 제8조 제1항은 조세범 처벌법 제3조 제1항, 제4조 및 제5조, 지방세기본법 제102조 제1항에 규정된 죄를 범한 사람이, 포탈하거나 환급받은 세액 또는 징수하지 아니하거나 납부하지 아니한 세액(이를 '포탈세액등'이라 한다)이 연간 10억 원 이상인 경우에는 무기 또는 5년 이상의 징역에 처하고, 포탈세액등이 연간 5억 원 이상 10억 원 미만인 경우에는 3년 이상의 유기징역에 처하되, 각각 그 포탈세액등의 2배 이상 5배 이하에 상당하는 벌금을 병과하도록 규정하여 조세범 처벌법보다 중한 형으로 가중처벌한다.

　특정범죄 가중처벌 등에 관한 법률 제8조의2 제1항은 영리를 목적으로 조세범 처벌법 제10조 제3항 및 제4항 전단의 죄를 범한 사람이 세금계산서 및 계산서에 기재된 공급가액이나 매출처별 세금계산서합계표·매입처별 세금계산서합계표에 기재된 공급가액 또는 매출·매입금액의 합계액(이를 '공급가액등의 합계액'이라 한다)이 50억 원 이상인 경우에는 3년 이상의 유기징역에 처하고, 공급가액등의 합계액이 30억 원 이상 50억 원 미만인 경우에는 1년 이상의 유기징역에 처하되, 공급가액등의 합계액에 부가가치세의 세율을 적용하여 계산한 세액의 2배 이상 5배 이하의 벌금을 병과하도록 규정하여 조세범 처벌법보다 중한 형으로 가중처벌한다.

조세형사법령의 적용범위

> **형법**
>
> 제1조(범죄의 성립과 처벌) ① 범죄의 성립과 처벌은 행위 시의 법률에 의한다.
> ② 범죄 후 법률의 변경에 의하여 그 행위가 범죄를 구성하지 아니하거나 형이 구법보다 경한 때에는 신법에 의한다.
> ③ 재판확정 후 법률의 변경에 의하여 그 행위가 범죄를 구성하지 아니하는 때에는 형의 집행을 면제한다.
> 제2조(국내범) 본법은 대한민국영역 내에서 죄를 범한 내국인과 외국인에게 적용한다.
> 제3조(내국인의 국외범) 본법은 대한민국영역 외에서 죄를 범한 내국인에게 적용한다.
> 제4조(국외에 있는 내국선박 등에서 외국인이 범한 죄) 본법은 대한민국영역 외에 있는 대한민국의 선박 또는 항공기내에서 죄를 범한 외국인에게 적용한다.
> 제5조(외국인의 국외범) 본법은 대한민국영역 외에서 다음에 기재한 죄를 범한 외국인에게 적용한다.
> 제6조(대한민국과 대한민국국민에 대한 국외범) 본법은 대한민국영역 외에서 대한민국 또는 대한민국국민에 대하여 전조에 기재한 이외의 죄를 범한 외국인에게 적용한다. 단 행위지의 법률에 의하여 범죄를 구성하지 아니하거나 소추 또는 형의 집행을 면제할 경우에는 예외로 한다.
> 제8조(총칙의 적용) 본법 총칙은 타 법령에 정한 죄에 적용한다. 단, 그 법령에 특별한 규정이 있는 때에는 예외로 한다.

Ⅰ 시간적 적용범위

형법의 총칙은 조세범 처벌법에 정한 죄, 즉 조세범에도 적용되므로(형법 제8조) 형법 제1조부터 제6조 사이에 규정된 형법의 시간적 적용범위에 관한 규정과 다음 항에서 기술하는 장소적 적용범위 및 인적 적용범위에 관한 규정은 조세범에도 그대로 적용된다.

1. 행위시법주의, 형벌불소급의 원칙

형법 제1조 제1항은 "범죄의 성립과 처벌은 행위 시의 법률에 의한다"라고 규정하고 있고, 헌법 제13조 제1항은 "모든 국민은 행위 시의 법률에 의하여 범죄를 구성하지 아니하는 행위로 소추되지 아니한다"라고 규정하여 행위시법주의와 형벌불소급의 원칙을 규정하고 있다. 행위시법주의와 형벌불소급의 원칙은 범죄의 성립과 처벌을 행위시의 법률에 의하게 함으로써 사후법률에 의한 처벌을 금지하여 국민의 법적 안정성을 도모하려는 데 그 목적이 있다.[22]

여기서 행위시라 함은 범죄의 실행행위를 종료한 시점을 의미한다. 결과발생 여부는 관계가 없다. 실행행위 도중에 법률의 변경이 있어 실행행위 종료 시에는 신법이 시행되고 있었다면 신법이 행위시법이 된다. 포괄일죄에 해당하는 개개의 범죄행위가 법 개정 전·후에 걸쳐서 행하여진 경우 그 범죄실행 종료 시의 법인 신법을 포괄일죄 전체에 대하여 적용하여야 한다. 이는 포괄일죄의 법리상 당연한 것이므로 이를 형벌의 소급적용이라고 할 수 없다. 이러한 경우에는 이 법의 시행 전에 행한 종전의 위반행위는 종전의 규정에 따른다는 부칙의 경과규정이 적용되지 않는다.[23]

범죄의 성립과 처벌에 관한 법률의 변경이 있는 경우에만 소급적용이 금지된다. 범죄의 처벌에 관한 법률에는 공소시효나 소추조건에 대한 조항이 포함되므로 공소시효 기간이나 소추조건도 행위시법에 의한다.

2. 예외적 신법우선의 원칙

가. 신법우선의 원칙

행위시법을 적용하는 것이 원칙이나 범죄 후 법률의 변경에 의하여 그 행위가 범죄를 구성하지 아니하거나 형이 구법보다 경한 때에는 신법에 의한다(형법 제1조 제2항). 여기서 법률의 변경이라 함은 범죄의 성립과 처벌에 관하여 규정하고 있는 제반 법률, 시행령, 시행규칙, 고시 등을 포함하는 총체적 법상태의 변경을 의미한다.

범죄 후 법률의 변경에 의하여 그 행위가 범죄를 구성하지 아니하는 때에는 재판 중인 사건에 대하여는 면소판결을 하고(형사소송법 제326조 제4호), 수사 중인 사건에 대하여는 공소권 없음 처분을 한다. 재판확정 후 법률의 변경에 의하여 그 행위가 범죄를 구성하지 아니하는 때에는 형의 집행을 면제한다(형법 제1조 제3항).

범죄 후 법률의 변경에 의하여 형이 구법보다 경한 때에는 신법을 적용해야 하는데, 신법과 구법 사이의 형의 경중의 비교는 법정형을 기준으로 하며, 법률상 가중이나 감경이 적용되는 범죄에 대해서는 가중이나 감경을 적용한 이후에 경중을 비교한다.[24] 법정형에 징역형과 금고형만 규정되어 있다가 벌금형도 가능하도록 법정형에 벌금형을 추가한 경우 범죄

---

22) 대법원 1995. 7. 28. 선고 93도1977 판결.
23) 대법원 2009. 9. 10. 선고 2009도5075 판결.
24) 대법원 1960. 9. 6. 선고 4288형상16 판결 ; 대법원 1960. 9. 30. 선고 4293형상398 판결.

후 법률의 변경에 의하여 형이 구법보다 경한 때에 해당한다.[25] 범죄에 적용되는 법률이 수차 변경되는 경우 가장 가벼운 형을 규정한 법률을 적용한다. 공소시효도 신법의 법정형에 따라 산정한다. 형법 제1조 제2항의 '범죄 후 법률의 변경에 의하여 형이 구법보다 경한 때'에 고소, 고발의 요부와 같은 소추조건의 변경은 포함되지 않는다.[26] 세율의 변경은 형의 변경이라고 볼 수 없고 조세채권의 성립요건이 충족된 이후 조세법이 개정되더라도 구 조세법의 규정에 의한 조세채권의 내용에는 변함이 없으므로 포탈세액을 종전의 세율에 따라 산정하는 것은 정당하다.[27]

나. 신법우선의 원칙의 적용제한

판례는 법령의 개폐의 동기를 따져서 법령의 개폐가 구법에 대한 반성적 고려에서 기인한 경우, 즉 법률이념의 변경에 의한 경우에만 신법우선의 원칙을 적용한다. 이러한 법리를 강학상 '동기설'이라고 부른다. 이와 관련하여 대법원은 "형법 제1조 제2항의 규정은 형벌 법령 제정의 이유가 된 법률이념의 변천에 따라 과거에 범죄로 보던 행위에 대하여 그 평가가 달라져 이를 범죄로 보고 처벌한 자체가 부당하였다거나 또는 과형이 과중하였다는 반성적 고려에서 법령을 개폐하였을 경우에 적용하여야 하고, 이와 같은 법률이념의 변경에 의한 것이 아닌 다른 사정의 변천에 따라 그때그때의 특수한 필요에 대처하기 위하여 법령을 개폐하는 경우에는 이미 그 전에 성립한 위법행위를 현재에 관찰하여도 행위 당시의 행위로서는 가벌성이 있는 것이어서 그 법령이 개폐되었다 하더라도 그에 대한 형이 폐지된 것이라고는 할 수 없다"라고 판시하고 있다.

구체적인 사례를 살펴본다. 구 조세범 처벌법(2010. 1. 1. 법률 제9919호로 전부개정되기 전의 것) 제10조[28]의 폐지와 관련하여, 판례는 납세의무자가 정당한 사유 없이 1회계연도에 3회 이상 체납하는 경우를 처벌하는 구 조세범 처벌법 제10조의 삭제는 경제·사회적 여건 변화를 반영한 정책적 조치에 따른 것으로 보일 뿐 법률이념의 변천에 따른 반성적 고려에서 비롯된 것이라고 보기 어려우므로, 위 규정 삭제 이전에 범한 위반행위의 가벌성이 소멸되지 않는다고 판시한 바 있다.[29]

---

25) 대법원 2010. 3. 11. 선고 2009도12930 판결.
26) 서울형사지방법원 1991. 8. 20. 선고 88노784 판결. 형법 제1조 제2항의 "형"의 개념 속에 고소, 고발의 요부와 같은 소추조건의 변경은 포함되지 아니하므로, 피고인의 범죄행위가 행위시법에 의하면 경제기획원장관의 고발이 없어도 처벌할 수 있었는데, 재판시법에 의하면 그 고발이 있어야 죄를 논할 수 있게 변경되었다 하더라도 그 고발이 없이 제기된 피고인에 대한 공소를 무효라 할 수는 없다고 판시하고 있다.
27) 대법원 1984. 12. 26. 선고 83도1988 판결.
28) 구 조세범 처벌법 제10조는 "납세의무자가 정당한 사유 없이 1회계연도에 3회 이상 체납하는 경우에는 1년 이하의 징역 또는 체납액에 상당하는 벌금에 처한다"라고 규정하고 있었다.
29) 대법원 2011. 7. 14. 선고 2011도1303 판결.

한편, 판례는 범죄 후 법률의 변경에 의하여 형이 구법보다 경하게 바뀐 경우에는 대체로 이를 법률이념의 변경에 의한 것으로 본다.[30] 甲 등이 연간 597,460,547원의 조세를 포탈하여 구 특정범죄 가중처벌 등에 관한 법률 제8조 제1항 제1호의 죄(연간 포탈세액등이 5억 원 이상인 경우 '무기 또는 5년 이상의 징역'에 처하도록 규정)로 기소되었는데, 2006. 3. 30. 위 법률의 개정으로 같은 법 제8조 제1항 제2호에서 연간 포탈세액등이 5억 원 이상 10억 원 미만인 경우 '3년 이상의 유기징역'에 처하도록 규정하게 된 사안에서, 판례는 이는 범죄 후 법률의 변경에 의하여 형이 구법보다 경하게 된 경우에 해당하므로 甲 등의 범죄행위에 대하여는 신법을 적용하여야 하는데, 신법에 의한 위 범죄사실에 대한 공소시효는 7년(구법에 의하면 10년임)[31]이므로 공소제기 당시 이미 공소시효 7년이 경과하였다면 면소를 선고하여야 한다고 판단하였다.[32]

그리고 甲 등이 3회에 걸쳐 연간 73,378,290원 내지 153,054,262원의 조세를 포탈하여, 특정범죄 가중처벌 등에 관한 법률 제8조 제1항 제1호의 죄로 공소제기된 후 동법의 개정으로 가중처벌의 기준이 되는 포탈세액이 종전의 5,000만 원에서 2억 원으로 상향되어 공소제기된 포탈세액이 동법의 적용대상이 되지 아니하고 법정형이 가벼운 조세범 처벌법에만 해당하게 된 사안에서, 판례는 '이는 범죄 후 법률의 변경에 의하여 형이 가벼워진 경우로서 그 법정형 이외에 공소시효기간이나 당해 범죄에 대한 국세청장 등의 고발 요부등도 조세범처벌법에 정해진 바에 따라야 할 것이므로, 위 공소사실에 대하여 같은 법 소정의 고발이 없다면 이는 공소제기의 절차가 법률의 규정에 위반하여 무효인 때에 해당한다'는 취지로 판시하였다.[33]

다. 신법우선의 원칙의 예외

법률을 개정하면서 부칙에 개정 법률 시행 전의 행위에 대한 벌칙의 적용에 있어서는 종전의 규정에 의한다는 경과규정을 두는 경우가 있는데, 이러한 경우에는 설령 신법이 범죄자에게 유리하게 변경되었다 하더라도 구법 시행 당시의 행위에 대해서는 구법인 행위시법을 계속 적용하여야 한다.[34] 대법원은 형법 제1조 제2항 및 제8조에 의하면, 범죄 후 법률의 변경에 의하여 형이 구법보다 가벼운 때에는 원칙적으로 신법에 따라야 하지만 신법에 경

---

30) 대법원 2018. 6. 28. 선고 2015도2390 판결 ; 대법원 2016. 2. 18. 선고 2015도17848 판결 ; 대법원 2010. 3. 11. 선고 2009도12930 판결.
31) 위 사건의 행위 시에 적용되던 구 형사소송법(2007. 12. 21. 법률 제8730호로 개정되기 전의 것) 제249조에 의하면 무기징역에 해당하는 범죄의 공소시효는 10년이었고, 장기 10년 이상의 징역에 해당하는 범죄의 공소시효는 7년이었다.
32) 서울고등법원 2012. 12. 20. 선고 2012노755 판결.
33) 서울지방법원 북부지원 1991. 3. 29. 선고 90고합428,662 판결.
34) 대법원 2004. 7. 22. 선고 2003도8153 판결.

과규정을 두어 이러한 신법의 적용을 배제하는 것도 허용되는 것으로서 형벌법규의 형을 종전보다 가볍게 개정하면서 그 부칙에서 개정된 법의 시행 전의 범죄에 대하여는 종전의 형벌법규를 적용하도록 규정한다 하여 형벌불소급의 원칙이나 신법우선의 원칙에 반한다고 할 수 없다고 판시하고 있다.[35]

3. 위헌결정이 있는 경우

헌법재판소에 의해 위헌으로 결정된 법률 또는 법률의 조항은 그 결정이 있는 날로부터 효력을 상실하는 것이 원칙이나, 형벌에 관한 법률 또는 법률의 조항은 소급하여 그 효력을 상실한다(헌법재판소법 제47조 제2항). 다만, 해당 법률 또는 법률의 조항에 대하여 종전에 합헌으로 결정한 사건이 있는 경우에는 그 결정이 있는 날의 다음 날로 소급하여 효력을 상실한다. 그런데 헌법재판소법 제47조 제2항에도 불구하고 헌법재판소는 위헌결정을 위한 계기를 부여한 사건(당해 사건), 위헌결정이 있기 전에 이와 동종의 위헌 여부에 관하여 헌법재판소에 위헌제청을 하였거나 법원에 위헌제청신청을 한 사건(동종사건), 따로 위헌제청신청을 아니하였지만 당해 법률조항이 재판의 전제가 되어 법원에 계속 중인 사건(병행사건)에 대하여 예외적으로 소급효가 인정되고, 위헌결정 이후에 제소된 사건(일반사건)이라도 구체적 타당성의 요청이 현저하고 소급효의 부인이 정의와 형평에 반하는 경우에는 예외적으로 소급효를 인정할 수 있다고 판시하고 있다.[36]

헌법불합치 결정은 법규정의 위헌성은 확인되었으나 위헌결정을 내릴 경우 그날부터 해당 법규정의 효력이 상실됨에 따라 발생할 법적 혼란을 막기 위해 관련 법이 개정될 때까지 한시적으로 법률의 효력을 인정해 주는 변형결정 중의 하나이다. 그러나 대법원은 헌법불합치 결정에 대하여 주문 그대로의 효력을 인정하지 않는다. 대법원은 헌법 제111조 제1항과 헌법재판소법 제45조 본문에 의하면 헌법재판소는 법률 또는 법률조항의 위헌여부만 심판, 결정할 수 있으므로 헌법불합치 결정으로 형벌에 관한 법률조항이 위헌으로 결정된 이상 그 조항은 헌법재판소의 주문에 나온 바와 같이 관련법이 개정될 때까지 효력이 유지되는 것이 아니라 헌법재판소법 제47조 제2항 단서에 정해진 대로 곧바로 효력이 상실된다는 입장이다.[37] 따라서 헌법재판소의 위헌결정이나 헌법불합치결정이 있는 경우에는 헌법재판소법 제47조 제2항에 의하여 형벌에 관한 법률 또는 법률의 조항이 소급적으로 효력을 상실하므로 수사단계에서는 혐의 없음 처분을, 재판단계에서는 무죄판결을 선고하여야 한다.

---

35) 대법원 2013. 7. 11. 선고 2011도15056 판결 ; 대법원 2011. 7. 14. 선고 2011도1303 판결.
36) 헌재 2013. 6. 27. 2010헌마535.
37) 대법원 2011. 6. 23. 선고 2008도7562 전원합의체 판결.

Ⅱ 장소적 적용범위

형법은 대한민국 영역 내에서 죄를 범한 내국인과 외국인에게 적용된다(형법 제2조). 즉 형법은 장소적 적용범위(형법이 적용되는 지역적 범위)에 관하여 속지주의를 원칙으로 한다. 그리고 형법은 대한민국 영역 외에 있는 대한민국의 선박 또는 항공기 내에서 죄를 범한 외국인에게 적용한다(형법 제4조, 이를 '기국주의'라고 한다). 대한민국의 영역이란 대한민국의 영토·영공·영해를 포함한다. 형법 제2조 내지 제6조상 '대한민국 영역 내에서 죄를 범한'의 범위에는 대한민국 영역 내에서 실행행위를 한 경우뿐만 아니라 대한민국 영역 내에서 결과가 발생한 경우도 포함된다.[38] 치외법권이 적용되는 외국의 대사관이나 군사기지 등의 공간은 대한민국의 영역 외로 간주되므로 속지주의가 적용되지 않는다.

그런데 형법은 대한민국 영역 외에서 죄를 범한 내국인에게도 적용한다(형법 제3조). 이를 속인주의라고 한다. 속지주의와 속인주의 중 어느 하나에 해당하는 경우에는 형법이 적용된다.

Ⅲ 인적 적용범위

속지주의나 속인주의에 의해 형법이 적용될 수 있는 경우라 할지라도 특별한 인적지위에 따라 형법의 적용이 배제되거나 한시적으로 제한되는 경우가 있다. 예를 들어 대통령은 내란 또는 외환의 죄를 범한 경우를 제외하고는 재직 중 형사상의 소추를 받지 아니한다(헌법 제84조). 치외법권이 적용되는 외국의 국가수반, 외교관 등에게도 형법이 적용되지 않는다.

---

38) 이재상·장영민·강동범, 『형법총론』, 박영사, 2024, 55쪽.

제 2 장

조세범의 성립요건

형법상 범죄가 성립하려면 구성요건해당성, 위법성, 책임의 3가지 요건이 충족되어야 한다. 그런데 형법 및 형사소송법의 규정은 그에 대한 특별법인 조세범 처벌법이나 조세범 처벌절차법에서 달리 규정하고 있지 않는 한 조세범에도 일반적으로 적용된다. 따라서 조세범이 성립하려면 일반 형사범과 마찬가지로 구성요건해당성, 위법성, 책임의 3가지 요건이 충족되어야 한다.

제1절 구성요건해당성

구성요건이란 추상적으로 기술된 형벌부과의 대상이 되는 행위유형이라고 정의할 수 있다.[39] 예컨대, 조세범 처벌법 제3조 제1항 본문에서 "사기나 그 밖의 부정한 행위로써 조세를 포탈하거나 조세의 환급·공제를 받은 자"라는 부분이 조세포탈죄의 구성요건에 해당한다. 구체적 사실이 구성요건에 전부 포섭되면 구성요건이 충족되었다고 하거나 구성요건해당성이 있다고 한다.

구체적 사실이 어떠한 조세범의 구성요건을 충족시키는지를 판단하기 위해서는 먼저 해당 구성요건에 대한 해석이 필요하다. 구성요건은 동일한 법적평가가 가능한 여러 가지 형태의 범죄행위를 포괄할 수 있도록 추상적 또는 다의적으로 기술돼 있는 경우가 많으므로 해석을 통해 그 의미와 범위를 명확히 해야만 구체적 사실관계에 적용할 수 있다. 조세형사법령에도 죄형법정주의가 적용되므로 조세범의 구성요건은 문언의 가능한 의미 내에서 엄격하게 해석해야 하며 문언의 가능한 의미를 넘어서는 유추해석은 허용되지 않는다.[40]

---

39) 이재상·장영민·강동범, 앞의 책, 116쪽.
40) 대법원 2020. 1. 30. 선고 2018도2236 판결 ; 대법원 2000. 11. 16. 선고 98도3665 판결.

제2절   위법성

어떤 행위가 범죄를 구성하려면 해당 범죄의 구성요건을 충족시켜야 할 뿐만 아니라 위법해야 한다. 범죄의 구성요건을 충족시키는 행위는 일응 위법한 것으로 추정된다. 그런데 범죄의 구성요건을 충족하는 행위일지라도 일정한 사정 하에서는 법질서 전체의 관점에서 허용되는 경우가 있다. 이처럼 구성요건을 충족하는 행위의 위법성을 제거해 주는 일정한 사정을 위법성조각사유라고 한다. 위법성에 대한 판단은 구성요건 충족에 의해 추정되는 어떤 행위의 위법성이 위법성조각사유에 의해 조각되는지를 검토하는 소극적인 방식으로 이루어진다.[41]

모든 범죄에 적용될 수 있는 일반적인 위법성조각사유로는 형법 제20조부터 제24조까지에 규정된 정당행위, 정당방위, 긴급피난, 자구행위, 피해자의 승낙에 의한 행위 등이 있다. 그 밖에 명예훼손에 관한 위법성조각사유인 형법 제310조처럼 개별 규정에서 일정한 범죄에 대해 특별한 위법성조각사유를 규정하고 있는 경우도 있다.

조세범의 특성상 위와 같은 일반적 위법성조각사유 중 정당방위, 긴급피난, 자구행위, 피해자의 승낙 등은 적용될 여지가 별로 없다. 그러나 형법 제20조에 규정된 정당행위는 다른 개별 위법성조각사유를 포괄할 만큼 일반적·포괄적으로 규정돼 있으므로 조세범에 관한 위법성조각사유로 적용될 여지가 있다. 정당행위란 법령에 의한 행위 또는 업무로 인한 행위 기타 사회상규에 위배되지 아니하는 행위를 말하는데, 여기서 '기타 사회상규에 위배되지 아니하는 행위' 부분이 일반적·포괄적 위법성조각사유로서의 역할을 한다. 사회상규란 사회의 일반적인 규칙, 일반인의 건전한 도의감 등으로 설명된다. 판례는 사회상규에 위배되지 아니하는 행위를 극히 정상적인 생활형태의 하나로서 역사적으로 생성된 사회생활질서의 범위 안에 있는 것이라고 판시하고 있다.[42][43]

---

41) 이재상·장영민·강동범, 앞의 책, 233쪽.

42) 대법원 1983. 2. 8. 선고 82도357 판결. 대법원은 이와 관련하여 "형법 제20조가 사회상규에 위배되지 아니하는 행위는 처벌하지 아니한다고 규정한 것은 사회상규 개념을 가장 기본적인 위법성 판단의 기준으로 삼아 이를 명문화한 것으로서 그에 따르면 행위가 법규정의 문언 상 일응 범죄구성요건에 해당된다고 보이는 경우에도 그것이 극히 정상적인 생활형태의 하나로서 역사적으로 생성된 사회생활질서의 범위 안에 있는 것이라고 생각되는 경우에 한하여 그 위법성이 조각되어 처벌할 수 없게 되는 것이며, 어떤 법규정이 처벌대상으로 하는 행위가 사회발전에 따라 전혀 위법하지 않다고 인식되고 그 처벌이 무가치할 뿐 아니라 사회정의에 배반된다고 생각될 정도에 이를 경우나, 자유민주주의 사회의 목적 가치에 비추어 이를 실현하기 위해 사회적 상당성이 있는 수단으로 행하여졌다는 평가가 가능한 경우에 한하여 이를 사회상규에 위배되지 아니한다고 할 것이다"라고 판시하고 있다.

43) 관세법위반 사건에서 사회상규를 근거로 위법성을 조각한 사례가 있다. 경화카제인을 낮은 세율로 신고하여 관세를 포탈한 사안에서, 대법원은 "피고인은 서울세관에서 수년간 관행적으로 취급하여 온 바에 따라 이 사건 수입신고를 함에 있어 세번을 3904, 세율을 40으로 신고하였음이 원심이 적법하게 확정한 바이므로

　　범죄가 성립하려면 구성요건 해당성과 위법성이 충족되는 이외에 위법한 행위를 한 자에게 책임이 인정되어야 한다. 책임이란 위법한 행위를 한 자에 대한 비난가능성이다. 행위자에 대한 비난가능성을 제거해주는 일정한 사정을 책임조각사유라고 하고, 비난가능성을 약화시키는 일정한 사정을 책임감경사유라고 한다.

　　14세 미만인 자의 행위는 벌하지 아니한다(형법 제9조). 14세 미만이면 책임무능력자로서 무조건 처벌이 되지 아니하는 것이다. 한편, 심신장애로 인하여 사물을 변별할 능력이 없거나 의사를 결정할 능력이 없는 자의 행위는 벌하지 아니한다(형법 제10조 제1항). 심신장애로 인하여 사물을 변별할 능력이나 의사를 결정할 능력이 미약한 자의 행위는 형을 감경한다(형법 제10조 제2항). 심신장애의 대표적인 사유가 정신병, 정신박약 등이다. 심신장애의 존재 여부는 정신과 전문의 등의 감정을 거쳐서 결정하는 경우가 보통이다. 조세범 처벌절차법 시행령 제12조 제2항에 따른 벌금상당액 부과기준 별표 제1항의 마.에 의하면, 조세범칙행위자가 심신장애로 인하여 사물을 분별하거나 의사를 결정할 능력이 미약한 사람이거나 청각 및 언어 장애인인 경우에는 위 별표 제2호의 개별기준에 따른 벌금상당액의 100분의 50에 해당하는 금액을 감경하도록 규정하고 있다.

　　강요된 행위도 책임이 부정된다. 저항할 수 없는 폭력이나 자기 또는 친족의 생명·신체에 대한 위해를 방어할 방법이 없는 협박에 의하여 강요된 행위는 벌하지 아니한다(형법 제12조). 이러한 경우에는 행위자에게 적법하게 행위할 것을 기대하기 어려우므로 책임을 인정하지 않는 것이다. 예컨대, 범인이 어느 사업자에게 칼을 들이대고 협박하면서 허위 세금계산서를 작성하여 교부하게 했다면 이는 강요된 행위로서 책임이 조각될 것이다.

　　자기의 행위가 법령에 의하여 죄가 되지 아니하는 것으로 오인한 행위는 그 오인에 정당한 이유가 있는 때에 한하여 벌하지 아니한다(형법 제16조). 이를 법률의 착오 또는 위법성의 착오라고 한다. 단순한 법률의 부지는 법률의 착오에 해당하지 않는다. 가령, 부가가치세 포탈이 문제된 사안에서 단순히 어떠한 서비스가 부가가치세 부과대상인지 몰랐다는 사정은 법률의 착오라고 할 수 있는 다른 사정이 없는 한 법률의 부지에 불과하다.

　　판례는 법률의 착오에 정당한 이유가 있는지 여부는 행위자에게 자기 행위의 위법 가능

　　그렇다면 피고인의 행위는 비록 그 행위의 외관에 있어 설사 어떤 위법이 있다고 할지라도 국민 일반의 도의적 감정에 있어 결코 비난할 수 없는 사회상규에 반하지 않는 행위에 해당한다고 할 것이며 이와 같은 이치는 부산세관에서는 이와 같은 경우 세번을 3907, 세율을 60퍼센트로 취급하고 있고 피고인이 이와 같은 사실을 알고 있었다 하여 다를 바가 없다고 할 것이다"라며 무죄 취지로 판시하였다(대법원 1983. 11. 22. 선고 83도2224 판결).

성에 대하여 심사숙고하거나 조회할 수 있는 계기가 있어 자신의 지적능력을 다하여 이를 회피하기 위한 진지한 노력을 다하였더라면 스스로의 행위에 대하여 위법성을 인식할 수 있는 가능성이 있었음에도 이를 다하지 못한 결과 자기 행위의 위법성을 인식하지 못한 것인지 여부에 따라 판단하여야 할 것이고, 이러한 위법성의 인식에 필요한 노력의 정도는 구체적인 행위정황과 행위자 개인의 인식능력 그리고 행위자가 속한 사회집단에 따라 달리 평가되어야 한다고 한다.[44] 판례는 공무원이 허가 대상인 행위를 허가 대상이 아니라고 잘못 알려주어 이를 믿고 허가를 받지 아니한 채 행위로 나아간 사례[45], 범행과 동일한 성질의 행위에 대해 이전에 검찰의 혐의 없음 결정을 받은 적이 있었던 사례[46] 등에서 법률의 착오에 정당한 이유가 있다고 판시한 바 있다. 하지만 위와 같은 사성이 있는 경우에노 구체적 사안에 따라 결론이 달라질 수 있다.[47] 한편, 변호사, 변리사, 세무사, 회계사와 같은 전문가의 의견을 듣고 행위하였다는 것만으로는 법률의 착오에 정당한 이유가 있다고 인정되지 않는다.[48]

---

44) 대법원 2015. 1. 15. 선고 2013도15027 판결.
45) 대법원 1992. 5. 22. 선고 91도 2525 판결.
46) 대법원 1995. 8. 25. 선고 95도717 판결.
47) 예를 들어 대법원 2010. 7. 15. 선고 2008도11679 판결에서는 피고인이 이전에 유사한 행위로 혐의 없음 처분을 받은 전력이 있음에도 대법원 1995. 8. 25. 선고 95도717 판결에서와는 달리 법률의 착오에 정당한 이유가 없다고 판시한 바 있다.
48) 대법원 1998. 10. 13. 선고 97도3337 판결 ; 대법원 2018. 2. 8. 선고 2015도7397 판결.

제3장

조세범 관련 공범론

제30조(공동정범) 2인 이상이 공동하여 죄를 범한 때에는 각자를 그 죄의 정범으로 처벌한다.

제31조(교사범) ① 타인을 교사하여 죄를 범하게 한 자는 죄를 실행한 자와 동일한 형으로 처벌한다.

② 교사를 받은 자가 범죄의 실행을 승낙하고 실행의 착수에 이르지 아니한 때에는 교사자와 피교사자를 음모 또는 예비에 준하여 처벌한다.

③ 교사를 받은 자가 범죄의 실행을 승낙하지 아니한 때에도 교사자에 대하여는 전항과 같다.

제32조(종범) ① 타인의 범죄를 방조한 자는 종범으로 처벌한다.

② 종범의 형은 정범의 형보다 감경한다.

제34조(간접정범, 특수한 교사, 방조에 대한 형의 가중) ① 어느 행위로 인하여 처벌되지 아니하는 자 또는 과실범으로 처벌되는 자를 교사 또는 방조하여 범죄행위의 결과를 발생하게 한 자는 교사 또는 방조의 예에 의하여 처벌한다.

② 자기의 지휘, 감독을 받는 자를 교사 또는 방조하여 전항의 결과를 발생하게 한 자는 교사인 때에는 정범에 정한 형의 장기 또는 다액에 그 2분의 1까지 가중하고 방조인 때에는 정범의 형으로 처벌한다.

제1절 **개요**

Ⅰ 정범과 공범의 의의

범죄는 한 사람이 실행할 수도 있고, 여러 사람이 가담하여 실행할 수도 있다. 전자의 범인 또는 범죄형태를 단독범, 후자의 범인 또는 범죄형태를 공범이라고 하는데 이러한 공범은 가담형태에 따라 공동정범, 교사범, 방조범[49]으로 분류된다.

공동정범이란 타인과 공동하여 죄를 범한 자이고(형법 제30조), 교사범이란 타인으로 하여금 범죄를 결의하고 실행하게 하는 자이며(형법 제31조 제1항), 방조범이란 타인의 범죄실행을 용이하게 하는 자이다(형법 제32조 제1항).

한편, 공범은 정범에 대응하는 협의의 개념으로도 사용된다. 교사범과 방조범이 협의의 공범에 해당하며 단독범, 공동정범, 간접정범이 이에 대응하는 정범에 해당한다. 정범이란 범죄의 실행행위를 지배하는 주체이다. 반면에 협의의 공범인 교사범과 방조범은 범죄의 실행행위를 지배하지 않는 부수적인 존재로서 정범의 존재를 전제로 정범의 범죄에 종속하여 성립한다.

공범의 종속성

협의의 공범인 교사범과 방조범은 단독범, 공동정범, 간접정범 등 정범의 존재를 전제로 하며 정범의 범죄에 종속하여 성립한다.[50] 이를 공범의 종속성이라고 한다. 정범의 성립은 교사범과 방조범의 구성요건의 일부를 형성하므로 교사범과 방조범이 성립함에는 정범의 범죄행위가 성립하는 것이 그 전제요건이 된다.[51] 예를 들어, 정범에게 조세범처벌법위반죄가 성립하여야 공범에게도 조세범처벌법위반교사 또는 조세범처벌법위반방조가 성립하고, 정범에게 조세범처벌법위반에 대한 증거가 부족하거나 법리상 조세범처벌법위반이 성립하지 않은 경우 공범에게도 조세범처벌법위반교사 또는 조세범처벌법위반방조가 성립하지 않는다.

공범은 정범이 범죄성립요건 중 구성요건해당성과 위법성만 갖추면 성립할 수 있다. 따라서 정범의 실행행위가 구성요건해당성과 위법성을 갖추었으나 책임이 부정되어 무죄인 경우에도 공범은 성립할 수 있다. 예를 들어 교사범이 형사미성년자인 정범에게 조세범처벌법위반죄의 실행을 교사한 경우 정범의 행위가 구성요건에 해당하고 위법하기만 하면 비록 정범이 형사미성년자로서 책임이 부인되어 무죄일지라도 교사범은 조세범처벌법위반교사의 죄책을 지게 되는 것이다.

---

49) 방조범에 대해 규정하고 있는 형법 제32조는 방조범이라는 용어 대신 종범(從犯)이라는 용어를 사용하고 있다.
50) 대법원 1974. 5. 28. 선고 74도509 판결 ; 대법원 1998. 2. 24. 선고 97도183 판결 ; 대법원 1970. 3. 10. 선고 69도 2492 판결.
51) 대법원 1981. 11. 24. 선고 81도2422 판결.

Ⅲ 정범과 공범의 구별

　정범과 협의의 공범을 어떤 기준으로 구별할 것인지 문제된다. 정범과 공범의 구별에 관해서는 다양한 학설이 존재하나 오늘날에는 행위지배설이 통설과 판례[52]의 입장이다. 행위지배설에 의하면 정범은 행위를 지배하는 자, 즉 사태의 중심인물로서 구성요건 실현에 필요한 수단을 의식적으로 조정할 의사를 가지고 범죄의 완료에 이르기까지의 경과를 자신의 수중에 두고 있는 자이고, 공범이란 행위지배 없이 사태의 부수적 인물로서 구성요건 실현을 조성하는데 그치는 자이다.[53]

제2절　공동정범

　공동정범은 2인 이상이 공동하여 죄를 범한 경우로서 각자가 그 죄의 정범으로 처벌된다(형법 제30조). 공동정범이 성립하기 위해서는 공동가공의 의사라는 주관적 요건과 공동가공의 의사에 의한 기능적 행위지배를 통한 범죄실행이라는 객관적 요건이 충족되어야 한다.[54]

　먼저 주관적 요건인 공동가공의 의사는 타인의 범행을 인식하면서도 이를 제지하지 아니하고 용인하는 것만으로 부족하고 공동의 의사로 특정한 범죄행위를 하기 위하여 일체가 되어 서로 다른 사람의 행위를 이용하여 자기의 의사를 실행에 옮기는 것을 내용으로 하는 것이어야 한다.[55] 공동가공의 의사는 공모를 통해 형성된다. 이러한 공모는 법률상 어떤 정형을 요구하는 것이 아니고 2인 이상이 어느 범죄에 공동가공하여 그 범죄를 실현하려는 의사의 결합만 있으면 되는 것으로서, 비록 전체의 모의과정이 없었다고 하더라도 수인 사이에 순차적으로 또는 암묵적으로 상통하여 그 의사의 결합이 이루어지면 공모관계가 성립한다. 즉, 공범자 사이에 모의가 있는 때뿐만 아니라 암묵리에 서로 협력하여 공동의 범의를 실현하려는 의사가 상통하면 족하다.[56]

　다음으로 공동정범이 성립하려면 객관적 요건인 범죄에 대한 본질적 기여를 통한 기능적 행위지배가 인정되어야 한다. 통상은 다른 사람과 분업적 역할분담을 통해 범죄를 실행하는 경우에 기능적 행위지배가 인정되겠지만, 공모자 중 구성요건행위를 직접 분담하여 실

---

52)　대법원 1989. 4. 11. 선고 88도1247 판결 ; 대법원 2010. 12. 23. 선고 2010도7412 판결.
53)　임웅, 앞의 책, 507쪽.
54)　대법원 2015. 7. 23. 선고 2015도3080 판결.
55)　대법원 2006. 3. 9. 선고 2004도206 판결.
56)　대법원 1985. 12. 24 선고 85도2317 판결 ; 대법원 1987. 12. 22. 선고 87도84 판결.

행하지 아니한 사람일지라도 전체 범죄에서 그가 차지하는 지위, 역할이나 범죄 경과에 대한 지배 내지 장악력 등을 종합해 볼 때 단순한 공모자에 그치는 것이 아니라 범죄에 대한 본질적 기여를 통한 기능적 행위지배가 존재하는 것으로 인정되는 경우에는 공동정범으로서 죄책을 진다.[57] 이처럼 실행행위를 분담하지 않고 공모 만에 의해 인정되는 공동정범을 공모공동정범이라고 한다. 공모공동정범은 조직범죄의 거물급 등을 처벌하기 위해서 일본에서 고안된 법리이나 오늘날에는 살인, 강도 등의 강력범죄 뿐만 아니라 횡령, 배임 등의 재산범죄에도 폭넓게 인정되고 있다.[58]

조세범에도 공모공동정범이 인정된다. 예를 들어 피고인의 남편인 망 甲이 A그룹 산하 기업체인 B주식회사, C주식회사, D주식회사의 대주주이고 그 각 이사회의 회장으로서 위 회사들을 경영하다가 1970. 12. 27. 사망하기 이전부터, 망 甲과 위 각 회사의 대표이사 및 관계 임직원들이 공모하여 조세포탈을 하여 왔고 망 甲이 사망한 후에도 위 각 회사의 대표이사 및 관계 임직원들의 공모에 의한 조세포탈행위는 계속되어 왔는데, 피고인은 망 甲이 사망한 후에 유족의 대표자로서 사실상 그의 지위를 승계하였고 또 위 각 회사의 이사로 있으면서 비공식적인 것이나 회장으로 처우받으면서 실질적으로 경영에 관여하고 각 회사의 경영상태를 보고받음으로써 각 회사에서 조세포탈행위가 이루어지고 있는 사실을 알았으며, 나아가 돈을 주며 세무공무원 등의 자문을 받는 등 그 조세포탈행위가 이루어지도록 가공하여 그로 인한 이익금의 일부를 분배받은 바 있다면, 피고인이 조세포탈을 새로이 모의한다거나 구체적인 실행행위를 분담한 바가 없다고 하더라도 조세포탈을 한 위 각 회사의 대표이사 및 관계 임직원들과 피고인 사이에 조세포탈의 공동정범이 성립된다.[59]

또한, 피고인이 구속돼 있는 동안 피고인의 처가 2004. 2. 25.부터 2004. 7. 5.까지는 피고인의 지시를 받고 피고인을 대행하여, 2004. 7. 6. 이후 2004. 11. 22. 두 사람이 협의이혼하기 전까지는 A회사의 대표이사로서 면회와 서신교환으로 피고인의 지시를 받아 A회사를 운영하면서 가맹점 업주와 가맹점 계약을 체결하고 그들로부터 받은 가맹비와 가맹점개설비 등에 대하여 세금계산서를 발급하지 아니하는 등의 방법으로 매출액을 누락시키거나 줄이는 부정행위를 한 다음 2005. 1.경 A회사의 2004년 2기분 부가가치세를, 2005. 3.경 A회사의 2004년도 법인세를 각각 신고하면서 허위로 매출액을 축소신고하여 피고인과 피고인의 처가 조세포탈의 공동정범으로 기소된 사안에서, 대법원은 피고인이 2004. 2. 25.부터 2004. 11. 22.경까지 직접 조세포탈행위를 분담한 바가 없다고 하더라도 2004년 2기분 부가

---

57) 대법원 1989. 4. 11. 선고 88도1247 판결 ; 대법원 2013. 9. 12. 선고 2013도6570 판결 ; 대법원 2015. 7. 23. 선고 2015도3080 판결.
58) 임웅, 앞의 책, 475쪽.
59) 대법원 1987. 12. 22. 선고 87도84 판결.

가치세와 2004년도 법인세를 포탈한 피고인의 처와 조세포탈의 공범관계에 있다고 할 것이고, 피고인이 2004. 11. 22. 피고인의 처와 협의이혼에 합의한 이후로 A회사의 경영에 전혀 관여하지 않았다고 하더라도 나중에 이루어진 피고인의 처의 허위신고행위에 대하여도 공동정범으로서의 형사책임을 부담한다는 취지로 판시하였다.[60][61]

제3절　교사범

　교사범이란 정범인 피교사자로 하여금 범죄를 결의하게 하여 그 죄를 범하게 한 때에 성립하는 것이다.[62] 교사범은 범행을 실행한 정범과 동일한 형으로 처벌한다(형법 제31조 제1항). 교사범에 있어서 실행행위를 지배하는 자는 피교사자(정범)이고 교사자는 사태의 부수적 인물로서 행위지배 없이 구성요건실현을 조성하는 자에 그친다는 점에서 정범이 아니라 공범에 불과하다.[63]

　교사범을 처벌하는 이유는 이와 같이 교사범이 피교사자로 하여금 범죄실행을 결의하게 하였다는 데에 있다.[64] 따라서 실패한 교사는 원칙적으로 처벌되지 않는다. 다만 교사를 받은 자가 범죄의 실행을 승낙하고 실행의 착수에 이르지 아니한 때에는 음모 또는 예비를 처벌하는 죄에 한하여 교사자와 피교사자를 음모 또는 예비에 준하여 처벌하고, 교사를 받은 자가 범죄의 실행을 승낙하지 아니한 때에는 교사자는 음모 또는 예비를 처벌하는 죄에 한하여 음모 또는 예비에 준하여 처벌할 뿐이다(형법 제31조 제2항, 제3항). 조세범에는 음모 또는 예비를 처벌하는 규정이 없으므로 실패한 조세범에 관한 교사는 처벌되지 않는다.

　교사범이 성립하기 위해 교사범의 교사가 정범의 범행에 대한 유일한 조건일 필요는 없으므로, 교사행위에 의하여 피교사자가 범죄 실행을 결의하게 된 이상 피교사자에게 다른 원인이 있어 범죄를 실행한 경우에도 교사범의 성립에는 영향이 없다.[65] 따라서 교사자가 교사행위를 철회하였음에도 피교사자 자신이 스스로 이익을 취하기 위해 종전의 범행결의에 따라 범행한 경우에도 교사범이 성립한다.

---

60) 대법원 2008. 7. 24. 선고 2007도4310 판결.
61) 공모관계에서 이탈한 범인의 형사책임과 관련하여 판례는 '피고인이 범행의 일부를 실행한 후 공범관계에서 이탈하였으나 다른 공범자에 의하여 나머지 범행이 이루어진 경우, 피고인이 관여하지 않은 부분에 대하여도 죄책을 부담한다'라는 입장이다(대법원 2005. 4. 15. 선고 2005도630 판결 ; 대법원 2007. 5. 31. 선고 2007도1041 판결 등 참조). 조세범에 대해서도 같은 법리가 적용된다.
62) 대법원 2012. 11. 15. 선고 2012도7407 판결.
63) 임웅, 앞의 책, 507쪽.
64) 대법원 2012. 11. 15. 선고 2012도7407 판결.
65) 대법원 1991. 5. 14. 선고 91도542 판결 ; 대법원 2012. 11. 15. 선고 2012도7407 판결.

교사는 타인으로 하여금 일정한 범죄를 실행할 결의를 생기게 하는 행위를 하면 되는 것으로서 교사의 수단방법에 제한이 없고 교사범이 성립하기 위하여는 범행의 일시, 장소, 방법 등의 세부적인 사항까지를 특정하여 교사할 필요는 없으며, 정범으로 하여금 일정한 범죄의 실행을 결의할 정도에 이르게 하면 된다.[66]

피교사자는 교사범의 교사에 의하여 범죄실행을 결의하여야 하는 것이므로, 피교사자가 이미 범죄의 결의를 가지고 있을 때에는 교사범이 성립할 여지가 없다.[67] 예컨대, 이미 다른 사람의 교사에 의하여 정범이 범행을 결의한 상태라면 그 이후에 교사한 자에게는 교사범이 성립할 여지가 없다.[68]

제4절 방조범

방조범이란 정범이 범행을 한다는 정을 알면서 그 실행행위를 용이하게 한 때에 성립한다(형법 제32조 제1항). 방조범은 이를 종범(從犯)이라고 부르기도 한다. 방조범의 형은 정범의 형보다 감경한다(형법 제32조 제2항). 방조범의 형의 감경은 형법 제55조의 법률상 감경의 방식에 의한다. 그러나 개별 법령에서 별도의 규정으로 방조범을 처벌하는 경우에는 해당 조문에 정한 법정형에 의해 처벌한다. 예를 들어, 조세범 처벌법 제7조 제3항은 체납처분면탈을 방조한 자를 2년 이하의 징역 또는 2천만 원 이하의 벌금에 처하도록 규정하고 있는데, 이때는 형법 제32조가 적용되지 않으므로 형의 감경 없이 위 조항에 정한 법정형의 범위 내에서 처벌한다.

형법상 방조행위는 정범이 범행을 한다는 정을 알면서 그 실행행위를 용이하게 하는 직접·간접의 모든 행위를 가리키므로 유형적, 물질적 방조행위뿐만 아니라 정범에게 범행의 결의를 강화하도록 하는 것과 같은 무형적·정신적 방조행위까지도 포함한다.[69] 따라서 범행에 관하여 조언이나 격려를 하는 것도 방조에 해당한다.[70] 또한, 방조는 정범의 실행행위 중에 이를 방조하는 경우뿐만 아니라, 실행 착수 전에 장래의 실행행위를 예상하고 이를 용이하게 하는 행위를 하여 방조한 경우에도 성립한다.[71]

---

66) 대법원 1991. 5. 14. 선고 91도542 판결.
67) 대법원 1991. 5. 14. 선고 91도542 판결.
68) 대법원 2012. 8. 30. 선고 2010도13694 판결. 다만 이러한 경우 방조범으로 처벌될 여지는 있다.
69) 대법원 2008. 3. 13. 선고 2006도3615 판결.
70) 대법원 2005. 6. 10. 선고 2005도1373 판결.
71) 대법원 2011. 12. 8. 선고 2010도9500 판결.

방조는 작위에 의한 경우뿐만 아니라 부작위에 의하여도 성립된다. 다만 형법상 부작위범은 작위에 의한 법익침해와 동등한 형법적 가치가 있는 경우에만 처벌한다. 판례는 형법상 부작위범이 성립하기 위하여는 형법이 금지하고 있는 법익침해의 결과발생을 방지할 법적인 작위의무를 지고 있는 자가 그 의무를 이행함으로써 결과발생을 쉽게 방지할 수 있었음에도 불구하고 그 결과의 발생을 용인하고 이를 방관한 채 그 의무를 이행하지 아니한 경우에, 그 부작위가 작위에 의한 법익침해와 동등한 형법적 가치가 있는 것이어서 그 범죄의 실행행위로 평가될 만한 것이라면, 작위에 의한 실행행위와 동일하게 부작위범으로 처벌할 수 있다는 취지로 판시하고 있다.[72]

방조범은 정범의 실행을 용이하게 한다는 방조의 고의와 정범의 행위가 구성요건에 해당하는 행위인 점에 대한 정범의 고의가 있어야 한다. 위 정범의 고의는 정범에 의하여 실현되는 범죄의 구체적 내용을 인식할 것을 요하는 것은 아니고 미필적 인식 또는 예견으로 족하다.[73]

실무상 사업체를 설립하여 허위 세금계산서를 발급하는 범행에 사용하려고 하는 것을 알면서도 사업자등록 명의를 대여하거나 주식회사의 대표이사 명의를 빌려 준 경우, 수출하는 중고차의 매입가격을 부풀려 부가가치세를 부정환급받으려는 사실을 알고도 부풀린 가격으로 수출신고 대행을 해 준 경우 등에 조세범처벌법위반방조죄가 성립한다.

제5절 　간접정범

간접정범이란 어느 행위로 인하여 처벌되지 아니하는 자 또는 과실범으로 처벌되는 자를 도구로 이용하여 범죄를 실행할 때 성립한다(형법 제34조 제1항). 간접정범이 성립하려면 피이용자에 대한 행위지배가 있어야 한다.[74] 간접정범은 범행에 대한 아무런 인식이 없는 타인을 도구로 이용한다는 점에서 범행실현의 고의를 가지고 있는 타인을 가담시키는 공동정범이나 교사범과 다르다.

간접정범은 그 자신이 범행의 정범이므로 원칙적으로 정범에게 일정한 신분이 있어야 성립하는 진정신분범을 신분 없는 자가 간접정범의 형태로 저지를 수 없다.[75] 그런데 위와

---

72) 대법원 2008. 2. 28. 선고 2007도9354 판결 ; 대법원 2005. 7. 22. 선고 2005도3034 판결 ; 대법원 1996. 9. 6. 선고 95도2551 판결.
73) 대법원 2005. 4. 29. 선고 2003도6056 판결.
74) 대법원 1997. 4. 17. 선고 96도3376 전원합의체 판결.
75) 대법원 2014. 1. 23. 선고 2013도13804 판결. 학설은 간접정범도 정범이기 때문에 신분 없는 자는 진정신분범

같은 법리에도 불구하고 비신분자가 신분이 있는 자를 도구로 이용하여 진정신분범을 저지르는 일부 유형에 대해서는 판례가 예외적으로 신분이 없는 간접정범에게 신분범의 성립을 인정하기도 한다.[76]

예컨대, 판례는 신분이 없는 간접정범에게 신분범인 조세포탈죄의 성립을 인정한 바 있다. 자동차의 실제 매수자는 개인들이고 그 구입대금 및 기타 운행에 소요되는 제세공과금 역시 개인들이 부담하여 그 개인들이 자가용으로 사용할 예정임에도, 자동차대여사업 회사의 실질적 경영자인 피고인이 자동차의 실질적인 소유자들과 공모하여 영업용 차량인 것처럼 회사 명의로 구입신청을 함으로써 그 정을 모르는 납세의무자인 자동차회사로 하여금 자동차 반출시에 특별소비세(현 개별소비세) 및 교육세를 반입자로부터 징수·납부하지 아니하게 한 사안에서, 대법원은 위 자동차대여사업 회사에 특별소비세 포탈의 고의가 인정될 뿐 아니라 위와 같은 일련의 행위는 그로 인하여 처벌받지 아니하는 자동차회사를 이용하여 결과적으로 특별소비세 등의 부담을 면한 경우에 해당한다는 이유로 납세의무자라는 신분이 없는 자동차대여사업 회사의 실질적 경영자에게 조세포탈죄의 성립을 인정하였다.[77]

간접정범은 타인을 도구로 이용하는 방식에 따라 교사 또는 방조의 예에 따라 처벌한다(형법 제34조 제1항). 따라서 교사의 방식을 사용한 경우 정범과 동일한 법정형으로 처벌하고, 방조의 방식을 사용한 경우 형을 감경한다.

의 간접정범이 될 수 없다고 보는 것이 통설이다(이재상·장영민·강동범, 앞의 책, 488쪽 : 임웅, 앞의 책, 504쪽 : 김성돈,『형법총론』, 박영사, 2024, 824쪽 등 참조). 그러나 간접정범의 본질을 공범으로 보는 견해에 의하면 신분 없는 자도 형법 제33조에 의해 진정신분범의 간정정범이 될 수 있다.

76) 비신분자가 신분이 있는 자를 도구로 사용하여 진정신분범을 저지른 경우에 대하여 판례가 비신분자에게 간접정범의 성립을 인정한 사례로는 ① 허위공문서작성죄와 관련하여, 공문서 작성권한이 없는 하급공무원(비신분자)이 아무런 사정을 모르는 공문서 작성권한이 있는 상사(신분자)에게 결재를 받는 방식으로 허위공문서를 작성하는 경우(대법원 2011. 5. 13. 선고 2011도1415 판결), ② 허위보증서 작성과 관련하여, 피고인(비신분자)이 부동산 소유권이전등기 등에 관한 특별조치법상의 보증인(신분자)을 속여 허위보증서를 작성하게 한 경우(대법원 2009. 12. 24. 선고 2009도7815 판결) 등이 있다.

77) 대법원 2003. 6. 27. 선고 2002도6088 판결.

형법

제33조(공범과 신분) 신분관계로 인하여 성립될 범죄에 가공한 행위는 신분관계가 없는 자에게도 전 3조의 규정을 적용한다. 단, 신분관계로 인하여 형의 경중이 있는 경우에는 중한 형으로 벌하지 아니한다.

조세범 처벌법

제10조 (생략)

③ 재화 또는 용역을 공급하지 아니하거나 공급받지 아니하고 다음 각 호의 어느 하나에 해당하는 행위를 한 자는 3년 이하의 징역 또는 공급가액에 부가가치세의 세율을 적용하여 계산한 세액의 3배 이하에 상당하는 벌금에 처한다.

1. 「부가가치세법」에 따른 세금계산서를 발급하거나 발급받은 행위
2. 「소득세법」 및 「법인세법」에 따른 계산서를 발급하거나 발급받은 행위
3. 「부가가치세법」에 따른 매출·매입처별세금계산서합계표를 거짓으로 기재하여 제출한 행위
4. 「소득세법」 및 「법인세법」에 따른 매출·매입처별계산서합계표를 거짓으로 기재하여 제출한 행위

④ 제3항의 행위를 알선하거나 중개한 자도 제3항과 같은 형에 처한다. 이 경우 세무를 대리하는 세무사·공인회계사 및 변호사가 제3항의 행위를 알선하거나 중개한 때에는 「세무사법」 제22조 제2항에도 불구하고 해당 형의 2분의 1을 가중한다.

(생략)

세무사법

제22조(벌칙) ① (생략)

② 세무사로서 「조세범 처벌법」에 규정된 범죄와 「형법」 중 공무원의 직무에 관한 죄를 교사(教唆)한 자는 그에 대하여 적용할 해당 조문의 형기(刑期) 또는 벌금의 3분의 1까지 가중하여 벌한다.

신분범의 의의

범죄 중에는 행위자에게 일정한 신분이 있는 경우에만 성립하거나, 신분이 없어도 범죄 자체는 성립하나 일정한 신분이 있는 경우 형이 가중되거나 감경되는 별도의 범죄가 성립하는 경우도 있다. 전자의 경우를 진정신분범이라고 하고, 후자의 경우를 부진정신분범이라고 한다. 조세범의 상당수가 진정신분범이며 세무사 등에 대한 부진정신분범 규정도 존재한다.

Ⅱ 신분범의 유형

1. 진정신분범

조세범 처벌법에 다수의 진정신분범이 규정돼 있다. 그 중에서 조세범 처벌법 제3조 제1항 소정의 조세포탈죄는 납세의무자와 조세범 처벌법 제18조(양벌규정) 소정의 법정책임자인 법인의 대표자, 법인 또는 개인의 대리인, 사용인, 그 밖의 종업원 등만이 범죄주체가 되는 진정신분범이다.[78] 이러한 신분을 가지지 아니한 자는 독자적으로 조세포탈의 범죄주체가 될 수 없다. 다만 아래 Ⅲ.항에서 기술하는 바와 같이 비신분자도 정범인 신분자의 조세포탈행위에 가담하는 경우에는 조세포탈죄의 공범이 성립한다.

그 밖에 조세범 처벌법 제4조(면세유의 부정유통), 제7조(체납처분 면탈), 제9조(성실신고 방해 행위), 제10조(세금계산서의 발급의무 위반 등), 제13조(원천징수의무자의 처벌), 제15조(해외금융계좌정보의 비밀유지의무 등의 위반), 제16조(해외금융계좌 신고의무 불이행) 등에도 진정신분범이 규정돼 있다.

2. 부진정신분범(세무사 등의 범죄)

조세범 처벌법 제10조 제3항은 재화 또는 용역을 공급하지 아니하거나 공급받지 아니하고 세금계산서, 계산서를 발급 또는 수취하거나 세금계산서합계표 또는 계산서합계표를 거짓으로 기재하여 제출한 행위를 처벌하는 조항인데, 동법 제10조 제4항 전단은 같은 조 제3항의 행위를 알선하거나 중개한 자도 제3항과 같은 형에 처한다고 규정하고, 같은 조 제4항 후단은 세무를 대리하는 세무사·공인회계사 및 변호사가 제3항의 행위를 알선하거나 중개한 때에는 세무사법 제22조 제2항에도 불구하고 해당 형의 2분의 1을 가중한다고 규정하

---

78) 대법원 2008. 4. 24. 선고 2007도11258 판결.

고 있다. 따라서 조세범 처벌법 제10조 제4항 후단은 전단의 범죄에 대한 부진정신분범에 해당한다.

한편, 세무사법 제22조 제2항은 "세무사가 조세범 처벌법에 규정된 범죄를 교사한 경우 그에 대하여 적용할 해당 조문의 형기 또는 벌금의 3분의 1까지 가중하여 벌한다"고 규정하고 있기 때문에 조세범처벌법위반교사죄를 범한 세무사는 부진정신분범으로서 세무사라는 신분으로 인하여 비신분자보다 가중처벌된다.

Ⅲ 신분범에 가공한 공범의 처벌

신분범의 경우 비신분자가 이를 단독으로 범할 수는 없다. 그런데 정범인 신분자의 범행에 비신분자가 공범으로 가담한 경우에는 어떻게 취급해야 하는지 문제된다. 이것이 공범과 신분의 문제이다. 이와 관련하여 형법 제33조는 "신분관계로 인하여 성립될 범죄에 가공한 행위는 신분관계가 없는 자에게도 전 3조의 규정을 적용한다. 단, 신분관계로 인하여 형의 경중이 있는 경우에는 중한 형으로 벌하지 아니한다"라고 규정하여 비신분자가 신분자의 범죄에 가공한 경우에는 비신분자도 신분범인 정범의 공동정범, 교사범, 방조범이 될 수 있음을 규정하고 있다. 판례에 의하면 형법 제33조 전단은 진정신분범 및 부진정신분범의 공범의 성립에 관한 규정이다. 그리고 형법 제33조 후단은 부진정신분범의 과형에 관한 규정이다.[79]

예를 들어, 세무사가 조세범 처벌법 제10조 제4항의 범죄를 저지르는 것에 가담하여 이를 함께 실행한 일반인은 형법 제33조 전단에 의해 세무사와 함께 조세범 처벌법 제10조 제4항 후단의 범죄에 대한 공동정범이 되나, 세무사는 형법 제33조 단서에 따라 동법 제10조 제4항 후단에 의하여 가중처벌되고, 위 일반인은 제4항 전단에 의하여 본래의 형으로 처벌된다.

---

79) 대법원 1997. 12. 26. 97도2609 판결 ; 대법원 1965. 8. 24. 65도493 판결 등 참조. 반면에 통설은 형법 제33조 본문은 진정신분범의 성립에 대하여, 단서는 부진정신분범의 성립에 대하여 규정하고 있다고 해석한다.

제 4 장

조세범 관련 죄수론

제1절 의의

　죄수론(罪數論)이란 범죄의 수가 1개인가 또는 수 개인가의 문제를 다루는 이론이라고 할 수 있다.[80] 형사처벌 대상인 범죄사실에 대하여 형벌규정을 적용한 결과는 다음과 같은 네 가지의 유형 또는 그 혼합형으로 나타난다. 즉, ① 1개의 행위가 1개의 범죄를 구성하는 경우(단순일죄), ② 1개의 행위가 수 개의 범죄를 구성하는 경우(상상적 경합), ③ 수 개의 행위가 1개의 범죄를 구성하는 경우(포괄일죄), ④ 수 개의 행위가 수 개의 범죄를 구성하는 경우(실체적 경합) 등 또는 그 혼합형으로 나타난다. 죄수론은 결국 형사처벌 대상인 범죄사실이 단독으로 또는 다른 범죄사실과의 관계에서 위 유형 중 어디에 해당하는지를 결정하는 이론이다.

　죄수론이 의미가 있는 것은 어느 유형에 속하느냐에 따라 형의 선고가 가능한 범위를 의미하는 처단형을 정하는 방식, 공소제기의 효력과 기판력이 미치는 범위 등이 달라진다는 것이다. 이에 대해서는 아래에서 개별적으로 살피기로 한다.

　한편, 외부적으로 분리가능한 개별적 동작이 죄수론상 1개의 행위가 되느냐, 수 개의 행위가 되느냐의 기준에 관하여는 학설이 대립한다. 죄수론상 행위의 개수 결정은 어느 하나의 기준에 따라 결정하기 어려운 복잡한 문제이다. 1개의 자연적 행위가 죄수론상 1개의 행위를 구성하기도 하고, 여러 개의 자연적 행위가 죄수론상 1개의 행위를 구성하기도 한다. 죄수론상 행위의 개수는 사회적, 형법적 의미에서 결정된다.[81]

---

80) 이재상·장영민·강동범, 앞의 책, 553쪽.
81) 대법원 1994. 8. 26. 선고 92도3055 판결.

의의

일죄에는 1개의 행위가 1개의 범죄를 구성하는 단순일죄와 수 개의 행위가 1개의 범죄를 구성하는 포괄일죄가 있다. 결합된 행위 자체가 1개의 구성요건적 행위를 이루는 결합범, 구성요건의 성질상 동종행위의 반복이 예상되는 경우, 수 개의 행위가 이미 완성된 위법상태를 유지하는데 지나지 않은 영업범이나 계속범, 동일한 법익에 대하여 시간적, 장소적으로 근접한 행위가 같은 의사에 의하여 반복된 경우 등은 수 개의 행위가 법적 의미에서 1개의 행위로 흡수되어 일죄를 구성한다.[82]

Ⅱ 일죄가 성립하는 경우

조세포탈범의 죄수는 위반사실의 구성요건 충족 회수를 기준으로 하여 정하는 것으로서 기간세의 경우에는 각 과세기간별로 1죄가 성립한다. 예컨대, 소득세포탈은 1년의 각 과세연도마다, 법인세포탈은 각 사업연도마다, 그리고 부가가치세의 포탈은 6개월의 각 과세기간마다 1죄가 성립하는 것이 원칙이다.[83]

특정범죄 가중처벌 등에 관한 법률 제8조 제1항의 죄의 경우 조세의 종류를 불문하고 1년간 포탈한 세액을 모두 합산한 금액이 위 제8조 제1항 소정의 가중처벌 기준 이상인 때에는 1개의 위 제8조 제1항의 죄가 성립하고, 동죄는 1년 단위로 하나의 죄를 구성하며 그 상호 간에는 실체적 경합범 관계에 있다.[84]

조세범 처벌법 제10조 제1항 내지 제4항 위반죄의 경우 세금계산서, 계산서, 매출·매입처별 세금계산서합계표, 매출·매입처별 계산서합계표 등의 각 문서마다 1개의 죄가 성립한다.[85] 그리고 하나의 매출·매입처별 세금계산서합계표에 여러 거래처에 대하여 재화 또는 용역을 공급하지 아니하고 허위의 사실을 기재하였더라도 전체로서 하나의 매출·매입처별 세금계산서합계표를 허위로 작성하여 정부에 제출하는 것이므로 하나의 조세범처벌

---

82) 이재상·장영민·강동범. 앞의 책. 568쪽.
83) 대법원 2000. 4. 20. 선고 99도3822 전원합의체 판결.
84) 대법원 2011. 6. 30. 선고 2010도10968 판결 ; 대법원 2000. 4. 20. 선고 99도3822 전원합의체 판결.
85) 대법원 2013. 9. 26. 선고 2013도7219 판결 ; 대법원 1982. 12. 14. 선고 82도1362 판결 ; 대법원 2010. 5. 13. 선고 2010도336 판결.

법위반죄가 성립한다.[86]

특정범죄 가중처벌 등에 관한 법률 제8조의2 제1항의 죄의 경우, 조세범 처벌법 제10조 제3항의 각 위반행위가 영리를 목적으로 단일하고 계속된 범의 아래 일정기간 계속하여 행하고 행위들 사이에 시간적·장소적 연관성이 있으며 범행의 방법 간에도 동일성이 인정되는 등 하나의 법률조항 위반행위로 평가될 수 있고, 그 행위들에 해당하는 문서에 기재된 공급가액등을 모두 합산한 금액이 위 제8조의2 제1항에 정한 금액(30억 원 이상 50억 원 미만 또는 50억 원 이상)에 해당하면, 각각의 위반행위들이 포괄하여 1개의 위 제8조의2 제1항 위반의 죄가 성립한다.[87]

근로소득에 대한 원천징수를 이행하지 않음으로 인한 조세범처벌법위반죄의 구성요건은 근로소득 지급이 아니라 근로소득에 대하여 원천징수를 하지 아니하였다는 것이므로 근로소득자 전부에 대하여 하나의 포괄일죄가 성립하되, 매월분의 근로소득을 지급하는 때에 소득세를 원천징수하지 아니한 죄와 연말정산에 따른 소득세를 원천징수하지 아니한 죄가 각 성립하여 이들은 실체적 경합범의 관계에 있다.[88]

 일죄의 취급

단순일죄의 경우에는 해당 범죄에 정한 법정형 범위 내에서 형량을 정하면 된다. 포괄일죄의 경우에도 단순일죄와 같이 처리한다. 단순일죄나 포괄일죄는 소송법상으로도 일죄에 해당하므로 이러한 일죄의 일부행위에 대한 공소제기의 효력이나 판결의 기판력은 일죄 전체에 미친다. 또한 일죄의 일부에 대한 고발도 일죄 전체에 미친다. 따라서 포괄일죄의 범죄사실에 대한 공판 심리 중에 포괄일죄의 일부를 이루는 범죄사실이 추가로 발견된 경우 검사는 공소장 변경 절차에 의하여 그 범죄사실을 공소사실에 추가할 수 있다.

다만, 일죄의 일부에 대한 확정판결의 기판력의 범위에 대해서는 주의할 점이 있다. 확정판결의 기판력이 미치는 범위는 그 확정된 사건 자체의 범죄사실과 죄명을 기준으로 정하는 것이 원칙이라는 것이다. 예컨대, 피고인에 대해 사기죄로 유죄판결이 확정됐는데 그 사기 범죄사실과 이후 공소제기 된 사기사건이 실제로는 1개의 상습사기로서 포괄일죄 관계에 있다 하더라도 피고인이 상습사기죄가 아닌 단순 사기죄로 처벌되는 데 그친 경우에는 그 단순 사기죄의 확정판결을 상습범의 일부에 대한 확정판결이라고 보아 그 기판력이 그 사실심판결 선고 전의 나머지 범죄에까지 미친다고 보아서는 아니 된다.[89] 조세범에서도

---

86) 대법원 2009. 8. 20. 선고 2008도9634 판결.
87) 대법원 2015. 6. 23. 선고 2015도2207 판결.
88) 대법원 2011. 3. 24. 선고 2010도13345 판결.

마찬가지 법리가 적용된다. 이전의 확정판결에서 조세범 처벌법 제10조 제3항 각 호(실물 거래 없는 세금계산서 발급 등)의 위반죄로 처단되는데 그친 경우에는, 설령 그 확정된 사건 자체의 범죄사실이 뒤에 공소가 제기된 사건과 종합하여 특정범죄 가중처벌 등에 관한 법률 제8조의2 제1항 위반의 포괄일죄에 해당하는 것으로 판단된다 하더라도, 뒤늦게 앞서의 확정판결을 위 포괄일죄의 일부에 대한 확정판결이라고 보아 기판력이 그 사실심판결 선고 전의 특정범죄 가중처벌 등에 관한 법률 제8조의2 제1항 위반 범죄사실에 미친다고 볼 수 없다.[90]

제3절 상상적 경합

I 의의

형법 제40조에 규정된 상상적 경합은 1개의 행위가 실질적으로 수 개의 구성요건을 충족하는 경우를 말한다.[91] 상상적 경합에서의 한 개의 행위란 법적평가를 떠나 사회관념상 행위가 사물자연의 상태로서 한 개로 평가되는 것을 의미한다.[92]

상상적 경합과 비교되는 개념인 법조경합은 1개의 행위가 외관상 수 개의 죄의 구성요건에 해당하는 것처럼 보이나 실질적으로 1죄만을 구성하는 경우를 말하는데, 실질적으로 1죄인가 또는 수죄인가는 구성요건적 평가와 보호법익의 측면에서 고찰하여 판단하여야 한다.[93] 또한, 실질적으로 구성요건과 보호법익을 달리하는 수개의 죄가 법률상 1개의 행위로 평가되는 경우에는 형법 제40조의 상상적 경합범이 되고 수개의 행위로 평가되는 경우에는 형법 제37조 전단의 경합범이 된다.[94]

II 상상적 경합이 성립하는 경우

재화 또는 용역의 공급 없이 세금계산서를 발급할 경우 세금계산서마다 하나의 범죄가

---

89) 대법원 2004. 9. 16. 선고 2001도3206 전원합의체 판결.
90) 대법원 2015. 6. 23. 선고 2015도2207 판결.
91) 대법원 1991. 6. 25. 선고 91도643 판결 ; 대법원 2000. 7. 7. 선고 2000도1899 판결 등 참조.
92) 대법원 2011. 1. 27. 선고 2010도13188 판결.
93) 대법원 2000. 7. 7. 선고 2000도1899 판결 ; 대법원 2020. 7. 9. 선고 2019도17405 판결.
94) 대법원 2011. 12. 8. 선고 2011도9242 판결.

성립하는데 만일 여러 장의 허위 세금계산서를 동일한 기회에 동일한 상대방에게 작성하여 교부하였다면 세금계산서마다 별도로 1죄가 성립하고 각 죄 상호간은 상상적 경합이 된다. 거짓으로 기재한 매출처별 세금계산서합계표 또는 매입처별 세금계산서합계표를 제출한 때에는 각 문서마다 1개의 범죄가 성립한다. 만일 어느 과세기간에 대한 부가가치세 신고를 하면서 거짓으로 기재한 매출처별 세금계산서합계표와 거짓으로 기재한 매입처별 세금계산서합계표를 함께 제출하는 경우에는 각 합계표 별로 1죄가 성립하고 각 범죄 상호간은 상상적 경합이 된다.

실무상 조세범이 상상적 경합으로 처리되는 주된 사례 중의 하나는 독립세(이를 부가세와 대비하여 '본세'라고도 한다)와 부가세에 대한 조세포탈죄 상호간이다.[95] 독립세란 독립된 세원에 대하여 부과되는 조세이고 부가세란 독립된 세원 없이 독립세의 세액에 일정비율의 세액을 부가하여 본세와 동시에 징수하는 조세이다.

부가세로는 교육세, 농어촌특별세, 지방교육세(지방세임) 등이 있다. 부가세 중 교육세를 예로 들어보자. 교육세는 금융·보험업자의 수익금액, 개별소비세액, 주세액, 교통·에너지·환경세액을 과세표준으로 하여 거기에 일정한 세율을 곱하여 세액을 계산하며(교육세법 제5조 제1항),[96] 각 본세에 대한 납세의무자는 해당 세법에 따라 해당 세액을 신고·납부하는 때에 그에 대한 교육세를 신고·납부하여야 한다(교육세법 제9조 제2항). 따라서 교육세에 대한 신고·납부는 본세인 개별소비세 등의 신고·납부와 동시에 이루어지게 되고 과세물건도 동일하므로 개별소비세 등을 포탈하는 자는 동시에 부가세인 교육세를 포탈하게 되고, 개별소비세 등의 포탈죄와 교육세 포탈죄 상호간은 상상적 경합 관계가 된다.

A주식회사와 B주식회사를 실제로 운영하는 甲이 양쪽 회사를 대표하여 A주식회사와 B주식회사 사이에서 실물거래 없이 허위 세금계산서를 수수하는 행위는 사회관념상 한 개의 행위로 평가함이 상당하므로 허위 세금계산서를 교부함으로 인한 조세범처벌법위반죄와 이를 교부받음으로 인한 조세범처벌법위반죄는 상상적 경합관계에 있다. 따라서 甲이 B주식회사를 대표하여 A주식회사로부터 허위의 k세금계산서를 발급받았다는 범죄사실로 유죄가 확정된 약식명령의 기판력은 甲이 A주식회사를 대표하여 B주식회사에 허위의 k세금계산서를 발급하였다는 범죄사실에도 미친다.[97][98]

---

95) 안대희, 앞의 책, 493쪽.
96) 개별소비세와 같은 독립세 외에 금융·보험업자의 수익금액도 과세표준이 된다(교육세법 제5조 제1항 제1호).
97) 대법원 2012. 10. 25. 선고 2012도7172 판결.
98) 그런데 위와 같은 사례에서 甲에게 특정범죄 가중처벌 등에 관한 법률 제8조의2 제1항을 적용할지 여부를 결정하기 위해 공급가액등의 합계액을 계산할 때에는 甲이 A주식회사의 대표로서 발급한 허위의 k세금계산서의 공급가액과 B주식회사의 대표로서 발급받은 허위의 k세금계산서의 공급가액을 합산하여야 한다(대법원 2020. 2. 13. 선고 2019도12842 판결).

Ⅲ 상상적 경합의 취급

상상적 경합은 가장 중한 죄에 정한 형으로 처벌한다(형법 제40조). 상상적 경합관계의 경우에는 그 중 한 죄에 대한 확정판결의 기판력이 다른 죄에 대하여도 미친다.[99] 또한 상상적 경합 관계에 있는 죄 중 한 죄에 대한 공소제기의 효력은 다른 죄에 대하여도 미친다.

제4절 실체적 경합

실체적 경합은 수 개의 행위가 수 죄를 구성하는 경우를 말한다. 실체적 경합은 수 개의 행위가 전제된다는 점에서 1개의 행위가 수 개의 구성요건을 충족하는 상상적 경합의 경우와 다르다.

조세범 처벌법 제10조 제1항 내지 제4항 위반죄의 경우 세금계산서, 계산서, 매출·매입처별 세금계산서합계표, 매출·매입처별 계산서합계표 등의 각 문서마다 1개의 죄가 성립한다.[100] '거짓 기재 세금계산서합계표 제출행위'와 '사기 기타 부정한 행위로써 부가가치세를 포탈한 행위'는 별개의 행위로서 별개의 죄를 구성하므로 실체적 경합 관계에 해당한다.[101]

종전의 소득할 주민세를 대신하여 2010. 1. 1. 도입된 지방소득세(지방세임)는 종전에는 소득세와 법인세에 부가되어 과세되는 부가세 성격을 가지고 있다가 2014. 1. 1.부터는 독자적인 과세표준, 세율, 세액공제·감면, 신고·납부체계를 갖추게 되어 독립세로 변경되었다. 지방소득세는 소득세 및 법인세와 과세표준을 동일하게 계산하므로 사기나 그 밖의 부정한 행위로 소득세나 법인세의 과세표준을 감소시켜 조세를 포탈하는 경우 소득세나 법인세뿐만 아니라 지방소득세도 같이 포탈하게 된다. 다만, 지방소득세의 신고·납부는 원칙적으로 해당 소득세나 법인세를 신고·납부해야 할 기한까지 관할 지방자치단체장에게 신고·납부를 해야 한다. 지방소득세는 이처럼 소득세 또는 법인세와 별도로 신고·납부가 이루어지므로 소득세 또는 법인세 포탈죄와 관련 지방소득세 포탈죄는 실체적 경합 관계에 있게 된다.

실체적 경합은 형법 제37조 내지 제39조 소정의 경합범으로 처벌한다. 즉, 실체적 경합

---

99) 대법원 2011. 2. 24. 선고 2010도13801 판결.
100) 대법원 2013. 9. 26. 선고 2013도7219 판결 ; 대법원 1982. 12. 14. 선고 82도1362 판결 ; 대법원 2010. 5. 13. 선고 2010도336 판결.
101) 대법원 2011. 12. 8. 선고 2011도9242 판결.

관계에 있는 각 죄에 정한 형이 무기징역이나 무기금고 이외의 이종의 형인 때에는 병과한다(형법 제38조 제1항 제3호). 동종의 형일 때에는 가장 중한 죄에 정한 장기 또는 다액에 그 2분의 1까지 가중하되 각 죄에 정한 형의 장기 또는 다액을 합산한 형기 또는 액수를 초과할 수 없다(형법 제38조 제1항 제2호, 이를 '제한가중규정'이라고 한다). 그런데 조세범 처벌법 제20조는 조세범 처벌법 제3조부터 제6조까지, 제10조, 제12조부터 제14조까지의 범칙행위를 한 자에 대해서는 형법 제38조 제1항 제2호 중 벌금경합에 관한 제한가중규정을 적용하지 아니한다고 규정하고 있다. 따라서 벌금경합에 관한 제한가중규정이 적용되지 않는 수 개의 조세범에 대해서는 각 범죄에 대해 각자 벌금의 액수를 정한 다음 이를 합산하여 최종적인 벌금을 정한다. 이에 관한 상세한 내용은 제1부 제5장 제5절을 참고하라.

제 5 장

조세범에 대한 처벌 특례

제1절   조세범 처벌절차법에 의한 조사와 처분

조세범 처벌절차법은 조세범칙사건의 조사 및 처분에 관한 사항을 정하고 있다. 조세범 칙사건은 납세지를 관할하는 세무서장이 관할하며, 다만 중요사건의 경우에는 지방국세청 장의 관할로 한다(조세범 처벌절차법 제3조 제1항). 지방국세청장 또는 세무서장은 ① 조세범칙 행위의 혐의가 있는 자(조세범칙행위 혐의자)를 처벌하기 위하여 증거수집 등이 필요한 경 우, ② 연간 조세포탈 혐의금액 등이 대통령령으로 정하는 금액 이상인 경우에는 조세범칙 조사를 실시하여야 한다(조세범 처벌절차법 제7조 제1항). 여기서 대통령령으로 정하는 금액이 란 아래의 ①, ②와 같다(조세범 처벌절차법 시행령 제6조 제1항).

① 연간 조세포탈 혐의금액 또는 연간 조세포탈 혐의비율이 다음 표의 구분에 따른 연간 조 세포탈 혐의금액 또는 연간 조세포탈 혐의비율 이상인 경우

연간 신고수입금액	연간 조세포탈 혐의 금액	연간 조세포탈 혐의 비율
가. 100억 원 이상	20억 원 이상	15% 이상
나. 50억 원 이상 100억 원 미만	15억 원 이상	20% 이상
다. 20억 원 이상 50억 원 미만	10억 원 이상	25% 이상
라. 20억 원 미만	5억 원 이상	

② 조세포탈 예상세액이 연간 5억 원 이상인 경우

지방국세청장 또는 세무서장은 조세포탈에 해당하는 조세범칙사건에 대하여 조세범칙조 사를 실시하려는 경우에는 위원회의 심의를 거쳐야 한다. 다만, 조세범칙행위가 진행 중인 경우 및 조세범칙행위 혐의자가 도주하거나 증거를 인멸할 우려가 있어 압수·수색영장을 발부받을 시간적 여유가 없는 경우에는 지방국세청장은 국세청장의 승인을, 세무서장은 관 할 지방국세청장의 승인을 받아 위원회의 심의를 거치지 아니할 수 있다(조세범 처벌절차법 제7조 제2항).

조세범칙사건에 대한 조사는 조세범 처벌절차법이 정해진 바에 따라 세무공무원[102]에 의해 이루어지는데, 조세범칙혐의자 또는 참고인을 심문할 수 있으며 검사에게 신청하여 검사의 청구에 따라 판사가 발부한 영장에 의하여 압수·수색도 가능하다(조세범 처벌절차법 제9조).

조세범칙조사의 이러한 특성은 수사절차와 유사한 점이 있다. 그러나 조제범칙조사는 행정절차일 뿐 형사절차의 일환으로 볼 수 없다. 판례는 조제범칙조사를 하는 세무공무원을 사법경찰관리 또는 특별사법경찰관리로 해석할 수 없고, 현행 법령상 조세범칙조사의 법적 성질은 기본적으로 행정절차에 해당하므로 「조세범 처벌절차법」 등 관련 법령에 조세범칙조사를 담당하는 세무공무원에게 압수·수색 및 혐의자 또는 참고인에 대한 심문권한이 부여되어 있어 그 업무의 내용과 실질이 수사절차와 유사한 점이 있고, 이를 기초로 수사기관에 고발하는 경우에는 형사절차로 이행되는 측면이 있다 하여도, 달리 특별한 사정이 없는 한 이를 형사절차의 일환으로 볼 수는 없다고 판시하고 있다.[103]

따라서 조세범칙조사를 담당하는 세무공무원이 피고인이 된 혐의자 또는 참고인에 대하여 심문한 내용을 기재한 조서는 검사나 사법경찰관 등 수사기관이 작성한 조서와 동일하게 볼 수 없으므로 형사소송법 제312조가 아니라 형사소송법 제313조에 따라 증거능력을 인정하여야 한다는 것이 판례의 입장이다.[104] 판례는 세무공무원이 조세범칙조사 과정에서 작성한 혐의자 또는 참고인에 대한 심문조서의 증거능력에 관하여, 위와 같은 문서는 "피고인 또는 피고인이 아닌 자가 작성한 진술서나 그 진술을 기재한 서류에 해당하므로 형사소송법 제313조에 따라 공판준비 또는 공판기일에서 작성자·진술자의 진술에 따라 성립의 진정함이 증명되고 나아가 그 진술이 특히 신빙할 수 있는 상태 아래에서 행하여진 때에 한하여 증거능력이 인정된다. 이때 '특히 신빙할 수 있는 상태'란 조서 작성 당시 그 진술내용이나 조서 또는 서류의 작성에 허위 개입의 여지가 거의 없고, 그 진술내용의 신빙성과 임의성을 담보할 구체적이고 외부적인 정황이 있는 경우를 의미하는데, 「조세범 처벌절차법」 및 이에 근거한 시행령·시행규칙·훈령(조사사무처리규정) 등의 조세범칙조사 관련 법령에서 구

---

102) 소속 지방국세청장의 제청으로 해당 지방국세청이나 해당 세무서의 소재지를 관할하는 지방검찰청 검사장이 지명하는 공무원만이 조세범칙조사를 담당하는 세무공무원이 될 수 있다(조세범 처벌절차법 제2조 제4호).

103) 대법원 2022. 12. 15. 선고 2022도8824 판결.

104) 형사소송법 제312조에 의하면, 검사나 사법경찰관리가 작성한 피의자신문조서는 공판준비, 공판기일에 그 피의자였던 피고인 또는 변호인이 그 내용을 인정할 때에 한정하여 증거로 할 수 있다. 따라서 검사나 사법경찰관리가 작성한 피의자신문조서는 해당 진술을 한 피고인 등의 일방적인 내용부인에 의하여 증거능력이 상실될 수 있다. 그러나 형사소송법 제313조에 의하면, 형사소송법 제311조 및 제312조에 규정 이외에 피고인 또는 피고인이 아닌 자가 작성한 진술서나 그 진술을 기재한 서류는 해당 진술을 한 피고인이나 변호인이 공판준비나 공판기일에서 그 내용을 인정하지 않더라도 동조 소정의 요건을 갖춘 경우 이를 증거로 할 수 있다. 결론적으로 조세범칙조사를 한 세무공무원이 혐의자에 대해 작성한 심문조서나 문답서 등은 이후 혐의자였던 피고인이 그 내용을 부인하더라도 증거능력이 상실되지 않으며 그러한 서류가 형사소송법 제313조 소정의 요건을 갖춘 경우에 이를 증거로 사용할 수 있는 것이다.

체적으로 명시한 진술거부권 등 고지, 변호사 등의 조력을 받을 권리 보장, 열람·이의제기 및 의견진술권 등 심문조서의 작성에 관한 절차규정의 본질적인 내용의 침해·위반 등도 '특히 신빙할 수 있는 상태' 여부의 판단에 있어 고려되어야 한다."라고 판시하였다.[105]

조세범칙사건에 관하여 일정한 사항을 심의하기 위하여 지방국세청에 조세범칙조사심의위원회를 두는데, 위원회는 ①「조세범 처벌법」제3조에 해당하는 조세범칙사건에 대한 조세범칙조사의 실시, ② 조세범 처벌절차법 제13조에 따른 조세범칙처분 없이 조세범칙조사를 종결하려는 경우 그 종결에 관한 사항, ③ 조세범 처벌절차법 제14조 제1항에 따른 조세범칙처분의 결정, ④ 조세범칙조사의 기간 연장 및 조사범위 확대, ⑤「조세범 처벌법」제18조에 따른 양벌규정의 적용, ⑥ 그 밖에 조세범칙조사와 관련하여 위원장이 필요하다고 인정하는 사항 등을 심의한다(조세범 처벌절차법 제5조, 제14조).

조세범칙사건에 대한 처분으로는 통고처분, 고발, 무혐의가 있다(조세범 처벌절차법 제13조). 무혐의는 조세범칙혐의가 인정되지 않을 때 내리는 처분이다.

제2절 통고처분

조세범 처벌절차법

제15조(통고처분) ① 지방국세청장 또는 세무서장은 조세범칙행위의 확증을 얻었을 때에는 대통령령으로 정하는 바에 따라 그 대상이 되는 자에게 그 이유를 구체적으로 밝히고 다음 각 호에 해당하는 금액이나 물품을 납부할 것을 통고하여야 한다. 다만, 몰수 또는 몰취(沒取)에 해당하는 물품에 대해서는 그 물품을 납부하겠다는 의사표시(이하 "납부신청"이라 한다)를 하도록 통고할 수 있다.
1. 벌금에 해당하는 금액(이하 "벌금상당액"이라 한다)
2. 몰수 또는 몰취에 해당하는 물품
3. 추징금에 해당하는 금액
② 제1항 단서에 따른 통고를 받은 자가 그 통고에 따라 납부신청을 하고 몰수 또는 몰취에 해당하는 물품을 가지고 있는 경우에는 공매나 그 밖에 필요한 처분을 할 때까지 그 물품을 보관하여야 한다.
③ 제1항에 따른 통고처분을 받은 자가 통고대로 이행하였을 때에는 동일한 사건에 대하여 다시 조세범칙조사를 받거나 처벌받지 아니한다.
④ 제1항에 따른 벌금상당액의 부과기준은 대통령령으로 정한다.

---

105) 대법원 2022. 12. 15. 선고 2022도8824 판결.

Ⅰ 의의

지방국세청장 또는 세무서장은 조세범칙행위의 확증을 얻었을 때에는 그 대상이 되는 자에게 그 이유를 구체적으로 밝히고 벌금에 해당하는 금액(벌금상당액) 등을 납부할 것을 통고하여야 한다(조세범 처벌절차법 제15조 제1항). 이를 통고처분이라고 한다. 판례에 의하면 통고처분은 형사절차에 갈음하여 과세관청이 범칙자에 대하여 금전적 제재를 통고하고 이를 이행한 범칙자에 대하여는 고발하지 아니하고 범칙사건을 신속·간이하게 처리하는 절차로서, 형사절차의 사전절차로서의 성격을 가진다.[106] 통고처분의 대상이 되는 조세범칙행위는 본래 징역형 또는 벌금형으로 처벌할 수도 있는 범죄행위이나 범칙자가 통고처분대로 벌금상당액을 납부한 경우에는 형사처벌을 면하게 된다.

Ⅱ 통고처분의 대상과 예외

1. 통고처분의 대상

조세범 처벌법에 제3조부터 제16조까지의 죄에 해당하는 위반행위, 즉 조세범 처벌법에 위반하는 모든 행위가 조세범칙행위로서 통고처분의 대상이 된다. 조세범칙행위는 완성되었으나 통고처분 이전에 포탈세액을 납부하는 경우에 통고처분이 가능한지와 관련하여 판례는 "조세범 처벌법 제15조 제1항의 취지는 범칙의 확증이 들기만 하면 위와 같은 내용의 통고처분을 할 수 있다는 취지이므로 이와 같은 범칙행위가 완성된 뒤라면 이러한 통고처분이 있기 이전에 설사 그 포탈한 세금을 납부한 사실이 있다손 치더라도 세무서장의 통고처분권이 소멸하는 것이라고는 볼 수 없다"라고 판시하고 있다.[107]

2. 예외

가. 즉시고발의 경우

조세범칙행위는 국세청장, 지방국세청장, 세무서장의 고발이 없으면 공소를 제기하지 못한다(조세범 처벌법 제21조). 조세범칙행위에 대해서는 먼저 통고처분을 하고, 이를 이행하지 아니하였을 때 고발을 제기하는 것이 원칙이다. 하지만 지방국세청장 또는 세무서장은 조세범칙행위 중에서 금전적 제재인 통고처분으로 종결하기에는 사안이 중한 경우 등 통고처분이 적절하지 않거나 통고처분의 실익이 없는 경우에는 즉시고발을 하여야 한다. 조세범

---

106) 대법원 2016. 9. 28. 선고 2014도10748 판결.
107) 대법원 1969. 6. 10. 선고 69도685 판결.

처벌절차법 제17조는 즉시고발의 사유로 ① 정상에 따라 징역형에 처할 것으로 판단되는 경우, ② 통고대로 이행할 자금이나 납부능력이 없다고 인정되는 경우, ③ 거소가 분명하지 아니하거나 서류의 수령을 거부하여 통고처분을 할 수 없는 경우, ④ 도주하거나 증거를 인멸한 우려가 있는 경우 등 4가지를 규정하고 있다.

나. 특정범죄 가중처벌 등에 관한 법률 제8조에 의해 가중처벌되는 경우

조세포탈범을 가중처벌하는 특정범죄 가중처벌 등에 관한 법률 제8조 제1항은 해당 범죄를 저지른 사람을 '무기 또는 5년 이상의 유기징역'(제1호)이나 '3년 이상의 유기징역'(제2호)에 처하되 벌금을 필요적으로 병과하도록 규정하고 있고, 동법 제16조는 위 제8조 제1항의 죄에 대한 공소는 고소 또는 고발이 없는 경우에도 제기할 수 있다고 규정하고 있으므로 위 제8조 제1항의 죄에 대하여는 국세청장, 지방국세청장 또는 세무서장은 통고처분을 할 권한이 없다고 보아야 한다는 것이 판례의 입장이다. 따라서 위 제8조 제1항의 죄에 해당하는 범칙행위에 대하여 세무서장이 통고처분을 하였다면 이는 중대하고 명백한 하자가 있는 무효의 처분이므로 피고인이 그러한 통고처분을 받고서 이를 이행하였다 하더라도 아무런 효력이 없어 통고처분의 이행에 따른 일사부재리가 적용되지 않는다.[108)109)]

다. 이미 고발한 경우

판례에 의하면 조세범에 대한 고발은 조세범칙처분의 하나이고 수사 및 공소제기의 권한을 가진 수사기관에 대하여 조세범칙사실을 신고함으로써 형사사건으로 처리할 것을 요구하는 의사표시로서, 조세범칙사건에 대하여 고발한 경우에는 지방국세청장 또는 세무서장에 의한 조세범칙사건의 조사 및 처분 절차는 원칙적으로 모두 종료된다. 따라서 지방국세청장 또는 세무서장이 조세범 처벌절차법 제17조 제1항에 따라 통고처분을 거치지 아니하고 즉시 고발하였다면 이로써 조세범칙사건에 대한 조사 및 처분 절차는 종료되고 형사사건 절차로 이행되어 지방국세청장 또는 세무서장으로서는 동일한 조세범칙행위에 대하여 더 이상 통고처분을 할 권한이 없다고 본다.[110)] 그러므로 지방국세청장 또는 세무서장이

---

108) 대법원 1982. 11. 23. 선고 81도1737 판결.
109) 한편, 특정범죄 가중처벌 등에 관한 법률 제8조의2에 의해 가중처벌될 수 있는 죄(범칙행위)에 대해서 통고처분이 가능한지에 대해서는 명시적인 판례가 없다. 위 죄는 과세관청의 고발을 소추요건으로 하고 있다는 점에서 위 특정범죄 가중처벌 등에 관한 법률 제8조 제1항의 죄와는 차이가 있으나, 그 법정형이 징역형과 벌금형을 필요적으로 병과하도록 규정돼 있어 조세범 처벌절차법 제17조 제1항 제1호 소정의 즉시고발 사유인 "정상에 따라 징역형에 처할 것으로 판단되는 경우"에 해당하므로 통고처분의 대상이 되지 않는다고 봄이 상당하다. 실무상으로도 특정범죄 가중처벌 등에 관한 법률 제8조의2가 적용되는 사안에 대해서는 통고처분을 하지 않고 즉시고발을 하고 있다.
110) 대법원 2016. 9. 28. 선고 2014도10748 판결.

조세범칙행위에 대하여 고발을 한 후에 동일한 조세범칙행위에 대하여 통고처분을 하였다 하더라도, 이는 법적 권한 소멸 후에 이루어진 것으로서 특별한 사정이 없는 한 그 효력이 없고, 설령 조세범칙행위자가 이러한 통고처분을 이행하였다 하더라도 조세범 처벌절차법 제15조 제3항에서 정한 일사부재리의 원칙이 적용될 수 없다고 한다.[111]

Ⅲ 통고처분의 내용과 방식

통고처분 시에는 그 대상이 되는 자에게 그 이유를 구체적으로 밝히고 벌금에 해당하는 금액(벌금상당액), 몰수 또는 몰취에 해당하는 물품, 추징금에 해당하는 금액 등을 납부할 것을 통고한다(조세범 처벌절차법 제15조 제1항).

조사관서장은 조세범칙행위 혐의자 등에 대하여 범칙의 확증을 얻었을 때에는 조세범칙 조사를 마친 날(심의위원회의 심의를 거친 조세범칙사건의 경우에는 심의위원회의 의결이 있은 날을 말한다)로부터 10일 이내에 통고처분을 하여야 한다(조세범 처벌절차법 제15조 및 같은 법 시행령 제12조). 조사관서장이 제1항에 따라 벌과금상당액 등을 통고처분 하는 때에는 조세범칙행위 혐의자별로 작성한 통고서에 조사관서를 수입징수관서로 지정한 납부서를 첨부하여 통고하여야 한다(국세청 조사사무 처리규정 제93조 제1항~제3항). 통고서에 기재되는 납부기한은 15일이다.

벌금상당액의 부과기준은 조세범 처벌절차법 시행령 제12조 제2항 관련 별표에 규정돼 있다. 위 부과기준은 개별기준과 일반기준으로 구성돼 있는데 개별기준에는 각 범칙행위별로 벌금상당액을 계산하는 기준이 제시돼 있다. 개별기준에서는 해당 조세범칙행위가 있은 날 이전 최근 3년간 같은 조세범칙행위로 통고처분이나 유죄의 확정판결을 받은 위반횟수를 기준으로 1차 위반, 2차 위반, 3차 이상 위반으로 구분하여 벌금상당액의 금액을 가중한다. 일반기준은 개별기준에 의해 계산된 벌금상당액을 가중하거나 감경하는 기준 및 조세 범칙행위가 수 개일 때 벌금상당액을 부과하는 기준이 제시돼 있다.

통고서는 송달하여야 하는데(조세범 처벌절차법 시행령 제13조) 통고서의 송달은 교부송달 또는 우편송달에 의하고, 교부송달의 경우에는 대상자로부터 수령증을 받아야 하며, 우편 송달의 경우에는 등기우편 또는 배달증명에 의한다. 교부송달하고자 하였으나 송달할 장소에서 송달받을 자를 만나지 못한 때에는 그 사용인, 기타 종업원, 가족 또는 동거인으로서 사리를 판별할 수 있는 성인에게 교부할 수 있다. 통고서를 교부송달하고자 하였으나 범칙자가 그 수령을 거부하여 송달할 수 없는 경우에는 송달하고자 한 일시, 장소, 수령거부사

---

111) 위의 판결.

유 등 그 경위를 조사관서장에게 보고하고, 조세범 처벌절차법 제17조에 따라 고발하여야 한다(국세청 조사사무 처리규정 제93조 제4항, 제5항).

통고를 받은 자는 통고에 따라 납부신청을 하고 몰수 또는 몰취에 해당하는 물품을 가지고 있는 경우에는 공매나 그 밖에 필요한 처분을 할 때까지 그 물품을 보관하여야 한다(조세범 처벌절차법 제15조 제2항).

 통고처분의 미이행과 고발

범칙행위에 대해 통고처분을 받은 자가 통고서를 송달받은 날로부터 15일 이내에 통고대로 이행하지 아니한 경우에는 고발하여야 한다. 다만 15일이 지났더라도 고발되기 전에 통고대로 이행하였을 때에는 그러하지 아니하다(조세범 처벌절차법 제17조 제2항).

 통고처분의 효과

1. 일사부재리

가. 의의

통고처분을 받은 자가 통고대로 이행하였을 때에는 동일한 사건에 대하여 다시 조세범칙조사를 받거나 처벌받지 아니한다(조세범 처벌절차법 제15조 제3항). 즉, 통고처분의 이행에는 일사부재리가 적용된다. 일사부재리를 규정하는 방식은 두 가지 유형이 있다. 하나는 통고처분을 이행하는 경우 동일한 사건에 대하여 소추를 받지 아니한다고 규정하여 소추장애사유로 규정하는 방식이고, 다른 하나는 통고처분을 이행하는 경우 동일한 사건에 대하여 다시 처벌받지 아니한다고 규정하여 확정판결에 준하는 효력이 있는 것으로 규정하는 방식이다. 위 두 가지 방식의 차이는 범칙행위자가 통고대로 이행하였음에도 이를 간과하고 기소하는 경우, 전자의 유형에서는 형사소송법 제327조 제2호 소정의 공소제기 절차가 법률에 위반하여 무효인 때에 해당하여 공소기각 판결을 하게 되고, 후자의 유형에서는 형사소송법 제326조 제1호 소정의 확정판결이 있은 때에 해당하여 면소판결을 하게 된다는 것이다. 결국 처벌을 하지 못한다는 면에서는 양자 간에 차이가 없다.

구 조세범 처벌절차법(2011. 12. 31. 법률 제11132호로 개정되기 전의 것) 제11조는 "범칙자가 통고대로 이행하였을 때에는 동일한 사건에 대하여 소추받지 아니한다"라고 규정하여 전자의 유형을 채택하고 있었다. 그런데 2012. 7. 1. 시행된 조세범 처벌절차법 제15조

제3항은 "통고처분을 받은 자가 통고대로 이행하였을 때에는 동일한 사건에 대하여 다시 조세범칙조사를 받거나 처벌받지 아니한다"라고 규정하여, 후자의 유형을 채택하는 것으로 개정하였다. 따라서 조세범칙행위자가 통고대로 이행하였음에도 이를 간과하고 기소하는 경우 확정판결이 있은 때에 해당하여 면소판결을 하게 된다.[112)113]

나. 일사부재리의 범위

일사부재리의 인적범위는 통고대로 이행한 해당 범칙자에 한한다. 그렇다면 일사부재리 효력이 미치는 객관적 범위는 어떠한가. 통고처분 이행의 객관적 효력 범위와 고발의 객관적 효력범위는 동일한 기준을 적용할 수 있다. 따라서 통고처분된 범칙행위와 일죄 또는 포괄일죄 관계에 있거나 기본적 사실관계가 동일한 범칙행위에 대해서는 통고처분의 일사부재리 효력이 미친다. 기본적 사실관계의 동일성 판단기준에 관한 내용은 본장 제3절 V. 2.항을 참고하기 바란다.

판례는 "경범죄 처벌법에 따른 통고처분에 의한 범칙금의 납부에 따라 확정판결에 준하는 효력이 인정되는 범위는 범칙금 통고의 이유에 기재된 당해 범칙행위 자체 및 그 범칙행위와 동일성이 인정되는 범칙행위에 한정되므로, 범칙행위와 같은 시간과 장소에서 이루어진 행위라 하더라도 범칙행위의 동일성을 벗어난 형사범죄행위에 대하여는 범칙금의 납부에 따라 확정판결에 준하는 일사부재리의 효력이 미치지 아니한다고 할 것이다"라고 판시하고 있다.[114] 여기에서 공소사실이나 범칙행위의 동일성 여부는 사실의 동일성이 갖는 법률적 기능을 염두에 두고 피고인의 행위와 그 사회적인 사실관계를 기본으로 하되 그 규범적 요소도 아울러 고려하여 판단하여야 한다고 한다.[115]

2. 공소시효의 정지

통고처분이 있는 경우에는 통고일부터 고발일까지의 기간 동안 공소시효는 정지된다(조세범 처벌절차법 제16조).[116] 통고일이란 통고서가 송달된 날을 의미한다.

---

112) 대법원 2011. 1. 27. 선고 2010도11987 판결.
113) 지방세기본법 제123조는 범칙자가 통고대로 이행하였을 때에는 동일한 사건에 대하여 소추받지 아니한다고 규정하고 있어 전자의 유형을 채택하고 있다. 따라서 범칙행위자가 통고대로 이행하였음에도 이를 간과하고 기소하는 경우 공소제기의 절차가 법률의 규정에 위반하여 무효인 때에 해당하여 공소기각판결을 하게 된다.
114) 대법원 2012. 9. 13. 선고 2012도6612 판결.
115) 대법원 2011. 1. 27. 선고 2010도11987 판결.
116) 종전에는 통고처분이 있는 경우 공소시효가 중단된다고 규정하였으나, 조세범 처벌절차법이 2023. 1. 17. 법률 제19212호로 개정되면서 공소시효가 정지되는 것으로 변경되었다.

공소시효의 정지란 법에 정해진 사유가 있을 때 공소시효의 진행이 정지되었다가 그 사유가 해소될 때 잔여 공소시효가 진행되는 제도이다. 공소시효의 정지제도는 형사소송 절차의 일반법인 형사소송법 제253조에 규정되어 있다. 그런데 조세범 처벌절차법 제16조는 형사소송법에서 규정하고 있는 일반적인 공소시효 정지사유 이외에 통고처분을 공소시효 정지사유로 특별히 규정하고 있는 것이다.

3. 과세전적부심사 청구의 배제

국세기본법 제81조의12에 따른 세무조사결과통지를 받거나 국세기본법 제81조의15 제1항에 따른 과세예고통지를 받은 자는 그 통지를 받은 날부터 30일 이내에 통지를 한 세무서장이나 지방국세청장에게 통지 내용의 적법성에 관한 과세전적부심사 청구를 할 수 있다(국세기본법 제81조의15 제2항).

그러나 세무서장이나 지방국세청장이 납세자를 조세범 처벌법 위반으로 고발 또는 통고처분을 하는 경우에는 해당 납세자에게 과세전적부심사 청구가 허용되지 아니한다. 다만, 고발 또는 통고처분과 관련 없는 세목 또는 세액에 대해서는 그러하지 아니하다(국세기본법 제81조의15 제3항 제2호).[117]

Ⅵ 통고처분에 대한 불복

통고처분은 이를 이행하지 아니함으로써 사법절차에 의하여 그 당부를 다투도록 되어 있으므로 행정소송의 대상이 되는 처분이 아니다.[118] 국세기본법 제55조 제1항 제1호, 지방세기본법 제89조 제2항 제2호 또한 통고처분을 심사청구 등의 불복대상에서 제외하고 있다. 통고처분을 이행한 후에는 원칙적으로 경정결정을 할 수 없는 것이나, 범칙행위가 당초부터 없었음이 밝혀진 경우 이를 원인으로 한 벌과금의 통고처분에 대하여는 경정결정함이 정당하다.[119]

---

117) 대법원 2023. 12. 7. 선고 2022두45968 판결은 고발 또는 통고처분의 대상이 된 조세범칙행위와 동일성이 인정되지 않는 부분에 대하여는 과세전적부심사의 예외사유가 존재하지 않는다고 판시하였다. 따라서 만약 과세관청이 고발 또는 통고처분의 대상이 된 부분과 동일성이 인정되지 않은 부분에 대하여까지 납세자가 세무조사결과통지를 받은 날로부터 30일 이내에 부과처분을 하였다면, 부과처분 중 예외사유가 존재하지 않는 부분은 납세자의 절차적 권리를 침해하는 것이므로 위법하여 취소되어야 한다(2022두70062의 파기환송심인 서울고등법원 2024. 9. 5. 선고 2023누70062 판결 참조).
118) 대법원 1980. 10. 14. 선고 80누380 판결.
119) 국세청예규 재조세 1231-3304. 1978. 11. 3.

조세범 처벌법

> 제21조(고발) 이 법에 따른 범칙행위에 대해서는 국세청장, 지방국세청장 또는 세무서장의 고발이 없으면 검사는 공소를 제기할 수 없다.

특정범죄 가중처벌 등에 관한 법률

> 제16조(소추에 관한 특례) 제6조 및 제8조의 죄에 대한 공소(公訴)는 고소 또는 고발이 없는 경우에도 제기할 수 있다.

I 의의, 예외

조세범 처벌법은 동법에서 정한 범칙행위에 대해서는 국세청장, 지방국세청장 또는 세무서장의 고발이 없으면 검사는 공소를 제기할 수 없다고 규정하고 있다(조세범 처벌법 제21조). 조세범 처벌법은 위와 같이 과세관청의 고발을 범칙행위에 대한 소추조건으로 규정함으로써 고발전치주의를 채택하고 있다. 따라서 고발이 없는 상태에서 조세범에 대한 기소가 이루어지는 경우 공소제기의 절차가 법률의 규정에 위반하여 무효인 때에 해당하여 공소기각을 선고하게 된다(형사소송법 제327조 제2호).

다만, 범칙행위라도 그 정도가 중하여 특정범죄 가중처벌 등에 관한 법률 제8조에 의하여 가중처벌되는 조세포탈범은 고발 없이 공소제기가 가능하다(특정범죄 가중처벌 등에 관한 법률 제16조).

반면, 특정범죄 가중처벌 등에 관한 법률 제8조의2에 의해 가중처벌되는 공급가액등의 합계액이 30억 원 이상인 실물거래 없는 허위 세금계산서 발급 등의 범죄에는 동법에 고발 없이 공소를 제기할 수 있다는 규정이 별도로 없으므로 여전히 고발이 필요하다.[120]

---

120) 대법원 2014. 9. 24. 선고 2013도5758 판결.

Ⅱ 고발의 주체

세무공무원은 조세범칙조사를 마쳤을 때에는 국세청장, 지방국세청장, 또는 세무서장에게 보고하여야 한다. 그 보고를 받은 국세청장, 지방국세청장 또는 세무서장이 고발의 주체가 된다(조세범 처벌법 제21조).

Ⅲ 고발 내용의 특정

조세범에 대한 고발은 피고발자와 고발하는 범죄사실이 특정되어 있어야 적법하다. 만일 세무서장의 고발서에 그 고발대상자로 "○○○외 성명미상 수명"이라고만 기재되어 있다면 이를 ○○○이 아닌 피고인에 대한 적법한 고발이라고 볼 수 없다.[121]

고발장의 범죄사실은 특정되어 있어야 하고 그렇지 않을 때는 부적법하나, 반드시 공소장 기재요건과 동일한 범죄의 일시·장소를 표시하여 사건의 동일성을 특정할 수 있을 정도로 표시하여야 하는 것은 아니고, 조세범 처벌법이 정하는 어떠한 태양의 범죄인지를 판명할 수 있을 정도의 사실을 일응 확정할 수 있을 정도로 표시하면 족하고, 고발사실의 특정은 고발장에 기재된 범칙사실과 세무공무원의 보충진술 기타 고발장과 같이 제출된 서류 등을 종합하여 판단하여야 한다.[122] 그리고 고발은 범죄사실에 대한 소추를 요구하는 의사표시로서 그 효력은 고발장에 기재된 범죄사실과 동일성이 인정되는 사실 모두에 미친다.[123]

Ⅳ 즉시고발의 적법성 심사여부

조세범에 대한 고발은 통고처분 미이행에 따른 고발과 즉시고발의 2가지 유형이 있다. 과세관청이 통고처분을 거치지 않고 즉시고발을 하려면 조세범 처벌절차법 제17조 제1항 소정의 사유가 있어야 한다.[124] 그런데 세무서장 등의 즉시고발이 즉시고발의 요건 내지 사유를 불비한 상태에서 이루어진 경우 해당 고발이 부적법하여 공소기각판결이 이루어져야 하는지 문제된다.

판례는 통고처분을 하지 않은 상태에서 즉시고발을 하면서도 고발장에 고발의 근거를 통고처분 미이행이라고 잘못 기재한 사안에서 세무공무원의 즉시고발이 있으면 그로써 소추

---

121) 대법원 1973. 9. 25. 선고 72도1610 판결.
122) 대법원 2000. 4. 21. 선고 99도3403 판결 : 대법원 2009. 7. 23. 선고 2009도3282 판결.
123) 대법원 2011. 11. 24. 선고 2009도7166 판결.
124) 즉시고발의 사유에 관하여는 본장 제2절 Ⅱ.2. 가항을 참고하라.

의 요건은 충족되는 것이므로 법원은 본안에 대하여 심판하면 되는 것이지 즉시고발 사유에 대하여 심사할 수 없다고 판시하였다.[125] 또한, 피고인들에 대하여 통고처분 없이 즉시고발을 하면서 즉시고발 사유의 기재 없이 한 고발도 적법하고[126], 통고처분을 거치지 않고 고발하였다는 것만으로는 고발과 이에 기한 공소제기가 부적법하게 되는 것은 아니다.[127] 위와 같은 판례의 입장은 조세범 처벌절차법에 규정된 즉시고발의 사유가 실제로는 존재하는지 법원이 심사할 수 없고, 설령 즉시고발 사유가 존재하지 않는다 하더라도 그 즉시고발에 의한 소추조건 충족에는 문제가 없다는 취지라고 할 수 있다.

 고발의 효력

1. 고발의 주관적 효력

고발은 우선 피고발인으로 특정된 자에 한하여 효력이 있다. 피고발인으로 특정되지 않은 자는 비록 고발원인 사실에 그 혐의 내용이 기재돼 있다 하더라도 고발된 것으로 볼 수 없다. 고발장에는 피고발인을 ○○주식회사라고 명시한 다음, 이어서 위 법인의 등록번호와 대표자인 피고인의 성명·주민등록번호·주소를 기재하고 있을 뿐인 경우, 이와 같은 고발장의 표시를 자연인인 법인의 대표자 개인까지를 피고발자로 표시한 것이라고 볼 수는 없다.[128] 친고죄는 고소불가분원칙이 적용되어 공범 1인 또는 수인에 대한 고소는 고소되지 않은 다른 공범에게까지 효력이 미친다(형사소송법 제233조). 하지만 고발전치주의가 적용되는 조세범에 대한 고발은 친고죄와는 달리 고소불가분원칙이 적용되지 않으므로 공범 1인에 대한 고발이 다른 공범에게까지 효력을 미치지는 않는다.

2. 고발의 객관적 효력

가. 효력범위

고발의 효력은 고발장에 기재된 범죄사실과 동일성이 인정되는 사실 모두에 미친다. 따

---

125) 대법원 2014. 10. 15. 선고 2013도5650 판결(조세범 처벌절차법에 즉시고발을 할 때 고발사유를 고발서에 명기하도록 하는 규정이 없을 뿐만 아니라, 원래 즉시고발권을 세무공무원에게 부여한 것은 세무공무원으로 하여금 때에 따라 적절한 처분을 하도록 할 목적으로 특별사유의 유무에 대한 인정권까지 세무공무원에게 일임한 취지라고 볼 것이므로, 조세범칙사건에 대하여 관계 세무공무원의 즉시고발이 있으면 그로써 소추의 요건은 충족되는 것이고, 법원은 본안에 대하여 심판하면 되는 것이지 즉시고발 사유에 대하여 심사할 수 없다고 판시하였다) : 대법원 1996. 5. 31. 선고 94도952 판결 등 참조.
126) 대법원 2007. 11. 15. 선고 2007도7482 판결.
127) 대법원 2007. 5. 11. 선고 2006도1993 판결.
128) 대법원 2004. 9. 24. 선고 2004도4066 판결.

라서 조세범 처벌절차법에 따라 범칙사건에 대한 고발이 있는 경우 고발의 효력은 범칙사건에 관련된 범칙사실의 전부에 미치고 한 개의 범칙사실의 일부에 대한 고발은 전부에 대하여 효력이 생긴다.[129] 그러나 수 개의 범칙사실 중 일부만을 범칙사건으로 하는 고발이 있는 경우 고발장에 기재된 범칙사실과 동일성이 인정되지 않는 다른 범칙사실에 대해서까지 고발의 효력이 미칠 수는 없다.

이하에서 고발된 범죄사실과 고발 여부가 문제되는 범죄사실 간에 동일성이 인정되는지 여부의 판단기준을 살펴본다.

나. 범죄사실의 동일성 판단 기준

(1) 기본적 사실관계의 동일성

판례는 고발의 객관적 효력범위와 관련된 범죄사실의 동일성과 공소장 변경의 허가범위[130]와 관련된 공소사실의 동일성의 기준을 같이 보면서, 두 경우 모두 기본적 사실관계의 동일성이 인정되는 범위 내에서 고발의 효력이 미치거나 공소장 변경이 가능하다고 본다.[131]

공소장 변경과 관련하여 판례는 "공소사실의 동일성은 그 사실의 기초가 되는 사회적 사실관계가 기본적인 점에서 동일하면 그대로 유지되는 것이나, 이러한 기본적 사실관계의 동일성을 판단함에 있어서는 그 사실의 동일성이 갖는 기능을 염두에 두고 피고인의 행위와 그 사회적인 사실관계를 기본으로 하되 규범적 요소도 아울러 고려하여야 한다"라고 판시하고 있다.[132] 그러므로 고발의 객관적 효력범위와 관련하여 범죄사실의 동일성을 판단함에 있어서도 각 범죄사실의 범행일시와 장소, 수단, 방법, 태양, 범죄의 결과, 죄질 등을 고려하여 판단하여야 한다.[133]

이와 관련하여 판례는 고발장에 기재된 '피고인은 공소외인이 재화나 용역을 공급하지 아니하고 허위세금계산서를 발급하는 행위를 중개하였다'는 내용의 범칙사실과 위 사건 공소장에 기재된 '피고인은 공소외인과 공모하여 재화나 용역을 공급하지 아니하고 허위세금계산서를 교부하였다'는 내용의 공소사실 사이에 법률적 평가에 차이가 있을 뿐 양자 간에

---

129) 대법원 2014. 10. 15. 선고 2013도5650 판결.
130) 공소장 변경과 관련하여 형사소송법 제298조 제1항은 "검사는 법원의 허가를 얻어 공소장에 기재한 공소사실 또는 적용법조의 추가, 철회 또는 변경을 할 수 있다. 이 경우에 법원은 공소사실의 동일성을 해하지 아니하는 한도에서 허가하여야 한다"라고 규정하고 있다.
131) 대법원 2009. 7. 23. 선고 2009도3282 판결.
132) 대법원 2011. 6. 30. 선고 2010도10968 판결 ; 대법원 1994. 3. 22. 선고 93도2080 전원합의체 판결 ; 대법원 2002. 3. 29. 선고 2002도587 판결 등 참조.
133) 대법원 2012. 4. 13. 선고 2011도3469 판결.

기본적 사실관계의 동일성이 인정되어 위 사건에 대한 공소는 유효한 고발에 따라 적법하게 제기되었다고 판단하였다.[134]

(2) 죄수

실무적으로는 고발의 효력범위에 대한 판단기준으로 죄수(罪數)가 많이 활용된다. 일죄 사이에는 범죄사실의 동일성이 인정된다. 일죄에는 1개의 행위가 1개의 범죄를 성립시키는 단순일죄와 수 개의 행위가 1개의 범죄만을 성립시키는 포괄일죄가 있는데 어느 경우든 범죄사실의 동일성이 인정된다. 그리고 1개의 행위가 수 개의 범죄를 성립시키는 상상적 경합 관계에 있는 경우에도 각각의 범죄 상호 간에 범죄사실의 동일성이 인정된다.[135]

예컨대 법인세는 사업연도를 과세기간으로 하는 것이므로 그 포탈범죄는 각 사업연도마다 1개의 범죄가 성립하고, 일죄의 관계에 있는 범죄사실의 일부에 대한 공소제기 및 고발의 효력은 그 일죄의 전부에 대하여 미치는 것이므로, 검사가 피고인에 대해 1999년도 법인세 포탈죄를 기소한 이상 공소장 변경을 통하여 1999년도 과세기간 내에 행하여진 범행의 태양, 포탈액수 등을 변경할 수 있다.[136] 부가가치세 포탈범죄도 과세기간마다 1개의 범죄가 성립하므로 동일한 부가가치세의 과세기간 내에 행하여진 조세포탈기간이나 포탈액수의 일부에 대한 조세포탈죄의 고발이 있는 경우 그 고발의 효력은 그 과세기간 내의 조세포탈기간 및 포탈액수 전부에 미친다.[137]

그러나 수 개의 범칙사실 중 일부만을 범칙사건으로 하는 고발이 있는 경우 고발장에 기재된 범칙사실과 동일성이 인정되지 않는 다른 범칙사실에 대해서까지 그 고발의 효력이 미칠 수는 없다. 예를 들어, 고발장에는 피고인이 A업체로부터 용역을 공급받지 않고도 마치 용역을 공급받은 것처럼 A업체로부터 세금계산서를 교부받은 것으로 기재돼 있는데, 공소장에는 A업체로부터 용역을 공급받은 것처럼 허위로 기재된 매입처별 세금계산서합계표를 세무서에 제출한 행위로만 기소된 경우, 고발장에 기재된 범칙행위와 공소장에 기재된 범칙행위는 서로 다른 범칙행위로서 동일성이 인정되지 않으므로 고발 없이 공소를 제기한 것이 되어 공소기각 대상이 된다.[138]

수 개의 행위가 수 개의 범죄를 구성하는 경우 각 범죄 상호간은 실체적 경합 관계에 있는데, 고발된 범죄사실과 고발 여부가 문제되는 범죄사실이 실체적 경합 관계에 있을 때에는 원칙적으로 범죄사실의 동일성이 인정되지 않는다.

---

134) 대법원 2022. 6. 30. 선고 2018도10973 판결.
135) 대법원 2007. 2. 23. 선고 2005도10233 판결 ; 대법원 2010. 3. 25. 선고 2009도1530 판결 등도 상상적 경합관계에 있는 범죄사실 중 1죄에 대한 확정판결의 기판력은 다른 죄에 대하여도 미친다는 입장이다.
136) 대법원 2005. 1. 14. 선고 2002도5411 판결.
137) 대법원 2009. 7. 23. 선고 2009도3282 판결.
138) 대법원 2014. 10. 15. 선고 2013도5650 판결.

3. 과세전적부심사 청구의 배제

앞서 통고처분의 효과 부분에서 언급한 바와 같이 세무서장이나 지방국세청장이 납세자를 조세범 처벌법 위반으로 고발 또는 통고처분을 하는 경우에는 해당 납세자에게 과세전적부심사 청구가 허용되지 아니한다. 다만, 고발 또는 통고처분과 관련 없는 세목 또는 세액에 대해서는 그러하지 아니하다(국세기본법 제81조의15 제3항 제2호).[139]

조세범 처벌법 위반으로 고발된 이상 과세전적부심사에 관한 국세기본법 제81조의15 제1항이 적용되지 않고, 고발 이후 관련 형사사건에서 무죄판결 등이 선고·확정되었다 하더라도 과세전적부심사 예외사유에 해당한다는 결론에는 아무런 영향이 없다.[140]

4. 불기소처분과 고발의 효력

고발이 있어야 공소를 제기할 수 있는 조세범에 대하여 일단 불기소처분이 있었더라도 세무공무원 등이 종전에 한 고발은 여전히 유효하다. 따라서 나중에 결론을 바꿔 공소를 제기함에 있어 새로운 고발이 있어야 하는 것은 아니다.[141]

 고발 전 수사의 효력

수사기관이 조세범의 혐의를 포착하여 세무공무원의 고발이 없는 상태에서 수사를 통해 증거를 확보한 다음 세무서장 등에게 고발을 의뢰하여 고발을 받은 다음 기소를 하는 경우가 있다. 이때 수사기관이 고발 전에 행한 수사가 위법한지 여부, 그 과정에서 수집한 증거, 즉 피의자신문조서, 진술조서, 압수물 등이 위법수집증거로서 증거능력이 없는 것인지 등이 문제가 될 수 있다.

판례는 친고죄나 세무공무원 등의 고발이 있어야 논할 수 있는 죄에 있어서 고소 또는 고발은 이른바 소추조건에 불과하고 당해 범죄의 성립요건이나 수사의 조건은 아니므로, 위와 같은 범죄에 관하여 고소나 고발이 있기 전에 수사를 하였다고 하더라도, 그 수사가 장차 고소나 고발이 있을 가능성이 없는 상태 하에서 행해졌다는 등의 특단의 사정이 없는

---

139) 대법원 2023. 12. 7. 선고 2022두45968 판결은 고발 또는 통고처분의 대상이 된 조세범칙행위와 동일성이 인정되지 않는 부분에 대하여는 과세전적부심사의 예외사유가 존재하지 않는다고 판시하였다. 따라서 만약 과세관청이 고발 또는 통고처분의 대상이 된 부분과 동일성이 인정되지 않은 부분에 대하여까지 과세전적부심사의 기회를 부여하지 아니한 채 부과처분을 하였다면, 부과처분 중 예외사유가 존재하지 않는 부분은 납세자의 절차적 권리를 침해하는 것이므로 위법하여 취소되어야 한다(2022두70062의 파기환송심인 서울고등법원 2024. 9. 5. 선고 2023누70062 판결 참조).
140) 대법원 2024. 7. 25. 선고 2022두51031 판결.
141) 대법원 2009. 10. 29. 선고 2009도6614 판결.

한, 고소나 고발이 있기 전에 수사를 하였다는 이유만으로 그 수사가 위법하다고 볼 수는 없다고 판시한다.[142] 따라서 고소나 고발 전에 행한 수사로 수집한 증거들도 적법한 증거로서 증거능력이 인정된다.

 고발의 취소

조세범에 대한 고발은 소송조건이므로 고발이 취소되면 공소제기 전에는 공소권 없음 처분을 해야 하고, 공소제기 후에는 법원에서 공소기각 판결을 해야 한다. 그런데 고발권자인 세무서장 등이 고발을 취소할 수 있는지 문제된다. 판례는 위와 같은 고발은 친고죄의 고소와 같이 소송조건이라 할 것이므로 형사소송법에 의하여 제1심 판결 선고 전까지 취소할 수 있다는 입장이다.[143] 국세청 실무 또한 고발 이후 통고처분을 이행하면 제1심 판결 전까지 고발을 취소할 수 있다는 입장이다.[144]

 고발의 추완

소추조건이 되는 고발은 공소제기 전에 이루어져야 한다. 조세범에 대하여 검사가 고발 없이 공소를 제기한 경우 공소제기의 절차가 법률의 규정에 위반하여 무효인 때에 해당하고, 재판 중에 고발이 이루어졌다고 하여 무효가 치유되는 것은 아니므로 공소기각판결을 선고하여야 한다.[145]

검사가 최초 공소를 제기할 때에는 연간 포탈세액등이 5억 원 이상이어서 소추에 고발이 불필요한 특정범죄가중처벌등에관한법률위반(조세)죄로 공소를 제기하였으나, 심리과정에서 연간 포탈세액등이 5억 원 미만으로서 조세범처벌법위반죄에 불과함이 밝혀진 경우, 이에 대해서는 소추에 고발이 필요하므로 고발이 없었다면 유죄판결을 선고할 수 없다.[146] 이러한 문제 때문에 실무상 검사는 조세범에 대해 고발이 불필요한 특정범죄 가중처벌 등에 관한 법률 제8조를 적용하는 때에도 고발을 받아 공소를 제기하는 경우가 많다.

---

142) 대법원 1995. 2. 24. 선고 94도252 판결.
143) 대법원 1957. 3. 29. 선고 4290형상58 판결.
144) 국세청 예규, 조사기획과-172 (2010. 1. 21.).
145) 대법원 1970. 7. 28. 선고 70도942 판결.
146) 대법원 2008. 3. 27. 선고 2008도680 판결.

> **조세범 처벌법**
>
> 제22조(공소시효 기간) 제3조부터 제14조까지에 규정된 범칙행위의 공소시효는 7년이 지나면 완성된다. 다만, 제18조에 따른 행위자가 「특정범죄가중처벌 등에 관한 법률」 제8조의 적용을 받는 경우에는 제18조에 따른 법인에 대한 공소시효는 10년이 지나면 완성된다.

I 조세범의 공소시효

일반 형사범죄의 공소시효는 형사소송법 제249조에 규정돼 있다. 공소시효는 법정형에 따라 장단에 차이가 있는데 최단기 공소시효는 1년이고 최장기 공소시효는 25년이다. 그런데 2015. 12. 29. 개정된 조세범 처벌법 제22조는 동법 제3조부터 제14조까지에 규정된 범칙행위에 대한 공소시효를 법정형과 무관하게 일률적으로 7년으로 규정하고 있다. 위 제22조 개정 이전에는 해당 범칙행위에 대한 공소시효를 일률적으로 5년으로 규정하고 있었다. 위 개정법 시행 이전에 범한 죄의 공소시효에 관하여는 위 제22조의 개정규정에도 불구하고 종전의 규정에 따른다(동법 부칙 제3조).

그런데 조세범 처벌법 제15조(해외금융계좌정보의 비밀유지의무 등의 위반) 및 제16조(해외금융계좌 신고의무 불이행)를 위반하는 범죄에 대해서는 공소시효에 대해 아무런 규정을 두고 있지 않다. 따라서 이에 대해서는 형사소송법 제249조에 의해 공소시효를 적용하여야 한다. 이에 의할 때 조세범 처벌법 제15조의 죄에 대해서는 7년의 공소시효가, 제16조의 죄에 대해서는 5년의 공소시효가 적용된다.

한편, 특정범죄 가중처벌 등에 관한 법률 제8조에 의해 가중처벌되는 조세포탈범에 대해서는 위 조세범 처벌법 제22조가 적용되지 않으므로 형사소송법 제249조에 따라 공소시효가 계산된다. 따라서 특정범죄 가중처벌 등에 관한 법률 제8조에 의해 가중처벌되는 조세포탈범은 그 연간 포탈세액등이 5억 원 이상 10억 원 미만인 경우에는 법정형이 징역 3년 이상의 유기징역(벌금형 병과)이므로 공소시효가 10년이고, 연간 포탈세액등이 10억 원 이상인 경우에는 법정형이 무기 또는 5년 이상의 유기징역(벌금형 병과)이므로 공소시효가 15년이 된다. 특정범죄 가중처벌 등에 관한 법률 제8조의2에 의해 가중처벌되는 공급가액등의 합계액이 30억 원 이상인 허위 세금계산서 관련 범죄에는 모두 10년의 공소시효가 적용된다.

조세범 처벌법 제18조의 양벌규정에 따라 처벌되는 법인에 대해서는 조세범 처벌법 제22
조에 제18조가 제외되어 있으므로 이에 대한 공소시효는 형사소송법 제249조에 따라 법정형
을 기준으로 판단하여야 하는데, 조세범 처벌법상 양벌규정은 법인을 벌금형으로 처벌하도
록 규정하고 있으므로 그 공소시효를 5년으로 봄이 타당하다.[147] 다만, 법인 관련 범칙행위
의 행위자가 특정범죄 가중처벌 등에 관한 법률 제8조에 의해 가중처벌되는 경우에는 양벌
규정으로 처벌되는 법인에 대해서는 10년의 공소시효가 적용된다(조세범 처벌법 제22조 단서).

 ## 공소시효의 계산과 공소시효의 정지

1. 공소시효의 계산

공소시효는 범죄행위가 종료된 때로부터 진행한다. 범죄행위가 종료된 때란 범죄행위가
기수에 이른 때를 말한다. 미수범을 처벌하는 경우 해당 범죄의 실행행위가 종료한 때를
말한다. 다만, 현재 조세범 중에 미수죄를 처벌하는 규정은 없다. 포괄일죄처럼 일정기간에
걸쳐 범죄가 수 회 저질러졌으나 과형상 일죄로 취급되는 경우에는 최종의 범죄행위가 종
료한 때로부터 공소시효가 진행한다.[148] 종전 법령에 대한 반성적 조치로서 범죄 후 법률의
개정에 의하여 법정형이 가벼워진 경우에는 형법 제1조에 의하여 당해 범죄사실에 적용될
가벼운 법정형(신법의 법정형)이 공소시효기간의 기준으로 된다.[149]

2. 공소시효의 정지

공소시효의 정지란 법에 정해진 사유가 있을 때 공소시효의 진행이 정지되었다가 그 사
유가 해소될 때 잔여 공소시효가 진행되는 제도이다. 공소시효가 정지제도는 형사소송 절
차의 일반법인 형사소송법 제253조에 규정되어 있다.

형사소송법 제253조는 ① (범죄에 대한) 공소의 제기, ② (범죄의) 공범의 1인에 대한
공소의 제기, ③ 범인이 형사처분을 면할 목적으로 국외에 있는 경우를 공소시효 정지 사유
로 규정하고 있다. 범죄에 대하여 공소의 제기가 되었더라도 판결의 확정이 없이 공소를
제기한 때로부터 25년을 경과하면 공소시효가 완성된 것으로 간주한다(형사소송법 제249조 제
2항). 다만, 이때 피고인이 형사처분을 면할 목적으로 국외에 있는 경우 그 기간 동안 형사

---

147) 대법원 2023. 7. 13. 선고 2023도2607 판결도 양벌규정으로 처벌되는 법인에 대한 공소시효를 이와 같이
　　　판단하였다.
148) 대법원 1996. 10. 25. 선고 96도1088 판결.
149) 대법원 1957. 10. 25. 선고 4290형상298 판결 : 대법원 1987. 12. 22. 선고 87도84 판결.

소송법 제249조 제2항에 따른 기간(25년)의 진행은 정지된다(형사소송법 제253조 제4항).

그런데 조세범 처벌절차법 제16조는 형사소송법에서 규정하고 있는 공소시효 정지사유 이외에 통고처분을 공소시효 정지사유로 추가하고 있다.

가. 공범의 기소

공소시효는 범칙행위자에 대한 공소의 제기로 진행이 정지되고 공소기각 또는 관할위반의 재판이 확정된 때로부터 진행한다. 공범의 1인에 대하여 공소를 제기하게 되면 다른 공범자에 대해서도 공소시효가 정지되고 당해 사건의 재판이 확정된 때로부터 다시 공소시효가 진행한다(형사소송법 제253조 제1항, 제2항). 여기서 공범이라 함은 형법 제1편 제2장 제3절에 규정된 공범인 공동정범(형법 제30조), 교사범(형법 제31조), 방조범(형법 제32조)만을 의미한다.

뇌물공여범과 뇌물수수범 사이와 같이 이른바 대향범 관계에 있는 자는 강학상으로는 필요적 공범이라고 불리고 있으나, 서로 대향된 행위의 존재를 필요로 할 뿐 각자 자신의 구성요건을 실현하고 별도의 형벌규정에 따라 처벌되는 것이어서, 2인 이상이 가공하여 공동의 구성요건을 실현하는 공범관계에 있는 자와는 본질적으로 다르다. 따라서 대향범 관계에 있는 자 사이에서는 각자 상대방의 범행에 대하여 형법 총칙의 공범규정이 적용되지 않으므로 그들 사이에서는 공범의 기소에 따른 공소시효 정지 규정이 적용될 여지가 없다.[150] 예를 들어 재화나 용역의 거래 없이 허위 세금계산서를 발급한 자와 이를 발급받은 자는 대향범일 뿐 공범관계에 있지 아니하므로 허위 세금계산서 발급자에 대해 공소가 제기되었다고 하여 상대방인 허위 세금계산서 수취자에 대한 공소시효가 정지되지 않는다.

그리고 공범의 1인으로 기소된 자가 구성요건에 해당하는 위법행위를 공동으로 하였다고 인정되기는 하나 책임조각을 이유로 무죄로 되는 경우와는 달리 범죄의 증명이 없다는 이유로 공범 중 1인이 무죄의 확정판결을 선고받은 경우에는 그를 공범이라고 할 수 없어 그에 대하여 제기된 공소로써는 진범에 대한 공소시효 정지의 효력이 없다.[151]

나. 형사처분 회피 목적 국외 체류

범인이 형사처분을 면할 목적으로 국외에 있는 경우 그 기간 동안 공소시효는 정지된다(형사소송법 제253조 제3항). 여기서 범인이 형사처분을 면할 목적으로 국외에 있는 경우란 범인이 국내에서 범죄를 저지르고 형사처분을 면할 목적으로 국외로 도피한 경우에 한정되지 아니하고, 범인이 국외에서 범죄를 저지르고 형사처분을 면할 목적으로 국외에서 체류를

---

150) 대법원 2015. 2. 12. 선고 2012도4842 판결.
151) 대법원 1999. 3. 9. 선고 98도4621 판결.

계속하는 경우도 포함된다.[152] 형사처분을 면할 목적은 국외 체류의 유일한 목적으로 되는 것에 한정되지 않고 범인이 가지는 여러 국외 체류 목적 중에 포함되어 있으면 충분하다. 범인이 국외에 있는 것이 형사처분을 면하기 위한 방편이었다면 형사처분을 면할 목적이 있었다고 볼 수 있고, 형사처분을 면할 목적과 양립할 수 없는 범인의 주관적 의사가 명백히 드러나는 객관적 사정이 존재하지 않는 한 국외 체류기간 동안 형사처분을 면할 목적은 계속 유지된다고 볼 것이다.[153]

판례에 의하면 국외에 체류 중인 범인에게 형사소송법 제253조 제3항의 형사처분을 면할 목적이 계속 존재하였는지가 의심스러운 사정이 발생한 경우, 그 기간 동안 형사처분을 면할 목적이 있었는지는 당해 범죄의 공소시효기간, 범인이 귀국할 수 없는 사정이 초래된 경위, 그러한 사정이 존속한 기간이 당해 범죄의 공소시효기간과 비교하여 도피의사가 인정되지 않는다고 보기에 충분할 만큼 연속적인 장기인지, 귀국의사가 수사기관이나 영사관에 통보되었는지, 피고인의 생활근거지가 어느 곳인지 등의 제반 사정을 참작하여 판단하여야 한다고 한다. 그리고 형사처분을 면할 목적이 유지되지 않았다고 볼 사정이 있는 경우 그럼에도 그러한 목적이 유지되고 있었다는 점은 검사가 증명하여야 한다.[154] 피고인이 당해 사건으로 처벌받을 가능성이 있음을 인지하였다고 보기 어려운 경우라면 피고인이 다른 고소사건과 관련하여 형사처분을 면할 목적으로 국외에 있은 경우라고 하더라도 당해 사건의 형사처분을 면할 목적으로 국외에 있었다고 볼 수 없다.[155]

다. 통고처분

통고처분이 있는 경우에는 통고일부터 고발일까지의 기간 동안 공소시효는 정지된다(조세범처벌절차법 제16조).

---

152) 대법원 2015. 6. 24. 선고 2015도5916 판결.
153) 대법원 2013. 6. 27. 선고 2013도2510 판결. 피고인이 주로 A범죄의 처벌을 면할 목적으로 해외에 체류하고 있었지만 그 외에도 기타 여러 범죄의 처벌을 면할 목적 또한 포함돼 있었으므로 A범죄뿐만 아니라 기타 여러 범죄에 대한 공소시효도 정지된다고 판단하였다.
154) 대법원 2012. 7. 26. 선고 2011도8462 판결. 이 사안에서 피고인은 출국에 필요한 유효한 증명 없이 일본으로 밀항하였다고 하여 밀항단속법 위반으로 기소되었는데, 대법원은 피고인의 출국 자체가 형사처분을 면할 목적이 아니라 생업에 종사하기 위함이고, 피고인이 의도했던 국외 체류기간이나 실제 체류기간이 모두 밀항단속법위반죄의 법정형이나 공소시효기간에 비해 매우 장기인 점, 피고인이 다시 국내로 입국하게 된 경위 등 제반 사정에 비추어 피고인이 밀항단속법위반죄에 대한 형사처분을 면할 목적으로 일본에 있었다고 인정하기에 부족하여 공소시효 진행이 정지되지 않는다고 판시하였다. 또한, 대법원은 법정 최고형이 징역 5년인 부정수표단속법위반죄를 범한 사람이 중국으로 출국하여 체류하다가 그곳에서 징역 14년을 선고받고 8년 이상 복역한 후 우리나라로 추방되어 위 죄로 공소제기 된 사안에서, 위 수감기간 동안에는 형사소송법 제253조 제3항의 '형사처분을 면할 목적'을 인정할 수 없어 공소시효의 진행이 정지되지 않는다고 판시한 바 있다(대법원 2008. 12. 11. 선고 2008도4101 판결).
155) 대법원 2014. 4. 24. 선고 2013도9162 판결.

Ⅲ 공소장 변경과 공소시효

조세범칙행위를 기소하여 재판하는 과정에서 공소장 변경이 있는 경우에 공소시효의 완성 여부는 당초의 공소제기가 있었던 시점을 기준으로 판단하여야지 공소장 변경시를 기준으로 하지 않는다. 공소장 변경절차에 의하여 공소사실이 변경됨에 따라 그 법정형에 차이가 있는 경우에는 변경된 공소사실에 대한 법정형이 공소시효기간의 기준이 된다.[156] 예를 들어 소득세 등의 연간 포탈세액이 5억 원을 초과하여 특정범죄 가중처벌 등에 관한 법률 제8조에 의해 기소했으나, 공판과정에서 연간 포탈세액이 5억 원 미만임이 확인되어 공소사실의 죄명과 적용법조를 특정범죄가중처벌등에관한법률위반(조세)죄에서 조세범처벌법위반죄로 변경하는 경우 조세범처벌법위반죄에 대한 공소시효 7년이 적용되며, 공소시효 완성여부 판단 기준시점은 공소제기일이 된다.

제5절 벌금경합에 관한 특례

> **조세범 처벌법**
>
> 제20조(「형법」 적용의 일부 배제) 제3조부터 제6조까지, 제10조, 제12조부터 제14조까지의 범칙행위를 한 자에 대해서는 「형법」 제38조 제1항 제2호 중 벌금경합에 관한 제한가중규정을 적용하지 아니한다.

조세범 처벌법 제20조는 동법 제3조부터 제6조까지, 제10조 및 제12조부터 제14조까지의 규정에 따른 범칙행위를 한 자[157]에 대해서는 형법 제38조 제1항 제2호 중 벌금경합에 관한 제한가중 규정을 적용하지 않도록 예외를 두고 있다. 위 벌금경합에 관한 제한가중 규정을 적용하지 않는다는 것은 결국 실체적 경합 관계에 있는 수 개의 범칙행위를 동시에 벌금형으로 처벌함에 있어서 형법 제38조 제1항 제2호 본문에서 규정하고 있는 '가장 중한 죄에

---

156) 대법원 2002. 10. 11. 선고 2002도2939 판결.
157) 서울고등법원 2021. 5. 20. 선고 2020노63 판결 ; 서울고등법원 2019. 1. 24. 선고 2018노605 판결에서는 조세범 처벌법 제20조에서의 '범칙행위를 한 자'는 행위자에 국한될 뿐 양벌규정에 의해 행위자와 함께 벌금형이 부과되는 업무주에까지 확장되는 것이 아니므로 양벌규정에 의해 벌금형이 부과되는 법인에 대해서까지 조세범 처벌법 제20조의 벌금경합에 관한 제한가중규정을 적용하지 않는 것은 허용되지 않는다고 판시하였다. 반면에 일부 판결에서는 양벌규정에 의해 벌금형으로 처벌되는 법인에게도 벌금경합에 관한 제한가중규정의 적용을 배제한 바 있다.

정한 벌금다액의 2분의 1을 한도로 가중하여 하나의 형을 선고하는 방식'을 적용하지 아니하고, 위 각 범칙행위마다 벌금을 양정하여 이를 합산한 액수의 벌금형을 선고해야 한다는 것이다.[158] 위와 같이 형법 제38조 제1항 제2호 중 벌금경합에 관한 제한가중규정에 대한 예외가 적용되지 않는 나머지 범칙행위에 대해서는 그것들이 상호 간에 실체적 경합 관계에 있고 이를 동시에 벌금형으로 처벌하는 경우에는 형법 제38조 제1항 제2호에 따라서 가장 중한 죄의 다액(법정형 상한액)에 그 1/2까지 가중한 금액(다만 이 금액이 각 죄에 정한 형의 다액을 합산한 액수를 초과하는 경우에는 그 합산액)의 범위 내에서 하나의 벌금형을 선고하여야 한다.

예를 들어보자. 첫째, 벌금경합 제한가중 규정이 적용되지 않는 범칙행위 1, 2, 3이 있고 이들이 실체적 경합 관계에 있으며 이들을 같이 벌금형으로 처벌하는 경우, 먼저 각 법정형의 범위 내에서 위 1, 2, 3 범죄에 대해 각각 벌금형을 정하고 이들을 단순 합산하여 선고할 벌금형을 정한다.

둘째, 벌금경합 제한가중 규정이 적용되는 범칙행위 1, 2, 3이 있고 이들이 실체적 경합 관계에 있어 이들을 같이 벌금형으로 처벌하는 경우, 먼저 가장 법정형이 중한 죄의 벌금 상한액의 1/2을 가중하여(예를 들어 법정형이 가장 중한 죄의 벌금 상한액이 1,000만 원이면 1,500만 원이 가중액이 된다) 그 가중한 금액의 범위 내에서(이때 가중한 금액은 위 1, 2, 3 범죄의 벌금 상한액을 모두 합산한 금액을 초과하여서는 안 된다. 따라서 위 1, 2, 3 범죄의 벌금 상한액을 모두 합산한 금액이 1,400만 원이면 1,400만 원의 범위 내에서) 선고할 벌금형을 정하면 된다.

셋째, 벌금경합 제한가중 규정이 적용되지 않는 범칙행위 1, 2가 있고, 벌금경합 제한가중 규정이 적용되는 범칙행위 3, 4가 있으며 이들을 같이 벌금형으로 처벌하는 경우, 1, 2 범죄에 대해서는 각자 첫째 방식에 따라 벌금형을 정하고, 3, 4 범죄에 대해서는 위 둘째 방식으로 하나의 벌금형을 정한 다음, 3개의 벌금형을 더하여 선고할 벌금형을 정하면 된다.[159]

특정범죄 가중처벌 등에 관한 법률 제8조 또는 제8조의2에서 벌금형을 필요적으로 병과하도록 규정하고 있는데, 이에 따라 벌금형을 병과하는 경우에도 조세범 처벌법 제20조가 적용되므로 벌금경합에 관한 제한가중 규정의 적용이 배제된다.[160]

---

158) 대법원 2009. 7. 23. 선고 2009도3131 판결 ; 대법원 2007. 4. 13. 선고 2006도8435 판결 등 참조.
159) 대법원 2011. 4. 28. 선고 2010도18154 판결.
160) 대법원 1996. 5. 31. 선고 94도952 판결(특정범죄 가중처벌 등에 관한 법률 제8조 제2항에 따라 병과되는 벌금형에 대하여도 조세범 처벌법에 따라 벌금 경합 제한가중 규정의 적용이 배제된다고 판시하였다).

제18조(양벌 규정) 법인(「국세기본법」 제13조에 따른 법인으로 보는 단체를 포함한다. 이
하 같다)의 대표자, 법인 또는 개인의 대리인, 사용인, 그 밖의 종업원이 그 법인 또는
개인의 업무에 관하여 이 법에서 규정하는 범칙행위(「국제조세조정에 관한 법률」 제57
조를 위반한 행위는 제외한다)를 하면 그 행위자를 벌할 뿐만 아니라 그 법인 또는 개인
에게도 해당 조문의 벌금형을 과(科)한다. 다만, 법인 또는 개인이 그 위반행위를 방지
하기 위하여 해당 업무에 관하여 상당한 주의와 감독을 게을리하지 아니한 경우에는 그
러하지 아니하다.

I 의의

양벌규정이란 법인 또는 개인의 업무에 관하여 범죄행위를 한 행위자를 벌할 뿐만 아니
라 그 업무의 주체인 법인 또는 개인에게도 벌금형을 과하여 처벌하도록 하는 규정이다.
행정범을 규정하고 있는 다수의 법령들이 양벌규정을 포함하고 있다. 양벌규정의 취지는
법인 등 업무주의 처벌을 통하여 벌칙조항의 실효성을 확보하기 위함이다.[161]

조세범 처벌법 제18조가 양벌규정에 해당한다. 같은 조 본문은 조세범칙행위에 대하여
행위자와 함께 업무주를 처벌하도록 규정하고 있다. 동법 제15조 제1항의 죄 중 국제조세조
정에 관한 법률 제57조(해외금융계좌정보의 비밀유지)를 위반한 죄 부분을 제외하고는 모
든 조세범에 양벌규정이 적용된다.

조세범 처벌법 제18조 단서는 업무주의 면책요건을 규정하고 있다. 업무주는 위반행위가
발생한 그 업무와 관련하여 업무주가 상당한 주의 또는 관리감독 의무를 게을리 한 과실로
인하여 처벌되는 것이다.[162] 따라서 업무주인 법인 또는 개인이 그 위반행위를 방지하기
위하여 해당 업무에 관하여 상당한 주의와 감독을 게을리 하지 않은 경우에는 처벌하지 않
는 것이 책임주의 원칙에 부합한다. 그럼에도 불구하고 구 조세범 처벌법(2010. 1. 1. 법률
제9919호로 개정되기 전의 것) 제3조의 양벌규정은 업무에 관하여 종업원 등의 위법행위가
있으면 업무주에게 선임감독상 과실이 존재하는지를 고려하지 않고 그 업무주를 함께 처벌

---

161) 대법원 2012. 5. 9. 선고 2011도11264 판결.
162) 대법원 2010. 4. 15. 선고 2009도9624 판결.

하도록 규정되어 있었다. 이에 헌법재판소는 조세범 처벌법 등에 있는 양벌규정이 다른 사람의 범죄에 대하여 그 책임 유무를 묻지 않고 형벌을 부과함으로써 법치국가의 원리 및 죄형법정주의로부터 도출되는 책임주의 원칙에 반하여 헌법에 위반된다는 이유로 수차에 걸쳐 위헌결정을 하였다.[163] 그에 따라 2010. 1. 1. 조세범 처벌법 전면 개정 시 동법 제18조 단서에 업무주에 대한 면책조항을 신설함으로써 위헌적 요소를 제거하였다.

Ⅱ 양벌규정의 적용요건

1. 업무주인 법인 또는 개인

우선 업무주인 법인 또는 개인이 양벌규정의 적용대상이다. 조세범 처벌법 제18조는 국세기본법 제13조에 따라 '법인으로 보는 법인 아닌 단체'를 양벌규정이 적용되는 법인의 범위에 포함시키고 있다. 일반적으로 양벌규정에 위와 같이 명시적인 규정이 없다면 죄형법정주의 원칙상 법인격 없는 사단 등의 단체를 법인으로 보아 양벌규정을 적용할 수는 없다.[164]

국세기본법 제13조 제1항에 의해 '법인으로 보는 단체'는 ① 주무관청의 허가 또는 인가를 받아 설립되거나 법령에 따라 주무관청에 등록한 사단, 재단, 그 밖의 단체로서 등기되지 아니한 것, ② 공익을 목적으로 출연(出捐)된 기본재산이 있는 재단으로서 등기되지 아니한 것 중의 어느 하나에 해당하는 것으로서 수익을 구성원에게 분배하지 아니하는 단체이다.

그리고 국세기본법 제13조 제2항에 의해 '법인으로 보는 단체'는 같은 조 제1항에 해당하지 아니하는 법인 아닌 단체 중에서 ① 사단, 재단, 그 밖의 단체의 조직과 운영에 관한 규정(規程)을 가지고 대표자나 관리인을 선임하고 있을 것, ② 사단, 재단, 그 밖의 단체 자신의 계산과 명의로 수익과 재산을 독립적으로 소유·관리할 것, ③ 사단, 재단, 그 밖의 단체의 수익을 구성원에게 분배하지 아니할 것 등의 세 가지 요건을 모두 갖춘 것으로서 대표자나 관리인이 관할 세무서장에게 신청하여 승인을 받은 단체이다. 이 경우 해당 사단, 재단, 그 밖의 단체의 계속성과 동질성이 유지되는 것으로 본다.

업무주가 양벌규정에 따라 처벌받는 이유는 업무에 관한 주의 또는 관리감독의무를 태만히 한 데 있으므로 양벌규정의 처벌대상이 되는 법인 또는 개인은 단지 형식상의 명의자를 의미하는 것이 아니라 자기의 계산으로 사업을 경영하는 실질적 경영귀속주체를 말한다.[165]

---

163) 헌재 2010. 10. 28. 2010헌가14.
164) 대법원 1995. 7. 28. 선고 94도3325 판결.

따라서 명의상 업무주가 아닌 실질적 업무주가 양벌규정에 의한 처벌대상이 된다.[166]

법인은 청산종결의 등기가 경료되었다면 특단의 사정이 없는 한 그 법인격이 상실되어 법인의 당사자능력 및 권리능력이 상실되었다고 추정한다. 그런데 판례는 법인에 대한 청산종결의 등기가 이루어졌다 하더라도 청산종결의 등기 전에 법인이 형사소추되어 있거나 재판 계속 중이어서 청산사무가 종료되었다고 할 수 없는 경우에는 청산법인으로서 당사자능력이 있다고 본다. 예를 들어 법인세체납이 법인의 존속 중에 있었던 일이고, 이러한 법인세체납이 완전히 정리되지 아니하여 법인에 대해 공소제기 되어 그 피고사건의 공판계속 중에 비록 피고인 법인의 청산종결의 등기가 경료되었다고 하더라도 그 피고사건이 종결되지 아니하는 동안 피고인 법인의 청산사무는 종료된 것이라 할 수 없고 형사소송법상 법인의 당사자능력도 그대로 존속한다고 해석한다.[167]

2. 행위자

가. 법인의 대표자

위 대표자에는 대표이사, 이사장 등 대표권한이 있는 지위에 있는 자를 비롯하여 그 명칭 여하를 불문하고 당해 법인을 실질적으로 경영하면서 사실상 대표하고 있는 자도 포함된다.[168]

나. 대리인, 사용인, 그 밖의 종업원

대리인은 법률 또는 본인의 위임 등 수권행위에 의해 대리권을 가진 자이다. 대리인은 유효하게 대리권을 수여받은 자여야 한다. 수권행위가 무효이거나 부존재하는 경우 또는 대리권의 범위를 넘어서는 경우에는 적법한 대리인이 아니므로 양벌규정의 대리인이라고 할 수 없다.[169] 상속인에게 상속세 문제를 처리하여 주겠다고 속여 소송대리위임장에 날인을 받은 것을 기화로 상속인 몰래 상속재산이 마치 피상속인 사망 전에 매도된 것처럼 제소전화해를 하여 상속재산을 자신이나 제3자 앞으로 소유권이전등기를 마친 자는 상속재산의 처분이나 관리에 대해 어떠한 대리권도 수여받은 바가 없어 조세범 처벌법 제18조 소정

---

165) 대법원 2007. 8. 23. 선고 2007도3787 판결(차량의 명의상 소유자가 도로법위반의 양벌규정 책임을 지지 않는다는 취지) : 대법원 1992. 11. 10. 선고 92도2034 판결(어선의 소유자가 아닌 어선을 임대받아 선장을 고용하여 어업을 경영한 자가 양벌규정 형사책임을 져야 한다는 취지).
166) 대법원 2000. 10. 27. 선고 2000도3570 판결.
167) 대법원 2005. 11. 24. 선고 2003후2515 판결 : 대법원 1986. 10. 28. 선고 84도693 판결 : 대법원 1976. 4. 27. 선고 75도2551 판결.
168) 대법원 1997. 6. 13. 선고 96도1703 판결.
169) 안대희, 앞의 책, 250쪽.

의 대리인에 해당하지 않아 그에게 조세포탈죄가 성립하지 않는다.[170]

사용인에는 법인 또는 개인과 정식 고용계약이 체결되어 근무하는 자뿐만 아니라 그들의 업무를 직접 또는 간접으로 수행하면서 그들의 통제·감독 하에 있는 자도 포함된다.[171] 그리고 그 밖의 종업원은 영업주의 사업경영과정에 있어서 직접 또는 간접으로 영업주의 감독통제 아래 그 사업에 종사하는 자를 일컫는 것이다. 따라서 영업주 스스로 고용한 자가 아니고 타인의 고용인으로서 타인으로부터 보수를 받고 있다 하더라도 객관적 외관상으로 영업주의 업무를 처리하고 영업주의 종업원을 통하여 간접적으로 감독 통제를 받는 자라면 이에 포함된다.[172]

또한, 대리인, 사용인, 그 밖의 종업원은 그 법인 또는 개인의 업무에 관하여, 자신의 독자적인 권한이 없이 오로지 상급자의 지시에 의하여 단순히 노무제공을 하는 것에 그치는 것이 아니라, 적어도 일정한 범위 내에서는 자신의 독자적인 판단이나 권한에 의하여 그 업무를 수행할 수 있는 자를 의미한다.[173] 대리인, 사용인, 그 밖의 종업원은 업무주와 함께 행위자로서 처벌되는바, 단순히 노무제공을 하는 자가 아니라 그 상위에서 위반행위를 결정하고 실행하는 자가 행위자로서 형사책임을 지는 것이 상당할 것이다.

3. 법인 또는 개인의 업무에 관한 위반행위

사용인 등이 업무주인 법인 또는 개인의 업무에 관하여 위반행위를 할 때 양벌규정이 적용된다. 사용인 등의 행위가 법인 또는 개인과의 업무관련성이 없는 때에는 양벌규정이 적용되지 않는다. 사용인 등이 법인의 업무에 관하여 위반행위를 한 것으로 보기 위하여는 객관적으로 사용인 등이 법인의 업무를 위하여 하는 것으로 인정할 수 있는 행위가 있어야 하고, 주관적으로는 피용자 등이 법인의 업무를 위하여 한다는 의사를 가지고 행위함을 요한다.[174] 예컨대, 신용카드회사 판촉팀 직원이 신용카드회사와 카드회원모집 대리점 계약을 체결한 회사의 대표이사에게 불법으로 카드가맹점주의 개인신용정보를 제공한 것은 객관적 외형상 신용카드회사의 신용카드회원을 모집하기 위한 행위로서 법인의 업무에 관한 행위라고 할 것이고, 주관적으로도 신용카드회원모집이라는 회사의 업무를 위하여 개인신용정보를 제공한다는 의사가 있었음이 분명하므로 신용카드회사와의 업무관련성이 인정된다.[175]

---

170) 대법원 1998. 3. 24. 선고 97도3368 판결.
171) 대법원 2006. 2. 24. 선고 2003도4966 판결 ; 대법원 2012. 5. 9. 선고 2011도11264 판결.
172) 대법원 1987. 11. 10. 선고 87도1213 판결.
173) 대법원 2007. 12. 28. 선고 2007도8401 판결.
174) 대법원 1997. 2. 14. 선고 96도2699 판결 ; 대법원 2006. 6. 15. 선고 2004도1639 판결.
175) 대법원 2006. 6. 15. 선고 2004도1639 판결.

그리고 양벌규정에 있어서 법인의 업무라 함은 객관적 외형상으로 법인의 업무에 해당하는 행위이면 족하고, 그 행위가 법인 내부의 결재를 밟지 아니하였거나 그 행위의 동기가 행위자 혹은 제3자의 이익을 위한 것이라고 하더라도 무방하다.[176] 예를 들어, 택배업체인 피고인 회사와 택배위수탁계약을 체결하고 피고인 회사로부터 위탁받은 택배화물을 고객들에게 운송하는 일을 담당한 甲이 위 회사가 관리하는 개인정보를 유출한 사안에서, 피고인 회사가 회사통합택배정보시스템에 접근할 수 있는 권한을 甲에게 부여하고, 배송업무와 관련하여 콜센터의 역할까지 하도록 한 이상 택배위수탁계약 체결시 甲의 자격 등을 자체적으로 심사하였고, 위 계약상 고객의 정보 등에 대하여 비밀유지의무를 규정하였으며, 그에 대한 다짐과 각서를 받았다고 하더라도 그와 같은 일반적이고 추상적인 감독을 하였다거나, 甲이 피고인에게 알리지 않고 혼자 위반행위를 하였다는 사정만으로는 피고인이 사용인의 위반행위를 방지하기 위하여 당해 업무에 대하여 상당한 주의와 감독을 한 것이 증명되었다고 할 수 없으므로, 피고인은 면책될 수 없다.[177]

업무주를 양벌규정을 적용하여 처벌하는 경우 범죄의 주관적 구성요건으로서의 범의는 실지 행위자를 기준으로 판단한다.[178]

업무주에 대한 형사책임의 독립성

양벌규정에 의한 업무주의 처벌은 금지위반 행위자인 종업원의 처벌에 종속하는 것이 아니라, 그와 독립하여 그 자신의 종업원에 대한 선임감독상의 과실로 인하여 처벌되는 것이므로 금지위반 행위자인 종업원에게 구성요건상의 자격이 없다고 하더라도 영업주인 피고인의 범죄성립에는 아무런 지장이 없다.[179] 또한, 행위자의 범죄성립이나 처벌 여부도 영업주 처벌의 전제조건은 아니므로 영업주만이 기소된 경우에도 처벌이 가능하다.[180]

Ⅳ 양벌규정에 의한 행위자의 처벌

행위자는 조세범 처벌법의 각 본조에 의해 처벌되고 업무주인 법인 또는 개인만이 양벌규정에 의해 처벌되는 것인가. 예를 들어 보자. 조세범 처벌법 제13조 제1항은 "조세의 원천징수의무자가 정당한 사유 없이 그 세금을 징수하지 아니하였을 때에는 1천만 원 이하의

---

176) 대법원 2002. 1. 25. 선고 2001도5595 판결.
177) 수원지방법원 2005. 7. 29. 선고 2005고합160 판결(확정).
178) 대법원 1983. 3. 22. 선고 81도2545 판결.
179) 대법원 1987. 11. 10. 선고 87도1213 판결.
180) 대법원 2006. 2. 24. 선고 2005도7673 판결.

벌금에 처한다"라고 규정하고 있다. 만일 법인이 업무주로서 원천징수의무자에 해당한다면 법인의 대표이사 개인은 원천징수의무자가 아니므로 위 조항으로 처벌할 수 없다. 이때 조세범 처벌법 제18조의 양벌규정을 업무주인 법인이나 개인에 대한 처벌조항일 뿐 행위자에 대한 처벌조항은 아니라고 해석한다면 법인만이 조세범 처벌법 제13조 제1항의 처벌대상이 되고 행위자는 처벌에서 제외된다. 법인의 대표이사로서 현실적으로 원천징수의무를 불이행한 자를 처벌대상에서 제외해서는 위 조항의 실효성을 담보할 수 없게 된다. 이러한 문제 때문에 판례는 양벌규정은 업무주뿐만 아니라 그 행위자에 대하여도 처벌근거 조항이 된다고 해석한다. 판례는 양벌규정의 취지는 각 본조의 위반행위를 사업자인 법인이나 개인이 직접 하지 아니하는 경우에는 그 행위자나 사업자 쌍방을 모두 처벌하려는 데에 있으므로, 이 양벌규정에 의하여 사업자가 아닌 행위자도 사업자에 대한 각 본조의 벌칙 규정의 적용 대상이 된다고 판시하고 있다.[181]

업무주 및 행위자에 대한 고발전치주의의 적용

양벌규정에 의해 처벌되는 행위자와 업무주의 조세범칙행위에 대하여 공소를 제기하려면 고발이 있어야 한다. 이러한 고발에 있어서는 이른바 고소·고발 불가분의 원칙이 적용되지 아니하므로, 고발은 양벌규정에 의하여 처벌받는 행위자와 업무주에 대하여 각각 모두 이루어져야 한다.[182]

고발 여부의 판단은 고발장의 피고발인란의 기재를 중심으로 판단한다. 고발장에 피고발인을 법인으로 명시한 다음, 이어서 법인의 등록번호와 대표자의 인적사항을 기재한 고발장의 표시를 자연인인 개인까지를 피고발자로 표시한 것이라고 볼 수는 없다.[183]

양벌규정으로 처벌되는 법인에 대한 특가법 적용문제

특정범죄 가중처벌 등에 관한 법률 제8조 제1항은 조세범 처벌법 제3조 제1항, 제4조 및 제5조, 지방세기본법 제102조 제1항에 규정된 죄를 범한 자를 연간 포탈세액등이 5억 원 이상인 경우에 가중처벌하도록 규정하고 있고, 동법 제8조의2 제1항은 영리를 목적으로 조세범 처벌법 제10조 제3항 및 제4항 전단의 죄를 범한 자를 공급가액등의 합계액이 30억

---

181) 대법원 1999. 7. 15. 선고 95도2870 전원합의체 판결 ; 대법원 2004. 5. 14. 선고 2004도74 판결 ; 대법원 1976. 4. 27. 선고 75도2551 판결.
182) 대법원 2004. 9. 24. 선고 2004도4066 판결.
183) 위의 판결.

원 이상인 경우에 가중처벌하도록 규정하고 있다.

그런데 양벌규정으로 처벌되는 법인에 대해서도 위 특정범죄 가중처벌 등에 관한 법률의 가중처벌 규정을 적용할 수 있는지 여부가 문제된다. 판례는 조세포탈범과 관련하여 위 특정범죄 가중처벌 등에 관한 법률 제8조 제1항의 규정은 포탈세액에 따라 무기 또는 5년 이상의 징역(제1호), 3년 이상의 유기징역(제2호)에 처하도록 규정하는 한편 그 포탈세액의 2배 이상 5배 이하에 상당하는 벌금을 병과한다고 규정하고 있는데, 법인에게는 징역형을 과할 수 없는 점에 비추어 특정범죄 가중처벌 등에 관한 법률 제8조 제1항은 조세범 처벌법 제18조에 정한 조세포탈범의 법정책임자와 이러한 자의 포탈행위에 가담한 공범자인 자연인을 가중처벌하기 위한 규정임이 명백하므로, 특정범죄 가중처벌 등에 관한 법률상으로 법인을 조세범 처벌법의 각 본조에 정한 벌금형을 가중하여 처벌한다는 명문의 처벌규정(양벌규정)이 없는 이상 특정범죄 가중처벌 등에 관한 법률 제8조에 의하여 법인을 가중처벌할 수 없다는 입장이다.[184] 위 판례는 특정범죄 가중처벌 등에 관한 법률 제8조 제1항의 죄에 관한 것이지만 논리구조상 위 조항과 마찬가지로 징역형과 벌금형을 병과하도록 규정되어 있는 특정범죄 가중처벌 등에 관한 법률 제8조의2의 죄에도 그대로 적용될 수 있다.[185]

또한, 범칙행위자가 범한 수 개의 조세포탈행위 또는 수 개의 허위 세금계산서 발급의무 위반행위 등이 포괄하여 특정범죄 가중처벌 등에 관한 법률 제8조 제1항 또는 동법 제8조의2 제1항 위반의 1죄로 처벌되는 경우에도, 조세범 처벌법에 따라 양벌규정으로 처벌되는 법인에 대해서는 조세범처벌법위반죄의 죄수에 관한 일반 법리가 적용되어 특별한 사정이 없는 한 각 조세포탈행위 또는 각 허위 세금계산서 발급의무 위반행위 등에 대해 수 죄가 성립한다.[186]

 면책조항

조세범 처벌법 제18조 단서는 법인 또는 개인이 그 위반행위를 방지하기 위하여 해당 업무에 관하여 상당한 주의와 감독을 게을리하지 아니한 경우에는 처벌하지 않는다는 취지의 면책조항을 두고 있다. 양벌규정으로 업무주를 처벌하는 근거는 종업원에 대한 선임감독상 과실책임이고 이러한 과실의 존재는 강하게 추정되므로 업무주에게 그 과실의 부존재 또는

---

184) 대법원 1992. 8. 14. 선고 92도299 판결.
185) 대법원 2015. 6. 24. 선고 2014도16273 판결(특정범죄 가중처벌 등에 관한 법률 제8조의2의 적용 대상에서 법인이 제외되는 것을 전제로 하고 있다).
186) 대법원 2015. 6. 24. 선고 2014도16273 판결.

상당한 주의 또는 감독을 게을리하지 않았다는 점에 대한 증명책임이 있다는 견해가 있으나 이에 관하여는 논쟁이 있다.[187] 그런데 실무상 조세범과 관련하여 업무주인 법인이나 개인이 상당한 주의 또는 감독을 게을리하지 않았다는 이유로 면책조항에 의해 형사책임이 면책되는 예는 드문 게 사실이다.

업무주인 법인이나 개인이 상당한 주의 또는 감독을 게을리하였는지 여부는 당해 위반행위와 관련된 모든 사정 즉, 당해 법률의 입법 취지, 처벌조항 위반으로 예상되는 법익침해의 정도, 위반행위에 관하여 양벌규정을 마련한 취지 등은 물론 위반행위의 구체적인 모습과 그로 인하여 실제 야기된 피해 또는 결과의 정도, 법인의 영업 규모 및 행위자에 대한 감독가능성이나 구체적인 지휘·감독 관계, 법인이 위반행위 방지를 위하여 실제 행한 조치 등을 전체적으로 종합하여 판단하여야 한다.[188] 다만, 법인이 종업원들에게 위반행위를 하지 않도록 교육을 시키고, 또 입사 시에 그 다짐을 받는 각서를 받는 등 일반적이고 추상적인 감독을 하는 것만으로는 일반적으로 면책사유에 해당한다고 볼 수 없을 것이다.[189]

법인의 대표자가 행위자인 경우에는 위와 같은 면책조항이 적용될 여지가 없다. 법인은 기관을 통하여 행위하므로 법인이 대표자를 선임한 이상 그의 행위로 인한 법률효과는 법인에게 귀속되어야 하고, 법인 대표자의 범죄행위에 대하여는 법인 자신이 책임을 져야 하는바, 법인 대표자의 법규위반행위에 대한 법인의 책임은 법인 자신의 법규위반행위로 평가될 수 있는 행위에 대한 법인의 직접책임으로서, 대표자의 고의에 의한 위반행위에 대하여는 법인 자신의 고의에 의한 책임을, 대표자의 과실에 의한 위반행위에 대하여는 법인 자신의 과실에 의한 책임을 지는 것이기 때문이다.[190]

---

187) 대법원 1982. 6. 22. 선고 82도777 판결. 한편 金子 宏, 앞의 책, 1126쪽은 조세범에 대한 양벌규정은 과실이 없는 경우에도 업무주에 형사책임을 부담시키려는 취지는 아니고 종업원에 대한 선임·감독에 관한 업무주의 과실의 존재를 추정하는 규정으로 해석해야 한다고 한다. 한편 대법원 2010. 7. 8. 선고 2009도6968 판결은 양벌규정상 사업주책임과 관련하여 사업주의 주의의무의 내용과 위반여부에 관하여 검사가 입증책임을 진다고 판시하고 있다.
188) 대법원 2012. 5. 9. 선고 2011도11264 판결 ; 대법원 2010. 4. 15. 선고 2009도9624 판결 ; 대법원 2010. 12. 9. 선고 2010도12069 판결.
189) 대법원 1992. 8. 18. 선고 92도1395 판결.
190) 헌재 2010. 7. 29. 2009헌가25.

제 **2** 부

조세형사법 각론

제1장

서론

제1절 조세범 관련 형사법령

조세형사법 각론에서는 조세범에 관한 개별 형벌규정을 다룬다. 현재 조세범에 관한 기본범죄는 모두 조세범 처벌법에 규정돼 있다. 그리고 조세범에 관한 가중범죄는 모두 특정범죄 가중처벌 등에 관한 법률에 규정되어 있다. 조세범 처벌절차법에는 조세범칙사건의 처리절차에 관한 규정만 존재할 뿐 형벌규정은 존재하지 않는다. 따라서 이하의 각론 부분에서는 조세범 처벌법과 특정범죄 가중처벌 등에 관한 법률에 규정된 개별 조세범에 관한 구성요건을 중심으로 살펴보고자 한다.

제2절 조세범 관련 형사법령의 제정과 최근 개정경과

I 조세범 처벌법의 제정과 최근 개정경과

1. 조세범 처벌법의 제정

조세범 처벌법은 1951. 5. 7. 제정되어 같은 해 6. 7. 시행되었다. 동법은 조세에 관한 법률의 위반자를 처벌함으로써 시실한 납세풍토의 조성과 조세공권력의 수단을 확보하여 세법의 실효성을 제고하기 위한 목적으로 제정되었다. 이전까지는 일본처럼 조세범에 관한 처벌조항들이 개별 세법에 산재해 있었는데 이를 모두 삭제하는 대신 새로이 제정되는 조세범 처벌법으로 이관하여 현재와 같은 통일적 체계가 마련되었다.

당시의 조세범 처벌법은 관세와 등록세 및 면허세를 제외한 모든 국세에 대해 적용되었다. 그리고 세무공무원의 직무상 비밀누설이나 직무상 부정행위 관련 범죄를 제외한 나머지 조세범에 대하여는 고발전치주의와 2년의 공소시효 특례를 규정하였다.

2. 조세범 처벌법의 최근 개정경과

가. 2010. 1. 1. 개정 요지[191]

정부는 2010. 1. 1. 조세범 처벌법을 전부 개정하여 현재와 같은 체계를 갖추었다. 위와 같은 전부 개정의 목적은 조세포탈죄의 양형체계를 개선하여 고액·상습 탈세범에 대한 처벌을 강화하고, 당시 문제되고 있던 면세유 부정유통행위 등을 처벌하는 별도의 규정을 신설하고, 단순 행정질서벌 성격의 위반행위는 과태료로 전환하고, 조세범의 처벌에 있어서도 책임능력, 종범 감경 등 형법상의 책임주의 원칙을 전면적으로 구현하는 등 위 법을 전반적으로 개선하여 실효성을 제고하고자 함이었다. 이하에서 주요 개정 내용을 살펴본다.

① 고액·상습 포탈범에 대한 처벌 강화 등(제3조)

포탈세액의 규모 등에 따라 조세포탈죄의 법정형을 차등화하여 조세포탈죄의 기본형량을 '2년 이하의 징역 또는 포탈세액의 2배 이하의 벌금'으로 하고, 포탈세액이 5억 원 이상인 경우 등에는 그 형량을 '3년 이하의 징역 또는 포탈세액의 3배 이하의 벌금'으로 가중하였다. 그리고 조세포탈죄의 구성요건인 '사기나 그 밖의 부정한 행위'를 조세범 처벌법 제3조 제6항 제1호 내지 제6호에서 구체적으로 규정하여 예측가능성을 높이고, 제7호에서는 포괄적 조항을 두어 제1호부터 제6호까지에 열거되지 않은 행위도 부정행위로 판단할 수 있는 근거를 마련하였다.

② 면세유의 부정유통 및 가짜석유제품의 제조·판매에 대한 처벌규정 신설(제4조 및 제5조)

원래 면세유 부정유통 등에 의한 조세포탈은 구 조세범 처벌법 제9조에 의해 처벌하도록 되어 있었으나 조세범 처벌법 제4조와 제5조에 별도의 처벌조항을 신설하면서 법정형을 높이고, '사기나 그 밖의 부정한 행위'를 구성요건에서 제외하였다. 위와 같은 개정의 이유는 당시 신종범죄로서 사회적으로 문제되고 있던 면세유를 부정하게 유통하는 행위, 가짜석유제품을 제조·판매하는 행위 등에 보다 효과적으로 대응하기 위함이었다.

③ 양벌규정 적용대상 확대 및 면책조항 신설 등 양벌규정 정비(제18조)

조세범 처벌법 제18조에 규정된 양벌규정 적용대상에 법인격 없는 단체로서 세법상 법인으로 인정되는 단체를 포함하여 그 적용대상을 확대하였다. 그리고 법인 또는 개인이 행위자의 조세범칙행위를 방지하기 위하여 해당 업무에 관하여 상당한 주의와 감독을 하였을 경우 처벌하지 않도록 하는 면책조항을 동법 제18조 단서에 신설하였다.

---

191) 2010. 1. 1. 시행 법률 제9919호, 2010. 1. 1. 전부개정.

④ 조세범 처벌에 있어 형법상의 책임주의 원칙 전면적 구현(제20조)

종전의 조세범 처벌법은 조세범의 행정범적 성격을 강조하여, 조세범에 대하여 형법총칙에 규정된 형사미성년자 규정(제9조), 심신미약 감경(제10조 제2항), 농아자 감경(제11조), 법률의 착오(제16조), 종범 감경(제32조 제2항) 등의 적용을 배제하도록 규정하고 있었다. 그런데 위 개정 시 벌금경합에 관한 제한가중규정의 적용배제 규정만을 남겨두고 형법총칙의 적용을 배제하는 나머지 조항을 모두 삭제하여 조세범 처벌에 있어서도 책임주의 원칙을 전면적으로 구현하였다.

나. 2013. 7. 2. 개정 요지[192]

석유 및 석유대체연료 사업법이 개정됨에 따라 그와 용어를 통일하기 위하여 조세범 처벌법 제5조의 문언 중 '유사석유제품'을 '가짜석유제품'으로 변경하였고, 가짜석유제품으로 인한 조세포탈에 대한 처벌을 강화하기 위하여 조세포탈의 행위 유형에 "제조" 외에 "판매"를 추가하여 처벌 범위를 확장하였으며, 법정형을 종전의 "3년 이하의 징역 또는 포탈한 세액의 5배 이하의 벌금"에서 "5년 이하의 징역 또는 포탈한 세액의 5배 이하의 벌금"으로 높여서 처벌을 강화하였다.

다. 2015. 12. 29. 개정 요지[193]

종전의 조세범 처벌법 제11조에서는 조세의 회피 및 강제집행 면탈을 방지하기 위하여 타인의 명의로 사업자등록을 한 자와 이를 허락한 자만을 처벌하도록 규정돼 있었으나, 위 개정 시 타인 명의의 사업자등록을 이용하여 사업을 하거나 자신 명의의 사업자등록을 사용하도록 허락하는 행위까지 처벌하는 것으로 처벌의 범위를 확장하였다.

그리고 짧은 공소시효로 인하여 발생할 수 있는 조세범에 대한 처벌공백을 해소하기 위하여 조세범에 대한 공소시효를 5년에서 7년으로 연장하였다.

라. 2019. 1. 1. 개정 요지[194]

2019. 1. 1. 시행된 개정 법률의 가장 두드러진 특징은 종전에 조세범 처벌법에 산재해 있었던 행정질서벌, 즉 과태료와 몰취의 대상이었던 위반행위를 개별 세법으로 이관하여 규정하고, 개별 세법에 규정돼 있던 일부 형벌규정을 조세범 처벌법으로 이관하여 세법 위

---

192) 2013. 7. 2. 시행, 법률 제11613호, 2013. 1. 1. 일부개정.
193) 2015. 12. 29. 시행, 법률 제13627호, 2015. 12. 29. 일부개정.
194) 2019. 1. 1. 시행, 법률 제16108호, 2018. 12. 31. 일부개정.

제1장 · 서론 | 91

반행위에 대한 형벌규정은 조세범 처벌법에서만 규정하고, 세법 위반행위에 대한 행정질서벌 규정은 조세범 처벌법이 아닌 각각의 개별 세법에서 규정하는 체계를 갖추었다는 점이다. 그 외에도 몇 가지 사항이 개정되었는데 이하에서 주요 개정사항을 살펴본다.

① 과태료 및 몰취 규정의 삭제

부정하게 유통되는 면세유류를 취득한 자에 대한 과태료 관련 규정이었던 구 조세범 처벌법 제4조 제2항, 제4항 및 제5항을 삭제하고, 현금영수증 발급의무 위반에 대한 과태료 관련 규정이었던 동법 제15조를 삭제(대신 제15조에 해외금융계좌정보의 비밀유지의무 위반범에 관하여 규정)하는 등 모든 과태료 규정을 삭제하였고 무면허 주류제조업자에 대한 몰취 규정이었던 동법 제19조도 삭제하였다.

② 해외금융계좌정보의 비밀유지의무 위반, 해외금융계좌 신고의무 불이행에 대한 처벌규정 신설

종전에 구 국제조세조정에 관한 법률(2018. 12. 31. 법률 제16099호로 변경되기 전의 것) 제31조의2에 규정돼 있었던 해외금융계좌정보의 비밀유지의무 등의 위반행위에 대한 형벌규정을 조세범 처벌법으로 이관하여 동법 제15조에 규정하였다. 그리고 구 국제조세조정에 관한 법률 제34조의2에 규정돼 있던 해외금융계좌정보의 신고의무 위반행위에 대한 형벌규정을 조세범 처벌법으로 이관하여 동법 제16조에 규정하였다.

③ 계산서의 미발급·미수취 또는 계산서합계표의 거짓 기재에 대한 처벌 규정 신설

종전에는 계산서의 미발급과 거짓 기재 및 매출처별 계산서합계표의 거짓 기재 제출행위에 대한 처벌규정을 두고 있지 않았으나 이에 대한 처벌규정을 동법 제10조 제1항 제2호와 제4호에 각각 신설하였다.

그리고 종전에는 통정에 의한 계산서의 미수취와 거짓 기재 및 매입처별 계산서합계표의 거짓 기재 제출행위에 대한 처벌규정을 두고 있지 않았으나 동법 제10조 제2항 제2호와 제4호에 이에 대한 처벌규정을 각각 신설하였다.

④ 납세증명표지의 불법사용 등 처벌규정 개정

종전의 조세범 처벌법 제12조 제4호는 '인지세법 제10조에 따라 소인(消印)된 인지를 재사용한 자'를 처벌하도록 되어 있었으나, 이를 '인지세법 제8조 제1항 본문에 따라 첨부한 종이문서용 전자수입인지를 재사용한 자'를 처벌하는 것으로 개정하였다.

⑤ 근로소득 원천징수영수증 거짓 발급 등의 처벌범위 제한

종전에는 근로소득 원천징수영수증을 거짓으로 기재하여 타인에게 발급하는 행위와 근

로소득 지급명세서를 거짓으로 기재하여 세무서에 제출한 경우라면 그 목적이 무엇이든 상관없이 처벌하도록 규정돼 있었으나, 타인이 근로장려금(조세특례제한법에 따른 근로장려금)을 거짓으로 신청할 수 있도록 하려는 목적에서 위와 같은 행위를 한 경우에만 처벌하는 것으로 개정하였다.

Ⅱ 특가법의 제정과 조세범 관련 규정의 최근 개정경과

1. 특가법의 제정

특정범죄 가중처벌 등에 관한 법률은 1966. 2. 23. 법률 제1744호로 제정되어 1966. 3. 26. 시행되었다. 동법은 당시의 형법ㆍ관세법ㆍ조세범처벌법ㆍ산림법ㆍ임산물단속에관한법률 및 마약법에 규정된 특정범죄에 대한 가중처벌 등을 규정함으로써 건전한 사회질서의 유지와 국민경제의 발전에 기여함을 목적으로 제정되었다.

당시의 특정범죄 가중처벌 등에 관한 법률은 여러 조세범 중에서 구 조세범 처벌법 제9조 제1항 소정의 조세포탈범에 대하여만 가중처벌하는 규정을 두고 있었다. 당시의 특정범죄 가중처벌 등에 관한 법률 제8조는 구 조세범 처벌법 제9조 제1항 소정의 조세포탈죄를 범한 자를 그 연간 포탈세액등이 500만 원 이상 또는 1,000만 원 이상인 경우에 각각 가중처벌하도록 규정하고 있는데, 연간 포탈세액등이 1,000만 원 이상인 때에는 무기 또는 5년 이상의 징역에 처하고, 연간 포탈세액등이 연 500만 원 이상 1,000만 원 미만인 때에는 무기 또는 3년 이상의 징역에 처하되, 그 연간 포탈세액등의 2배 이상 5배 이하에 상당하는 벌금을 병과하도록 규정하였다.

2. 조세범 관련 규정의 최근 개정경과

가. 2006. 3. 30. 개정 요지[195]

특정범죄 가중처벌 등에 관한 법률 제8조를 개정하여, 구 조세범 처벌법 제9조 제1항 소정의 조세포탈범의 가중처벌의 기준인 연간 포탈세액등을 종전의 "2억 원 또는 5억 원"에서 "5억 원 또는 10억 원"으로 상향하면서, 연간 포탈세액등이 연간 10억 원 이상인 때에는 무기 또는 5년 이상의 징역에 처하고, 연간 포탈세액등이 연간 5억 원 이상 10억 원 미만인 때에는 3년 이상의 유기징역에 처하도록 규정하였다.

---

195) 2006. 3. 30. 시행, 법률 제7767호, 2005. 12. 29. 일부개정.

그리고 실물거래 없는 허위 세금계산서발급 등에 대한 가중처벌 규정을 특정범죄 가중처벌 등에 관한 법률 제8조의2에 신설하였다. 위 제8조의2는 영리의 목적으로 재화 또는 용역을 공급하지 아니하고 세금계산서 또는 계산서를 발급하거나 수취한 자, 세금계산서합계표 또는 계산서합계표를 거짓으로 기재하여 제출한 자 또는 그와 같은 행위를 중개·알선한 자를, 그 세금계산서 또는 계산서와 세금계산서합계표 또는 계산서합계표에 기재된 공급가액등의 합계액이 50억 원 이상인 때에는 3년 이상의 유기징역에 처하고, 공급가액등의 합계액이 30억 원 이상 50억 원 미만인 때에는 1년 이상의 유기징역에 처하되, 공급가액등의 합계액에 부가가치세의 세율을 적용하여 계산한 세액의 2배 이상 5배 이하의 벌금을 병과하도록 규정하였다.

나. 2010. 1. 1. 개정 요지[196]

종전에는 조세포탈에 대한 처벌조항이 구 조세범 처벌법 제9조 제1항뿐이었다. 따라서 조세포탈에 대한 가중처벌 규정인 특정범죄 가중처벌 등에 관한 법률 제8조의 가중처벌 대상범죄도 조세범 처벌법 제9조 제1항밖에 없었다. 그런데 2010. 1. 1. 조세범 처벌법 전면 개정 시 원래의 조세포탈에 대한 형벌규정인 구 조세범 처벌법 제9조 제1항이 개정 조세범 처벌법 제3조 제1항으로 옮겨지고, 종전에 조세범 처벌법 제9조 제1항으로 처벌하던 면세유의 부정유통에 의한 조세포탈을 처벌하기 위하여 조세범 처벌법 제4조를 신설하고, 가짜석유제품 제조·판매에 의한 조세포탈을 처벌하기 위하여 조세범 처벌법 제5조를 신설함으로써 조세포탈을 처벌하는 조항 2개가 추가되었다.

이에 따라 2010. 1. 1. 특정범죄 가중처벌 등에 관한 법률을 개정하여 조세포탈을 가중처벌하는 동법 제8조의 가중처벌 대상범죄에 조세범 처벌법 제3조 제1항(구 조세범 처벌법 제9조 제1항에 해당하는 죄), 제4조, 제5조를 추가하였다.

다. 2012. 4. 1. 개정 요지[197]

특정범죄 가중처벌 등에 관한 법률 제8조의 가중처벌 대상범죄에 종전의 조세범 처벌법 제3조 제1항, 제4조 및 제5조 외에, 지방세 포탈을 처벌하는 지방세기본법 제129조 제1항(현 지방세기본법 제102조 제1항에 해당)을 추가하였다.

---

196) 2010. 1. 1. 시행, 법률 제9919호, 2010. 1. 1. 타법개정.
197) 2012. 4. 1. 시행, 법률 제11136호, 2011. 12. 31. 타법개정.

조세범 처벌법의 구성요건 체계

조세범 처벌법 제3조부터 제16조까지의 사이에 조세포탈범을 비롯한 각종 유형의 조세범이 규정돼 있다. 현행 조세범 처벌법의 구성요건의 체계는 아래 도표와 같다.

범칙행위의 유형		관련 조문	처 벌
조세포탈		§3	(기본)포탈세액 2배 이하 벌금, 2년 이하 징역 (가중)포탈세액 3배 이하 벌금, 3년 이하 징역 * (ⅰ)포탈세액 3억 원 & 탈세비율 30% 이상 (ⅱ)포탈세액 5억 원 이상
면세유 부정유통	(농·어·임업용)	§4①	(석유판매업자)3년 이하 징역, 포탈세액 5배 이하 벌금
	(해상용)	§4②	(정유업자 등)3년 이하 징역, 포탈세액 5배 이하 벌금
가짜석유제품 제조·판매		§5	(제조·판매자)5년 이하 징역, 포탈세액 5배 이하 벌금
무면허 주류 제조·판매		§6	3년 이하 징역 Max(3,000만 원, 주세 상당액의 3배) 이하 벌금
체납처분면탈		§7①	(납세의무자)3년 이하 징역, 3,000만 원 이하 벌금
		§7③	(방조자)2년 이하 징역, 2,000만 원 이하 벌금
장부의 소각·파기 등		§8	2년 이하 징역, 2,000만 원 이하 벌금
성실신고 방해 행위		§9①	(신고대리자)2년 이하 징역, 2,000만 원 이하 벌금
		§9②	(선동교사자 등)1년 이하 징역, 1,000만 원 이하 벌금
세금계산서·계산서 발급의무 위반 및 세금계산서합계표·계산서합계표 제출의무 위반		§10 ①, ②	(미발급·미수취·거짓 기재)1년 이하 징역, 같은 조항에 의한 산출세액 2배 이하 벌금
		§10 ③, ④	(무거래 발급 등)3년 이하 징역, 같은 조항에 의한 산출세액 3배 이하 벌금 (무거래 발급 등 중개·알선)상동
명의대여행위 등		§11①	(사업자)2년 이하 징역, 2,000만 원 이하 벌금
		§11②	(대여자)1년 이하 징역, 1,000만 원 이하 벌금
납세증명표지의 불법사용 등		§12	2년 이하 징역, 2,000만 원 이하 벌금

범칙행위의 유형	관련 조문	처 벌
원천징수의무자의 처벌	§13①	(불이행)1,000만 원 이하 벌금
	§13②	(불납부)2년 이하 징역, 2,000만 원 이하 벌금
근로소득세 원천징수영수증 거짓 기재 발급 등	§14	2년 이하 징역, 총급여·지급액 20/100 이하 벌금
해외금융계좌정보의 비밀유지의무 등의 위반	§15	5년 이하 징역, 3,000만 원 이하 벌금
해외금융계좌 신고의무 불이행	§16	(미신고·과소신고 금액이 50억 원 초과시)2년 이하의 징역, 신고의무 위반금액의 100분의 13 이상 100분의 20 이하에 상당하는 벌금

도표 : 기획재정부 발행 '2019 조세개요'(일부 수정)

Ⅱ 특가법 중 조세범 관련 구성요건 체계

특정범죄 가중처벌 등에 관한 법률 제8조는 조세범 중 조세포탈에 해당하는 조세범 처벌법 제3조, 제4조, 제5조 및 지방세포탈에 해당하는 지방세기본법 제102조 제1항의 죄를 범한 사람을 가중처벌하고, 특정범죄 가중처벌 등에 관한 법률 제8조의2는 조세범 중 조세범 처벌법 제10조 제3항 및 제4항 전단의 죄를 범한 사람을 가중처벌한다. 현행 특정범죄 가중처벌 등에 관한 법률상 조세범 관련 구성요건의 체계는 아래 도표와 같다.

가중처벌 대상범죄		관련 조문	처 벌
조세포탈 (조세범 처벌법 제3조)		§8	(연간 포탈세액등 5억 원 이상 10억 원 미만)3년 이상 징역 및 연간 포탈세액등의 2배 이상 5배 이하 벌금 병과 (연간 포탈세액등 10억 원 이상)무기 또는 5년 이상 징역 및 연간 포탈세액등의 2배 이상 5배 이하 벌금 병과
면세유 부정유통 (동법 제4조)	(농·어·임업용)		
	(해상용)		
가짜석유제품 제조·판매 (동법 제5조)			
지방세 포탈 (지방세기본법 제102조 제1항)			
허위 세금계산서교부 등 (조세범 처벌법 제10조 제3항, 제4항)		§8의2	(공급가액등의 합계액 30억 원 이상 50억 원 미만)1년 이상 징역 및 공급가액등의 합계액에 부가가치세의 세율을 적용하여 계산한 세액의 2배 이상 5배 이하의 벌금 병과 (공급가액등의 합계액 50억 원 이상) 3년 이

가중처벌 대상범죄	관련 조문	처 벌
		상 징역 및 공급가액등의 합계액에 부가가치 세의 세율을 적용하여 계산한 세액의 2배 이 상 5배 이하의 벌금 병과

제 2 장

조세포탈죄

제3조(조세 포탈 등) ① 사기나 그 밖의 부정한 행위로써 조세를 포탈하거나 조세의 환급·공제를 받은 자는 2년 이하의 징역 또는 포탈세액, 환급·공제받은 세액(이하 "포탈세액등"이라 한다)의 2배 이하에 상당하는 벌금에 처한다. 다만, 다음 각 호의 어느 하나에 해당하는 경우에는 3년 이하의 징역 또는 포탈세액등의 3배 이하에 상당하는 벌금에 처한다.

1. 포탈세액등이 3억 원 이상이고, 그 포탈세액등이 신고·납부하여야 할 세액(납세의무자의 신고에 따라 정부가 부과·징수하는 조세의 경우에는 결정·고지하여야 할 세액을 말한다)의 100분의 30 이상인 경우

2. 포탈세액등이 5억 원 이상인 경우

② 제1항의 죄를 범한 자에 대해서는 정상(情狀)에 따라 징역형과 벌금형을 병과할 수 있다.

③ 제1항의 죄를 범한 자가 포탈세액등에 대하여「국세기본법」제45조에 따라 법정신고기한이 지난 후 2년 이내에 수정신고를 하거나 같은 법 제45조의3에 따라 법정신고기한이 지난 후 6개월 이내에 기한 후 신고를 하였을 때에는 형을 감경할 수 있다.

④ 제1항의 죄를 상습적으로 범한 자는 형의 2분의 1을 가중한다.

⑤ 제1항에서 규정하는 범칙행위의 기수(既遂) 시기는 다음의 각 호의 구분에 따른다.

1. 납세의무자의 신고에 의하여 정부가 부과·징수하는 조세: 해당 세목의 과세표준을 정부가 결정하거나 조사결정한 후 그 납부기한이 지난 때. 다만, 납세의무자가 조세를 포탈할 목적으로 세법에 따른 과세표준을 신고하지 아니함으로써 해당 세목의 과세표준을 정부가 결정하거나 조사결정할 수 없는 경우에는 해당 세목의 과세표준의 신고기한이 지난 때로 한다.

2. 제1호에 해당하지 아니하는 조세: 그 신고·납부기한이 지난 때

⑥ 제1항에서 "사기나 그 밖의 부정한 행위"란 다음 각 호의 어느 하나에 해당하는 행위로서 조세의 부과와 징수를 불가능하게 하거나 현저히 곤란하게 하는 적극적 행위를 말한다.

1. 이중장부의 작성 등 장부의 거짓 기장

2. 거짓 증빙 또는 거짓 문서의 작성 및 수취

3. 장부와 기록의 파기

4. 재산의 은닉, 소득·수익·행위·거래의 조작 또는 은폐
5. 고의적으로 장부를 작성하지 아니하거나 비치하지 아니하는 행위 또는 계산서, 세금계산서 또는 계산서합계표, 세금계산서합계표의 조작
6. 「조세특례제한법」 제5조의2 제1호에 따른 전사적 기업자원 관리설비의 조작 또는 전자세금계산서의 조작
7. 그 밖에 위계(僞計)에 의한 행위 또는 부정한 행위

제1절 조세포탈죄의 기본개념

의의, 보호법익

1. 의의

조세범 처벌법 제3조 제1항 소정의 조세포탈죄[198]는 사기나 그 밖의 부정한 행위로써 조세를 포탈하거나 조세의 환급·공제를 받은 때에 성립한다. 위 구성요건 중 '사기나 그 밖의 부정한 행위'(이하 필요시 '부정행위'라고 한다)는 조세포탈죄의 실행행위에 해당한다.[199] 그리고 위 구성요건 중 '조세를 포탈하거나 조세의 환급·공제를 받은' 부분은 구성요건적 결과에 해당하고, '행위로써' 부분은 실행행위와 결과 사이의 인과관계를 의미한다. 조세포탈죄는 부정행위에 의해 조세의 부과와 징수가 현저히 불가능하거나 현저히 곤란하게 되는 결과, 즉 국가의 조세수입의 확보가 침해되는 결과가 발생할 것을 요하는 결과범이다.

광의의 조세포탈은 사기나 그 밖의 부정행위로써 정당한 세액의 전부 또는 일부를 회피하여 면하는 모든 유형을 포괄하므로 여기에는 조세범 처벌법 제3조에 제1항에 규정된 행위태양인 협의의 조세포탈, 부정환급, 부정공제가 모두 포함된다. 조세포탈이라 함은 통상 광의의 조세포탈을 의미한다.

협의의 조세포탈은 사기나 그 밖의 부정한 행위로써 납세의무가 있는 조세의 전부 또는

---

198) 조세포탈죄는 법률상의 정식죄명은 아니다. 그러나 판례와 실무에서 조세범 처벌법 제3조의 죄와 그 가중처벌 범죄를 조세포탈죄라고 칭하므로 본서에서도 그와 같은 의미로 사용하기로 한다.
199) 안대희, 앞의 책, 322쪽 ; 임승순, 앞의 책, 365쪽은 부정행위를 조세포탈의 실행행위로 본다. 조세포탈죄와 구성요건이 실질적으로 동일한 일본의 소득세법 등에서의 허위과소신고포탈범과 허위불신고포탈범에 있어서도 부정행위가 실행행위가 된다는 것이 통설과 판례의 견해이다. 다만 각 포탈범별로 어떤 것이 부정행위에 해당하는가에 대해서는 견해의 대립이 있다(小田原 卓也, "近年の租稅罰則見直しと租稅は脫犯の實行行爲に關する一考察", 稅大ジャーナル, 2013, 167쪽). 이에 관한 상세한 내용은 본장 제4절 Ⅱ.항을 참고하라.

일부를 납부하지 아니하여 국가의 조세수입의 확보를 침해하는 행위를 말한다. 광의의 조세포탈 중에서 부정환급이나 부정공제를 제외한 나머지 유형이 협의의 조세포탈에 해당한다. '포탈'의 문언적 의미는 '과세를 피하여 면한다'는 뜻으로 문언 자체에는 부정행위적 요소가 포함되어 있지 않다.[200] 부정행위가 수반될 때 비로소 포탈이 가벌성을 갖게 된다.

판례에 의할 때 협의의 조세포탈은 부정행위로써 조세채권의 확정을 불능 또는 현저히 곤란하게 하여 조세의 납부를 면하는 경우(조세채권의 확정을 침해하는 경우)뿐만 아니라, 예외적으로 조세채권의 확정은 가능하게 하면서도 부정행위로써 조세의 징수만을 불능 또는 현저히 곤란하게 하여 조세의 납부를 면하는 경우(징수권만을 침해하는 경우)까지 포함하는 개념이다. 대법원은 후자의 조세포탈과 관련하여, 정상적으로 신고를 하여 조세의 확정에는 지장을 초래하지 않으면서도 사기나 그 밖의 부정한 행위로써 그 재산의 전부 또는 대부분을 은닉 또는 탈루시킨 채 과세표준만을 신고하여 조세의 전부나 거의 대부분을 징수불가능하게 하는 등으로 과세표준의 신고가 조세를 납부할 의사는 전혀 없이 형식적으로 이루어진 것이어서 실질에 있어서는 과세표준을 신고하지 아니한 것과 다를 바 없는 것으로 평가될 수 있는 경우도 조세포탈죄를 구성한다고 판시하였다.[201] 이에 비추어 판례는 조세포탈행위의 구체적인 대상을 추상적인 조세채권이 아닌 조세채권의 실현으로 보고 있다고 할 수 있다.

부정환급이란 조세의 환급과 관련하여 사기나 그 밖의 부정한 행위로써 환급요건이 충족되지 않음에도 환급을 받거나 정당하게 환급받아야 할 세액을 초과하여 환급받는 것을 말한다. 부정환급에는 과세표준신고시에 환급세액을 신고하여 환급받는 경우뿐만 아니라 경정청구 등 과세표준신고와 상관없는 별도의 신청으로 환급받는 경우를 포함한다.[202]

부정공제란 세액공제제도와 관련하여 사기나 그 밖의 부정한 행위로써 세액공제 요건이 충족되지 않음에도 공제를 받거나 정당하게 공제받아야 할 세액을 초과하여 공제받는 것을 말한다. 조세범 처벌법 제3조 제1항에서 사기나 그 밖의 부정한 행위로 '조세'의 공제를 받는 경우를 처벌한다고 명시하고 있으므로 부정공제에는 세액공제만 포함되고 소득공제는 포함되지 않는다.

---

200) 대법원 2017. 12. 5. 선고 2013도7649 판결.
201) 대법원 2007. 10. 11. 선고 2007도5577 판결 ; 대법원 2007. 2. 15. 선고 2005도9546 전원합의체 판결.
202) 일본의 하급심 중에는 상속세에 대하여 가공의 사실에 기초하여 감액경정청구를 하는 등 부정행위를 하여 상속세의 납부를 정당하게 이행하지 않은 때에도 조세채권이 침해된 것으로 인정되기 때문에 조세법의 체계상 포탈범으로서 처벌되는 것이 예정되어 있다고 판시하며 사기죄의 적용을 배제한 사례가 있다(東京地裁 昭和 61年 3月 19日 稅資 155号 387頁).

2. 보호법익

　조세포탈죄의 보호법익에 대한 학설은 크게 두 가지로 나뉜다. 첫째는 조세포탈죄의 보호법익을 국가가 조세채권을 확정하기 위한 적정한 과세처분을 할 권리, 즉 과세권으로 보는 학설이다.[203] 또한 과세권이라는 용어를 사용하지 않더라도 조세포탈죄를 국가의 권력적 작용을 해하는 범죄로 이해하여 그 보호법익을 국가적 법익으로 보는 것이 일본 형법학의 통설로 판단된다고 한다.[204] 둘째는 조세채권을 보호법익으로 보는 학설이다.[205] 이 견해는 조세의 목적은 국가를 운영하는 재정적 기초인 조세수입을 얻는 것이기 때문에 그것을 보호하려면 조세채권 자체를 보호대상으로 하여야 한다고 한다. 또한 위 견해는 조세포탈행위는 이론적으로 행정상의 의무위반인 납세의무위반의 측면과 조세채권의 침해라는 측면으로 나누어 볼 수 있는데 조세포탈죄를 전자로서 이해한다면 그 보호법익은 조세행정의 원활한 집행이고, 후자처럼 이해한다면 그 보호법익은 조세채권이 되는데, 전자처럼 이해하는 것은 조세의 목적을 보호하는데 있어 우회적이어서 합리성이 부족하다고 한다. 그리고 조세행정의 원활한 집행을 보호하기 위한 것이라면 조세가 감소하지 않는 경우 즉 결과가 발생하지 않은 경우, 예를 들어 단순 허위신고행위를 일반적으로 처벌해야 하는데 이는 조세범 처벌의 체계와 맞지 않다는 점을 지적한다. 또한 위 견해는 조세포탈죄의 보호법익을 조세채권으로 보게 되면 조세포탈죄의 본질을 재산범으로서 사기죄와 같은 성질을 가진 것으로 이해하게 되므로 조세포탈죄를 반윤리성을 가진 자연범으로 이해하는 근거를 제공한다고 한다.

　우리나라의 판례는 조세의 적정한 부과·징수를 통한 국가의 조세수입의 확보가 조세포탈죄의 보호법익이라고 판시하고 있다.[206] 한편, 대법원은 기망행위에 의하여 조세를 포탈하거나 조세의 환급·공제를 받은 경우에 사기죄가 성립하지 않는다고 판단하면서, 조세를 강제적으로 징수하는 국가 또는 지방자치단체의 직접적인 권력작용을 사기죄의 보호법익인 재산권과 동일하게 평가할 수 없다는 점을 근거로 제시한 바 있다.[207] 이에 비추어 판례는 과세권을 조세포탈죄의 보호법익으로 보고 있다고 할 수 있다.[208]

---

203) 安達敏男, 『直接國稅ほ脱事件の總合的 檢討(1)』, 日本 司法研修所論集 91(1994), 101쪽(안대희, 앞의 책, 221쪽을 참조하였다).
204) 左藤英明, 『脱稅と制裁(增補版)』, 弘文堂, 2018, 282쪽.
205) 위의 책, 285쪽.
206) 대법원 2007. 10. 11. 선고 2007도5577 판결.
207) 대법원 2008. 11. 27. 선고 2008도7303 판결.
208) 左藤英明, 앞의 책, 283쪽에 따르면 과세권은 국가가 가지는 권력적인 권리 내지 권능으로서의 성격과 국가가 조세를 납입시켜서 수입을 얻을 권리로서의 성격을 가지고 있는데 후자의 성격은 조세채권과 본질적인 차이가 없다고 한다. 타당한 지적이라고 생각한다. 결국 과세권의 내용을 어떻게 보느냐에 따라 과세권설을 통해 도출되는 보호법익의 내용이 달라질 수 있을 것이다.

Ⅱ 조세회피행위와의 차이

조세회피행위란 납세자가 경제인의 합리적인 거래형식에 의하지 아니하고 우회행위, 다단계행위 기타 비정상적인 거래형식을 취함으로써 통상적인 행위형식에 의한 것과 같은 경제적 목적을 달성하면서도 조세의 부담을 부당히 감소시키는 행위를 의미한다. 조세회피행위는 진실된 의사에 기한 것으로 당사자 사이에 진실로 존재하고 사법상으로도 적법 유효하게 취급된다는 점에서 가장행위와 다르다.

조세회피행위는 세법의 규정에는 위반되지 않으나 세법의 목적의 관점에서 보면 입법자가 예상하거나 의도하지 않은 방법으로 세법규정의 적용을 회피하거나 감면규정의 적용을 받아 부당하게 조세를 경감시킨다는 점에서, 사기나 그 밖의 부정한 행위로써 과세요건을 은닉하여 세법을 정면으로 위반하는 조세포탈과 구별된다. 따라서 조세포탈을 세법규정의 직접적 침해라고 부르는 반면 조세회피에 대해서는 세법규정의 간접적 침해라고 부르기도 한다.

납세자들은 형사처벌이 따르는 등 위험부담이 큰 조세포탈 대신 조세법의 약점(loophole)을 이용한 조세회피행위를 선택하기도 한다. 이러한 조세회피행위를 규제하지 못한다면 담세력을 표상하는 경제적 실질에 따른 과세가 불가능하고 조세공평 또한 이룰 수 없게 된다. 따라서 이러한 조세회피행위에 대한 규제가 조세공평의 실현과 관련하여 중요한 문제로 부각된다.

조세회피행위에 대한 규제는 성문법에 의한 규제와 법원에 의한 사법적 규제로 나눌 수 있고, 성문법에 의한 규제는 다시 일반규정에 의한 규제와 개별적 규정에 의한 규제로 나누어 볼 수 있다. 우리나라는 조세회피행위를 방지하기 위해 실질과세원칙에 관한 일반규정을 국세기본법 제14조에 두고, 개별 세법에 부당행위계산부인제도(소득세법 제41조, 제101조, 법인세법 제52조 등), 소득에 대한 유형별 포괄주의(소득세법 제16조 제1항 제12호, 제17조 제1항 제9호 등), 증여개념에 대한 완전포괄주의(상속세 및 증여세법 제2조 제6호) 등을 도입하고 있다.

Ⅲ 조세탈루와의 차이

탈루란 일반적으로 밖으로 빼내 새게 한다는 뜻이다. 국세기본법에서는 조세탈루라는 용어를 부당환급 및 부당공제와 나란히 함께 사용하고, 그 외에 세금탈루, 조세의 탈루, 세금탈루혐의, 탈루세액, 탈루소득, 신고내용에서의 탈루 등의 용어를 사용한다. 법인세법과 소득세법에서는 결정이나 경정에서의 탈루, 신고내용에서의 탈루 등의 용어를 사용한다. 따라서 탈루란 고의나 과실, 사기나 그 밖의 부정한 행위 등의 경위를 불문하고 납세자가 부당하게 조세나 소득을 누락시키는 것을 의미한다고 할 수 있다.

Ⅳ 사기죄와의 관계

사기죄는 사람을 기망하여 재물의 교부를 받거나 재산상의 이익을 취득한 때에 성립한다(형법 제347조 제1항). 사기의 방법으로 과세관청을 기망하여 조세를 포탈하거나 환급·공제를 받은 때에는 조세포탈죄가 성립하는데, 조세의 포탈이나 환급·공제는 사기죄의 구성요건인 '재산상 이익의 취득'으로 볼 수 있으므로 이 경우 조세포탈죄와 별도로 사기죄도 성립하는지 문제된다. 조세포탈죄는 공소시효가 7년이고 과세관청의 고발을 소추조건으로 하므로 공소시효가 10년이고 과세관청의 고발도 필요 없는 사기죄의 별도 성립여부는 매우 중요한 문제이다.

이와 관련하여 판례는 기망행위에 의하여 국가적 또는 공공적 법익을 침해하는 경우라도 그와 동시에 형법상 사기죄의 보호법익인 재산권을 침해하는 것과 동일하게 평가할 수 있는 때에는 행정법규에서 사기죄의 특별관계에 해당하는 처벌규정을 별도로 두고 있지 않는 한 사기죄가 성립할 수 있다는 입장이다.[209] 그런데 기망행위에 의하여 조세를 포탈하거나 조세의 환급·공제를 받은 경우에는 조세범 처벌법에서 이러한 행위를 처벌하는 규정을 별도로 두고 있을 뿐만 아니라, 조세를 강제적으로 징수하는 국가 또는 지방자치단체의 직접적인 권력작용을 사기죄의 보호법익인 재산권과 동일하게 평가할 수 없는 것이므로, 기망행위에 의하여 조세를 포탈하거나 조세의 환급·공제를 받은 경우에는 조세포탈죄가 성립함은 별론으로 하고, 형법상 사기죄는 성립할 수 없다고 한다.[210][211] 대법원은 이와 같은 법리에 따라 주유소를 운영하는 피고인이 농·어민 등에게 조세특례제한법에 정한 면세유를 공급하지 않았으면서도 위조된 면세유류공급확인서를 작성하여 정유회사에 송부하고, 그 정을 모르는 정유회사 직원으로 하여금 위조된 면세유류공급확인서를 세무서에 제출하

---

209) 한편, 대법원은 기망적 수단으로 국가 등의 보조금을 편취한 사례에 대해서는 사기죄 성립을 인정하고 있다(대법원 2017. 10. 26. 선고 2017도10394 판결 ; 대법원 2003. 6. 13. 선고 2003도1279 판결 ; 대법원 1999. 3. 12. 선고 98도3443 판결 등 참조).

210) 대법원 2008. 11. 27. 선고 2008도7303 판결.

211) 서경환, "기망행위에 의한 조세포탈과 사기죄의 성립 여부", 『대법원판례해설』, 법원도서관, 2008, 600쪽. 일본의 판례도 우리나라와 결론을 같이 하고 있고, 일본의 학설은 기망행위에 의한 조세포탈행위가 사기죄를 구성하지 않는다는 데 일치하고 있지만, 그 근거로는 1) 조세포탈은 실질적으로 사기죄이지만 정책적으로 세법에 위임하여 특별한 처벌규정을 두고 있으므로 사기죄가 되지 않는다는 견해, 2) 조세는 국가의 직접적 권력작용에 대한 것인 점, 지급면제라고 하는 처분행위가 예정되지 않는 점, 조세는 공법상의 채권으로서 국가가 강제징수권을 가지고 있는 점 등 조세의 성질상 사기죄가 성립하지 않는다는 견해 등이 있다고 한다.

도록 하여 이에 속은 세무서 직원으로 하여금 면세된 국세 및 지방세를 정유회사에 환급하게 한 다음, 정유회사로부터 그 환급금을 지급받은 사안에서, 피고인이 위조된 면세유류공급확인서를 이용하여 정유회사를 기망함으로써 공급받은 면세유의 가격과 정상유의 가격 차이 상당액의 이득을 취득한 행위가 피해자 정유회사에 대하여 사기죄를 구성하는 것은 별론으로 하고, 피고인이 국가 또는 지방자치단체를 기망하여 국세 및 지방세의 환급세액 상당을 편취하였다고 볼 수는 없다고 판시하였다.[212] 또한, 대법원은 피고인들이 부가가치세를 부정환급받기 위하여 소위 유령사업자를 모집하여, 사실은 해당 유령사업자가 아무런 매입을 하지 않았음에도 마치 사업에 필요한 고정자산을 매입하고 신용카드로 그 대금을 결제한 것처럼 세무서에 부가가치세 조기환급신고를 하여 이에 속은 세무서로부터 부가가치세를 부정환급받아 사기죄로 기소된 사안에서, 위 대법원 2008. 11. 27. 선고 2008도7303 판결과 동일한 이유로 피고인들에게 조세범처벌법위반죄가 성립함은 별론으로 하고, 형법상 사기죄는 성립할 수 없다고 판시하였다.[213]

제2 절 조세포탈의 주체

 I 신분범

1. 납세의무자와 양벌규정상의 행위자

신분범이란 행위자에게 일정한 신분이 있는 경우에만 구성요건이 충족되는 범죄이다. 조세포탈죄는 원칙적으로 납세의무자 또는 조세범 처벌법 제18조 소정의 행위자만이 범죄주체가 될 수 있는 신분범이다. 구체적으로 살펴보자. 조세는 세법상 과세요건을 충족하는 납세의무자에게 성립하는데 조세포탈죄는 부정행위로써 위와 같이 납세의무자에게 성립한 조세를 포탈하거나 조세의 환급·공제를 받은 경우에 성립한다. 위와 같은 구성요건의 내용에 비추어, 우선 국세기본법 제2조 제9호 소정의 납세의무자가 조세포탈의 주체가 될 수 있다. 그리고 양벌규정인 조세범 처벌법 제18조 본문에 의하여 납세의무자인 업무주뿐만 아니라 법인의 대표자, 법인 또는 개인의 대리인, 사용인, 그 밖의 종업인 등의 행위자(판례는 이러한 행위자를 법정책임자라고 한다)도 조세포탈죄의 처벌대상이 되므로 이들 행위

---

212) 대법원 2008. 11. 27. 선고 2008도7303 판결.
213) 대법원 2021. 11. 11. 선고 2021도7831 판결.

자도 조세포탈의 주체가 될 수 있다.[214]

　따라서 이와 같은 신분을 가지지 아니한 자는 납세의무자나 법정책임자 등의 공범이 될 수 있을 뿐, 독자적으로 조세포탈의 주체가 될 수는 없다.[215] 예를 들어, 1인의 원천징수의무자가 수인의 납세의무자와 공모하여 조세를 포탈한 경우, 조세포탈의 주체는 어디까지나 각 납세의무자이고 원천징수의무자는 각 납세의무자의 조세포탈에 가공한 공범에 불과하므로 그 죄수는 각 납세의무자별로 각각 1죄가 성립하고 포괄하여 전체적으로 1죄가 성립하는 것은 아니다. 그러므로 연간 포탈세액이 일정액 이상에 달하는 경우를 구성요건으로 하고 있는 특정범죄 가중처벌 등에 관한 법률 제8조의 적용에 있어서도 그 적용대상이 되는지 여부는 원천징수의무자가 아닌 납세의무자별로 연간 포탈세액등을 각각 나누어 판단하여야 하고, 각 포탈세액을 모두 합산하여 그 적용여부를 판단해서는 아니된다.[216]

　또한, 부가가치세에 있어서는 사업상 독립적으로 재화 또는 용역을 공급하는 사업자가 납세의무자이고 그 거래상대방인 공급을 받는 자는 이른바 담세자에 불과할 뿐 세법상의 납세의무자가 아니다. 따라서 공급을 받는 자는 납세의무자인 재화 또는 용역을 공급하는 자의 부가가치세 포탈의 공범이 될 수 있을 뿐, 독자적으로 부가가치세 포탈의 주체가 될 수는 없는 바, 수인의 사업자로부터 재화를 공급받는 자가 각 그 납세의무자와 공모하여 부가가치세를 포탈한 경우에도 조세포탈의 주체는 어디까지나 각 납세의무자이고 재화를 공급받는 자는 각 납세의무자의 조세포탈에 가공한 공범에 불과하므로, 그 죄수는 각 납세의무자별로 각각 1죄가 성립하고 이를 포괄하여 1죄가 성립하는 것은 아니다.[217]

　위와 같은 납세의무자의 신분은 기수시기에 존재하면 족하다. 예를 들어 甲이 소득세를 포탈하기 위해 사전소득은닉행위를 할 때에는 아직 과세기간의 미경과로 납세의무자가 아니었다 하더라도 이후 과세기간의 경과로 납세의무자가 된다면 조세포탈죄가 성립한다.

---

214) 대법원 2008. 4. 24. 선고 2007도11258 판결 ; 대법원 1992. 8. 14. 선고 92도299 판결.
215) 대법원 1997. 10. 28. 선고 97도1908 판결 ; 대법원 1992. 8. 14. 선고 92도299 판결.
216) 대법원 1998. 5. 8. 선고 97도2429 판결. 피고인이 1992년도에 '용등사해' 및 '동방불패'라는 영화를 홍콩 소재 영화수출회사로부터 수입하였으나 그 수출회사가 서로 달라 피고인이 그들 수출회사와 공모하여 한국내원천소득에 대한 법인세 포탈은 각 수출회사별로 각각 1죄가 성립하고, 그 각 포탈세액이 '용등사해'의 경우 금 108,307,584원, '동방불패'의 경우 금 110,707,119원으로서 특정범죄 가중처벌 등에 관한 법률 제8조 제1항 제2호의 적용 하한인 금 200,000,000원(현재는 5억 원임 – 필자 주)에 미달하여 동법상 가중처벌 대상이 아니라고 판시하였다.
217) 대법원 2008. 4. 24. 선고 2007도11258 판결. 피고인이 과세도관업체인 ○○인터내셔날로부터 수 개의 폭탄업체를 거친 금지금을 매입한 부분에 관하여 각 납세의무자인 수 개의 폭탄업체별로 각각 1죄가 성립한다고 판단하였다.

2. 환급신청권이 있는 간접세의 담세자

납세의무자 및 양벌규정상의 행위자에 해당하지 않는 간접세의 담세자가 예외적으로 조세범 처벌법 제3조 제1항 소정의 부정환급에 의한 조세포탈의 주체가 되는 경우도 있다. 개별세법에서 어떠한 간접세의 납세자가 아니라 해당 간접세를 실질적으로 부담한 담세자에게 조세의 환급이나 공제를 받을 수 있는 자격을 부여하는 경우가 있는데(예컨대 개별소비세법 제20조 제2항, 교통·에너지·환경세법 제17조 제2항, 개별소비세법 시행령 제34조 제3항, 교통·에너지·환경세법 시행령 제24조 제1항 제2호), 이때 담세자가 사기나 그 밖의 부정한 행위로써 조세의 환급을 받는다면 부정환급에 의한 조세포탈죄가 성립할 수 있다.[218] 한편, 판례가 간접세의 담세자일지라도 납세의무자를 도구로 이용하는 간접정범 방식으로 조세포탈죄를 범할 수 있다고 인정한 일부 사례가 있는데[219] 이러한 경우에도 간접세의 담세자가 조세포탈의 주체가 될 수 있다고 하겠다. 이에 관하여는 본절 Ⅲ.항에서 상술하기로 한다.

한편, 이하에서는 조세포탈범의 범죄주체인지 여부와 관련하여 주로 논의되는 납세의무자(본래의 납세의무자, 연대납세의무자, 제2차 납세의무자, 납세보증인)와 간접세의 담세자에 관하여 순차적으로 살펴본다.

납세의무자

조세포탈의 주체가 되는 납세의무자는 국세기본법 제2조 제9호에 규정돼 있다. 국세기본법 제2조 제9호는 "납세의무자란 세법에 따라 국세를 납부할 의무(국세를 징수하여 납부할 의무는 제외한다)가 있는 자를 말한다"라고 규정하고 있다. 그리고 국세기본법상 납세의무자에는 본래의 납세의무자 외에 연대납세의무자와 납세자를 갈음하여 납부할 의무가 생긴 경우의 제2차 납세의무자 및 보증인이 포함된다(국세기본법 제2조 제10호). 본래의 납세의무자가 조세포탈의 주체가 될 수 있음은 규정상 명확하나 그 외의 납세의무자는 그 납세의무의 성격상 범죄주체가 될 수 없는 경우가 있으므로 개별적인 검토가 필요하다.

1. 본래의 납세의무자와 실질과세원칙에 의한 실질귀속자 확정

가. 본래의 납세의무자

본래의 납세의무자는 개별 세법에 규정돼 있고, 각 세법에 규정돼 있는 세목에 대한 조세

---

218) 그러나 이러한 담세자는 납세의무자가 아니므로 부정환급에 의한 조세포탈 외에, 협의의 조세포탈이나 부정공제에 의한 포탈범의 주체는 될 수 없다고 할 것이다.
219) 대법원 2003. 6. 27. 선고 2002도6088 판결.

포탈의 주체가 된다. 납세의무자는 자연인 또는 법인이다. 자연인이 범죄주체가 될 수 있음은 당연하다. 법인은 사법상의 권리의무의 주체가 될 수 있음은 별론으로 하더라도 법률에 명문의 규정이 없는 한 범죄능력이 없으나 조세범 처벌법 제18조와 같이 법률이 목적을 달성하기 위하여 특별히 양벌규정을 두고 있는 경우에는 행위자를 벌하는 외에 법률효과가 귀속되는 법인에 대하여도 벌금형을 과할 수 있다.[220]

소득세의 납세의무자는 거주자와 비거주자로서 국내원천소득이 있는 개인이다(소득세법 제2조 제1항 제1호, 제2호). 거주자란 국내에 주소를 두거나 183일 이상의 거소(居所)를 둔 개인을 말한다. 비거주자란 거주자가 아닌 개인을 말한다. 법인세의 납세의무자는 내국법인과 국내원천소득(國內源泉所得)이 있는 외국법인이다(법인세법 제3조 제1항 제1호, 제2호). 내국법인이란 국내에 본점이나 주사무소 또는 사업의 실질적 관리장소를 둔 법인을 말한다. 외국법인이란 외국에 본점 또는 주사무소를 둔 단체(국내에 사업의 실질적 관리장소가 소재하지 아니하는 경우만 해당한다)로서 대통령령으로 정하는 기준에 해당하는 법인을 말한다. 상속세 및 증여세법상 상속세 납세의무자는 상속인(특별연고자 중 영리법인은 제외한다) 또는 수유자(영리법인은 제외한다)이다(상속세 및 증여세법 제3조의2 제1항). 상속인이란 민법 소정의 상속인과 특별연고자(민법 제1057조의2, 상속인이 없을 때 재산을 분여받는 자)를 말하고 수유자란 유증을 받은 자 또는 사인증여에 의하여 재산을 취득한 자를 말한다(상속세 및 증여세법 제2조 제4호, 제5호). 부가가치세의 납세의무자는 재화나 용역을 공급하는 사업자 또는 재화를 수입하는 자이다(부가가치세법 제3조, 제4조).

판례에 의하면 주세가 면세되는 주류를 면세대상자가 아닌 자에게 판매하거나 인도하는 때에는 그 판매자나 인도자로부터 주세를 징수하도록 규정하고 있는데(조세특례제한법 제114조 제1항, 동법 시행령 제113조 제4항), 이는 위와 같은 판매자 등을 주세의 납세의무자로 설정한 것이 아니라 세금상당액의 국고손실을 초래한 행위자에 대하여 그 손실액을 전보하기 위한 규정에 불과하다. 따라서 위와 같은 판매자는 조세포탈의 주체가 될 수 없다.[221]

나. 실질과세원칙에 의한 납세의무자(실질귀속자) 확정

(1) 개요

실무상 다른 사람으로부터 명의를 빌리거나 명목상의 법인을 설립하여 그들의 명의로 거래를 실행하거나 재산을 취득하는 경우가 많은데 이러한 경우 소득, 거래, 재산, 권리 등에

---

220) 양벌규정이 없는 경우에는 자신의 의사결정에 의한 대표행위로써 법인의 업무를 실현하는 대표기관만이 처벌대상이 된다(대법원 1994. 2. 8. 선고 93도1483 판결).
221) 대법원 2001. 4. 10. 선고 99도873 판결.

대한 명의와 실질에 괴리가 발생하게 되고, 그와 같은 경우 누구에게 소득 등이 귀속되어 납세의무가 성립하는지 문제가 된다. 이것이 조세평등원칙의 파생원리로서 국세기본법 제14조에 규정된 실질과세원칙의 문제이다.

국세기본법 제14조 제1항은 "과세의 대상이 되는 소득·수익·재산·행위 또는 거래의 귀속이 명의일 뿐이고 사실상 귀속되는 자가 따로 있는 때에는 사실상 귀속되는 자를 납세의무자로 하여 세법을 적용한다"라고 하여 실질귀속자 과세의 원칙을 규정하고 있다. 즉, 소득 등의 실질귀속자를 납세의무자로 규정하고 있는 것이다. 담세력이 있는 자에게 과세를 한다는 조세부과의 원칙에 비추어 위와 같이 실질귀속주의를 규정한 것은 당연하다고 하겠다.

판례는 이와 관련하여, "국세기본법 제14조 제1항은 실질과세 원칙을 정하고 있는데, 소득이나 수익, 재산, 거래 등 과세대상에 관하여 그 귀속명의와 달리 실질적으로 귀속되는 사람이 따로 있는 경우에는 형식이나 외관에 따라 귀속명의자를 납세의무자로 삼지 않고 실질적으로 귀속되는 사람을 납세의무자로 삼겠다는 것이다. 따라서 재산 귀속명의자는 이를 지배·관리할 능력이 없고 명의자에 대한 지배권 등을 통하여 실질적으로 이를 지배·관리하는 사람이 따로 있으며 그와 같은 명의와 실질의 괴리가 조세회피 목적에서 비롯된 경우에는, 그 재산에 관한 소득은 재산을 실질적으로 지배·관리하는 사람에게 귀속된 것으로 보아 그를 납세의무자로 보아야 한다(대법원 2012. 1. 19. 선고 2008두8499 전원합의체 판결, 대법원 2018. 11. 9. 선고 2014도9026 판결 등 참조)"라고 판시하고 있다.[222]

요컨대, 과세물건의 명의귀속자가 아닌 실질귀속자에게 납세의무가 성립하므로 과세물건의 실질귀속자가 납세의무자로서 조세포탈의 범죄주체가 된다. 소득의 귀속이 명목뿐이고 사실상 그 소득을 얻은 자가 따로 있다는 점은 이를 주장하는 자에게 입증책임이 있다.[223]

(2) 실질귀속이 문제되는 주요 유형

(가) 명의신탁

명의신탁이란 대내적인 관계에서는 신탁자가 소유권 등을 보유하며 목적물을 수익, 관리하면서 공부상의 명의만을 수탁자로 하여 두어 대외적으로는 수탁자에게 소유권 등이 이전되어 있는 법률관계를 말한다. 명의신탁은 권리의 이전이나 행사에 등기가 필요한 부동산, 등록이 필요한 동산, 명의개서가 필요한 주식 등의 소유자 등이 제3자를 소유자 등으로 공부에 등재한 뒤 실질적으로 해당 권리를 행사하는 제도이다. 명의신탁은 귀속 명의와 실질

---

222) 대법원 2024. 4. 12. 선고 2023도539 판결.
223) 대법원 1984. 12. 11. 선고 84누505 판결.

적인 귀속주체가 다른 전형적인 명의위장의 방식이므로 실질과세원칙이 적용되는 대표적인 사례라고 할 수 있다.

실무상 양도소득의 귀속과 관련하여 명의신탁이 자주 문제된다. 명의신탁된 부동산이나 차명주식의 양도의 유형은 ① 명의신탁자의 위임에 따라 명의수탁자가 이를 처분하고 그 대금을 명의신탁자에게 귀속시키는 경우, ② 명의수탁자가 명의신탁자의 위임없이 임의로 매도하였으나 자발적으로 명의신탁자에게 대금을 귀속시킨 경우, ③ 명의수탁자가 명의신탁자의 위임 없이 임의로 매도하고 대금도 반환하지 않아 명의신탁자가 소송 등을 통해 상당한 시간이 경과한 후 대금을 회수한 경우로 나누어 볼 수 있다.

판례는 ①, ②의 경우에는 명의신탁자에게 양도소득이 귀속되는 것으로 보지만[224] ③의 경우는 명의신탁자에게 양도소득이 귀속된 것으로 보지 않는다.[225] 판례는 명의신탁자를 양도소득의 귀속자로 보는 근거로 국세기본법 제14조 제1항 소정의 실질과세원칙을 내세우기도 하고[226] 실질과세원칙 언급 없이 명의신탁자가 양도소득을 사실상 지배·관리·처분할 수 있는 지위에 있었다는 점을 판단기준으로 제시하기도 한다.[227]

3자간 등기명의신탁관계에서는 명의신탁자가 대상 주택을 지배·관리하면서 사실상 이를 처분할 수 있는 지위에 있으므로 처분에 따른 양도소득의 귀속주체가 된다.[228] 매도인 → 1차 매수인 → 2차 매수인으로 이어지는 연속 매매거래에서 1차 매수인이 미등기전매를 하면서 매매계약을 매도인과 2차 매수인 간에 직접 체결하게 한 경우 1차 매수인에게 발생한 양도소득의 사실상, 실질상의 귀속자는 매도인이 아니라 1차 매수인이다.[229]

(나) 명의대여

명의대여란 다른 사람에게 자신의 성명이나 상호를 사용하여 거래를 하게 하는 것을 말한다. 명의대여의 유형은 다양하다. 가장 일반적인 것이 다른 사람에게 자신의 성명으로 사업자등록을 하게 하는 사업자등록명의 대여이다.[230] 그 밖에 건축허가명의 대여[231], 계약명의 대여[232], 건설업면허 대여[233] 등이 있다. 다만, 조세회피를 위한 사업자등록명의의 대여 및 차용은 조세범 처벌법 제11조에 의해 별도로 처벌된다.

---

224) 대법원 1996. 2. 9. 선고 95누9068 판결.
225) 대법원 1999. 11. 26. 선고 98두7084 판결 ; 대법원 2014. 9. 4. 선고 2012두10710 판결.
226) 대법원 1997. 10. 10. 선고 96누6387 판결.
227) 대법원 2016. 10. 27. 선고 2016두43091 판결.
228) 위의 판결.
229) 대법원 1983. 2. 22. 선고 82누68 판결.
230) 대법원 2003. 4. 11. 선고 2002두8442 판결 ; 대법원 1988. 12. 13. 선고 88누25 판결.
231) 대법원 1983. 7. 12. 선고 82누199 판결.
232) 대법원 1983. 7. 27. 선고 82누546 판결.
233) 대법원 1990. 3. 13. 선고 89누4444 판결.

위와 같이 명의대여에 의해 이루어진 계약이나 거래는 실질과세원칙에 따라 그것이 사실상 귀속되는 자에게 세법상 귀속된다.[234] 따라서 실질귀속자가 타인 명의의 계약이나 거래로부터 발생하는 부가가치세나 소득세의 납세의무자가 된다.[235]

대법원은 거래명의 대여가 인정된 사안에서 "국세기본법 제14조 제1항은 과세의 대상이 되는 소득·수익·재산·행위 또는 거래의 귀속이 명의일 뿐이고 사실상 귀속되는 자가 따로 있는 때에는 사실상 귀속되는 자를 납세의무자로 하여 세법을 적용한다고 하여 실질과세원칙을 천명하고 있다. 따라서 소득이나 수익, 재산, 행위 또는 거래 등의 과세대상에 관하여 귀속 명의와 달리 실질적으로 지배·관리하는 자가 따로 있는 경우에는 형식이나 외관을 이유로 귀속 명의자를 납세의무자로 삼을 것이 아니라, 실질과세원칙에 따라 실질적으로 당해 과세대상을 지배·관리하는 자를 납세의무자로 삼아야 할 것이다. 그리고 그러한 경우에 해당하는지는 명의사용의 경위와 당사자의 약정 내용, 명의자의 관여 정도와 범위, 내부적인 책임과 계산관계, 과세대상에 대한 독립적인 관리·처분권한의 소재 등 여러 사정을 종합적으로 고려하여 판단하여야 한다"라고 판시하였다.[236]

위 사안에서 대법원은, 甲이 A회사와 독립채산제 판매약정을 체결한 다음 甲이 A회사의 영업소에서 A회사의 영업이사 직함을 사용하여 A회사가 생산한 정제유를 A회사 명의로 판매하였고 A회사는 위 영업소의 매입·매출을 합산하여 법인세 및 부가가치세를 신고하였으며, 정제유는 A회사가 甲에게 판매하고 甲은 이를 별도의 마진을 붙여 팔아 수익을 얻고, 판매약정 위반에 대한 법적책임도 甲이 독자적으로 부담하고, 甲의 영업에 필요한 A회사 명의의 계좌를 甲이 독자적으로 관리하고, 영업소에 대한 임차료도 甲이 지급하고 甲의 정제유 판매행위에 대해 A회사에 부과된 과태료를 甲이 지급하는 등 甲이 A회사로부터 정제유를 공급받아 그의 책임과 계산 아래 독립하여 판매하였으므로 甲의 매출누락에 대한 법인세와 부가가치세를 A회사에 부과하는 것은 실질과세의 원칙에 반한다고 판시하였다.

또한, 대법원은 국세기본법 제14조의 실질과세의 규정은 소득의 형식적인 귀속자가 아닌 그 실질적인 귀속자에 조세부담의 의무를 부과하려는 것이므로 소득의 귀속은 형식적인 영업명의, 법률관계에 의하여 결정할 것이 아니라, 실질적인 영업활동에 의하여 생기는 이익의 귀속관계에 의하여 결정되어야 할 것이라고 판시하고 있다.[237] 피고인이 입시학원 1과 입시학원 2의 실질적인 경영자로서 입시학원 2의 명목상의 원장은 A로 되어 있지만 경리

---

234) 실질과세원칙에 따라 계약이나 거래가 그것이 사실상 귀속되는 자에게 세법상 귀속되는 것은 거래의 안전을 위해 상법 제24조 등에 의해 명의대여자에게 변제책임이 인정되는 것과는 별개의 문제이다.
235) 대법원 1988. 12. 13. 선고 88누25 판결 ; 대법원 1983. 7. 12. 선고 82누199 판결 ; 대법원 1983. 12. 27. 선고 83누244판결.
236) 대법원 2014. 5. 16. 선고 2011두9935 판결.
237) 대법원 2002. 4. 9. 선고 99도2165 판결 ; 대법원 1981. 12. 22. 선고 80도2171 판결 ; 대법원 1984. 10. 10. 선고 84누413 판결 ; 대법원 1987. 10. 28. 선고 86누635 판결 등 참조.

차장, 상무를 통하여 입시학원 1과 입시학원 2의 경리, 회계업무를 전결처리하여 왔고, 세무서에서 1995년도분 종합소득세의 과세표준을 신고·납부함에 있어 위 입시학원 2의 예체능계 수강생의 수강료 금 64,400,000원을 수입금액에서 누락시킨 후 위 누락된 수입금액을 피고인이 설립한 사업체 등에 대한 투자금으로 사용한 사안에서, 대법원은 입시학원 2의 명목상 원장 A가 아닌 피고인이 위 금 64,400,000원의 실질적인 귀속자로서 납세의무자에 해당한다고 판시하였다.[238]

건설업면허를 받은 건설회사들이라 할지라도 단 1건의 건설공사도 직접 시공한 일이 없고 단지 건설업면허를 받지 못한 사람들에게 건설업면허를 대여하고 그들로 하여금 위 회사들의 명의로 건설공사를 시공하도록 한 경우, 대법원은 실질적으로 건설업을 경영하여 소득을 얻어 경제적 이익을 향수한 것은 어디까지나 위 회사들로부터 건설업면허를 대여받아 실제로 건설공사를 시공한 사람들이라고 할 것이므로 실질과세원칙상 단순한 법률상의 명의자에 불과한 위 회사들이 건설업을 경영하여 소득을 얻은 것으로 보아 그 소득에 관한 법인세를 부과할 수 없고, 위 회사들이 재화나 용역을 공급한 일이 없는 이상 위 회사들에게 부가가치세를 납부할 의무는 없다고 판시하였다.[239]

(다) 조세회피행위

종래 실질과세원칙에 의하여 조세회피행위의 효력을 부인하고 경제적 실질에 부합되는 거래로 재구성하여 과세할 수 있는지 문제가 되어 왔다.

① 2012년 이전의 판례

과거 오랫동안 대법원은 경제적 관찰방법 또는 실질과세원칙에 의하여 당사자의 거래행위를 그 법형식에도 불구하고 조세회피행위라고 하여 그 효력을 부인할 수 있으려면 조세법률주의의 원칙상 법률에 개별적이고 구체적인 부인규정이 마련되어 있어야 한다고 판시하였다.[240] 이는 국세기본법 제14조에 규정된 실질과세원칙은 조세회피행위를 부인하는 법적근거가 될 수 없다는 입장을 취한 것이었다.

② 2012년 이후의 판례

a) 실질과세원칙에 근거하여 조세회피행위를 부인한 최초의 전원합의체 판례[241]

모회사인 甲외국법인(이하 '甲회사'라고 한다)이 100% 지분을 소유하고 있는 자회사들인 乙외국법인(이하 '乙회사'라고 한다)과 丙외국법인(이하 '丙회사'라고 한다)이 丁내국법

---

238) 대법원 2002. 4. 9. 선고 99도2165 판결.
239) 대법원 1989. 9. 29. 선고 89도1356 판결.
240) 대법원 2011. 4. 28. 선고 2010두3961 판결 ; 대법원 2011. 5. 13. 선고 2010두5004 판결 등 참조.
241) 대법원 2012. 1. 19. 선고 2008두8499 전원합의체 판결.

인(이하 '丁회사'라고 한다)의 지분 각 50%씩을 취득하고, 乙회사가 종전부터 75%의 주식을 소유하고 있는 戊내국법인(이하 '戊회사'라고 한다)의 나머지 주식 25%를 丙회사가 취득하자(乙회사 및 丙회사가 취득한 丁회사 지분 각 50%와 丙회사가 취득한 戊회사 주식 25%를 이 사건 주식 등이라고 한다), 과세관청이 실질과세원칙을 적용하여 甲회사를 丁회사 및 戊회사의 과점주주로 보고 甲회사에 대하여 구 지방세법(2005. 12. 31. 법률 제7843호로 개정되기 전의 것) 제105조 제6항에 따라 甲회가 丁회사 소유 부동산의 장부가액 100% 상당의 부동산을, 戊회사 소유 부동산의 장부가액 100% 상당의 부동산을 취득한 것으로 보고 이를 과세표준으로 하여 취득세 등을 부과하였고, 이에 甲회사가 취득세등부과처분 취소소송을 제기한 사안에서[242], 대법원은 실질과세원칙 중 국세기본법 제14조 제1항에 규정된 실질귀속자 과세의 원칙에 근거하여 재산의 귀속명의자는 이를 지배·관리할 능력이 없고 그 명의자에 대한 지배권 등을 통하여 실질적으로 이를 지배·관리하는 자가 따로 있으며, 그와 같은 명의와 실질의 괴리가 위 규정의 적용을 회피할 목적에서 비롯된 경우에는, 당해 재산은 실질적으로 이를 지배·관리하는 자에게 귀속된 것으로 보아 그를 납세의무자로 삼아야 한다고 전제하고, 乙회사 및 丙회사가 이 사건 주식 등을 취득할 때 甲회사가 乙회사와 丙회사의 지분 100%를 소유하고 있었고, 乙회사가 戊회사의 주식 75%를 취득할 때도 그 지분 소유관계는 마찬가지였던 점, 乙회사와 丙회사는 위와 같이 戊회사와 丁회사의 주식 등을 보유하다가 그 중 일부를 처분하는 방식으로 재산을 보유·관리하고 있을 뿐 그 외 별다른 사업실적이 없고, 회사로서의 인적 조직이나 물적 시설을 갖추고 있는 것도 없어서 독자적으로 의사를 결정하거나 사업목적을 수행할 능력이 없는 점, 이 사건 주식 등의 취득자금은 모두 甲회사가 제공한 것이고 그 취득과 보유 및 처분도 전부 甲회사가 관장하였으며 乙회사가 취득한 戊회사 주식 75%의 경우도 마찬가지이고, 그 모든 거래행위와 乙회사와 丙회사의 사원총회 등도 실질적으로는 모두 甲회사의 의사결정에 따라 甲회사가 선임한 대리인에 의하여 이루어진 것으로 보이는 점, 이러한 점에 비추어 甲회사가 이 사건 주식 등을 직접 취득하지 않고 乙회사와 丙회사의 명의로 분산하여 취득하면서 이 사건 주식 등의 취득 자체로는 과점주주의 요건에 미달하도록 구성한 것은 오로지 구 지방세법 제105조 제6항에 의한 취득세 납세의무를 회피하기 위한 것이라고 보이는 사정 등을 종합하여, 甲회사는 자회사인 乙회사와 丙회사에 대한 완전한 지배권을 통하여 戊회사의 종전 주식 75%와 함께 丁회사의 지분 100%와 戊회사의 주식 25%를 실질적으로 지배·관

---

242) 위 사안에서 乙회사 및 丙회사가 丁회사 및 戊회사의 주식 등을 취득하여 보유하고 있는 법적 형식만으로 볼 때는 甲회사는 丁회사나 戊회사 주식 등을 전혀 보유하고 있지 않은 반면, 丙회사가 취득한 戊회사의 주식은 25%에 불과하고 乙회사와 丙회사가 취득한 丁회사의 지분은 각 50%로서 그 지분보유 비율이 51% 이상인 경우에 적용되는 과점주주의 요건에 해당하지 않기 때문에 甲회사, 乙회사 및 丁회사는 모두 구 지방세법 제105조 제6항이 규정한 이른바 간주취득세의 형식적 적용요건을 피해 가고 있다.

리하고 있으므로 甲회사가 그 실질적 귀속자로서 위 주식 등의 취득에 관하여 구 지방세법 제105조 제6항에 의한 취득세 납세의무를 부담한다고 판단하였다.

위 전원합의체 판결은 우리 대법원이 실질과세원칙에 따라 사법적으로 유효한 법적형식을 조세회피행위라는 이유로 부인하고 실질에 맞게 거래를 재구성하여 세법을 적용할 수 있는 것으로 방향을 전환한 최초의 판례였다.[243]

b) 우회행위 또는 다단계행위를 부인한 판례[244]

A주식회사의 주주들이며 남매 사이인 乙과 丙 및 丙의 배우자가 증여세 합산과세를 회피하기 위하여, 각자 소유 중인 A회사 주식을 乙은 丙 부부의 직계비속 7명에게, 丙 부부는 乙의 직계비속 2명에게 합계 16,000주씩을 분산하여 교차증여하자, 과세관청이 실질은 乙과 丙 부부가 각자 자신의 직계비속들에게 직접 증여한 것으로 보아 乙과 丙 부부의 직계비속들에게 증여세 부과처분을 하였고 이에 乙 등이 증여세부과처분취소소송을 제기한 사안에서, 대법원은 구 상속세 및 증여세법(2013. 1. 1. 법률 제11609호로 개정되기 전의 것) 제2조 제4항[245]에 의하여 당사자가 거친 여러 단계의 거래 등 법적 형식이나 법률관계를 재구성하여 직접적인 하나의 거래에 의한 증여로 보고 증여세 과세대상에 해당한다고 하려면, 당사자가 그와 같은 거래 형식을 취한 목적, 제3자를 개입시키거나 단계별 거래 과정을 거친 경위, 그와 같은 거래 방식을 취한 데에 조세부담의 경감 외에 사업상의 필요 등 다른 합리적 이유가 있는지 여부, 각각의 거래 또는 행위 사이의 시간적 간격, 그러한 거래 형식을 취한 데 따른 손실 및 위험부담의 가능성 등 관련 사정을 종합하여 판단하여 납세의무자가 선택한 거래의 법적 형식이나 과정이 처음부터 조세 회피의 목적을 이루기 위한 수단에 불과하여 재산 이전의 실질이 직접적인 증여를 한 것과 동일하게 평가될 수 있어야 한다고

---

243) 이창희, "조세조약과 실질과세", 『사법』 25호, 사법발전재단, 2013, 6쪽. 종래 우리나라 사법판결의 전통은 민사법상 가장행위나 법에서 부인대상으로 구체적으로 정해둔 조세회피행위가 아니라면 민사법상 법률효과가 귀속되는 자를 세법상 납세의무자로 보았는데, 위 전원합의체 판결은 이를 뒤엎고 가장행위가 아니더라도 민사법상 법률효과가 귀속되는 자가 아니라 소득이 실질적으로 귀속하는 자를 납세의무자로 볼 수 있다고 판시하고 있다고 한다. 황남석, "실질과세원칙의 적용과 관련된 최근 판례의 동향 및 쟁점", 『조세법연구』 23(1), 한국세법학회, 2017, 68쪽. 위 전원합의체 판례는 민사법상의 법인격부인을 전제로 하지 않고 甲회사를 과점주주로 인정한 것이므로 세법의 관점에서 경제적 실질에 입각하여 주식의 귀속을 재구성한 것이라고 할 수 있다고 한다.

244) 대법원 2017. 2. 15. 선고 2015두46963 판결.

245) 구 상속세 및 증여세법 제2조 제4항(2013. 1. 1. 법률 제11609호로 개정되기 전의 것)은 "제3자를 통한 간접적인 방법이나 둘 이상의 행위 또는 거래를 거치는 방법으로 상속세나 증여세를 부당하게 감소시킨 것으로 인정되는 경우에는 그 경제적인 실질(實質)에 따라 당사자가 직접 거래한 것으로 보거나 연속된 하나의 행위 또는 거래로 보아 제3항을 적용한다"라고 규정하고 있었는데, 이는 국세기본법 제14조 제3항과 내용이 동일한 것이었다. 그런데 위 조항이 2016. 1. 1. 상속세 및 증여세법에서 삭제되었다. 따라서 현재는 국세기본법 제14조 제3항을 근거로 위와 같은 조세회피행위를 부인할 수 있을 것이다. 이와 관련하여 대법원 2017. 2. 15. 선고 2015두46963 판결은 삭제된 위 조항의 규정 취지는 현행 국세기본법 제14조 제3항에 그대로 승계·반영되어 있다고 판시한 바 있다.

판시하면서, 乙과 丙 부부가 각자의 직계비속들에게 A회사 주식을 증여하면서도 증여세 부담을 줄이려는 목적 아래 그 자체로는 합당한 이유를 찾을 수 없는 교차증여를 의도적인 수단으로 이용한 점 등을 고려하여, 그러한 교차증여를 구 상속세 및 증여세법(2013. 1. 1. 법률 제11609호로 개정되기 전의 것) 제2조 제4항에 따라 실질에 맞게 재구성하여 乙과 丙 부부가 각자의 직계비속들에게 직접 추가로 증여한 것으로 보아 증여세를 과세할 수 있다고 판단하였다.

(라) 가장행위

가장행위는 민법 제108조에 규정된 통정의 허위의사표시를 말한다. 가장행위는 상대방과 통모하여 법률효과의 발생을 의욕하지 않는 허위의 의사표시를 요소로 하여 이루어지는 행위이다. 강제집행을 면탈하기 위한 가장매매가 가장 전형적인 가장행위이다. 가장행위는 당사자 간의 의사의 합치가 없으므로 무효이다. 다만, 선의의 제3자에게는 대항하지 못한다. 가장행위 내면에 은닉된 법률행위가 있을 수 있다. 이를 은닉행위라고 하는데 가령 부동산을 증여하기로 합의한 다음, 통정 하에 허위의 매매계약을 체결하고 매매를 원인으로 하는 소유권이전등기를 경료하는 경우에, 외형행위인 매매계약은 가장행위로서 무효이지만 내면적 은닉행위인 증여계약과 그에 따른 소유권이전등기는 진실된 의사합치에 기한 것으로 유효하게 취급된다.[246]

실제 당사자가 명목상 당사자를 내세워 그 명목상 당사자 명의로 거래를 하는 경우가 있다. 이때 가장행위 여부의 판단은 계약당사자 확정 문제에 해당된다. 민사상 법리에 따라 진실한 계약당사자가 확정되고 명의위장에 관하여 서로 통정한 사실이 인정되면 가장행위가 인정된다.[247]

조세포탈을 위한 사기나 그 밖의 부정한 행위의 방법으로 가장행위가 종종 사용된다. 사법상 무효인 가장행위는 실질과세원칙을 거론하지 않더라도 세법적으로도 무효이므로 이를 부인하고 가장행위가 없는 상태를 기준으로 과세한다.

그런데 종래 대법원은 실질과세원칙이 적용되는 것이 적합한 조세회피행위 사안에도 실질과세원칙을 적용하지 않고 가장행위론을 이용하는 등 적어도 이론상으로는 조세회피행위를 부인하기 위해서는 개별적, 구체적 부인규정이 필요하다는 취지의 입장을 유지하면서

---

246) 대법원 1993. 8. 27. 선고 93다12930 판결.
247) 계약을 체결하는 행위자가 타인의 이름으로 법률행위를 한 경우에 행위자 또는 명의인 가운데 누구를 당사자로 볼 것인가에 관하여는, 우선 행위자와 상대방의 의사가 일치한 경우에는 그 일치한 의사대로 행위자 또는 명의인을 계약의 당사자로 확정하여야 할 것이고, 쌍방의 의사가 일치하지 않는 경우에는 그 계약의 성질·내용·목적·경위 등 계약체결 전후의 구체적인 제반 사정을 토대로 상대방이 합리적인 사람이라면 행위자와 명의인 중 누구를 계약당사자로 이해할 것인지에 의하여 결정하여야지 그 계약상의 명의인이 언제나 계약당사자가 되는 것은 아니다(대법원 2016. 3. 10. 선고 2015다240768 판결 등).

도 과세공평을 이루기 위해 필요한 경우 종종 가장행위론을 이용하여 사실확정의 단계에서 조세회피행위를 부인하고 있다고 볼 수 있다는 분석이 있었다.[248] 하지만 실질과세원칙에 근거하여 최초로 조세회피행위를 부인한 대법원 2012. 1. 19. 선고 2008두8499 전원합의체 판결 이후에는 조세회피행위에 대응하기 위하여 법원이 굳이 가장행위론을 활용할 실익이 적다고 할 수 있다.

이하 판례에서 가장행위가 인정된 사례를 살펴본다.

첫째, 페이퍼 컴퍼니를 가장행위의 당사자로 내세운 사례를 본다. 甲회사는 丙금융회사(이하 '丙회사'라고 한다)로부터 5,000만 달러를 차입함에 있어 직접 금전을 차입할 경우에 발생하게 될 조세부담이나 각종 관련 규제를 회피하기 위해 조세피난처인 말레이시아에 이른바 페이퍼 컴퍼니(Paper Company)인 乙회사(역외펀드회사)를 설립하여 乙회사 명의로 변동금리부채권증서를 발행하여 丙회사로부터 5,000만 달러를 차입하였다. 위 차입 전에 A은행은 乙회사와의 사이에 A은행이 위 채권증서상의 원리금 채무를 丙회사에게 변제하고 乙회사는 A은행에 위 5,000만 달러에 상응하는 원화표시원금에 이자를 더하여 지급하기로 하는 내용의 스왑거래계약을 체결하였는데, 甲회사가 A은행에 위 乙회사의 위 채권증서상의 채무와 스왑거래계약상의 채무를 모두 지급보증하는 확약서를 발급하였다. A은행은 乙회사가 발행하는 위 채권증서의 소지인에게 위 증서상 원리금 상환의무에 대하여 보증하는 내용의 보증서(채권증서의 소지인에 대하여 단순한 보증인으로서가 아니고 유일한 주채무자인 것처럼 보증책임을 부담한다는 내용임)를 작성하였으며 이후 위 보증서에 따라 丙회사에게 위 채권증서상의 원금과 이자를 지급하였다. 당시 A은행은 지급한 이자에 대한 원천징수를 丙회사로부터 하지 않는데, 과세관청은 乙회사의 실체를 부인하여 乙회사의 명의로 이루어진 모든 거래행위는 실질적으로 甲회사가 丙회사로부터 외국자본을 조달하기 위하여 행한 것이므로 이를 甲회사의 행위로 보고 A은행이 乙회사의 명의로 丙회사에게 송금한 이자에 대하여도 甲회사에게 원천징수의무가 있는 것으로 보아 법인세 부과처분을 하였고 이에 甲회사가 위 과세처분의 취소소송을 제기하였다. 대법원은 乙회사는 미화 1센트에 설립된 회사이고 甲회사나 A은행의 보증이 없었으면 丙회사가 乙회사에게 위와 같이

---

248) 윤지현, "실질과세의 원칙과 가장행위에 관한 고찰 -판례를 중심으로-", 『중앙법학』 제9집 제2호, 중앙법학회, 2007, 936쪽. 가장행위론을 이용한 조세회피행위에 대한 대응에 대해 현실적으로 여전히 두 개의 서로 다른 판례의 흐름이 있다고 말할 수밖에 없다고 한다. 그 중 하나는 비교적 명확하게 민법상의 '가장행위'에 해당하지 않는 한 재구성은 불가능하다는 입장이고(위 90누3027 판결은 이러한 입장으로 보아야 그 자체로 모순이 없다), 다른 하나는 민법상의 가장행위보다는 분명히 그 외연이 더 넓은 것으로 보이는 새로운 '가장행위' 개념을 내세워 당사자들이 취한 거래형식을 부인하는 한편 사실상 거래행위를 재구성하여 과세하는 것이라고 한다. 그 밖에 이중교, "취득세와 등록세의 회피에 관한 연구 : '스타타워 사건'을 중심으로", 『법조』 57권 제9호(통권 624호), 법조협회, 2008, 153쪽 이하 ; 안경봉, "세법에 있어서 형식과 실질", 『성곡논총』 제35집 상권, 성곡학술문화재단, 2004, 481쪽 등도 같은 취지로 판례의 입장을 분석하고 있다.

거액을 대여해 주지 않았을 것이며, 丙회사나 A은행은 甲회사를 모든 법률행위의 당사자로 인정하고 있었다고 봄이 상당하다는 이유로 乙회사와 丙회사 사이의 금전차입계약은 가장행위에 해당하고 실질적으로는 甲회사가 乙회사를 통해 丙회사로부터 위 금원을 차입한 주채무자라고 판시하면서도 A은행이 보증서에 따른 채무의 이행으로서 丙회사에게 이자를 실제로 지급한 이상 A은행이 원천징수의무자로서 지급한 이자에 대한 원천징수의무가 있다고 판단하였다.[249]

둘째, 두 당사자 간의 거래에 형식적인 당사자를 끼워 넣는 형태의 가장행위도 있다. 예를 들어 실제로는 A→C간의 거래임에도 A→B→C의 순차거래인 것처럼 가장하는 것이다. 건설회사가 아파트건축을 위하여 토지를 매수한다는 사실을 알면서도 매도인이 법인 앞으로 양도하게 되면 기준시가가 아닌 실지거래가액에 따른 양도소득세를 부담하게 된다는 이유로 회사의 대표이사 개인 명의로의 양도를 고집하여 그와 같은 내용의 계약서를 작성하고 대표이사 개인 앞으로 소유권이전등기를 경료하였다가 후에 회사 앞으로 소유권이전등기를 경료한 사안에서, 대법원은 매도인과 대표이사 개인 간에 체결된 계약과 그로 인한 소유권이전등기는 회사가 부동산을 실질적으로 매수함에 있어 매도인이 양도소득세의 중과를 피할 목적에서 대표이사 개인 명의를 중간에 개입시킨 가장매매행위라고 보아 매도인이 법인에게 부동산을 양도한 것으로 보았다.[250] 대법원 1992. 2. 28. 선고 91누6597 판결과 대법원 1992. 5. 22. 선고 91누12103 판결에서도 같은 취지로 판단한 바 있는데, 위 사례들은 모두 매매계약이 매도인과 법인사이에 실질적으로 체결되고 매매대금도 법인에 의하여 직접 출연되었음에도 매도인이 부담하게 될 양도소득세를 적게 하기 위하여 중간에 형식적으로 거래를 개입시킨 사안들이다.

셋째, 회사 돈을 횡령하기 위하여 거래 중간에 제3자를 형식적으로 끼워 넣는 형태의 가장행위도 있다. A회사의 직원 甲은 회사의 위임을 받아 A회사 소유의 주식을 B회사와 C회사에 매도함에 있어 매매대금을 횡령하기 위해 B회사와 C회사의 직원들에게 중간에 D회사와 E회사를 끼워 넣어 줄 것을 부탁하여 A → D → B, A → E → C의 형식으로 1차, 2차 매매계약을 순차로 체결하되 각각의 1차 매매계약은 실제 매매가보다 저가에 매도하는 형식을 취하고, 2차 매매계약은 실제 매매가대로 매도하는 형식을 취한 다음, A회사에는 D, E에 저가에 매도한 것으로 보고하여 실제 매매가액과의 차액인 32억 5천만 원을 횡령하고 미국으로 도피하였다. A회사는 甲의 위와 같은 횡령사실을 알지 못하고 D회사와 E회사에 대한 매매대금을 기준으로 양도소득을 신고·납부하였으나, 과세관청은 A회사와 B회사 및 C회사 사이에 직접 매매계약이 체결된 것으로 보아 차액인 32억 5천만 원을 A회사의

---

249) 대법원 2009. 3. 12. 선고 2006두7904 판결.
250) 대법원 1991. 12. 13. 선고 91누7170 판결.

양도소득으로 보아 과세처분을 하였고, A회사는 이에 불복하여 취소소송을 제기하였다. 항소심은 "이 사건 주식에 대한 1차 매매의 매수인이자 2차 매매의 매도인인 D회사와 E회사는 명의대여자에 불과하고, 1차 매매와 2차 매매는 같은 날 동시에 이루어 졌으며 매매대금이 각 단계별로 지급된 것이 아니라 2차 매매의 매수인으로부터 1차 매매의 매도인인 A회사의 대리인인 甲에게 직접 지급되었으며, 매매계약이 위와 같이 두 단계로 이루어진 이유는 甲의 부탁을 받은 2차 매매 매수인들의 담당자들과의 합의에 기인한 것임을 알 수 있으므로, 이 사건 주식에 대한 1차 매매계약과 2차 매매계약은 가장행위에 불과하고 이 사건 주식에 대한 매매계약의 실질은 A회사와 B회사 및 C회사와 사이에 직접 이루어진 것으로 보아야 한다고 판시하였다.[251]

2. 연대납세의무자

가. 의의, 성격 및 유형

연대납세의무는 2인 이상이 각각 독립하여 동일한 조세채무를 부담하고 그 중 1인이 그 조세채무의 전부 또는 일부를 이행하게 되면 다른 사람도 같이 이행된 만큼 납부의무를 면하는 것이다. 연대납세의무는 하나의 납세의무를 다수의 관련자에게 연대하여 납부하도록 함으로써 징수편의와 조세채권의 확보를 도모하는 제도이다.

세법상 연대납세의무를 지는 경우로는 ① 공유물, 공동사업 또는 그 공동사업에 속하는 재산에 관계되는 국세 등을 공유자 또는 공동사업자가 연대하여 납부할 의무를 지는 경우(국세기본법 제25조 제1항)[252], ② 법인이 분할되거나 분할합병된 후 분할되는 법인(분할법인)이 존속하는 때에, 분할법인, 분할 또는 분할합병으로 설립되는 법인(분할신설법인), 분할법인의 일부가 다른 법인과 합병하는 경우 그 합병의 상대방인 다른 법인(분할합병의 상대방 법인)이 분할등기일 이전에 분할법인에 부과되거나 납세의무가 성립한 국세 및 강제징수비에 대하여 분할로 승계된 재산가액을 한도로 연대하여 납부할 의무가 있는 경우(국세기본법 제25조 제2항), ③ 법인이 분할 또는 분할합병한 후 소멸되는 때에 분할신설법인, 분할합병의 상대방법인이 분할법인에 부과되거나 분할법인이 납부하여야 할 국세 및 강제징수비

---

251) 서울고등법원 2009. 12. 16. 선고 2009누5451 판결(대법원에서도 이를 가장행위로 보았음).
252) 위의 연대납세의무와 관련하여 판례는, "통상 공유물이나 공동사업에 관한 권리의무는 공동소유자나 공동사업자에게 실질적, 경제적으로 공동으로 귀속하게 되는 관계로 담세력도 공동의 것으로 파악하는 것이 조세실질주의의 원칙에 따라 합리적이기 때문에 조세채권의 확보를 위하여 그들에게 연대납세의무를 지우고 있는 것이므로, 위 연대납세의무가 자신의 조세채무를 넘어 타인의 조세채무에 대하여 납세의무를 부당하게 확장하고 불평등한 취급을 하고 있다고 할 수 없고, 개인책임을 기초로 하는 헌법전문과 헌법상의 평등권, 재산권보장의 원리에 위배된다고 볼 수도 없다"라고 판시하였다(대법원 1999. 7. 13. 선고 99두2222 판결).

에 대하여 분할로 승계된 재산가액을 한도로 연대하여 납부할 의무가 있는 경우(국세기본법 제25조 제3항), ④ 법인이 채무자 회생 및 파산에 관한 법률 제215조에 따라 신회사를 설립하는 때, 기존의 법인에 부과되거나 납세의무가 성립한 국세 등을 신회사가 연대하여 납부할 의무를 지는 경우(국세기본법 제25조 제4항), ⑤ 상속인 또는 수유자가 2명 이상일 때 상속세를 상속인 또는 수유자 각자가 받았거나 받을 재산을 한도로 연대하여 납부할 의무를 지는 경우(상속세 및 증여세법 제3조의2 제3항), ⑥ 수증자의 주소 등의 불명, 납부무능력 또는 비거주자에 해당하는 등의 사유로 증여자가 수증자가 납부할 증여세를 연대납부하는 경우(상속세 및 증여세법 제4조의2 제6항) 등이 있다.

국세기본법 제25조의2는 세법상 연대납세의무에 관하여 연대채무에 관한 민법 규정(민법 제413조부터 제416조까지, 제419조, 제421조, 제423조 및 제425조부터 제427조까지)을 준용하고 있다. 따라서 연대납세의무의 법률적 성질은 민법상의 연대채무와 근본적으로 다르지 않다.[253]

나. 공유자 또는 공동사업자

공유물, 공동사업 또는 그 공동사업에 속하는 재산에 관계되는 국세 및 강제징수비는 공유자 또는 공동사업자가 연대하여 납부할 의무를 진다(국세기본법 제25조 제1항). 각 연대납세의무자들은 개별 세법에 특별한 규정이 없는 한 원칙적으로 고유의 납세의무부분이 없이 공유물과 공동사업 등에 관계된 국세의 전부에 대하여 전원이 연대하여 납세의무를 부담하게 된다.[254]

여기서 공유물이란 민법 제262조의 규정에 따른 공동소유인 물건을 말한다. 공동사업이라 함은 민법 제703조에 의한 조합계약에 기하여 2인 이상이 서로 출자하여 공동사업을 경영할 것을 약정하고 그 지분 또는 손익분배의 비율 등을 정하여 당사자 전원이 그 사업의 성공 여부에 대하여 직접적으로 이해관계를 가지는 동업형태를 의미한다.[255]

그런데 개별세법에 별도의 규정이 있으면 연대납세의무를 지지 않는다. 예를 들어 사업소득이 발생하는 공동사업에서 발생하는 소득세는 공동사업장을 1거주자로 보아 공동사업

---

253) 각 연대납세의무자는 개별 세법에 특별한 규정이 없는 한 원칙적으로 고유의 납세의무 부분이 없이 공동사업 등에 관계된 국세의 전부에 대하여 전원이 연대하여 납세의무를 부담하는 것이므로, 국세를 부과함에 있어서는 연대납세의무자인 각 공유자 또는 공동사업자에게 개별적으로 당해 국세 전부에 대하여 납세의 고지를 할 수 있고, 또 연대납세의무자의 1인에 대한 과세처분의 하자는 상대적 효력만을 가지므로, 연대납세의무자의 1인에 대한 과세처분의 무효 또는 취소 등의 사유는 다른 연대납세의무자에게 그 효력이 미치지 않는다(대법원 1999. 7. 13. 선고 99두2222 판결). 예를 들어 2명이 공동으로 건물매매업을 하면서 건물을 매도하고도 부가가치세를 신고·납부하지 않은 사안에서, 비록 2명 중 1명에 대한 과세처분이 무효나 취소 대상이라 하더라도 이는 다른 연대납세의무자에게 영향을 미치지 아니하므로 나머지 1명은 부가가치세 전액에 대한 납세의무가 있다.
254) 대법원 1999. 7. 13. 선고 99두2222 판결.
255) 서울행정법원 2011. 5. 27. 선고 2010구합10365 판결.

장별로 그 소득금액을 계산한 다음, 그 소득금액을 손익분배비율[256]에 따라 각 공동사업자[257]별로 분배하여 개별적으로 소득세를 과세하므로 해당 공동사업자별로 소득세 납세의무를 질 뿐 원칙적으로 연대납세의무를 지지 않는다(소득세법 제2조의2 제1항). 하지만 공동사업자 1인과 그의 소득세법 시행령 제100조 제2항 소정의 특수관계인이 공동사업자에 포함되어 있는 경우로서 손익분배비율을 거짓으로 정하는 등 위 시행령 제100조 제4항 소정의 사유가 있는 경우에는 그 특수관계인의 소득금액은 그 손익분배비율이 큰 주된 공동사업자의 소득금액으로 보아 주된 공동사업자에게 합산과세한다(소득세법 제43조 제3항). 이때 주된 공동사업자에게 합산과세되는 그 소득금액에 대해서는 해당 특수관계인은 손익분배비율에 해당하는 그의 소득금액을 한도로 주된 공동사업자와 연대하여 납세의무를 진다(소득세법 제2조의2 제1항).

한편, 공동사업에 따른 부가가치세에 대해서는 소득세와 달리 별도의 규정이 없으므로 공동사업자가 연대납세의무를 진다. 그리고 공동사업자는 실제로 수익금을 분배받지 못하였다 하더라도 이는 내부적인 채무불이행에 따른 문제에 불과하여 여전히 부가가치세 연대납세의무를 진다.[258][259]

공유물 또는 공동사업이나 그 재산에 관계되는 연대납세의무가 인정되는 경우 공유자나 공동사업자들은 연대납세의무가 성립되는 국세에 대해 조세포탈의 주체가 될 수 있다.

다. 분할 관련 법인 등의 연대납세의무

법인이 분할되거나 분할합병된 후 분할되는 법인(분할법인)이 존속하는 경우에, 분할법인, 분할 또는 분할합병으로 설립되는 법인(분할신설법인), 분할법인의 일부가 다른 법인과 합병하는 경우 그 합병의 상대방인 다른 법인(분할합병의 상대방 법인)이 분할등기일 이전에 분할법인에 부과되거나 납세의무가 성립한 국세 및 강제징수비에 대하여 분할로 승계된 재산가액을 한도로 연대하여 납부할 의무가 있다(국세기본법 제25조 제2항). 그리고 법인이 분할 또는 분할합병한 후 소멸하는 경우 분할신설법인, 분할합병의 상대방 법인은 분할

---

256) 각 공동사업자 간에 약정된 손익분배비율을 말한다. 약정된 손익분배비율이 없는 경우에는 지분비율을 말한다(소득세법 제43조 제2항).

257) 여기의 공동사업자에는 출자공동사업자가 포함되는데 출자공동사업자란 공동사업의 경영에 참여하지 아니하고 출자만 하는 자이다. 다만, 공동사업에 성명 또는 상호를 사용하게 한 자와 공동사업에서 발생한 채무에 대하여 무한책임을 부담하기로 약정한 자는 제외한다(소득세법 제43조 제1항, 동법 시행령 제100조 제1항).

258) 대법원 2007. 7. 12. 선고 2007두8997 판결.

259) 부가가치세는 사람이 재화 또는 용역을 구입, 소비하는 사실에 담세력을 인정하는 소비세의 일종으로서 부가가치세는 부가가치를 창출, 지배하는 사업자가 그 납세의무자이고, 소득세는 사람의 수입사실에 착안한 수득세의 일종으로서 소득을 얻은 개인이 납세의무자가 되므로, 두 조세에 대해 연대납세의무에 있어 차이를 두는 것이 조세평등주의 등에 반하는 것은 아니다(헌재 2006. 7. 27. 2004헌바70).

법인에 부과되거나 분할법인이 납부하여야 할 국세[260] 및 강제징수비에 대하여 분할로 승계된 재산가액을 한도로 연대하여 납부할 의무가 있다(국세기본법 제25조 제3항).

위 규정은 분할법인에 부과되거나 납세의무가 성립한 국세에 대해 징수확보를 위해 본래의 납세의무자인 분할법인의 조세채무에 대해 분할신설법인 등에게 연대납세의무를 지우는 것이다. 분할법인에 대한 납세의무 성립 후 조세포탈죄의 기수 성립 이전에 분할신설법인 등이 사전소득은닉행위 등을 통해 조세를 포탈하는 것이 가능한 경우가 있고 그러한 경우에는 분할신설법인 등이 조세포탈의 주체가 될 수 있을 것이다.

라. 공동상속인의 연대납세의무

우리나라의 상속세는 유산세 체계를 따르므로 피상속인의 유산총액을 과세가액으로 하여 산출한 총 상속세를 공동상속인 각자의 상속재산 점유비율(상속인·수유자별 상속세과세표준 비율)에 따라 배분하여 개별 상속인들에 대한 고유의 상속세를 계산한다. 이와 별도로 각 공동상속인은 그가 받았거나 받을 재산을 한도로 다른 공동상속인들의 상속세에 관하여도 연대하여 납부할 의무가 있다. 여기서 연대납부의 한도액이 되는 '자신이 받았거나 받을 재산'이란 상속세 과세대상이 되는 상속재산을 상속세 및 증여세법에서 규정한 평가방법에 따라 평가한 재산가액에서 과세불산입재산의 가액을 제외하고 채무 등을 공제하는 과정을 거쳐 이를 상속분으로 나누어 산출되는 상속인별 재산가액을 의미한다.[261]

공동상속인의 연대납세의무는 다른 공동상속인이 고유의 상속세를 납부하지 아니하거나 납세자력을 상실할 것을 요건으로 성립되는 보충적인 것이 아니므로 과세관청은 공동상속인 각자에게 연대납세의무를 지는 상속세 전액을 징수할 수 있다. 따라서 공동상속인들이 공모하여 전체 상속세를 포탈한 경우 고유의 납세의무를 초과하는 연대납세의무 부분에 대해서도 조세포탈죄가 성립한다고 볼 여지가 있다. 그런데 실무상으로는 공동상속인의 납세의무 중 고유의 납세의무가 공평과세원칙이나 응능과세원칙에 부합되는 본래의 납세의무이고 연대납세의무는 징수확보를 위해 고유의 납세의무를 확장하는 것으로 이해하여 각 공동상속인의 고유의 납세의무 부분만을 조세포탈죄로 의율하는 것이 통상이다.

마. 증여자의 연대납세의무

증여자는 ① 수증자의 주소나 거소가 분명하지 아니한 경우로서 증여세에 대한 조세채권(租稅債權)을 확보하기 곤란한 경우, ② 수증자가 증여세를 납부할 능력이 없다고 인정되

---

260) 분할법인에 대하여 확정되었거나 성립한 국세 등을 의미한다(김완석 외 3, 『주석 국세기본법』, 삼일인포마인, 2023, 643쪽 참조).
261) 대법원 2001. 11. 13. 선고 2000두3221 판결.

는 경우로서 강제징수를 하여도 증여세에 대한 조세채권을 확보하기 곤란한 경우, ③ 수증자가 비거주자인 경우, 수증자가 납부할 증여세를 연대하여 납부할 의무가 있다(상속세 및 증여세법 제4조의2 제6항).

위와 같은 증여자의 증여세 납세의무는 주된 채무자인 수증자의 납세의무에 대한 종된 채무이므로 위와 같은 연대납부사유가 인정되지 않는다면 수증자 대신 증여세를 납부한 것은 자신의 증여세 납부책임을 이행한 것이 아니라 증여세 상당금액을 새로 증여한 것이 된다.[262] 따라서 위와 같은 증여자의 연대납세의무는 수증자의 증여세 납세의무가 확정된 이후에 순전히 징수확보만을 위해 인정되는 것이므로 위의 연대납세의무를 지는 증여자는 그 증여세에 대한 조세포탈의 범죄주체가 될 수 없다.[263]

3. 제2차 납세의무자

가. 주된 납세의무에 대한 조세포탈의 주체여부

제2차 납세의무란 주된 납세자의 재산에 대해 강제징수를 집행하여도 그가 납부하여야 할 국세 등에 충당하기에 부족한 경우에 주된 납세자와 일정한 관계에 있는 자가 그 부족액에 대해 보충적으로 부담하는 납부의무를 말한다. 제2차 납세의무로는 출자자의 제2차 납세의무, 법인의 제2차 납세의무, 청산인 등의 제2차 납세의무, 사업양수인의 제2차 납세의무가 있다.

제2차 납세의무의 공통적인 성립요건은 ① 주된 납세의무자의 체납, ② 주된 납세의무자의 재산으로 강제징수를 하여도 국세·가산금과 강제징수비에 충당하기에 부족할 것, ③ 제2차 납세의무자가 주된 납세의무자와 일정한 관계가 있을 것이다.[264] 제2차 납세의무는 주된 납세의무자의 체납과 징수부족액의 발생 등과 같은 요건의 충족에 의해 추상적으로 성립하고 납부통지에 의하여 고지됨으로써 구체적으로 확정되는 것이고, 제2차 납세의무자 지정처분만으로는 아직 납세의무가 확정되는 것은 아니다.[265] 한편, 제2차 납세의무가 성립하기 위하여는 주된 납세의무자의 체납 등 그 요건에 해당하는 사실이 발생하여야 하므로 그 성립시기는 적어도 주된 납세의무의 납부기한이 경과한 이후라고 할 것이고 그때부터 제2차 납세의무에 대한 부과제척기간 5년이 기산된다.[266]

위에서 살펴본 바와 같이 제2차 납세의무는 주된 납세의무자가 체납하는 경우에 보충적

---

262) 대법원 1994. 9. 13. 선고 94누3698 판결.
263) 안대희, 앞의 책, 241쪽도 같은 취지이다.
264) 김완석 외 3, 앞의 책, 761쪽을 참고하였다.
265) 대법원 1995. 9. 15. 선고 95누6632 판결.
266) 대법원 2012. 5. 9. 선고 2010두13234 판결.

으로 성립하는 납세의무이므로 성격상 제2차 납세의무자는 주된 납세의무에 대한 조세포탈의 주체가 될 수 없다.

나. 제2차 납세의무에 대한 조세포탈의 주체여부

제2차 납세의무자는 주된 납세의무에 대한 조세포탈의 주체는 될 수 없으나 제2차 납세의무 자체에 대한 조세포탈의 주체가 될 수 있다. 예를 들어, A회사의 주식을 100% 소유하는 B가 과점주주의 제2차 납세의무를 회피하기 위하여 사전에 A회사 주식을 명의신탁을 통해 분산해 두고, A회사 소유의 부동산을 매각하여 법인세 등이 발생하자, 허위로 작성한 주주명부를 관할 세무서에 제출하여 제2차 납세의무를 면하려 한 경우, B는 제2차 납세의무에 의한 법인세 등에 대한 조세포탈의 주체가 될 수 있다.[267]

그런데 제2차 납세의무에 대한 조세포탈의 기수시기가 실무상 쟁점이 되고 있다. 일부 견해는 제2차 납세의무가 부과과세방식의 조세이므로 부과과세방식의 조세에 대한 기수시기를 정한 조세범 처벌법 제3조 제5항 제1호에 따라 제2차 납세의무자에 대한 납부통지서상의 납부기한의 경과 시 기수가 된다고 보기도 한다. 그런데 이렇게 보게 되면 범행이 발각되지 않는 상태에서는 납부기한이 존재하지 않아 객관적으로 기수가 성립할 수 없게 되고 범행이 발각되어 납부통지가 되더라도 통지된 납부기한까지 세금을 납부하게 되면 또 기수가 성립하지 않게 되어 문제가 있다.

살피건대, 제2차 납세의무에 의한 조세가 부과과세방식의 조세라 하더라도 조세범 처벌법 제3조 제5항의 문언해석상 여기에 규정된 조세포탈의 기수시기를 제2차 납세의무에 대한 조세포탈에까지 적용하기는 어렵다고 할 것이다. 구체적으로 살펴본다. 조세범 처벌법 제3조 제5항은 제1호는 납세의무자의 신고에 의하여 정부가 부과·징수하는 조세의 포탈에 대한 기수시기만을 규정하고 있으므로 이를 납세의무자의 신고절차가 존재하지 않는 제2차 납세의무에 대한 조세의 포탈에까지 적용할 수는 없다. 또한, 제2호는 제1호에 해당하지 아니하는 조세의 포탈에 대한 기수시기를 그 신고·납부기한이 지난 때라고 규정하고 있어, 이 또한 신고·납부기한이 존재하지 않는 제2차 납세의무에 대한 조세의 포탈에는 적용할 수 없다. 따라서 제2차 납세의무에 대한 조세포탈의 기수시기는 조세범 처벌법 제3조 제5항을 적용하지 않고 결과범의 기수시기에 관한 일반론에 따라 판단하여야 한다. 구체적으로는 ① 제2차 납세의무의 성립, ② 부정행위의 종료, ③ 포탈의 결과 발생[268] 등의 요

---

267) 대법원 2006. 11. 24. 선고 2005도5567 판결(서울고등법원 2005. 7. 15. 선고 2002노2570 판결).

268) 제2차 납세의무는 신고기한이 없는 부과과세방식의 조세이기 때문에 언제 조세포탈의 결과가 발생한 것으로 볼지 애매하다. 생각건대, 부정행위가 없었다면 부과처분이 가능했을 것으로 보이는 최초의 시점에 포탈의 결과가 발생하여 기수가 성립하는 것으로 보는 방안을 고려해 볼 수 있을 것이다.

건이 모두 충족되는 시점에 기수가 성립되는 것으로 해석함이 상당하다. 그 밖에 조세포탈의 기수시기에 관한 상세한 내용은 제2부 제2장 제5절 Ⅱ.항을 참고하라.

4. 납세보증인

납세보증인은 납세의무자의 납세의무에 대해 보증채무를 부담하는 자이다. 납세의무자가 기한 내에 세금을 납부하지 아니하는 경우에 세무서장은 국세징수법에 따라 납세보증인으로부터 체납액을 징수한다. 납세보증인의 보증채무는 본래의 납세의무가 확정되었으나 이행되지 않았을 때 부담하는 보충적 채무이므로 납세보증인이 본래의 납세의무에 대한 포탈의 주체가 될 수는 없다.

Ⅲ 간접세의 담세자

부가가치세나 개별소비세 등과 같은 간접세에 있어서는 실제로 조세를 부담하는 담세자와 조세를 납부할 의무가 있는 납세의무자가 다르다. 이러한 경우 재화나 용역을 공급하는 자의 거래상대방인 담세자는 원칙적으로 간접세에 대한 조세포탈의 범죄주체가 될 수 없고 납세의무자나 양벌규정상의 행위자가 범한 조세포탈의 공범이 될 수 있을 뿐이다.[269]

그런데 예외적으로 간접세의 담세자가 조세범 처벌법 제3조 제1항 소정의 부정환급에 의한 조세포탈의 주체가 되는 경우가 있다. 개별세법에서 어떠한 조세의 납세의무자가 아니라 해당 조세를 실질적으로 부담한 담세자에게 조세의 환급이나 공제를 받을 수 있는 자격을 부여하는 경우가 있는데, 이때 담세자가 사기나 그 밖의 부정한 행위로써 조세의 환급을 받는다면 부정환급에 의한 조세포탈죄가 성립할 수 있다.

예를 들어 보자. 개별소비세나 교통·에너지·환경세의 경우 외화획득 목적의 거래나 기타 조세정책상 필요한 경우 면세혜택이 부여된다. 그런데 이미 개별소비세나 교통·에너지·환경세가 납부되었거나 납부될 물품 또는 그 원재료가 면세대상에 해당하는 경우에는 대통령령으로 정하는 바에 따라 이미 납부한 세액을 환급받는다(개별소비세법 제20조 제2항, 교통·에너지·환경세법 제17조 제2항). 이때의 환급신청은 납세의무자뿐만 아니라 개별소비세나 교통·에너지·환경세의 담세자도 가능하다. 다만 담세자가 환급신청을 할 때에는 이들 조세를 납부한 자와 연명으로 신청하여야 한다(개별소비세법 시행령 제34조 제3항, 교통·에너지·환경세법 시행령 제24조 제1항 제2호).[270] 그런데 개별소비세나 교통·에너지·환경세의 담세자

---

269) 대법원 1998. 5. 8. 선고 97도2429 판결.
270) 간접세의 담세자가 납세자와 연명으로 환급신청을 하도록 되어 있다 하더라도 환급청구권은 여전히 담세

가 사기나 그 밖의 부정한 행위로써 면세가 불가함에도 면세가 되는 것처럼 환급신청을 하여 이들 조세를 환급받는 경우 조세범 처벌법 제3조 제1항 소정의 부정환급에 의한 조세포탈이 성립할 수 있다.

　간접세의 담세자가 부정환급에 의한 조세포탈의 범죄주체가 되는 가장 대표적인 경우가 면세유 부정유통에 의한 조세포탈이다. 면세유 부정유통에 의한 조세포탈은 종전에는 구 조세범 처벌법 제9조 제1항(현재의 제3조 제1항에 해당) 소정의 조세포탈죄로 처벌되었으나 면세유 부정유통에 의한 조세포탈을 더욱 중하게 처벌하기 위하여 2010. 1. 1. 조세범 처벌법 제4조 제1항을 신설하면서 현재는 이에 의해 처벌되고 있는 상황이다.

　한편, 판례는 일정한 경우 간접세의 담세자가 간접정범의 방식으로 조세포탈의 주체가 될 수 있다고 본다. 자동차의 실제 매수자는 개인들이고 그 개인들이 자가용으로 사용할 예정임에도, 자동차대여사업 회사의 실질적 경영자인 피고인이 자동차를 구입할 때에 실질적인 소유자들과 공모하여 영업용 차량인 것처럼 회사 명의로 구입신청을 함으로써 그 정을 모르는 납세의무자인 자동차회사로 하여금 자동차 반출시에 특별소비세 및 교육세를 반입자로부터 징수·납부하지 아니하게 한 사안에서, 대법원은 피고인의 위와 같은 일련의 행위는 그로 인하여 처벌받지 아니하는 자동차회사를 이용하여 결과적으로 특별소비세 등의 부담을 면한 것으로서 조세포탈에 해당한다고 판시하였다.[271]

 제3절　조세채무의 존재

Ⅰ　개요

　조세포탈죄는 납세의무자가 국가에 대하여 지고 있는 것으로 인정되는 일정액의 조세채무를 포탈한 것을 범죄로 보아 형벌을 과하는 것으로서, 조세포탈죄가 성립하기 위하여는 조세법률주의에 따라 세법이 정한 과세요건이 충족되어 조세채권이 성립하여야만 되는 것이므로 세법이 납세의무자로 하여금 납세의무를 지도록 정한 과세요건이 구비되지 않는 한 조세채무가 성립하지 않음은 물론 조세포탈죄도 성립할 여지가 없다.[272] 또한 조세포탈죄의 성립요건인 조세채무는 신고나 부과에 의해 확정된 세액이 아니라 과세요건의 충족에

　　자에게 있고 실제로 담세자에게 직접 환급이 이루어진다. 이와 같은 유형의 환급실무에 관하여는 국세청
　　예규 국심 1999전2249(2000. 2. 22.)와 기준-2015-법령해석부가-0220을 참고하라.
271) 대법원 2003. 6. 27. 선고 2002도6088 판결.
272) 대법원 2024. 4. 12. 선고 2023도539 판결, 대법원 2020. 5. 28. 선고 2018도16864 판결.

따라 객관적으로 성립하는 조세채무이므로 기소된 포탈세액에 대해 아직 부과처분이 이루어지지 않았다 하더라도 범죄 성립에 아무런 문제가 없다.[273]

이하에서는 조세채무의 성립과 확정, 조세채무 성립의 전제가 되는 권리확정주의에 의한 소득의 귀속시기, 위법소득에 대한 조세채무와 조세포탈 등에 대하여 순차적으로 살펴보기로 한다.

Ⅱ 조세채무의 성립과 확정

1. 조세채무의 성립

조세채무는 개별 세법에 규정된 과세요건이 충족되면 과세관청이나 납세의무자로부터 특별한 행위가 없더라도 당연히 성립한다.[274] 과세요건의 충족에 의해 당연히 성립하는 조세채무를 추상적 조세채무 또는 추상적 납세의무라고 하는데 이는 납세의무자의 신고나 과세관청의 결정 등에 의해 영향을 받지 않는 객관적인 개념이다. 과세요건의 충족에 의해 성립한 추상적인 조세채무는 납세의무자의 신고나 과세관청의 결정 또는 경정에 의하여 구체적인 조세채무로 확정된다. 이렇게 확정된 구체적인 조세채무는 납세의무자의 신고나 과세관청의 결정 또는 경정 과정에서의 고의 또는 과실에 의한 소득의 누락, 탈루, 착오 등이 개입될 수 있어 객관적으로 성립한 조세채무와는 차이가 있을 수 있다.[275]

국세기본법 제21조는 개별 세목의 조세채무의 성립시기에 대해 별도로 규정하고 있다. 소득세와 법인세는 과세기간이 끝나는 때(다만, 청산소득에 대한 법인세는 그 법인이 해산을 하는 때), 상속세는 상속이 개시되는 때, 증여세는 증여에 의해 재산을 취득하는 때, 종합부동산세는 과세기준일, 부가가치세는 과세기간이 끝나는 때(다만, 수입재화의 경우에는 세관장에게 수입신고를 하는 때), 개별소비세·주세 또는 교통·에너지·환경세는 과세물품을 제조장으로부터 반출하거나 판매장에서 판매하는 때 또는 과세장소에 입장하거나 과세유흥장소에서 유흥음식행위를 한 때 또는 과세영업장소에서 영업행위를 한 때에 조세채무가 성립한다. 다만, 수입물품의 경우에는 세관장에게 수입신고를 하는 때, 가산세는 가산할 국세의 납세의무가 성립하는 때에 조세채무가 성립한다(국세기본법 제21조 제2항).

그러나 원천징수하는 소득세·법인세는 소득금액 또는 수입금액을 지급하는 때, 납세조

---

273) 대법원 1989. 9. 29. 선고 89도1356 판결.
274) 대법원 1985. 1. 22. 선고 83누279 판결.
275) 이창희, 『세법강의』, 박영사, 2024, 162쪽. 확정된 민사채권과 달리 확정된 조세채권은 반드시 실체적으로 정당한 권리가 아니므로 행정청의 처분이나 납세의무자의 행위에 의해 증액 또는 감액할 수 있고 권리의 존부나 금액에 관한 다툼이 생기면 결국은 법원판결로만 확정할 수 있다고 한다.

합이 징수하는 소득세 또는 예정신고납부하는 소득세는 과세표준이 되는 금액이 발생한 달의 말일, 중간예납하는 소득세·법인세 또는 예정신고기간·예정부과기간에 대한 부가가치세는 중간예납기간 또는 예정신고기간·예정부과기간이 끝나는 때, 수시부과하여 징수하는 국세는 수시부과할 사유가 발생한 때에 조세채무가 성립한다(국세기본법 제21조 제3항).

2. 조세채무의 확정

조세채무는 개별 세법에서 정한 절차에 따라 확정된다. 조세채무의 확정방식은 신고납세방식, 부과과세방식, 자동확정방식으로 나눌 수 있다.

신고납세방식은 납세의무자가 스스로 과세표준과 세액을 법정기한까지 신고하고 납부하는 방식이다. 소득세, 법인세, 부가가치세 등이 신고납세방식을 취하고 있다. 신고납세방식 하에서는 신고에 의하여 조세채무가 확정되지만 신고가 없으면 과세관청이 과세표준과 세액을 결정하여 부과할 때 조세채무가 확정된다. 신고내용에 오류 또는 탈루가 있어 과세관청이 과세표준과 세액을 경정하는 때에는 그때 새로운 조세채무가 확정된다.

부과과세방식은 과세관청이 과세표준과 세액을 결정하여 고지함으로써 조세채무가 확정된다. 부과과세방식은 납세의무자에게 과세표준과 세액의 신고를 요구하는 경우와 그렇지 않은 경우로 나뉜다. 전자의 경우 신고는 부과처분을 위한 협력의무의 이행에 불과할 뿐이므로 세액을 확정하는 효력이 없고 신고에도 불구하고 정부의 부과처분에 의해서 세액이 확정된다. 상속세와 증여세가 이러한 방식을 취한다. 후자의 경우는 납세의무자의 신고없이 국가가 직접 과세대상을 파악하여 부과결정을 한다. 재산세와 종합부동산세가 이러한 방식을 취하고 있다.[276]

자동확정방식은 납세의무의 성립과 동시에 특별한 절차 없이 세액이 자동확정된다. 인지세, 원천징수하는 소득세 또는 법인세, 납세조합이 징수하는 소득세, 중간예납하는 법인세(세법에 따라 정부가 조사·결정하는 경우는 제외한다) 등은 납세의무가 성립하는 때 특별한 절차없이 그 세액이 확정된다.

신고에 의하여 최초로 확정된 세액은 수정신고, 경정청구, 과세관청의 경정 등에 의해 변경될 수 있다. 납세의무자는 신고가 잘못되어 세액이 더 많은 경우에는 감액을 요구하는 경정청구를 할 수 있고, 반대로 정상적인 세액보다 더 적게 신고한 경우에는 수정신고를 할 수 있다. 국세기본법 제45조에 따른 수정신고는 세액을 새로이 확정하는 효력이 있다.[277]

---

276) 종합부동산세는 원칙적으로 부과과세방식을 취하고 있으나 예외적으로 신고·납부를 선택할 수 있도록 하고 있다(종합부동산세법 제16조 제1항, 제3항).
277) 대법원 2014. 2. 13. 선고 2013두19066 판결.

부과처분이 잘못된 경우에는 쟁송을 통해 부과처분의 취소 또는 무효를 주장할 수 있다. 그리고 과세표준신고나 종전의 부과결정에 오류, 탈루 등이 있을 때에는 과세관청이 이를 경정 또는 재경정할 수 있다.

3. 조세채무의 성립이 문제된 주요 사례

가. 재단법인의 기본재산을 허가 없이 증여하여 그 증여가 무효인 경우

A재단법인이 주무관청인 문화관광부장관의 허가 없이 그 소유의 B신문사 주식을 甲의 아들인 乙, 丙에게 증여한 것과 관련하여 乙, 丙의 대리인인 甲이 증여세 포탈 혐의로 기소된 사안에서, 대법원은 재단법인의 기본재산의 처분은 정관변경을 요하는 것이므로 주무관청의 허가가 없으면 그 처분행위는 물권계약으로 무효일 뿐 아니라 채권계약으로서도 무효이며 증여를 원인으로 주권이 교부되고 명의개서절차까지 완료되었다고 하더라도 그 원인이 된 증여행위가 부존재하거나 무효인 경우라면 그로 인한 재산 이전의 효력이 처음부터 발생하지 아니하고 증여세를 납세할 의무도 없으므로 재단법인의 주식양도로 인한 증여세 포탈의 점은 범죄사실의 증명이 없는 때에 해당한다고 판단하였다.[278]

나. 조세포탈로 기소된 소득이 해당 과세연도에 귀속된다는 증거가 부족하거나 귀속되지 않는 경우

i) A회사의 전무이사인 甲이 A회사의 예수금계정 중에서 '미확인예금'으로 기재되어 있는 금원은 환불 또는 변제해 줄 대상을 확인할 수 없어서 환불 또는 변제해 줄 수 없을 뿐 아니라 그 의무도 없음에도, 위 금원을 광고료를 환불한 것처럼 허위 분개전표를 작성하게 하는 등으로 법인손금을 허위로 증가시켜 손금으로 공제하여 법인세를 과소신고하고, 외상매입금 계정 중 '일반'으로 기재되어 있는 금원은 변제해 줄 대상자를 확인할 수 없어 변제해 줄 수 없을 뿐 아니라 변제의무가 없음에도 물품대 지불 명목으로 허위 분개전표를 작성하도록 하고 가공인물인 명의로 허위 작성한 영수증을 첨부하는 방법으로 법인손금을 허위로 증가시켜 손금으로 공제하여 법인세를 과소신고함으로써 법인세를 포탈하였다고 기소된 사안에서, 대법원은 광고료를 환불한 것처럼 허위 분개전표를 작성한 금원 부분은 환불 또는 변제해 줄 대상을 확인할 수 없어서 1994년부터 1997년까지 사이에 A회사의 회계장부의 부채계정인 예수금계정에 미확인 예금으로 기재되어 있던 채무이고, 물품대 지불명목으로 허위 분개전표를 작성한 금원

---

278) 대법원 2005. 6. 10. 선고 2003도5631 판결.

부분 역시 변제해 줄 대상자를 확인할 수 없어 A회사의 회계장부상 1987 사업연도의 부채계정인 외상매입금으로 계상된 이래 1997 사업연도까지 그대로 이월되어 온 채무로서, 모두 환불 또는 변제할 수 없거나 그 의무가 없는 경우임을 알 수 있으므로, 위 미확인예금 및 외상매입금 상당의 채무면제익을 익금에 산입하지 아니한 채 실제 환불 또는 변제된 것처럼 회계처리함으로써 위 채무면제익으로 익금 산입하여야 할 사업연도 과세소득의 감소를 가져오는 사실은 인정되나, 나아가 위 행위로 인하여 A회사의 1998 사업연도의 법인세를 포탈하였다고 인정하기 위해서는 위와 같은 채무면제익이 1998 사업연도에 귀속되는 것이 전제되어야 하는데, 앞서 본 권리의무확정주의의 법리상 위 미확인예금 및 외상매입금 채무의 소멸 등으로 인한 채무면제익이 1998 사업연도에 귀속된 것으로 보기는 어렵고, 달리 기록상 이를 인정할 증거자료를 찾아볼 수 없으며, 또한 단순히 위 미확인예금 및 외상매입금 상당의 현금이 1998 사업연도에 유출된 사실만으로는 자산계정의 현금과 함께 부채계정의 미확인예금 또는 외상매입금이 동시에 감소하게 되어, A회사의 당해 사업연도의 법인세 과세표준이 되는 소득에는 아무런 영향을 미치지 않으므로, 법인세 탈루가 있다고 볼 수도 없다고 판시하였다.[279]

ii) 관급공사를 수주한 피고인 甲주식회사가 비자금을 조성할 목적으로 최저가로 입찰한 협력업체를 하수급업체로 선정하여 위 업체와 실제 공사대금은 입찰가로 하면서도 공사대금을 부풀려 하도급계약을 체결한 다음 부풀린 공사금액을 실제 지급한 후 차액을 현금으로 돌려받았는데도 이를 법인세 과세표준에 익금으로 산입하지 않고 납부기한을 경과시키는 방법으로 여러 사업연도의 각 법인세를 포탈하였다는 공소사실의 유무죄가 문제된 사안에서, 대법원은 공사대금을 부풀린 하도급계약은 甲회사와 하수급업체의 가장행위에 해당한다고 볼 수 있어 이를 무시하고 거래의 실질에 따라 입찰가를 실제 공사대금으로 하는 하도급계약 거래관계에 따라 과세해야 하는데, 실제 공사대금보다 부풀린 공사금액이 지출된 사업연도에 차액이 손금으로 과다계상되어 甲회사의 법인세 과세소득이 감소되었으므로, 차액을 해당 사업연도에 손금불산입하여 누락된 소득에 대한 포탈세액을 산정하여야 하는 점, 공사대금을 부풀린 가장의 하도급계약에 따라 과다하게 지급된 공사금액 중 차액은 손금산입의 요건인 '그 법인의 사업과 관련하여 발생하거나 지출된 손실 또는 비용으로서 일반적으로 인정되는 통상적인 것'(법인세법 제19조 제2항)이라 볼 수 없어 이를 공사금액이 지출된 사업연도의 손금에 산입할 수 없는 점, 법인세법 제18조 제2호에서 '이미 과세된 소득'은 이후 사업연도에

---

279) 대법원 2006. 6. 29. 선고 2004도817 판결.

환입되더라도 익금에 산입하지 않는다고 정하고 있으므로, 부풀려 지급한 공사금액 중 차액은 지출 사업연도 과세표준에 포함되었어야 할 소득으로서 나중에 차액을 돌려받더라도 반환받은 사업연도의 익금에 산입할 수 없는 점, 한편 과다지급된 차액을 돌려받은 사업연도의 법인세를 포탈하였다고 인정하기 위해서는 차액이 반환받은 사업연도에 익금으로 확정되어 귀속되는 것을 전제로 하는데, 공사대금을 부풀린 하도급계약의 효력은 차치하고, 甲회사는 협력업체와 하도급계약을 체결할 때 차액을 반환받기로 약정하였고 위 약정에 따라 차액을 돌려받은 것이어서, 甲회사가 부풀린 공사금액을 협력업체에 지급한 사업연도에 차액을 반환받을 권리가 실현가능성이 높은 정도로 성숙·확정되었으므로 차액에 해당하는 채권이 공사금액 지출 사업연도의 익금으로 귀속되어야 하고, 이후 甲회사가 차액을 실제 반환받았더라도 해당 사업연도에는 이미 익금으로 확정된 권리가 실현되어 위 채권이 소멸하고 그에 대응하는 현금이 들어온 것에 불과하여 甲회사의 순자산에 아무런 변동이 없으므로, 차액은 반환받은 사업연도의 익금이 될 수 없는 점 등을 종합하면, 甲회사가 협력업체에 부풀린 공사금액을 지급한 사업연도에 실제 공사대금보다 과다계상한 공사금액을 손금불산입하는 것은 별론으로 하더라도 甲회사가 협력업체로부터 차액을 돌려받은 사업연도에 차액을 익금에 산입할 수는 없으므로, 차액만큼 익금 누락을 통해서 과세소득이 감소되었음을 전제로 한 甲회사의 법인세 납부의무는 성립할 수 없다는 이유로, 이와 달리 甲회사가 협력업체로부터 차액을 돌려받은 사업연도에 이것이 익금으로 산입되어 법인세 납세의무가 성립한다는 것을 전제로 조세포탈죄의 성립을 인정한 원심은 법리를 오해한 잘못이 있다고 판시하였다.[280]

다. 봉안당 분양권의 양도가 부가가치세 과세거래인 재화의 공급에 해당하지 않는 경우

피고인이 봉안당 건축 및 분양사업 등을 목적으로 설립된 甲재단의 대표자로 취임한 다음, 당초 사설납골당('납골당'은 후에 '봉안당'으로 명칭이 변경되었다) 설치 허가를 받은 乙에게서 그 지위를 승계하고 봉안당의 안치기수를 일정 수량 이상으로 증설하기 위해 丙은행 등에서 필요자금을 유치하면서, 증설될 봉안당 분양권을 丁회사 등에 양도하였음에도 그에 따른 부가가치세를 포탈하였다고 하여 특정범죄가중처벌등에관한법률위반(조세) 등으로 기소된 사안에서, 대법원은 사설납골당 설치 허가 후에 발행된 '납골당 안치증서'가 표상하는 봉안당 분양권과는 달리, 봉안당 사업에 필요한 기본적인 자격 요건조차 구비하

---

280) 대법원 2020. 5. 28. 선고 2018도16864 판결.

지 못한 甲재단이 봉안당 설치 신고가 수리되지 아니하여 봉안당을 증설할 수 없는 상태에서 丁회사 등에 이전한 봉안당 분양권은 현실적으로 이용할 수 있는 것으로서 객관적인 재산적 가치가 있는 권리에 해당한다고 보기 어렵고, 봉안당 분양권의 이전은 甲재단이 丁회사 등과 봉안당 사업을 공동으로 추진하는 과정에서 장차 사업이 정상적으로 진행되는 경우에 취득할 것으로 예상되는 봉안당에 대한 사업권을 안치기수에 의하여 수량적으로 분할하여 이전하는 방식으로 상호 간의 지분을 확정한 것으로 보일 뿐 통상적인 봉안당 분양권의 양도거래로 보기도 어려워, 봉안당 분양권의 양도가 부가가치세 과세거래인 '재화의 공급'에 해당한다고 할 수 없음에도 부가가치세에 관한 조세채무가 성립한 것을 전제로 부가가치세에 대한 조세포탈죄를 인정한 것은 위법하다고 판단하였다.[281]

라. 사설 스포츠도박 인터넷사이트를 개설·운영하면서 유사체육진흥투표권을 발행·판매한 것이 부가가치세 과세대상에 해당하는 경우

도박은 참여한 사람들이 서로 재물을 걸고 우연한 사정이나 사태에 따라 재물의 득실을 결정하는 것이다. 따라서 도박행위는 일반적으로 부가가치를 창출하는 것이 아니므로 부가가치세 과세대상이 아니다. 카지노사업의 수입은 고객으로부터 카지노시설물 입장의 대가로 받는 입장료수입과 카지노시설물에 입장한 고객이 도박을 하기 위해 건 돈에서 고객이 받아간 돈을 제외한 도박수입으로 대별될 수 있는데, 입장료수입은 부가가치세 과세대상에 해당하나 도박수입은 부가가치를 창출하는 것이 아니어서 부가가치세 과세대상에 해당하지 않는다.[282]

그런데 사설 스포츠도박 인터넷사이트를 통해 고객들에게 도박에 참여할 수 있는 기회를 제공하는 것은 용역의 공급에 해당한다. 예를 들어 甲이 국민체육진흥공단에서 체육진흥투표권 발매자로 지정된 A회사의 공식 인터넷사이트를 모방하여 사설 도박 인터넷사이트를 개설·운영하면서 유사체육진흥투표권을 발행·판매하고, 그 판매대금 중 일부를 재원으로 운동경기 결과를 맞춘 이들에게 당첨금을 지급하여, 甲의 유사체육진흥투표권의 발행 및 판매가 부가가치세 과세대상인지가 문제된 사안에서, 대법원은 이 경우 고객이 甲에게 지급한 돈이 단순히 도박에 건 판돈이 아니라 甲이 정보통신망에 구축된 시스템 등을 통하여 고객들에게 도박에 참여할 수 있는 기회를 제공하고 이에 대한 대가로서 금전을 지급받는 경우에 해당하므로 비록 그 행위가 사행성을 조장하더라도 재산적 가치가 있는 재화 또는 용역의 공급에 해당하므로 부가가치세 과세대상이라고 판시하였다.[283]

---

281) 대법원 2015. 6. 11. 선고 2015도1504 판결.
282) 대법원 2006. 10. 27. 선고 2004두13288 판결.
283) 대법원 2017. 4. 7. 선고 2016도19704 판결.

Ⅲ 조세채무의 변경이 조세포탈죄의 성립에 미치는 영향

납세의무자가 조세채무를 과대하게 신고하여 납부한 경우 경정청구로 감액청구를 할 수 있고, 반대로 조세채무를 과소하게 신고하여 납부하였다면 수정신고를 통해 추가납부를 할 수 있다. 과세관청은 납세의무자가 과소 또는 과대하게 신고·납부한 경우에는 증액하는 경정처분이나 감액하는 경정처분을 할 수 있다. 과세관청의 모든 과세처분은 국세불복청구 절차 또는 행정소송 과정에서 전부 또는 일부가 취소될 수 있다.

통상 조세포탈이 문제가 되면, 조세채무의 존부 또는 조세채무의 액수를 다투는 납세의무자는 형사재판에서는 조세포탈로 기소된 부분의 조세채무를 부인하며 심사청구(국세청 또는 감사원) 또는 심판청구(조세심판원)를 하고[284], 그것이 기각될 경우 행정소송을 제기하여 납세의무를 존부를 다투게 된다. 조세포탈에 관한 형사재판, 심사청구, 심판청구 또는 행정소송은 각기 별개로 진행되므로 형사재판 와중에 심사청구나 심판청구 또는 행정소송에서 조세포탈죄 성립의 전제가 되는 부과처분이나 경정처분이 취소되는 경우도 있고, 형사재판이 유죄로 확정된 이후에 부과처분 등이 취소되는 경우도 있다. 따라서 국세불복청구절차나 행정소송에서 조세채무가 변경된 경우 조세포탈죄의 성립에 어떠한 영향을 미치는지 문제된다.

1. 행정소송 확정판결에 의한 부과처분의 취소

조세에 관한 행정소송 판결이 조세포탈에 관한 형사절차를 기속하는지 여부에 관하여 판례는 이를 긍정한다. 판례는 행정처분을 취소하는 행정판결이 확정되면 당해 처분의 위법이 확정되고, 별도의 행정행위를 기다림이 없이 당해 행정처분의 효력은 처분 시에 소급하여 소멸하고 처음부터 당해 처분이 행하여지지 않았던 것과 같은 상태로 되는 효과, 즉 형성력이 있고 이와 같은 취소판결의 형성력은 당사자 이외의 제3자에게도 효력이 미치며, 취소판결은 또한 당해 사건에 관하여 당사자 및 관계 행정청을 기속하므로, 조세부과처분의 취소판결이 확정된 경우에 그 판결에 의하여 확정된 부과처분 그 자체의 위법여부 및 부과금액이 그 후 다른 민사사건이나 형사사건의 선결문제로 되는 경우에 있어서는 이들 민·형사사건에 대하여 재판을 하는 법원으로서도 행정사건의 판결에 따라야 하고 이와 저촉되는 다른 판단을 할 수 없다는 입장이다.[285][286]

---

284) 납세자는 위와 같은 심사청구나 심판청구를 하기 전에 자신의 선택에 따라 세무서장 또는 지방국세청장에게 이의신청을 할 수 있다.
285) 대법원 1982. 3. 23. 선고 81도1450 판결.
286) 반대로 형성력이 없는 형사사건의 판결에서 인정된 사실은 특별한 사정이 없는 한 민사재판 또는 행정사건

또한, 판례는 조세의 부과처분을 취소하는 행정소송판결이 확정된 경우 그 조세부과처분의 효력은 처분 시에 소급하여 효력을 잃게 되고 따라서 그 부과처분을 받은 사람은 그 처분에 따른 납세의무가 없다고 할 것이므로 위 확정된 행정판결은 조세포탈에 대한 무죄 내지 원판결이 인정한 죄보다 경한 죄를 인정할 명백한 새로운 증거가 발견된 때에 해당한다 할 것이어서 관련 조세포탈 판결에 대한 재심청구 사유가 될 수 있고, 재심청구 사유가 있는 경우에는 상고이유서에 포함되지 아니한 때에도 직권으로 이를 심판할 수 있다고 판시하였다.[287]

2. 직권 경정 또는 조세심판원 등에 의한 부과처분의 취소

납세의무자가 과세관청의 부과처분의 취소를 구하기 위해서는 과세관청에 경정청구를 하거나 행정소송의 전심절차에 해당하는 심판청구 또는 심사청구 등을 제기할 수 있다. 만일 위와 같은 절차에서 조세심판원이나 국세청 등이 원래의 부과처분의 전부 또는 일부를 취소하게 되면 더 이상 그 부분에 대해서는 조세채무가 존재하지 않으므로 그 조세채무의 존재를 전제로 하는 조세포탈죄도 성립하지 않는다. 판례는 조세심판원이 재조사결정을 하고 그에 따라 과세관청이 후속처분으로 당초 부과처분을 취소하였다면 그 부과처분은 처분 시에 소급하여 효력을 잃게 되어 원칙적으로 그에 따른 납세의무도 없어지므로 그러한 사정은 조세포탈에 대한 무죄 내지 원심판결이 인정한 죄보다 경한 죄를 인정할 명백한 증거에 해당하므로 형사소송법 제420조 제5호 소정의 재심사유가 된다고 본다.[288]

3. 후발적 경정청구에 의한 부과처분 취소의 특수문제

후발적 경정청구란 과세처분은 적법하게 이루어졌으나 후발적 사유의 발생으로 당초의 과세표준의 산정의 기초가 변경되어 당초의 신고나 과세처분 또는 이와 연동된 다른 세목이나 연동된 다른 과세기간의 과세표준 또는 세액을 더 이상 유지할 수 없게 된 경우, 당초의 신고나 부과처분 등을 경정해 줄 것을 청구하는 것이다. 후발적 경정청구의 사유는 국세기본법 제45조의2 제2항 등에 규정돼 있다. 부과처분 당시의 사정을 근거로 부과된 조세채무에 기하여 조세포탈죄가 기수가 된 이후에, 후발적 경정청구로 당초의 부과처분 등이 취

의 재판에서도 유력한 자료가 되는 것임은 물론이나 민사재판 등에서 제출된 다른 증거내용 등에 비추어 형사판결의 사실판단을 채용하기 어렵다고 인정될 경우에는 이를 배척할 수도 있다(대법원 1996. 11. 12. 선고 95누17779 판결 ; 대법원 1991. 12. 24. 선고 91누1332 판결 ; 대법원 1994. 2. 8. 선고 93다19153 판결 등 참조).
287) 대법원 1985. 10. 22. 선고 83도2933 판결 ; 대법원 2019. 9. 26. 선고 2017도11812 판결.
288) 대법원 2015. 10. 29. 선고 2013도14716 판결.

소된다면 조세채무의 존재를 요건으로 하는 조세포탈죄 또한 성립하지 않은 것으로 취급해야 하는지 문제된다. 생각건대, 개별 사안을 구체적으로 살펴서 조세포탈죄가 기수가 될 당시 납세의무가 적법하게 존재하였고 가벌성도 있어서 이에 기초한 형사처벌이 정의관념에 반하지 않는 경우라면 후발적 사유의 발생으로 부과처분이 취소된다 하더라도 이미 기수가 성립된 조세포탈죄에는 영향을 미치지 않는다고 할 것이다.[289]

 Ⅳ 권리확정주의에 의한 소득의 귀속시기 결정

1. 권리확정주의의 의의

소득세나 법인세처럼 과세기간별로 납세의무가 성립하는 조세의 경우 소득이 어느 과세기간에 귀속되는지 결정하여야 한다. 그래야만 특정 과세기간에 대한 조세채무가 결정된다. 이러한 소득의 귀속과 관련하여 소득세법 제39조 제1항은 "거주자의 각 과세기간 총수입금액 및 필요경비의 귀속연도는 총수입금액과 필요경비가 확정된 날이 속하는 과세기간으로 한다"라고 규정하고, 법인세법 제40조 제1항은 "내국법인의 각 사업연도의 익금과 손금의 귀속사업연도는 그 익금과 손금이 확정된 날이 속하는 사업연도로 한다"라고 규정하고 있는데, 이로써 소득세법과 법인세법은 소득의 귀속시기에 관하여 권리확정주의를 채택하고 있다고 보는 것이 통설과 판례이다.[290][291]

권리확정주의란 현실적으로 소득이 없더라도 그 원인이 되는 권리가 확정적으로 발생한 때에는 그 소득이 실현된 것으로 보고 과세소득을 계산한다는 원칙이다. 판례에 의하면 이러한 권리확정주의는 소득의 원인이 되는 권리의 확정시기와 소득의 실현시기와의 사이에 시간적 간격이 있는 경우에는 과세상 소득이 실현된 때가 아니라 권리가 확정적으로 발생한 때에 소득이 있는 것으로 보고 당해 사업연도의 소득을 산정하는 방식으로, 실질적으로는 그 수취가 불확실한 소득에 대하여 장래 그것이 실현될 것을 전제로 하여 미리 과세하는 것을 허용하는 것이다. 따라서 소득의 원인이 되는 권리가 확정적으로 발생하여 과세요건이 충족됨으로써 일단 납세의무가 성립하였다 하더라도 일정한 후발적 사유의 발생으로 말미암아 소득이 실현되지 아니하는 것으로 확정되었다면, 당초 성립하였던 납세의무는 그 전제를 상실하여 원칙적으로 그에 따른 부과처분을 할 수 없다고 한다.[292]

---

289) 대법원 2017. 4. 7. 선고 2016도19704 판결도 몰수・추징에 의한 위법소득의 상실로 인하여 당초의 부과처분이 경정되더라도 이미 기수가 된 조세포탈죄의 성립에는 영향을 미치지 않는다고 판시하고 있다.
290) 이태로・한만수, 앞의 책, 317쪽 ; 대법원 2014. 3. 13. 선고 2012두10611 판결 등 참조. 金子 宏, 앞의 책, 294쪽은 권리확정주의는 광의의 발생주의 중의 하나에 속한다고 한다.
291) 이중교, "소득세법상 권리확정주의의 위상에 대한 재정립", 『저스티스』 제142호, 한국법학원, 2014, 166쪽.
292) 대법원 2014. 3. 13. 선고 2012두10611 판결.

이러한 권리확정주의는 기업회계상 수익의 인식기준인 실현주의에서 말하는 소득 내지 손익의 실현의 시기를 법적 기준으로 정하는 것이라고 할 수 있다.[293] 소득세법이나 법인세법이 소득의 기간귀속에 관하여 권리확정주의를 채택하고 있는 이유는 납세자의 과세소득을 획일적으로 파악하여 과세의 공평을 기함과 동시에 납세자의 자의를 배제하자는데 있다.[294]

권리확정주의의 적용에 관한 사례를 보자. 판례는 변호사가 수임사건이 승소로 확정되었을 때 승소금액의 일정비율 부분을 보수로 받기로 약정한 경우, 판결이 확정되었을 때 권리확정주의에 따라 보수금 소득의 실현이 이루어진 것으로 본다. 설령 제1심판결의 가집행선고에 따라 집행을 하여 그 중 약정된 비율에 따른 일부 금액은 승소 확정에 대비하여 변호사가 보관하고 나머지 금액은 의뢰인인 당사자에게 교부하였다 하더라도, 상소로 소송사건이 법원에 계속 중에 있어 이에 대한 판결이 확정되지 아니한 이상 인적용역의 제공이 완료되었다고 할 수 없고 위 보관한 금원은 일종의 가수금으로 봄이 상당하므로, 이를 현실적으로 수입된 변호사의 확정적인 사업소득으로 볼 수 없어, 이에 대해서는 조세채무가 성립하지 않으므로 조세포탈죄 또한 성립하지 않는다고 한다.[295] 또한, 판례는 법인세법상 어떠한 채권이 발생하였을 경우 이를 익금에 산입할 것인지 여부를 판단함에 있어 그 채권의 행사에 법률상 제한이 없다면 일단 권리가 확정된 것으로서 당해 사업연도의 익금으로 산입되는 것으로 보아야 한다는 입장이다. 위 사안에서 판례는 A의 횡령으로 손해를 입은 B회사가 손해 및 가해자를 알았는지 여부와 무관하게 A의 B회사 자금 횡령 범행이 있던 2002년부터 2007년까지 그 횡령 범행이 속한 각 사업연도마다 손해배상채권을 취득하였으므로 A의 횡령금액 상당액은 위 각 사업연도마다 B회사의 과세소득에 포함되었다고 인정하여 B회사가 2008년에 회수한 위 횡령금액 약 120억 원을 2008사업연도의 익금으로 산입하지 않았다고 하더라도 법인세 포탈이 되지 아니한다고 판시하였다.[296]

2. 소득의 실현가능성의 성숙·확정 여부에 따른 적용제한

그런데 판례는 권리의 확정시기만으로 소득의 귀속 내지 발생 여부를 판단하지 않는다. 대법원은 권리확정주의에서 '확정'의 개념은 소득의 귀속시기에 관한 예외 없는 일반원칙으로 단정하여서는 아니 되고, 구체적인 사안에 관하여 소득에 대한 관리·지배와 발생소득의 객관화 정도, 납세자금의 확보시기 등까지도 함께 고려하여 그 소득의 실현가능성이 상당히 높은 정도로 성숙·확정되었는지 여부를 기준으로 귀속시기를 판단하여야 한다고

---

293) 이창희, 앞의 책, 869쪽.
294) 대법원 1984. 3. 13. 선고 83누720 판결 ; 대법원 1991. 11. 22. 선고 91누1691 판결.
295) 대법원 2007. 6. 28. 선고 2002도3600 판결.
296) 대법원 2020. 10. 29. 선고 2020도3972 판결 ; 대법원 2005. 5. 13. 선고 2004두3328 판결.

한다.[297) 예를 들어, A회사의 직원 甲이 A회사의 위임을 받아 A회사 소유의 주식을 B회사와 C회사에 합계 173억 원에 매도하면서 A회사에게는 D회사와 E회사에 합계 140억 5천만 원에 매도한 것으로 허위보고하고 실제 매매가액과의 차액인 32억 5천만 원을 횡령하여 이를 가지고 미국으로 도피하였는데, A회사가 그와 같은 횡령사실을 알지 못하고 D회사와 E회사에 매매대금을 기준으로 양도소득을 신고·납부하였으나, 과세관청은 A회사와 B회사 및 C회사 사이에 매매계약이 체결된 것으로 보아 양도대금 차액인 32억 5천만 원도 A회사의 양도소득으로 보아 양도소득세를 부과처분한 사안에서, 대법원은 A회사는 甲의 횡령으로 인하여 양도대금 차액 32억 5,000만 원에 대한 지배·관리를 전혀 하지 못하였을 뿐만 아니라, A회사의 甲에 대한 동액 상당의 손해배상채권도 회수불능이 되어 그 소득이 실현될 가능성이 전혀 없게 된 것이 객관적으로 명백하게 되었으므로, 이러한 경우에는 위 양도대금 차액 32억 5,000만 원이 A회사의 과세소득으로 실현되었다고 할 수 없다고 판단하였다.

3. 위법소득의 귀속시기 문제

위법소득의 귀속시기에 대하여는 권리확정주의를 적용할 수 없다. 소득을 얻은 원인행위가 무효인 경우는[298) 권리의 확정이 있을 수 없고 약정기가 도래하여도 법적으로 이행을 강제할 수도 없기 때문에, 이러한 경우에는 권리확정주의의 예외로서 이득자가 현실적으로 이득을 지배·관리하고 있는 때에는 그 소득의 현실적 수령시기에 소득이 발생한 것으로 보아야 할 것이다.[299) 그 밖에 위법소득의 과세에 관하여는 아래 Ⅴ.항을 참고하라.

 위법소득에 대한 조세채무와 조세포탈

1. 의의, 과세가능성

위법소득에 관한 정의는 논자마다 다르지만 일응 범죄행위로 얻는 소득, 사법상 무효 또는 취소할 수 있는 행위로 인한 소득으로 정의할 수 있다. 위법소득의 과세와 관련하여, 소

---

297) 대법원 2015. 9. 10. 선고 2010두1385 판결 ; 대법원 1997. 6. 13. 선고 96누19154 판결 ; 대법원 2003. 12. 26. 선고 2001두7176 판결 등 참조.
298) 이태로·한만수, 앞의 책, 566쪽. 취소사유가 있으나 아직 취소되지 않은 경우에는 아직은 유효하므로 일응 통상의 경우처럼 권리가 확정된다고 할 수 있으나 실제로 취소가 되지 않았다고 하더라도 취소가 될 가능성이 객관적으로 분명한 때에는 권리의 확정은 없는 것으로 봄이 타당하다고 한다.
299) 이태로·한만수, 앞의 책, 566쪽 ; 金子 宏, 앞의 책, 296쪽 ; 대법원 1983. 10. 25. 선고 81누136 판결 ; 日本 最判 昭和 46年 11月 9日 民集 25卷 8号 1120쪽 등 참조.

득세법에서 뇌물 및 알선수재·배임수재에 의하여 받는 금품을 과세대상(기타소득)으로 규정하고 있으나(소득세법 제21조 제1항 제23호, 제24호) 그 외에는 별다른 규정이 없다. 따라서 위법소득에 대한 과세여부는 전반적으로 학설과 판례에 맡겨져 있다고 할 수 있다.

현재는 위법소득도 과세할 수 있다는데 학설과 판례가 일치되어 있다. 대법원은 과세소득은 이를 경제적 측면에서 보아 현실로 이득을 지배·관리하면서 이를 향수하고 있어서 담세력이 있는 것으로 판단되면 족하고 그 소득을 얻게 된 원인관계에 대한 법률적 평가가 반드시 적법하고 유효한 것이어야 하는 것은 아니라 할 것이므로 범죄행위로 인한 위법소득이더라도 귀속자에게 환원조치가 취해지지 않은 한 이는 과세소득에 해당된다고 판시하였다.[300]

위법소득은 법적절차에 따라 언제든지 반환 또는 몰수·추징되어 상실될 가능성이 내재되어 있다. 그럼에도 불구하고 이를 과세해야 하는 이유는 무엇일까. 대법원 2015. 7. 16. 선고 2014두5514 전원합의체 판결은 뇌물 등의 위법소득을 얻은 자가 그 소득을 종국적으로 보유할 권리를 갖지 못함에도 그가 얻은 소득을 과세대상으로 삼는 것은, 그가 사실상 소유자나 정당한 권리자처럼 경제적 측면에서 현실로 이득을 지배·관리하고 있음에도 불구하고 이에 대하여 과세하지 않거나 그가 얻은 위법소득이 더 이상 상실될 가능성이 없을 때에 이르러야 비로소 과세할 수 있다면 이는 위법하게 소득을 얻은 자를 적법하게 소득을 얻은 자보다 우대하는 셈이 되어 조세정의나 조세공평에 반하는 측면이 있음을 고려한 것이고, 사후에 위법소득이 정당한 절차에 의하여 환수됨으로써 그 위법소득에 내재되어 있던 경제적 이익의 상실가능성이 현실화된 경우에는 그때 소득이 종국적으로 실현되지 아니한 것으로 보아 이를 조정하면 충분하다고 판시하고 있다.

위법소득에 대한 과세 여부는 그것이 소득세법이나 법인세법 소정의 과세소득에 해당하는지 사안별로 따져 최종 결론을 내려야 한다. 법인세법은 순자산증가설을 택하고 있으므로 위법소득의 과세에 별다른 문제가 없으나 소득세법은 원칙적으로 과세소득의 유형을 한정적으로 열거하고 있으므로 위법소득이 그 과세소득 중의 하나에 해당하여야만 과세가 가능하다.

위법소득에 대해서도 조세채무가 성립할 수 있으므로 사기나 그 밖의 부정한 행위로써 위법소득에 관한 조세채무를 포탈한 경우에는 조세포탈죄가 성립한다.

---

300) 대법원 1983. 10. 25. 선고 81누136 판결.

2. 위법소득의 유형

가. 원인행위가 무효인 위법소득

(1) 양도소득 이외의 경우

양도소득이 아닌 경우, 판례는 경제적 이익을 취득하게 된 원인행위가 무효이거나 취소되어 효력이 상실된 경우에도 경제적 이익을 실질적으로 지배·관리하고 있는 때에는 이를 과세소득으로 인정하는 경우가 많다.

판례는 법인이 그 소유의 자동차를 매매한 경우 매매계약이 무효일지라도 법인이 현실적으로 위 매매대금을 지배·관리하면서 그 이득을 향수하고 있다면 위 매매대금을 법인의 익금에 산입할 수 있다고 판시하고[301], 사법상 유효한 매매계약에 기한 수입 뿐 아니라 사법상 무효인 매매계약에 기한 수입도 세법상 과세수입에 포함된다고 해석함이 상당하다는 취지로 판시하고[302], 자신이 이사로 재직 중인 재단법인에 대하여 돈을 대여하고 이자를 수령한 것이 법인과 이사 사이에 이익이 상반되어 법인에 대하여 효력이 없게 됨으로써 이사 개인에 대한 이자소득 과세가 문제된 사안에서, 현실적으로 이득에 대한 지배·관리가 인정되고 과세소득은 반드시 그 원인관계가 적법해야 하는 것은 아니라는 이유로 과세를 긍정하고 있다.[303]

또한, 상호신용금고의 대표이사가 신용금고 명의로 부금을 수입하거나 금원을 차입하고도 이를 장부에 기장하지 않고 소위 부외부채로 관리, 유용하여 그와 같은 차입행위가 상호신용금고법 제17조 소정의 차입한도제한과 차입절차를 위배한 것이 되어 사법상으로는 신용금고의 차입행위로서 무효인 사안에서, 대법원은 위 회사의 위 차입금에 대한 지배·관리가 인정되고 소득을 얻게 된 원인관계가 반드시 적법할 필요가 없다고 전제하고, 위 부외부채의 상대계정인 현금은 신용금고 회사에 들어온 법인의 수익으로 보아야 할 것이라고 판시하였다.[304]

(2) 양도소득의 경우

판례는 종래 자산의 양도행위가 처음부터 무효이거나 나중에 취소되는 등으로 효력이 없는 때에는, 양도인이 받은 매매대금 등은 원칙적으로 양수인에게 원상회복으로 반환되어야 할 것이어서 이를 양도인의 소득으로 보아 양도소득세의 과세대상으로 삼을 수 없음이 원

---

301) 대법원 1995. 11. 10. 선고 95누7758 판결.
302) 대법원 1979. 8. 28. 선고 79누188 판결.
303) 대법원 1985. 5. 28. 선고 83누123 판결.
304) 대법원 1991. 12. 10. 선고 91누5303 판결.

칙이라고 판시하여 왔다.[305] 따라서 양도행위가 무효이거나 취소된 경우에는 양도자가 매매차익을 현실로 지배·관리하고 있다 하더라도 판례가 이를 양도소득 과세대상으로 인정하는 예를 찾아보기 어려웠다.

그런데 2011. 7. 21. 선고 2010두23644 전원합의체 판결에서 실질적인 지배·관리 기준에 입각하여 원인계약이 무효임에도 불구하고 예외적으로 양도소득 과세를 인정한 바 있다. 위 사안은 토지거래허가를 잠탈하여 확정적으로 무효가 된 토지매매의 매매차익에 대한 양도소득세 과세여부에 관한 것인데, 대법원은 소득세법상 양도소득 과세대상이 되는 양도는 원인계약이 법률상 유효할 것까지 요구하고 있지 않고, 토지매매가 토지거래허가를 배제하거나 잠탈하는 내용으로서 매매계약이 확정적 무효라고 하여 매도인 등이 보유하고 있는 양도차익에 양도소득세를 부과하지 않는 것은 매도인 등으로 하여금 과세 없는 양도차익을 향유하게 하는 결과로 되어 조세정의와 형평에 심히 어긋난다는 이유로, ① 국토의 계획 및 이용에 관한 법률이 정한 토지거래허가구역 내 토지를 매도하고 대금을 수수하였으면서도 토지거래허가를 배제하거나 잠탈할 목적으로 매매가 아닌 증여가 이루어진 것처럼 가장하여 매수인 앞으로 증여를 원인으로 한 이전등기까지 마친 경우, ② 토지거래허가구역 내 토지를 매수하였으나 그에 따른 토지거래허가를 받지 않고 이전등기를 마치지도 않은 채 토지를 제3자에게 전매하여 매매대금을 수수하고서도 최초 매도인이 제3자에게 직접 매도한 것처럼 매매계약서를 작성하고 그에 따른 토지거래허가를 받아 이전등기까지 마쳐진 경우에, 이전등기가 말소되지 않은 채 남아 있고 매도인 또는 중간 매도인이 수수한 매매대금도 매수인 또는 제3자에게 반환하지 않은 채 그대로 보유하고 있는 때에는 예외적으로 매도인 등에게 자산의 양도로 인한 소득이 있다고 보아 양도소득세 과세대상이 된다고 보는 것이 타당하다고 판시하였다.

한편, 동일한 사안의 양도소득세 포탈 관련 형사사건에서도 같은 법리를 적용하여, 위 ② 와 같은 상황에 있는 중간매도인에 대해 조세포탈죄를 인정하였다.[306]

나. 법인 대표이사의 횡령으로 인한 소득

법인의 실질적 경영자인 대표이사 등이 횡령한 금원은 뇌물 등과 달리 소득세법이나 그 시행령에 과세소득으로 직접 규정된 바 없다. 따라서 횡령금에 대한 과세가 가능하려면 그

---

305) 대법원 1987. 5. 12. 선고 86누916 판결(사기로 인하여 교환계약이 취소된 경우 선의의 제3자로 인하여 원상회복이 안 된 상황에 있다하더라도 양도소득이 발생하지 않았다고 봄) ; 대법원 1997. 1. 21. 선고 96누8901 판결(종중결의 없이 종중재산 처분하여 대금을 수령하고도 종중이 말소등기소송을 제기하지 않은 상황이라도 양도소득이 발생한 것으로 볼 수 없다고 봄) ; 대법원 1993. 1. 15. 선고 92누8361 판결(토지거래허가를 받지 않아 유동적 무효상태에 있는 매매계약에 대해 같은 취지로 판시) 등 참조.
306) 대법원 2012. 2. 23. 선고 2007도9143 판결.

것의 실질적 성격이 소득세법상 과세소득에 해당하여야 한다.

현행 소득세법상 대표이사 등이 횡령한 금액은 그 실질적 성격에 따라 소득처분을 통해 소득세법 제20조 제1항 제3호 소정의 근로소득으로 과세되거나 소득세법 제20조 제1항 제1호 소정의 근로소득으로 과세될 수 있다.

세무조정상 법인의 대표이사 등의 횡령금에 대해서는 우선 법인에게 익금산입 또는 손금불산입이 이루어지게 되고, 이후 법인세법과 동법 시행령에 따라 횡령금이 사외유출된 경우에 그 귀속자인 대표이사 등에게 이익처분에 의한 상여로 소득처분되어 소득세법 제20조 제1항 제3호 소정의 근로소득이 된다. 그러나 횡령금이 사외유출된 것이 아닌 경우에는 횡령금은 대표이사 등에 대한 손해배상청구권 형태로 사내유보된 것으로 취급되므로 소득처분은 이루어지지 않는다.

사외유출 여부의 판단기준과 관련하여 판례는 법인의 실질적 경영자인 대표이사 등이 횡령한 경우와 피용자의 지위에 있는 자[307]가 횡령한 경우를 나누어 사외유출 여부를 달리 판단한다. 먼저, 법인의 실질적 경영자인 대표이사 등이 법인의 자금을 유용하는 행위는 특별한 사정이 없는 한 애당초 회수를 전제로 하여 이루어진 것이 아니어서 그 금액에 대한 지출 자체로서 이미 사외유출에 해당한다고 할 것이므로 대표자의 상여로 소득처분되어 그의 과세소득으로 귀속된다.[308]

판례가 특별한 사정의 존재를 예외사유로 들고 있듯이 법인의 실질적 경영자에 의한 횡령이라고 하여 모두 당초부터 회수를 전제로 하지 않은 것이라고 보지는 않는다. 판례는 甲과 乙이 코스닥상장법인 A사의 주식의 54.8%와 23.48%를 각각 보유하면서 순차적으로 A사를 실질적으로 경영하는 과정에서 각각 거액의 공금을 횡령하여 부도를 냈으나, A사의 다른 임직원 등이 이러한 횡령사실을 알게 된 직후 乙을 대표이사에서 해임하고 甲과 乙을 상대로 형사고소를 하고 손해배상소송을 제기하여 승소판결을 받은 사실이 있는 사안에서, 甲과 乙이 일련의 횡령행위에 이르게 된 경위, 소액주주 등이 45% 또는 76.5% 이상이나 되는 코스닥 상장법인인 A사에 있어서 甲이나 乙의 의사를 A사의 의사와 동일시하거나 A사와 甲 또는 乙의 경제적 이해관계가 사실상 일치하는 것으로 보기는 어려운 점, A사가 甲과 乙의 횡령을 묵인하였다거나 추인하였다고 볼 사정이 없다는 점, 횡령사실을 알게 된 직후 소송을 통해 손해배상채권을 확보하고 있는 점 등에 비추어 위 횡령 당시 곧바로 회수

---

307) 실질적으로는 피용자의 지위에 있는 대표이사도 여기에 해당한다(대법원 2004. 4. 9. 선고 2002두9254 판결).
308) 대법원 2008. 11. 13. 선고 2007두23323 판결. 여기서 그 유용 당시부터 회수를 전제하지 않은 것으로 볼 수 없는 특별한 사정에 대하여는 횡령의 주체인 대표이사 등의 법인 내에서의 실질적인 지위 및 법인에 대한 지배 정도, 횡령행위에 이르게 된 경위 및 횡령 이후의 법인의 조치 등을 통하여 그 대표이사 등의 의사를 법인의 의사와 동일시하거나 대표이사 등과 법인의 경제적 이해관계가 사실상 일치하는 것으로 보기 어려운 경우인지 여부 등 제반 사정을 종합하여 개별적 · 구체적으로 판단하여야 하며, 이러한 특별한 사정은 이를 주장하는 법인이 입증하여야 한다고 판시한다.

를 전제로 하지 않은 것으로서 횡령금 상당액의 자산이 사외유출되었다고 보기는 어렵다고 판결하였다.[309]

한편, 법인의 피용자의 지위에 있는 자가 횡령하여 법인이 그 자에 대하여 그로 인한 손해배상채권 등을 취득하는 경우에는 그 금원 상당액이 곧바로 사외유출된 것으로 볼 수는 없고 해당 법인이나 그 실질적 경영자 등의 사전 또는 사후의 묵인, 채권회수포기 등 법인이 그에 대한 손해배상채권을 회수하지 않겠다는 의사를 객관적으로 나타낸 것으로 볼 수 있는 사정이 있는 경우에만 사외유출로 보아 이를 그 자에 대한 상여로서 소득처분할 수 있다.[310]

요컨대, 판례는 법인의 실질적 경영자인 대표이사 등의 횡령금의 사외유출 여부와 관련하여 2단계의 평가를 실시한다. 먼저 법인의 실질적 경영자인 대표이사 등의 의사를 법인의 의사와 동일시하거나 대표이사 등과 법인의 경제적 이해관계가 사실상 일치하는지를 판단한다. 만약 그것이 인정되지 않으면 2단계로 피용자의 경우처럼 법인이나 그 실질적 경영자 등의 묵인 또는 추인이 있었는지를 판단한다. 둘 중의 한 가지만 인정되면 사외유출이 인정되고, 소득처분을 통해 횡령금은 대표이사 등의 근로소득이 된다.

판례는 법인의 실질적 경영자 등의 횡령금을 일정한 요건 하에 소득세법 제20조 제1항 제1호, 소정의 근로소득으로 과세할 수도 있다고 본다. 대법원은 법인의 수익이 사외유출되어 대표자의 소득으로 귀속된 경우 그 소득이 소득세법상 어떠한 종류의 소득에 해당하는가의 문제는 원칙적으로 지급자 및 귀속자의 의사, 귀속자와 법인 사이의 기본적 법률관계, 소득금액, 소득의 귀속경위 등을 종합하여 판단될 문제로서 간접사실에 의한 추인의 여지를 배제하는 것은 아니며[311], 법인의 대표이사 또는 실질적 경영자 등이 그의 지위를 이용하여 법인의 수익을 사외에 유출시켜 자신에게 귀속시킨 금원 가운데 법인의 사업을 위하여 사용된 것이 분명하지 아니한 것은 특별한 사정이 없는 한 상여 내지 임시적 급여로서 근로소득에 해당하는 것으로 추인할 수 있다는 입장이다.[312]

그런데 현재의 판례는 법인의 대표이사 등의 횡령금에 대해서는 과세는 인정하면서도 조세포탈죄의 성립은 인정하지 않는다. 법인의 실질적 경영자가 법인의 자금을 개인적으로 사용하고 회계를 조작하여 소득세를 포탈했다고 기소된 사안에서, 대법원은 피고인이 회사로부터 횡령금을 빼돌리는 과정에서 회계장부를 조작하는 등의 행위를 한 것은, 그 전후의 경위에 비추어 단지 이 사건 횡령금을 빼돌린 사실을 은폐하기 위한 것일 뿐, 이 사건 횡령

309) 대법원 2008. 11. 13. 선고 2007두23323 판결.
310) 대법원 2004. 4. 9. 선고 2002두9254 판결.
311) 대법원 1997. 12. 26. 선고 97누4456 판결.
312) 대법원 2004. 4. 9. 선고 2002두9254 판결 ; 대법원 1999. 12. 24. 선고 98두7350 판결 ; 대법원 2001. 9. 14. 선고 99두3324 판결.

금에 대하여 향후 과세관청의 소득처분이 이루어질 것까지 예상하여 그로 인해 자신에게 귀속될 상여에 대한 소득세를 포탈하기 위한 것으로 보기는 어렵다는 이유로 회계장부 조작이 사기나 그 밖의 부정한 행위에 해당하지 않는다고 판단하였다.[313] 위 판례들은 피고인에게 횡령금이 과세소득에 해당한다는 인식이 없었다고 보았기 때문에 그 연장선 상에서 회계조작도 소득세를 회피하기 위한 것이 아니므로 그것이 사기나 그 밖의 부정한 행위에 해당하지 않는다는 취지로 판단한 것으로 보인다.

다. 기타 범죄행위로 인한 소득

범죄행위로 인하여 얻는 금품 등을 실질적으로 지배·관리하고 있으면 과세소득의 요건을 갖추었다고 할 것이나 실제로 이를 과세하기 위해서는 소득세법에서 이를 과세대상으로 열거하고 있어야 한다. 소득세법 제21조 제1항은 제23호는 '뇌물'을, 제24호는 '알선수재 및 배임수재에 의하여 받는 금품'을 기타소득으로 열거하여 과세대상으로 하고 있다. 정치자금법에 따라 적법하게 유증하거나 기부한 정치자금 이외의 불법정치자금에 대해서는 소득세가 아니라 상속세나 증여세를 부과한다(조세특례제한법 제76조 제3항).

소득세법상 사업소득은 불법적인 사업에 의해 가득한 소득도 포함되므로 성매매업소를 운영하거나 스포츠도박 인터넷사이트를 운영하면서 얻은 소득도 사업소득으로 과세되고 이에 대하여 조세포탈죄가 성립될 수 있다.[314]

3. 범죄행위로 취득한 위법소득의 몰수·추징과 조세채무

과거에 대법원은 범죄행위로 인한 위법소득에 대하여 형사사건에서 추징판결이 확정되어 집행된 경우에도 이는 납세자의 금품수수가 형사적으로 처벌대상이 되는 범죄행위가 됨에 따라 그 범죄행위에 대한 부가적인 형벌로서 추징이 가하여진 결과에 불과하여 이를 원귀속자에 대한 환원조치와 동일시 할 수 없으므로, 결국 추징 및 그 집행만을 들어 납세자가 범죄행위로 인하여 교부받은 금원 상당의 소득이 실현되지 아니하였다고 할 수는 없으므로 과세대상이 된다는 취지로 판시해 왔다.[315]

그런데 대법원은 2015. 7. 16. 선고된 2014두5514 전원합의체 판결을 통해 종전의 입장을 바꾸어, 뇌물 등의 위법소득은 몰수·추징에 의해 경제적 이익의 상실가능성이 내재되어 있는데, 위법소득이 정당한 절차에 의하여 환수됨으로써 그 위법소득에 내재되어 있던 경

---

313) 대법원 2005. 6. 10. 선고 2005도1828 판결 ; 대법원 2010. 1. 28. 선고 2007두20959 판결.
314) 대법원 2015. 2. 26. 선고 2014도16164 판결 ; 대법원 2017. 4. 7. 선고 2016도19704 판결.
315) 대법원 1998. 2. 27. 선고 97누19816 판결 ; 대법원 2002. 5. 10. 선고 2002두431 판결.

제적 이익의 상실가능성이 현실화된 경우에는 소득이 실현되지 아니하는 것으로 확정됨으로써 당초 성립하였던 납세의무가 그 전제를 잃게 되므로 특별한 사정이 없는 한 납세자는 후발적 경정청구를 하여 납세의무에서 벗어날 수 있고, 후발적 경정청구 사유가 존재함에도 당초에 위법소득에 관한 납세의무가 성립하였던 적이 있음을 이유로 과세처분을 하였다면 이러한 과세처분은 위법하므로 납세자는 항고소송을 통해 그 취소를 구할 수 있다고 판시하였다.[316)317)]

위 전원합의체 판결의 사안을 살펴보자. 위 사안에서 원고는 재건축정비사업조합의 조합장으로 재직하면서 2008. 7.경 재건축상가 일반분양분을 우선 매수하려는 乙로부터 5,000만 원을, 丙으로부터 재건축아파트 관리업체 선정 대가로 3,800만 원을 각 교부받은 혐의로 공소제기되었다. 1심 법원은 2010. 4. 9. 원고에 대하여 특정범죄가중처벌등에관한법률위반(뇌물)죄로 유죄판결을 선고하면서 합계 8,800만 원의 추징을 명하는 판결을 선고하였다. 이후 위 판결이 확정되자 원고는 2011. 2. 16. 추징금 8,800만 원을 모두 납부하였는데 과세관청은 위 8,800만 원이 '뇌물'로서 구 소득세법 제21조 제1항 제23호가 정한 기타소득에 해당한다고 보아 2012. 9. 1. 원고에게 2008년 귀속 종합소득세를 부과하는 처분을 내렸고, 원고는 이에 대하여 종합소득세등부과처분 취소소송을 제기하였다. 이에 대하여 대법원은 원고가 뇌물로 받은 8,800만 원에 관하여는 그 수령 당시에 일단 납세의무가 성립하였다고 하더라도 그 후 추징과 같은 위법소득에 내재되어 있던 경제적 이익의 상실가능성이 현실화되는 후발적 사유가 발생하여 소득이 실현되지 아니하는 것으로 확정됨으로써 당초 성립하였던 납세의무가 그 전제를 잃게 되었으므로, 당초에 위법소득에 관한 납세의무가 성립하였던 적이 있음을 이유로 한 종합소득세 부과처분은 위법하다고 판시하였다.

이러한 대법원의 입장은 미국과는 차이가 있다. 미국의 경우에는 범죄행위로 취득하여 몰수·추징 대상이 되는 위법소득은 그것이 실제로 몰수되거나 추징된 경우에도, 횡령금 등의 반환과는 달리 여전히 과세대상이며 해당 몰수·추징에 대한 손실공제가 허용되지 않는다. 다수의 연방하급심 판례에 의하면, 몰수는 범죄행위에 대한 경제적인 징벌이기도 하고 범행의 도구를 빼앗아 추가적인 범행을 억지하려는 목적도 있는데 몰수를 손실로 공제하게 되면 몰수의 효과가 상쇄되어 범죄행위를 억지하려는 정교하게 설계된 국가정책(sharply defined national policy)을 좌절시키게 되므로 공제를 허용할 수 없다고 한다.[318)]

---

316) 일부 하급심은 몰수 또는 추징금의 집행이 국세기본법 제45조의2 제2항 제5호에 정한 후발적 경정청구 사유에 해당한다고 판시한 바 있다(서울고등법원 2016. 12. 28. 선고 2016누59203 판결).

317) 그러나 관련 형사사건에서 몰수나 추징이 확정되었다고 하더라도 현실적으로 집행되지 않는 한 납세자가 범죄행위로 인하여 교부받은 금원 상당의 소득이 종국적으로 실현되지 아니하였다고 보지 않는다(대법원 2015. 12. 23. 선고 2014도17541 판결).

318) Wood v. U.S. 863 F.2d 417, 419(1989) ; Ianniello v. Commissioner 98 T.C. 165(1992) 등 참조.

4. 위법소득의 상실과 조세포탈죄의 성립

조세포탈죄가 기수가 된 이후에 포탈세액을 납부했다거나 과세결정이 있었다는 사정은 범죄의 성립에 영향을 미치지 아니하는 것이 원칙이다.[319] 그런데 조세포탈죄의 성립은 납세의무의 존재를 전제로 한다. 위법소득에 대하여 조세포탈죄의 기수가 성립한 이후 몰수·추징과 같은 위법소득에 내재되어 있던 경제적 이익의 상실가능성이 현실화되는 후발적 사유가 발생하여 소득이 실현되지 아니하는 것으로 확정됨으로써 당초 성립하였던 납세의무가 그 전제를 잃게 되는 경우 이미 기수가 성립한 조세포탈죄를 어떻게 처리할 것인지 문제가 된다.

생각건대, 조세포탈죄가 기수가 될 당시 납세의무가 적법하게 존재하였다면 이에 기초한 형사처벌에 어떠한 하자도 없고, 후발적인 사유에 의한 위법소득의 상실로 인하여 부과처분 등을 경정하거나 취소하는 것은 세액조정을 위한 수단일 뿐이므로 그것이 세액조정 목적을 넘어 형사처벌에까지 영향을 미친다고 보아서는 아니될 것이다.[320] 판례는 최근 피고인이 사설 스포츠도박 인터넷사이트를 개설·운영하면서 발생한 소득에 대한 종합소득세를 포탈하였다고 하여 조세범처벌법위반죄로 기소되었는데, 종합소득세 신고·납부기한 경과 이후 몰수·추징의 집행으로 인하여 피고인이 위 소득의 전부를 상실하여 당초의 부과처분에 의한 세액이 "0"원으로 경정된 사안에서, 신고납세방식의 조세인 종합소득세를 포탈한 경우 그 신고·납부기한이 지난 때에 조세포탈행위가 기수가 되므로 그 신고·납부기한 후에 몰수나 추징의 집행이라는 후발적 사유가 발생하여 당초의 부과처분을 경정하더라도 조세포탈죄의 성립에 영향을 미치지 않는다고 판시하였다.[321][322]

 ## 주요 세목에 관한 조세채무의 산출방식

과세물건에 대한 세액산정의 기준이 되는 것을 과세표준이라고 한다. 과세표준은 과세물건을 금액·수량·중량·용적 등의 숫자로 표시한다. 과세표준에 세율을 곱하면 산출세액이 계산되고 이후 세액공제 등을 거쳐 최종 조세채무가 산출된다.

---

319) 대법원 1985. 3. 12. 선고 83도2540 판결 ; 대법원 1988. 11. 8. 선고 87도1059 판결 등 참조.
320) 그러나 당초부터 납세의무가 존재하지 않음에도 불구하고 위법하게 부과처분이 이루어졌다가 향후 위 부과처분의 위법성이 확인되어 당초의 부과처분이 취소된 경우에는, 위 부과처분은 처분 시에 소급하여 효력을 잃게 되고 원칙적으로 그에 따른 납세의무도 없어지므로 조세포탈죄에 대해 유죄판결이 확정되었다 하더라도 재심사유가 된다(대법원 2015. 10. 29. 선고 2013도14716 판결).
321) 대법원 2017. 4. 7. 선고 2016도19704 판결.
322) 이진석, "위법소득과 몰수·추징",『대법원판례해설』제106호, 법원도서관, 2016, 199쪽. 대법원이 위법소득이 몰수·추징된 경우 이외에 법적권리자나 원귀속자에게 반환된 경우에도 위와 같이 취급하겠다는 것인지 여부는 불분명하다고 한다.

1. 소득세의 산출방식

소득세법은 소득을 종합소득, 퇴직소득, 양도소득으로 구분하고, 각 구분별 소득금액을 각각 구하여 그것에 세율을 곱하여 세액을 산출한다. 종합소득은 다시 이자소득, 배당소득, 사업소득, 근로소득, 연금소득, 기타소득으로 구분되며 위 5가지 소득별로 각각의 소득금액을 계산한 다음 이를 합산하여 종합소득금액을 구한다. 위 5가지로 소득을 분류하는 것은 각 소득별로 특징에 맞게 서로 다른 취급을 하기 위해서이다. 종합소득을 구성하는 5가지 소득 중 사업소득과 기타소득은 필요경비를 공제하나 이자소득, 배당소득, 근로소득, 연금소득에 대해서는 필요경비를 인정하지 않는다. 다만, 근로소득과 연금소득에 대해서는 필요경비 공제 대신 근로소득공제, 연금소득공제가 인정된다. 종합소득에 속하는 소득일지라도 종합소득으로 합산과세하지 않고 분리과세하는 경우도 있다(소득세법 제14조).

퇴직소득의 과세표준은 퇴직소득의 금액에서 퇴직소득공제를 하여 산출한다. 양도소득금액은 양도가액에서 필요경비를 공제하고 그 금액에서 특별공제액을 공제한 금액으로 한다(소득세법 제95조). 양도소득에 대해서는 취득가액공제가 인정된다.

| 종합소득세의 산출방식 |

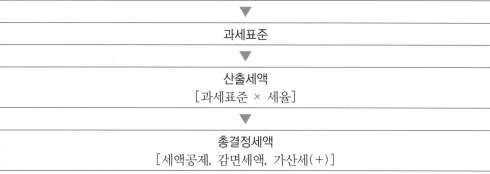

종합소득금액
[이자소득금액 + 배당소득금액 + 근로소득금액(근로소득공제) + 사업소득금액(필요경비 공제) + 연금소득금액(연금소득공제) + 기타소득금액(필요경비 공제)]

▼

종합소득공제
[인적공제(기본공제, 추가공제), 연금보험료 공제, 주택담보 노후연금 이자비용공제, 특별소득공제, 조세특례제한법상 소득공제]

▼

과세표준

▼

산출세액
[과세표준 × 세율]

▼

총결정세액
[세액공제, 감면세액, 가산세(+)]

▼

기납부세액(−)

▼

납부할 세액

| 양도소득세의 산출방식 |

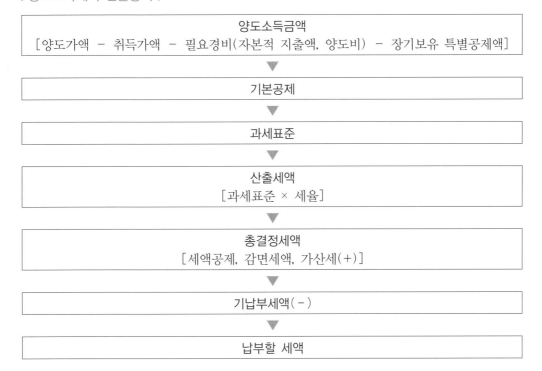

2. 법인세의 산출방식

법인세는 각 사업연도 소득에 대한 법인세, 토지 등 양도소득에 대한 법인세, 내국법인의 청산소득에 대한 법인세, 미환류소득에 대한 법인세가 있다.

각 사업연도의 소득에 대한 법인세는 산출세액에서 감면세액과 세액공제액을 차감하여 계산한다. 법인세 산출세액이 조세특례제한법상 최저한세보다 적은 경우에는 최저한세가 각 사업연도 소득에 대한 법인세가 된다.

부동산가격이 급등하거나 급등할 우려가 있는 지역에 소재하는 주택, 비사업용 토지, 주택에 관한 조합입주권과 분양권을 양도한 경우 그 양도로 인하여 발생한 소득금액은 각 사업연도 소득으로서 법인세가 과세될 뿐만 아니라 그에 추가하여 위 소득금액에 10% 또는 20%, 40%를 곱하여 산출한 세액을 토지등 양도소득에 대한 법인세로서 각 사업연도의 소득에 대한 법인세에 추가하여 납부한다(법인세법 제55조의2).

내국법인이 해산(합병이나 분할에 의한 해산은 제외한다)한 경우 그 청산소득에 대해 법인세를 납부해야 한다. 법인의 합병이나 분할에 의한 해산 시에는 청산소득이 아니라 양도소득으로서 각 사업연도소득으로 과세한다.

미환류소득에 대한 법인세는, 각 사업연도 종료일 현재 「독점규제 및 공정거래에 관한 법률」 제31조 제1항에 따른 상호출자제한기업집단에 속하는 내국법인이 제31조 제2항 제1호 가목부터 다목까지의 규정에 따른 투자, 임금 등으로 환류하지 아니한 소득이 있는 경우에는 같은 항에 따른 미환류소득(제5항에 따른 차기환류적립금과 제7항에 따라 이월된 초과환류액을 공제한 금액을 말한다)에 100분의 20을 곱하여 산출한 세액을 미환류소득에 대한 법인세로 하여 「법인세법」 제13조에 따른 과세표준에 같은 법 제55조에 따른 세율을 적용하여 계산한 법인세액에 추가하여 납부한다(조세특례제한법 제100조의32 제1항).

| 각 사업연도 소득에 대한 법인세 산출방식 |

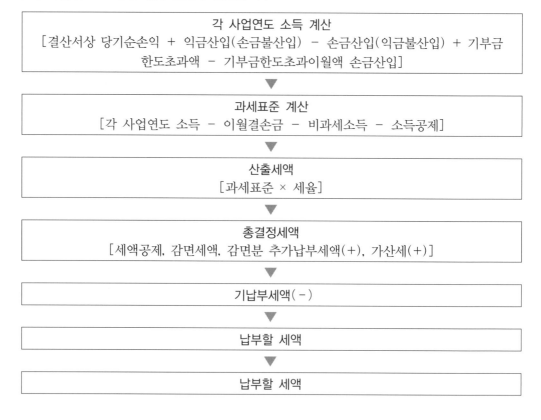

3. 부가가치세의 산출방식

부가가치세는 사업상 독립적으로 재화 또는 용역을 공급하는 자가 재화나 용역을 공급할 때 발생하는 부가가치에 대해 과세하는 세금이다. 원칙적으로 모든 재화 또는 용역의 공급이 부가가치세 과세대상이 되나, 예외적으로 부가가치세의 역진성 완화를 위해서 생필품 등에 면세를 한다거나 성질상 과세하기 어려워 면세를 하는 경우가 있다.

또한, 소비지과세원칙의 관철과 수출장려를 위해 재화의 공급이 수출에 해당하거나 국외에서 공급하는 용역 등에 대해서는 영세율을 적용한다.

 부가가치세 과세방식은 납세의무자가 일반과세자인지, 간이과세자인지에 따라 다르다. 간이과세자란 직전 연도의 재화와 용역의 공급에 대한 대가(부가가치세 포함 공급대가)가 4,800만 원에 미달하는 영세한 개인사업자 중 간이과세 배제대상이 아닌 사업을 하는 자를 말한다. 간이과세자는 매출세액과 매입세액을 별도로 따지지 않고 과세표준에 업종별 부가가치율을 곱하여 부가가치를 계산하고 다시 이에 세율을 곱하여 간이하게 납부세액을 계산한다. 따라서 매입세액공제가 필요없으나 전 단계 사업자의 매출누락을 막기 위해 간이과세자가 교부받은 세금계산서에 기재된 매입세액의 일부를 공제해 준다. 간이과세자는 세금계산서를 발급받을 수는 있으나 발급할 수는 없다.

 일반과세자란 간이과세자가 아닌 개인사업자와 법인사업자를 말한다. 일반과세자는 매출세액에서 매입세액을 공제하는 방식으로 세액을 산출한다. 간이과세자에 대한 과세기간은 매년 1. 1.부터 12. 31.까지 1년이나 일반과세자에 대한 과세기간은 제1기 1. 1.부터 6. 31.까지, 제2기 7. 1.부터 12. 31.까지로 나뉘어 있다.

| 일반과세자에 대한 부가가치세 산출방식 |

> **과세표준**
> [공급한 재화 또는 용역의 공급가액 합계]

> **매출세액**
> 과세표준 × 세율(10%, 영세율은 0%)

> **매입세액공제**
> [세금계산서 수취분 매입세액, 매입자발행 세금계산서에 의한 매입세액, 신용카드매출전표 등 수취분, 의제매입세액, 과세사업전환매입세액, 재고매입세액, 변제대손세액 등 공제(대손처분받은 세액, 매입세액불공제액은 공제제외) 등]

> **경감ㆍ공제세액**
> [택시운전사업자 경감세액(－), 예정신고미환급ㆍ예정고지세액(－), 신용카드매출전표발행 세액공제, 현금영수증사업자 세액공제]

> **가산세(＋), 기납부세액(－)**
> [사업양수자의 대리납부 기납부세액, 매입자 납부특례 기납부세액, 신용카드업자의 대리납부 기납부세액]

> **납부(환급)할 세액**

4. 상속세의 산출방식

상속세란 사람의 사망으로 그 재산이 법정상속인 등에게 무상으로 이전되는 경우에 당해 상속재산에 대하여 부과하는 세금이다. 상속세 부과방식에는 피상속인의 유산전체를 과세대상으로 하는 재산세적 성격의 유산세(遺産稅) 방식과 각 상속인이 상속받는 재산을 과세대상으로 하는 수익세적 성격의 유산취득세(遺産取得稅) 방식이 있다. 우리나라는 유산세방식을 취하여 피상속인이 남긴 상속재산 전체의 가액을 기준으로 세율을 적용하여 총 상속세를 계산한다.

상속세 납세의무자에는 상속인과 수유자(사인증여의 수증자 포함)가 있다. 상속인이란 혈족인 법정상속인과 대습상속인, 사망자의 배우자 등이 이에 해당하고 상속세 납세의무가 있는 상속포기자, 특별연고자도 포함된다. 상속인 또는 수유자는 총 상속세에 대하여 상속재산(상속재산에 가산하는 증여재산 중 상속인 또는 수유자가 받은 증여재산을 포함) 중 각자가 받았거나 받을 재산의 비율에 따라 상속세를 납부할 의무가 있다. 다만, 상속인 또는 수유자는 각자가 받았거나 받을 재산을 한도로 연대하여 상속세를 납부할 의무가 있다.

상속세 납세의무자는 상속개시일이 속하는 달의 말일부터 6개월(피상속인 또는 상속인이 외국에 주소를 둔 경우에는 9개월) 이내에 상속세의 과세가액 및 과세표준을 납세지 관할 세무서장에게 신고하여야 한다. 상속세는 부과과세방식의 세목이므로 상속세의 과세표준과 세액은 세무서장 등이 신고된 내용을 기초로 하여 결정함으로써 확정된다.

| 상속세 산출방식 |

> **상속재산가액**
> [본래의 상속재산(법정상속재산 + 유증재산 + 사인증여재산 + 채무이행 중인 재산 +
> 특별연고자 분여재산 포함) + 추정상속재산 + 간주상속재산]

> **상속세과세가액**
> [상속재산가액 − 비과세상속재산가액 − 과세가액 불산입액 −
> 공제금액(공과금・장례비・채무 공제) + 가산하는 증여재산가액]

> **과세표준**
> [상속세과세가액 − 상속공제 − 감정평가수수료]

> **산출세액**
> [과세표준 × 세율 + 세대생략 상속할증세액]

결정세액 〔증여세액공제, 문화재등징수유예세액(-), 외국납부세액공제, 단기재상속세액공제, 신고세액공제, 가산세(+)〕

납부할 세액

5. 증여세의 산출방식

증여세란 타인으로부터 재산을 증여받은 경우에 그 재산을 증여받은 자(수증자)에게 그 증여재산에 대하여 부과하는 세금이다. 증여세 과세대상인 증여재산이란 증여로 인하여 수증자에게 귀속되는 모든 재산 또는 이익을 말한다. 증여란 그 행위 또는 거래의 명칭·형식·목적 등과 관계없이 직접 또는 간접적인 방법으로 타인에게 무상으로 유형·무형의 재산 또는 이익을 이전하거나(현저히 낮은 대가를 받고 이전하는 경우를 포함한다) 타인의 재산가치를 증가시키는 것으로 포괄적으로 규정돼 있다(상속세 및 증여세법 제2조 제6호, 다만 유증과 사인증여, 유언대용신탁 및 수익자연속신탁은 제외함). 상속세 및 증여세법은 2004년 증여세 완전포괄주의를 도입하여 실질적으로 증여효과가 있는 모든 행위를 포괄적으로 과세대상에 포함하였다.

증여세 납세의무자는 원칙적으로 수증자이나 수증자의 주소나 거소가 분명하지 아니한 경우로서 조세채권을 확보하기 곤란한 때와 같이 일정한 경우에는 증여자도 수증자와 연대하여 증여세를 납부한다(상속세 및 증여세법 제4조의2 제6항).

증여세 납세의무자는 증여일이 속하는 달의 말일부터 3개월 이내에 증여세의 과세가액 및 과세표준을 납세지 관할 세무서장에게 신고, 납부하여야 한다. 증여세는 부과과세방식의 조세이므로 증여세의 과세표준과 세액은 세무서장 등이 신고된 내용을 기초로 하여 결정함으로써 확정된다(상속세 및 증여세법 제76조).

| 증여세 산출방식 |

증여재산가액
[본래의 증여재산 + 증여의제재산 + 증여추정재산]

증여과세가액
[비과세재산(-), 과세가액불산입재산(-), 채무인수액(-), 10년 내 재차증여재산가산액(+)]

과세표준
[증여재산공제, 재해손실공제, 감정평가수수료공제]

산출세액
[증여세 과세표준 × 세율 + 세대생략가산액]

결정세액
[조세특례제한법상 면제세액 등(문화재 등 징수유예세액, 영농자녀 증여세면제), 세액공제, 가산세(+)]

납부할 세액

사기나 그 밖의 부정한 행위

조세범 처벌법

제3조(조세 포탈 등) (생략)

⑥ 제1항에서 "사기나 그 밖의 부정한 행위"란 다음 각 호의 어느 하나에 해당하는 행위로서 조세의 부과와 징수를 불가능하게 하거나 현저히 곤란하게 하는 적극적 행위를 말한다.

1. 이중장부의 작성 등 장부의 거짓 기장

2. 거짓 증빙 또는 거짓 문서의 작성 및 수취

3. 장부와 기록의 파기

4. 재산의 은닉, 소득·수익·행위·거래의 조작 또는 은폐

5. 고의적으로 장부를 작성하지 아니하거나 비치하지 아니하는 행위 또는 계산서, 세금계산서 또는 계산서합계표, 세금계산서합계표의 조작

6. 「조세특례제한법」 제5조의2 제1호에 따른 전사적 기업자원 관리설비의 조작 또는 전자세금계산서의 조작

7. 그 밖에 위계(僞計)에 의한 행위 또는 부정한 행위

 개요

1. 의의

사기나 그 밖의 부정한 행위로써 조세를 포탈하거나 조세의 환급·공제를 받은 경우에 조세포탈죄가 성립한다(조세범 처벌법 제3조 제1항). 부정행위는 아래 Ⅱ.항에서 기술하는 바와 같이 조세포탈죄의 실행행위에 해당하며, 조세포탈죄의 처벌범위를 포탈행위가 특별히 비난가능성이 큰 경우로 한정하는 기능을 한다.[323)324)]

---

323) 우리나라는 부정행위가 없다면 허위과소신고나 허위불신고로 조세의 납부를 면하더라도 처벌이 되지 않지만, 일본의 소득세법 등에서는 부정행위 없이 단지 과세표준을 불신고하여 세금을 면하는 단순불신고탈세범도 처벌하고 있고, 세금을 면하는 결과가 발생하지 않는 단순불신고범도 조세질서범으로서 처벌하고 있다는 점에서 차이가 있다.

324) 한편 일본에서는 각 개별 세법에 조세포탈죄가 규정돼 있는데, 각 조세포탈죄의 구성요건은 우리나라의 것과 거의 동일하다. 그런데 그 중 부정행위에 관한 법문언이 과거에는 '사위 기타 부정한 행위(詐僞その他不正な行爲)'였는데, 이후 '사위'가 '사기'와 동일한 소리로 오해될 여지가 있다는 이유에서 "거짓 기타 부정한 행위(僞りその他不正な行爲)'로 개정되었다고 한다. 사기는 타인을 속여서 착오에 빠지게 하는 결과까지도 포함하지만 사위는 타인을 속이는 수단·방법의 형용사로서 이른바 거짓말, 거짓 정도의 의미로 사용된다고 한다(酒井克彦, 앞의 책, 171쪽).

종전에는 부정행위의 판단기준을 전적으로 판례의 해석에 의존하고 있었는데, 2010. 1. 1. 조세범 처벌법 전부 개정 시, 제3조 제6항을 신설하여 부정행위의 개념을 정의하고, 그에 해당하는 구체적 유형을 예시적으로 열거하였다. 조세범 처벌법 제3조 제6항은 부정행위를 "다음 각 호의 어느 하나에 해당하는 행위로서 조세의 부과와 징수를 불가능하게 하거나 현저히 곤란하게 하는 적극적 행위를 말한다"라고 정의하고 구체적인 부정행위를 각 호에 예시적으로 열거하고 있다. 특히 위 제3조 제6항 제7호는 "그 밖에 위계(僞計)에 의한 행위 또는 부정한 행위"라고 하여 부정행위를 포괄적으로 규정하고 있다. 따라서 제1호부터 제6호에 열거되지 않은 경우에도 제7호의 정의에 부합되는 경우로서 조세의 부과와 징수를 불가능하게 하거나 현저히 곤란하게 하는 적극적 행위라면 부정행위에 해당할 수 있다. 위 제1호 내지 제6호에 열거된 부정행위의 유형은 전형적인 사전소득은닉행위에 해당한다.[325]

부정행위의 구조는 조세의 확정방식에 따라 다르다. 부과과세방식의 조세에서의 부정행위는 세무공무원을 기망하여 세금이 부과되지 않거나 과소하게 부과되도록 결정하게 함으로써 세금의 전부 또는 일부를 면하는 방식이 될 것이고, 신고납세방식의 조세에서의 부정행위는 신고·납부기한의 경과 후에 있을 세무조사에 대비하여 소득은닉행위를 함과 아울러 허위미신고 또는 허위과소신고를 하여 세금의 전부 또는 일부를 면하는 방식이 될 것이다.

2. 다른 조세법령상의 사기나 그 밖의 부정한 행위와의 관계

국세기본법은 국세를 부과할 수 있는 제척기간을 기본적으로 국세를 부과할 수 있는 날로부터 5년으로 하고, 특별한 사유가 있는 경우 제척기간을 이보다 장기로 정하고 있는데, 납세자가 대통령령으로 정하는 사기나 그 밖의 부정한 행위로 국세를 포탈하거나 환급·공제를 받은 경우에는 제척기간을 10년(역외거래인 경우에는 15년)으로 한다(국세기본법 제26조의2 제2항 제2호). 국세기본법 시행령 제12조의2 제1항은 국세기본법 제26조의2 제2항 제2호에서 '대통령령으로 정하는 사기나 그 밖의 부정한 행위'란 조세범 처벌법 제3조 제6항에 해당하는 행위를 말한다고 규정하고 있다. 그리고 국세기본법 제47조의2 제1항 제1호, 제47조의3 제1항 제1호는 국세기본법 제26조의2 제2항 제2호에 규정된 부정행위로 과세표준의 무신고, 과소신고, 초과환급신고를 할 경우 부당무신고가산세, 부당과소신고가산세, 부당초과환급신고가산세를 부과하도록 규정하고 있다. 한편, 지방세기본법 제38조 제1항 제1호 및 제5항은 지방세의 장기 제척기간과 관련하여 국세기본법 제26조의2 제2항 제2호, 같은 법 시행령 제12조의2 제1항과 거의 동일한 내용의 규정을 두고 있다.

---

325) 이재호·이경호, "조세범 처벌법상 '사기나 그 밖의 부정한 행위'의 해석기준에 관한 소고", 『조세와 법』 제6권 제2호, 서울시립대학교 법학연구소, 2103, 37쪽.

위와 같이 조세범 처벌법 제3조 제6항 소정의 부정행위가 조세포탈죄의 구성요건, 장기 부과제척기간의 요건, 부당무신고가산세 등의 요건으로 규정되어 있는 상황에서, 각각에 대한 부정행위를 동일하게 해석해야 하는지, 아니면 규율대상에 따라 다르게 해석할 여지가 있는지 문제된다. 아직 명시적인 판례는 없으나 적어도 현재까지는 대법원이 위와 같은 여러 부정행위의 의미를 동일하게 보는 것으로 추정된다. 판례는 지방세기본법상 장기 부과제척기간의 요건인 사기나 그 밖의 부정한 행위의 해석과 관련하여, '사기나 그 밖의 부정한 행위로써 지방세를 포탈하는 경우 지방세기본법, 특정범죄 가중처벌 등에 관한 법률 등에 의해 처벌하도록 규정하고 있어 사기나 그 밖의 부정한 행위는 형사처벌의 구성요건으로 되어 있으므로, 어떠한 행위가 조세법상 사기나 그 밖의 부정한 행위에 해당하는지 여부를 가림에 있어서도 형사처벌 법규의 구성요건에 준하여 엄격하게 해석하여야 할 것이다'라는 취지로 판시한 바 있다.[326]

실행행위로서의 부정행위의 범위

1. 의의

범죄의 실행행위란 구성요건의 실현을 가능하게 하는 행위를 말한다. 조세포탈죄에서는 부정행위를 실행행위인 것으로 본다.[327] 일본의 소득세법이나 법인세법에서는 허위불신고포탈범[328]과 허위과소신고포탈범[329]을 처벌하는데 이는 우리나라 조세범 처벌법 제3조 제1항의 조세포탈죄와 거의 동일한 구성요건을 가지고 있다. 일본에서도 허위불신고포탈범 등의 구성요건인 '거짓 기타 부정한 행위'(僞りその他不正の行爲)를 실행행위인 것으로 보는 것이 통설이라고 한다.[330] 요컨대, 우리나라나 일본 모두 조세포탈죄에 있어서 부정행위를 실행행위와 동일한 것으로 보면서 어떠한 행위가 부정행위이자 실행행위가 되는지 논하고 있다.

---

326) 대법원 2014. 5. 16. 선고 2011두29168 판결. 한편, 대법원 2019. 7. 25. 선고 2017두65159 판결에서는 부당무신고 가산세에서의 부정행위와 조세포탈죄에서의 부정행위를 동일하게 보고 있다.
327) 대법원 2008. 7. 24. 선고 2007도4310 판결 ; 안대희, 앞의 책, 322쪽 ; 임승순, 앞의 책, 365쪽.
328) 과세표준이 존재함에도 존재하지 않는 것처럼 이를 신고하지 아니함으로써 조세를 포탈하는 경우를 말한다. 이 경우 허위불신고 자체가 부정행위로 인정되지 않으므로 사전소득은닉행위가 수반되어야 조세포탈죄가 성립한다.
329) 허위로 과세표준을 과소신고하여 조세를 포탈하는 경우를 말한다. 이 경우 허위과소신고 그 자체가 부정행위가 되므로 사전소득은닉행위가 수반되지 않더라도 조세포탈죄가 성립한다.
330) 小田原 卓也, 앞의 논문, 167쪽.

2. 일본의 학설과 판례

일본에서는 부과과세제도를 중심으로 하는 세제가 전후(戰後)에 신고납세방식을 중심으로 하는 세제로 변경되면서 포탈범의 실행행위(부정행위)에 관하여 포괄설과 제한설이 대립하였다.[331] 포괄설은 허위과소신고포탈범 및 허위불신고포탈범 모두 소득비닉공작(所得秘匿工作)[332]과 허위과소신고행위 또는 허위불신고행위가 포괄하여 실행행위를 이룬다고 해석한다. 즉 소득비닉공작이 별도로 부정행위의 일부를 이룬다고 보는 것이다. 반면에 제한설은 허위과소신고포탈범에 있어서는 소득비닉공작은 포탈의 예비 또는 대내준비행위에 불과하고 허위과소신고행위만이 포탈범의 실행행위라고 해석하고, 허위불신고포탈범에 있어서는 소득비닉공작이 실행행위라고 해석한다.[333]

한편, 일본의 판례는 종래에는 제한설과 같은 입장을 보였다. 그런데 最高裁判所 昭和 36年 9月 2日 決定(刑集 42卷 7号 975頁)은 종전의 제한설 보다 철저한 입장을 취하였다. 위 결정에서는 허위과신고포탈범에 대해서는 진실한 소득을 은닉하여 소득금액을 고의적으로 과소하게 기재한 법인세 확정신고서를 세무서장에게 제출한 행위는 그 자체가 법인세법 제159조 제1항에서 말하는 거짓 기타 부정한 행위(僞りその他不正の行爲)에 해당한다고 해석해야 할 것이라고 판시하고 나아가, 허위불신고포탈범에 대해서도 소득을 비닉하기 위해 소득비닉공작을 한 다음 포탈의 고의로 회사임시특별세확정신고서를 세무서장에게 제출하지 않은 경우에는 소득비닉공작을 수반한 불신고행위가 회사임시특별세법 제22조 제1항에서 말하는 '거짓 기타 부정한 행위'에 해당한다고 해석하는 것이 상당하기 때문에 소득비닉공작을 수반한 불신고행위가 있다는 것을 판시하면 족하고 소득비닉공작의 구체적인 일시, 장소, 방법 등에 대해서는 판시하는 것을 요하지 않는다고 해야 할 것이라고 판시하였다.

이 결정은 포탈의 형태와 상관없이 허위과소신고 내지 소득비닉공작을 수반한 허위불신고가 실행행위이고 소득비닉공작은 실행행위에 포함되지 않는다고 한다. 위 결정이 현재의 일본 판례의 입장이라 할 수 있고 다수의 학자들이 이를 지지하고 있다고 한다.[334] 이를 제한설과 구분하여 순수제한설이라고 한다. 순수제한설을 지지하는 논거는 범죄의 실행행위는 보호법익과의 관계에서 이해해야 하는데 조세포탈죄의 보호법익인 국가의 조세채권을 침해하는 행위는 신고납세제도 하에서는 소득비닉행위가 아니라 허위과소신고 내지는 허위불신고이고, 범죄의 실행행위를 범죄의 결과와의 관계에서 이해하는 관점에서도 세금을 면하는 결과와 직접적인 인과관계가 있는 행위는 허위과소신고나 허위불신고행위이지

---

331) 임승순, 앞의 책, 368쪽 참조.
332) 우리나라의 판례에서 말하는 소득은닉행위와 같은 의미의 용어이다.
333) 小田原 卓也, 앞의 논문, 158쪽.
334) 小田原 卓也, 앞의 논문, 159쪽.

소득비닉행위가 아니라는데 있다.[335)

허위불신고포탈범에서의 소득비닉공작의 위치에 대해서는, 허위불신고포탈범을 부진정부작위범으로 이해하여 소득비닉공작을 부진정부작위범의 작위의무를 발생시키는 선행행위라고 보는 선행행위설과 소득비닉공작을 구성요건적 상황[336)으로 보아야 한다는 구성요건적상황설이 대립한다. 허위불신고포탈범에서의 소득비닉공작의 위치에 대하여, 東京高等裁判所 平成 3年 10月 14日 판결(高裁刑集 44卷 3号 195頁)은 허위불신고포탈범에서의 불신고행위가 소득비닉공작을 수반한 상황하에 있을 때만이 당해 불신고행위가 조세포탈범의 실행행위로서의 정형성을 갖추게 되는 것이고, 그렇기 때문에 소득비닉공작의 존재는 구성요건적 상황에 해당한다는 입장을 채택하였다.

위와 같은 논의는 인과관계, 고의의 범위, 소득은닉행위에만 관여한 공범의 성립 문제, 죄수론 등에서 실익이 있다. 포괄설에 의할 경우 사전소득은닉행위시부터 고의가 있어야 하고, 소득은닉행위에만 가담한 자도 실행행위를 분담한 공동정범이 될 수 있을 것이다. 그런데 구성요건상황설에 의할 경우 사전소득은닉행위시에 그것이 조세포탈의 수단이라는 적극적인 인식까지 있을 필요는 없고 소득은닉행위에만 관여한 자에 대해서는 실행공동정범이 성립하지 않고 공모공동정범이나 방조범이 성립한다고 볼 것이다.[337)

3. 우리나라의 학설과 판례

먼저, ① 허위과소신고포탈범에서의 부정행위는, 신고납세방식의 조세에서는 적극적인 조세포탈의 의사로 한 허위신고 자체를 부정행위이자 실행행위로 보고 사전소득은닉행위는 사전의 준비행위로 보아야 하고, 부과과세방식의 조세에서는 신고가 조세채무를 확정하는 효력이 없으므로 허위신고만으로는 부정행위로 볼 수 없고 사전소득은닉행위를 포함한 허위신고를 부정행위로 보는 것이 타당하며, ② 허위불신고포탈범에서의 부정행위는, 부과과세방식이든 신고납세방식이든 상관없이 사전소득은닉행위가 수반된 허위불신고 자체가 부정행위이고 사전소득은닉행위는 구성요건적 요소로 보아야 한다는 견해가 있다.[338)

판례는 허위과소신고포탈범과 허위불신고포탈범을 구분하지 않고, 부정행위와 관련하여 "다른 행위를 수반함이 없이 단순히 세법상의 신고를 하지 아니하거나 허위의 신고를 하는 데 그치는 것은 이에 해당하지 않지만, 과세대상의 미신고나 과소신고와 아울러 수입이나

---

335) 위의 논문, 164쪽 이하.
336) 예를 들면 일본의 소방방해죄(형법 제114조)에서 "화재의 때"가 구성요건적 상황에 해당하고 소방용 물건을 은닉하는 등의 행위가 실행행위이다.
337) 이 문제에 관하여는 小田原 卓也, 앞의 논문, 167쪽
338) 안대희, 앞의 책, 341쪽 이하.

매출 등을 고의로 장부에 기재하지 않는 행위 등 적극적 은닉의도가 나타나는 사정이 덧붙여진 경우"에는 부정행위가 인정된다는 취지로 판시하여[339], 대법원은 굳이 비교하자면 일본의 포괄설에 가까운 입장에 서 있는 것으로 보인다. 즉, 판례는 허위과소신고포탈범 또는 허위불신고포탈범 중 어느 경우에나 원칙적으로 소득은닉행위를 중심으로 부정행위를 판단하면서도 사전소득은닉행위와 허위불신고 내지 허위과소신고행위가 포괄하여 부정행위로서 실행행위에 해당한다는 입장인 것으로 판단된다.[340]

판례가 포괄설의 입장에서 사전소득은닉행위를 실행행위의 일부로 판단한 것으로 보이는 사례를 살펴본다. 甲이 A회사를 경영하다가 2004. 2. 2. 구속되자 부인인 乙이 그때부터 2004. 7. 5.까지는 甲의 지시를 받고 그를 대행하는 방식으로, 2004. 7. 6. 이후에는 乙이 대표이사로서 A회사를 직접 운영하였고, 甲과 乙은 2004. 11. 22. 협의이혼 할 때까지 서신교환이나 면회 등의 방법으로 A회사를 사실상 같이 경영하였는데, 乙은 위 기간 동안 A회사의 각 가맹점업주와 가맹점 계약을 체결하고 그들로부터 받은 가맹비와 가맹점개설비 등에 대하여 세금계산서를 발급하지 아니하는 등의 방법으로 A회사의 매출액을 누락시키거나 줄이는 부정행위를 한 후, 2005. 1.경 2004년 2기분 부가가치세를, 2005. 3.경 2004년도 법인세를 각각 신고하면서 허위로 매출액을 축소신고하여, 甲과 乙이 공모하여 2004년도 2기분 부가가치세 및 2004년도 법인세를 포탈한 혐의로 기소된 사안에서, 대법원은 乙이 매출을 누락하거나 줄이는 소득은닉행위를 하였을 때 조세포탈행위에 착수한 것으로 보아, 비록 甲은 2004. 2. 25.부터 2004. 11. 22.경까지 직접 조세포탈행위를 분담한 바가 없다고 하더라도 乙과 그에 관하여 공모한 이상 2004년 2기분 부가가치세와 2004년도분 법인세의 포탈에 대하여 乙과 조세포탈의 공범관계에 있다고 할 것이고, 甲이 2004. 11. 22. 乙과 협의이혼에 합의한 이후로 A회사의 경영에 전혀 관여하지 않았다고 하더라도, 공모관계에서 이탈한 후에 공범인 乙에 의해 이루어진 2005. 1.경과 2005. 3.경의 부가가치세와 법인세의 허위신고행위에 대하여도 공동정범으로서의 형사책임을 부담한다는 취지로 판시하였다.[341]

그리고 판례는 허위과소신고도 실행행위의 일부로 보고 있다. 부외자금 조성과 관련된 부정행위에는 가담하지 않았으나 그 부정행위가 존재함을 알면서도 법인세를 허위로 신고하는데 가담한 자는 설령 부정행위에 가담한 바 없더라도 조세포탈의 공동정범의 죄책을 진다고 한다.[342]

---

339) 대법원 2014. 2. 21. 선고 2013도13829 판결.
340) 안대희, 앞의 책, 344쪽도 우리나라 판례의 입장을 위와 같이 이해한다.
341) 대법원 2008. 7. 24. 선고 2007도4310 판결. 대법원은 乙이 세금계산서를 발급하지 않는 등의 행위로 매출액을 누락시키거나 줄이는 행위가 사전소득은닉행위에 해당하고, 이때 이미 조세포탈죄의 실행의 착수가 있었으며 甲은 그 실행행위에 대하여 乙과 공모하였다고 판단한 것으로 이해된다.
342) 대법원 2015. 9. 10. 선고 2014도12619 판결.

생각건대, 실행행위로서의 부정행위의 범위는 이에 관하여 규정하고 있는 조세범 처벌법 제3조 제6항을 기준으로 판단하여야 한다. 위 제3조 제6항 제1호 내지 제7호는 주로 사전소득은닉행위를 부정행위로 열거하고 있다. 그런데 그와 같은 사전소득은닉행위 등만으로는 조세포탈의 결과가 발생하지 않는다. 신고납세방식에서든 부과과세방식에서든 원칙적으로 허위과소신고 또는 허위불신고가 있어야 조세포탈의 결과가 발생한다. 따라서 조세포탈의 결과와 직접적인 인과관계가 있는 허위과소신고 또는 허위불신고도 실행행위에 포함된다고 보아야 한다.

요컨대, 우리나라의 경우는 조세범 처벌법 제3조 제6항의 해석상 사전소득은닉행위 등과 허위과소신고 또는 허위불신고가 포괄하여 조세포탈죄의 부정행위 내지 실행행위를 구성한다고 보아야 한다. 여기서 사전소득은닉행위 등과 허위과소신고 또는 허위불신고가 포괄하여 부정행위를 구성한다는 것은 양자가 단독으로는 부정행위 개념을 충족하지 못하나, 양자가 병존하는 경우에는 포괄하여 부정행위를 구성한다는 의미이다.

Ⅲ 부정행위의 판단기준

사기나 그 밖의 부정한 행위에 해당하려면 우선 조세범 처벌법 제3조 제6항 제1호부터 제7호에 해당하는 행위여야 하고, 나아가 그것이 조세의 부과와 징수를 불가능하게 하거나 현저히 곤란하게 하는 적극적 행위여야 한다. 각 호에 열거된 행위들은 다양한 동기에서 행해지고, 조세의 부과와 징수에 미치는 영향도 사안별로 다를 것이므로 그것이 조세의 부과와 징수를 불가능하게 하거나 현저히 곤란하게 하는 정도여야 하고 또한 적극적 행위여야만 부정행위에 해당한다고 할 것이다. 따라서 납세의무자가 회계장부에 거짓 기재행위 등을 하였다고 하더라도 그 은닉의 정도가 약하여 세무공무원이 쉽게 소득의 탈루 등을 알 수 있었다면 조세의 부과와 징수를 불가능하게 하거나 현저히 곤란하게 하는 행위가 아니므로 부정행위가 인정되지 않는다.[343]

조세범 처벌법 제3조 제6항 제7호는 '그 밖에 위계에 의한 행위 또는 부정한 행위'라고 규정하여 원래의 구성요건을 재차 반복한 것처럼 포괄적으로 규정하고 있다. 따라서 동항 제1호 내지 제6호에 해당하지 않는 행위는 제7호의 포괄조항에 의해 부정행위로 인정될 수 있다.

판례는 조세범 처벌법 제3조 제6항이 신설되기 전부터 부정행위에 관하여 "조세의 포탈

---

343) 상세한 내용은 이태로·한만수, 앞의 책, 1221쪽 참조. 이와 같은 이유를 부정행위를 부인하는 근거 중의 하나로 설시한 사례로는 대법원 2006. 6. 29. 선고 2004도817 판결과 대법원 2019. 7. 25. 선고 2017두65159 판결이 있다.

을 가능하게 하는 행위로서 사회통념상 부정이라고 인정되는 행위, 즉 조세의 부과징수를 불능 또는 현저히 곤란하게 하는 위계 기타 부정한 적극적인 행위를 말한다"라고 정의하여 부정행위 여부는 결국 사회통념에 의해 결정되는 것이고, 또한, 제반 사정을 종합하여 부정행위 여부를 판단해야 한다는 입장이다.[344] 이하에서는 판례의 법리를 중심으로 살펴보기로 한다.

1. 조세포탈의 고의 존재

사기나 그 밖의 부정한 행위는 고의범인 조세포탈죄의 실행행위이므로 그 행위 당시에 조세포탈의 고의가 있어야 한다. 조세포탈의 고의가 없다면 사기나 그 밖의 부정한 행위 또한 해당될 여지가 없다고 보아야 한다. 이처럼 고의와 사기나 그 밖의 부정한 행위는 밀접하게 관련되어 있으므로 사기나 그 밖의 부정한 행위에 관한 증거는 자주 고의를 입증하는데 사용된다.

2. 조세의 부과와 징수를 불가능 또는 현저히 곤란하게 하는 행위

가. 조세채권의 확정을 불가능 또는 현저히 곤란하게 하는 행위

조세의 부과와 징수를 불가능하게 하거나 현저히 곤란하게 하는 행위 중 가장 일반적이고 직접적인 방법은 조세채권의 성립의 근거가 되는 소득이나 거래를 은닉하여 조세채권의 정상적인 확정 자체를 불가능하게 하거나 현저히 곤란하게 하는 것이다. 대법원도 조세의 징수는 납세의무자의 납세신고나 과세관청의 부과처분 등에 의하여 조세채권이 구체적으로 확정되는 것을 당연한 전제로 하므로 사기 기타 부정한 행위로써 위와 같은 조세의 확정을 불가능하게 하거나 현저히 곤란하게 한 경우에는 그에 따라 조세의 징수 역시 당연히 불가능하거나 현저히 곤란하게 되어 국가의 조세수입이 침해된다는 의미에서 조세포탈죄를 구성한다는 데에는 의문의 여지가 없다고 판시하고 있다.[345]

---

344) 대법원 2014. 2. 21. 선고 2013도13829 판결.
345) 대법원 2007. 2. 15. 선고 2005도9546 전원합의체 판결.

나. 조세채권의 확정은 가능하게 하면서 징수만을 불가능하게 하거나 현저히 곤란하게 하는 행위

과세표준신고 등을 정상적으로 하여 정당하게 조세채무를 확정하게 하면서도 다만 징수만을 불가능하게 하거나 현저히 곤란하게 하는 행위, 즉 책임재산의 은닉으로 징수권만을 침해하는 행위가 부정행위 및 조세포탈의 개념에 해당하는지 문제된다. 판례는 조세포탈죄의 보호법익을 근거로 징수권만을 침해하는 행위가 이에 해당될 수 있다고 논증한다. 대법원은 조세포탈죄는 조세의 적정한 부과·징수를 통한 국가의 조세수입의 확보를 보호법익으로 하는 것이므로, 국가의 조세수입 확보를 위한 조세의 적정한 징수만을 불가능하게 하거나 현저히 곤란하게 하는 것도 부정행위 및 조세포탈이 될 수 있다고 보는 것이다.[346] 다만, 대법원은 조세채권의 만족을 위한 각종 제도적 장치가 세법에 마련되어 있고, 체납처분 면탈의 죄도 존재한다는 이유로 이러한 유형의 조세포탈죄의 성립범위를 극히 예외적으로 제한하였다. 즉, '처음부터 조세의 징수를 회피할 목적으로 사기 기타 부정한 행위로써 그 재산의 전부 또는 대부분을 은닉 또는 탈루시킨 채 과세표준만을 신고하여 조세의 정상적인 확정은 가능하게 하면서도 그 전부나 거의 대부분을 징수불가능하게 하는 등으로 과세표준의 신고가 조세를 납부할 의사는 전혀 없이 오로지 조세의 징수를 불가능하게 하거나 현저히 곤란하게 할 의도로 사기 기타 부정한 행위를 하는 일련의 과정에서 형식적으로 이루어진 것이어서 실질에 있어서는 과세표준을 신고하지 아니한 것과 다를 바 없는 것으로 평가될 수 있는 경우'에 한하여 부정행위 및 조세포탈죄의 성립을 인정한다.

3. 적극적 행위

종래 판례는 조세범 처벌법 제3조 제6항이 신설되기 전부터 부정행위가 인정되려면 적극적 소득은닉행위 또는 적극적 은닉의도가 나타나는 사정이 존재해야 한다고 판시해 왔다. 소득을 과세대상으로 하는 소득세나 법인세의 포탈에는 적극적 소득은닉행위가 필요하고, 과세대상이 소득이 아닌 증여세나 부가가치세 등의 포탈에는 적극적인 거래 등의 은닉행위가 요구되는 것이다.

부정행위의 정의 중 '적극적 행위' 요건에 관한 판례가 제시하는 판단기준은 사례별로 표현에 있어서 차이가 있지만, 대체로 단순한 미신고나 과소신고만으로는 부정행위라 할 수 없고 미신고 또는 과소신고와 아울러 미신고 또는 과소신고의 전(후)단계로서 적극적인 소득은닉행위를 하는 경우나 적극적 은닉의도가 나타나는 사정이 덧붙여진 경우에는 부정행

---

346) 위의 판결.

위가 인정된다고 본다. 최근 판례에서 제시한 가장 주류적인 부정행위의 판단기준은 '미신고 또는 과소신고의 전(후)단계에서 적극적 은닉의도가 나타나는 사정이 덧붙여진 경우'라고 할 수 있다.[347]

판례에서 언급하는 '적극적 은닉의도가 나타나는 사정'에는 사전소득은닉행위 뿐만 아니라 그 밖의 다른 행위가 포함될 수 있다. 장부의 허위기재 등과 같은 사전소득은닉행위가 없더라도 판례가 적극적 은닉의도가 객관적으로 나타나는 사정이 덧붙여졌다고 인정한 사례도 있다. 대법원은 "적극적 은닉의도가 객관적으로 드러난 것으로 볼 수 있는지 여부는 수입이나 매출 등을 기재한 기본 장부를 허위로 작성하였는지 여부뿐만 아니라, 당해 조세의 확정방식이 신고납세방식인지 부과과세방식인지, 미신고나 허위신고 등에 이른 경위 및 사실과 상위한 정도, 허위신고의 경우 허위 사항의 구체적 내용 및 사실과 다르게 가장한 방식, 허위 내용의 첨부서류를 제출한 경우에는 그 서류가 과세표준 산정과 관련하여 가지는 기능 등 제반 사정을 종합하여 사회통념상 부정이라고 인정될 수 있는지 여부에 따라 판단하여야 한다"고 판시하면서, 폐기물소각 처리업체의 인허가권과 기본재산을 매각한 경영자 乙이 유무형자산처분이익 등으로 인한 법인세 등을 포탈하기 위하여 평소 거래하던 세무사가 있었음에도 별도로 세무법인의 사무장 甲을 소개받아 그에게 거액을 주고 허위의 법인세 신고를 의뢰하고, 이에 따라 甲이 세무사를 통해 세액을 축소하여 허위의 법인세 과세표준 및 세액 신고를 하면서 신고서에 첨부하도록 규정된 재무상태표나 표준손익계산서 등을 거짓으로 기재하여 제출한 사안에 대해 조세포탈죄 성립을 인정하였다.[348]

부작위가 부정행위에 해당하지 않는 것인지 의문이 제기될 수 있다. 그런데 위 제3조 제6항 제5호는 부작위에 해당하는 '고의적으로 장부를 작성하지 아니하거나 비치하지 아니하는 행위'를 부정행위의 하나로 열거하고 있는바, 위 제3조 제6항 소정의 부정행위의 요건인 적극적 행위의 의미는 적극적 은닉의도가 드러나는 것이기만 하다면 부작위까지 포함하는 넓은 개념이라고 해석할 수 있을 것이다.[349] 판례도 종래 거래를 은닉할 의도로 세금계산서

---

347) 대법원 1999. 4. 9. 선고 98도667 판결 ; 대법원 2008. 6. 12. 선고 2008도2300 판결 ; 대법원 2014. 2. 21. 선고 2013도13829 판결 등 참조. 특히 위 2013도13829 판결에서는 부정행위의 요건과 관련하여, "다른 행위를 수반함이 없이 단순히 세법상의 신고를 하지 아니하거나 허위의 신고를 하는 데 그치는 것은 이에 해당하지 않지만, 과세대상의 미신고나 과소신고와 아울러 수입이나 매출 등을 고의로 장부에 기재하지 않는 행위 등 적극적 은닉의도가 나타나는 사정이 덧붙여진 경우에는 조세의 부과와 징수를 불능 또는 현저히 곤란하게 만든 것으로 인정할 수 있다"라고 판시하였다.

348) 대법원 2014. 2. 21. 선고 2013도13829 판결. 한편, 하급심 판결 중에는 계약서를 위조하거나 수익 관련 서류를 허위로 작성함 없이 단지 허위로 작성한 대차대조표와 손익계산서를 첨부하여 법인세를 과소신고한 것만으로는 부정행위에 해당하지 않는다고 판단한 사례가 있다.

349) 조현욱, "조세범 처벌법상 사기나 그 밖의 부정한 행위의 의미", 『홍익법학』 제16권 제3호, 홍익대학교 법학연구소, 2015, 75쪽 ; 류석준, "조세범 처벌법 제9조 제1항의 처벌대상 행위와 가벌성의 범위", 『비교형사법연구』 제10권 제2호, 비교형사법학회, 2008, 221쪽.

를 수수하지 않거나 장부를 작성하지 않거나 비치하지 않는 행위도 적극적 은닉의도가 나타난 것으로 인정되는 경우 사기나 그 밖의 부정한 행위가 인정된다고 보았다.[350] 이러한 적극적 은닉의도는 객관적으로 드러나는 것이어야 한다.

4. 기수시기 이전의 행위

부정행위는 조세포탈죄의 실행행위이므로 부정행위와 조세포탈의 결과 사이에 인과관계가 존재해야 한다. 따라서 부정행위는 조세포탈죄의 기수시기 이전에 실행되는 것이어야 한다.[351] 따라서 신고납세방식의 조세의 경우에는 원칙적으로 기수성립 시점인 신고·납부기한까지 부정행위가 성립할 수 있다. 부과과세방식의 조세의 경우에는 원칙적으로 정부의 결정에 따른 납부기한의 경과로 기수가 성립하므로 허위과소신고 이후 납부기한 경과 전까지의 사이에 소득을 은닉하기 위해 세무공무원에게 허위진술을 하거나 허위자료를 제출하는 경우에도 부정행위가 성립할 수 있다.[352]

한편, 기수시기가 경과한 이후에 세무조사를 하는 세무공무원에게 허위진술을 하거나 허위자료를 제출하는 행위는 이를 부정행위라고 할 수 없겠지만, 조세포탈의 고의나 다른 행위가 부정행위에 해당하는지 여부를 판단하는 정황증거로 참고될 수 있을 것이다. 판례는 유산 중 5필지를 분할 상속하였음에도 상속세를 포탈하기 위하여 법원에 상속포기 신고를 한 다음, 그로부터 약 14년 전에 위 필지를 매수하여 망인인 피상속인에게 명의신탁해 둔 것처럼 가장하여 다른 공동상속인들을 상대로 신탁해제로 인한 소유권이전등기청구소송을 제기하여 의제자백에 의한 승소판결을 얻어 피고인 명의의 소유권이전등기를 경료한 사안에서, 상속포기신고를 한 것이 부정한 행위에 해당하고 이후에 민사소송을 통해 소유권이전등기를 한 것은 상속세포탈을 합리화하기 위한 행위로서 이러한 일련의 행위는 상속세의 부과징수를 현저하게 곤란케 할 것이라고 판시하였다.[353]

5. 인과관계

부정행위는 조세포탈의 실행행위이므로 조세포탈의 결과와 인과관계가 인정되어야 한다. 만일 어떠한 소득은닉행위와 조세포탈의 결과 사이에 인과관계가 존재하지 않는다면

350) 대법원 1983. 9. 27. 선고 83도1929 판결 ; 대법원 1988. 2. 9. 선고 84도1102 판결 ; 대법원 2013. 9. 12. 선고 2013도865 판결.
351) 대법원 2011. 7. 28. 선고 2008도5399 판결 ; 대법원 2011. 3. 24. 선고 2010도13345 판결 ; 대법원 2006. 2. 9. 선고 2004도3976 판결 ; 대법원 2009. 1. 15. 선고 2007도3680 판결 등 참조.
352) 안대희, 앞의 책, 388, 613쪽 ; 고성춘,『조세형사법』, 삼일인포마인, 2013, 408쪽.
353) 대법원 1983. 6. 28. 선고 82도2421 판결.

부정행위에 해당하지 아니하며 미수범을 처벌하지 않는 현재 상황에서는 아무런 의미가 없는 행위가 될 뿐이다.[354]

6. 종합적 판단

부정행위 해당 여부는 조세포탈죄의 기수시기 이전에 행하여진 일련의 행위를 전체적으로 보아 판단한다.[355][356] 판례도 납세자 등의 일련의 행위를 전체적으로 보아 부정행위 해당 여부를 판단하고 있는 것으로 보인다.[357] 나아가 기수시기 이후의 사정까지도 이전의 행위가 부정행위에 해당하는지 여부를 판단하는 기초자료로 사용하기도 한다.[358]

 ## 부정행위의 유형

1. 이중장부의 작성 등 장부의 거짓 기장(제1호)

과세표준의 신고는 회계장부에 근거하여야 하므로 조세를 포탈하려는 자는 세무조사 시에 소득이나 거래의 탈루 사실이 적출되지 않도록 하기 위해 장부와 증명서류를 거짓으로 기재·비치하는 등 장부조작행위를 하는 것이 일반적이다. 여기서 이중장부의 작성이란 소득이나 거래를 은닉하기 위해 정상적인 장부 이외에 허위의 장부를 하나 더 작성하여 비치하는 것을 말한다. 그리고 장부의 거짓기장이란 거래나 매출을 누락하거나 비용을 과대계상하는 것 등을 말한다. 이중장부의 작성은 장부의 거짓 기장의 한 예이다. 이러한 이중장부의 작성 등의 장부의 거짓 기장은 부정행위에 해당할 수 있는 대표적인 유형이다.

장부란 결산 재무제표 작성과 과세표준신고에 필요한 기록으로서, 분개장(전표), 일기장, 계정별원장, 계정별보조부(현금출납부, 매출장, 매입장 등), 총계정원장 등을 의미한다. 장부의 작성의무와 방식에 대해서는 소득세법이나 법인세법 등에 규정돼 있다. 개인사업자 중 간편장부대상자인 소규모 사업자를 제외한 나머지 사업자와 법인은 그 사업에 관한 모든 거래사실이 객관적으로 파악될 수 있도록 복식부기에 따라 장부에 기록·관리하여야 하

---

354) 구 조세범 처벌법(2010. 1. 1. 법률 제9919로 개정되기 전의 것) 제9조 제1항은 주세포탈의 미수범을 처벌하도록 규정하고 있었으나, 2010. 1. 1. 동법 개정 시 삭제되었다.

355) 안대희, 앞의 책, 330쪽. 부정행위는 단순한 하나의 행위일 수도 있지만 일련의 행위가 복합적으로 부정행위에 해당할 수 있다고 한다.

356) 임승순, 앞의 책, 370쪽. 조세포탈범에 해당하는지 여부는 궁극적으로 그 기수시점인 신고 당시를 기준으로 허위신고 내지는 무신고의 위법성에 대한 평가로 귀착되므로 사전소득은닉행위로부터 허위신고에 이르기까지 전체과정을 종합적으로 고려하여 부정행위 해당 여부를 판단하여야 한다고 한다.

357) 대법원 1984. 2. 28. 선고 83도214 판결 ; 대법원 2015. 10. 15. 선고 2013도9906 판결.

358) 대법원 1983. 6. 28. 선고 82도2421 판결.

고 증명서류를 비치·보존하여야 한다(소득세법 제160조, 법인세법 제112조). 복식부기 장부는 사업의 재산상태와 그 손익거래 내용의 변동을 빠짐없이 이중으로 기록하여 계산하는 부기 형식의 장부를 말하는데, 이중으로 대차평균하게 기표된 전표와 이에 대한 증빙서류가 완비되어 사업의 재산상태와 손익거래내용의 변동을 빠짐없이 기록하여야 한다(소득세법 시행령 제208조, 법인세법 시행령 제155조).

복식부기 과정에서 모든 거래를 대변과 차변으로 나누어 기록하는 분개(전표), 계정별원장, 총계정원장, 합계잔액시산표 등이 작성된다. 회계기간 말에 각종 장부를 정리, 마감하여 회계기간 말일을 기준으로 하여 회사의 재무상태와 회계기간의 경영성과를 파악하게 되는데, 이와 같이 장부를 마감하여 자산, 부채, 자본의 상태를 파악하고, 수익과 비용에 따른 순손익(경영성과)을 계산하는 절차를 결산이라고 한다. 결산은 ① 수정전시산표 작성 ② 기말수정분개 ③ 수정후시산표 작성 ④ 장부 마감 ⑤ 재무제표[359] 작성 등의 순으로 이루어진다. 재무제표는 복식부기로 작성된 장부를 기초로 부기의 내용을 각각의 목적에 맞게 다르게 조합한 것에 불과하다.

간편장부는 거래별로 거래일자, 거래내용, 거래처, 매출, 비용, 고정자산증감 등을 단식기재하는 장부로, 국세청장이 그 양식을 고시하고 있다.

결국 장부의 거짓 기장이란 결국 복식부기에 의해 작성되는 분개(전표), 계정별원장, 총계정원장, 합계잔액시산표와 간편장부 등을 허위로 작성하는 것을 말한다. 회계장부 이외의 영업과 관련하여 작성된 각종 문서는 제2호 소정의 거짓 증빙 또는 거짓 문서의 작성 및 수취에 근거하여 부정행위로 볼 수도 있을 것이다.

가. 인정례

판례는 장부의 거짓 기장과 관련하여, 다음과 같은 사안에 대해 부정행위를 인정하고 있다.

① 비밀장부를 만든 경우

회사의 운송수입금을 그 운송수입금 원장으로부터 일부 누락시키어 이를 비밀장부를 만들어 별도로 기장 관리하게 하면서 법인세 과세표준 및 세액신고 시 위 운송수입금을 누락하여 과소신고한 경우 사기 기타 부정한 행위로써 수입금 누락분에 상응하는 법인세를 포탈한 것이다.[360]

---

359) 재무상태표, 손익계산서, 자본변동표, 현금흐름표, 이익잉여금처분계산서(결손금처리계산서) 등이다.
360) 대법원 1986. 12. 23. 선고 86도156 판결.

② 거래명의를 위장하여 매출을 누락하고 장부도 허위로 기재한 경우

甲회사의 대표이사인 A가 甲회사가 러시아 무기수출업체로부터 수령할 무기중개료 수입을 외부에서 파악하지 못하도록 회계처리를 하지 않기로 마음먹고, 그 무기중개거래를 미국 법인 乙회사의 베트남 무기중개사업으로 위장한 후 중개수수료도 미국에 있는 A 및 乙회사의 공동명의로 개설된 계좌를 통하여 수령하는 등의 행위를 한 다음, 그 무기중개수수료 수입을 누락한 허위의 장부를 작성하고 이에 기초하여 甲회사의 법인세 신고를 한 경우, 이러한 행위는 과세대상의 단순한 미신고나 과소신고에 그치는 것이 아니라, 무기중개수수료 수입의 외부 노출을 막기 위한 거래명의 위장 및 해외계좌의 사용, 그 수입을 누락한 장부의 허위기장 등 적극적인 소득은닉 행위가 수반된 것으로서 조세의 부과와 징수를 현저히 곤란하게 하는 사기 기타 부정한 행위에 해당한다.[361]

③ 거짓 장부의 기재

부동산매매회사의 경영자가 토지 등의 매매금액을 감액하여 허위의 매입·매출장부를 작성하고, 그 차액을 차명계좌에 보관하는 한편 법인세 신고를 함에 있어서 위와 같이 감액된 금액을 기준으로 과세신고를 한 경우 사기 기타 부정한 행위로 조세를 포탈한 경우에 해당한다.[362]

④ 매출 누락을 위해 장부 등 허위 기재

피고인이 2001 사업연도에 귀속되어야 할 매출금의 신고를 누락하는 데 그치지 않고, 나아가 그 매출누락사실이 쉽게 발견되지 않도록 하기 위하여 미리 지급된 선수금을 상환한 것처럼 예금과 허위로 상계처리한 다음 이에 따라 세무조정계산서 작성시 대차대조표, 계정별원장, 조정후수입금액명세서 등을 허위로 작성하여 이를 과세관청에 제출한 경우 사기 기타 부정한 행위로 조세를 포탈한 경우에 해당한다.[363]

⑤ 실제 장부 외의 허위장부 작성

실제 거래상황이 기재된 장부 외에 그보다 매출액을 적게 기재한 허위의 장부를 작성하여 이에 의하여 세무신고를 함으로써 매출액을 실제보다 과소하게 신고한 경우 사기 기타 부정한 행위로 조세를 포탈한 경우에 해당한다.[364]

⑥ 노임대장 등의 거짓 기재

지출경비에 관한 장부인 노임대장 및 출장여비 정산서를 허위로 작성, 비치하여 놓고 그

---

361) 대법원 2012. 6. 14. 선고 2010도9871 판결.
362) 대법원 2007. 10. 11. 선고 2007도4697 판결.
363) 대법원 2004. 9. 24. 선고 2003도1851 판결.
364) 대법원 1989. 9. 26. 선고 89도283 판결.

164 | 제2부 · 조세형사법 각론

에 따라 지출경비를 과대계상함으로써 법인소득금액을 감소시키는 방법으로 법인세를 과소신고한 경우 사기 기타 부정한 행위로 조세를 포탈한 경우에 해당한다.[365]

⑦ 부당행위계산 부인을 회피하기 위해 장부 등 거짓 기재

법인세법상 부당행위계산에 해당하는 거래임을 은폐하여 세무조정금액이 발생하지 않게 하기 위하여 부당행위계산의 대상이 되지 않는 자의 명의로 거래를 하고 나아가 그 사실이 발각되지 않도록 허위 매매계약서의 작성과 대금의 허위지급 등과 같이 적극적으로 서류를 조작하고 장부상 허위기재를 하는 경우에는 그것이 세무회계와 기업회계의 차이로 생긴 금액이라 하더라도 이는 사기 기타 부정한 행위로써 국세를 포탈한 경우에 해당한다.[366]

⑧ 자금현황장부 등의 거짓 기재

허위의 생산일계표, 월말잔액시산표, 자금현황장부를 작성비치하고 이에 맞추어 총매출외형을 줄이고 또 실제보다 값이 싼 버너형의 수량을 많게 하는 내용의 신고를 하여 조세를 포탈한 일련의 행위는 사기나 기타 부정한 행위에 해당하고, 그 신고의 근거자료가 된 위 허위의 장부 등을 세무서에 제출한 여부나 이를 세무관서에서 조사한 여부는 부정행위의 성립에 영향을 미치지 아니한다.[367]

⑨ 세금계산서 미발급과 장부기재 누락

실제 매출금액 중 일부에 대하여는 세금계산서를 발행하지 아니하고 매입매출장 및 수입금장부 등에 그 부분에 대한 기재를 누락시킨 다음 위 매입매출장 등을 근거로 부가가치세 확정신고와 법인세 과세표준신고를 한 경우, 위와 같은 행위는 조세의 부과와 징수를 불가능하게 하거나 현저하게 곤란하게 하는 적극적 행위에 해당한다.[368]

⑩ 가공경비를 장부에 기장

가공경비를 발생시키고 그러한 경비를 실제로 지출한 양 세무관련 장부를 허위로 작성한 후, 세무서에 법인세 과세표준신고를 하면서 가공경비를 비용에 산입시킨 채 허위신고를 한 경우 사기 기타 부정한 행위로써 국세를 포탈한 경우에 해당한다.[369]

⑪ 장부기재 누락

일부 재화를 외상판매한 사업자가 그 재화를 인도한 시기에 외상판매분에 대한 부가가치세 신고를 하지 아니하고 장부에도 이를 기장하지 아니하였다면 설령 과세기간 이후에 해

---

365) 대법원 1985. 7. 23. 선고 85도1003 판결.
366) 대법원 2013. 12. 12. 선고 2013두7667 판결(국세기본법상 장기부과제척기간에 관한 판례이다).
367) 대법원 1984. 2. 28. 선고 83도214 판결.
368) 대법원 1995. 4. 25. 선고 94도1379 판결.
369) 대법원 2002. 7. 26. 선고 2001도5459 판결.

당 제품을 반품받았다 하더라도 사기 기타 부정한 행위로써 조세를 포탈한 경우에 해당한다.[370]

나. 부정례

소득세 포탈사건에서, 사건진행부와 대조해 본 결과 변호사사건수입명세서에 일부 수입이 누락된 채 신고되었다거나, 변호사 사무실의 수임사건에 관한 기본적인 정보를 기재한 문서인 사건진행부에 일부 사건에 관하여 수임료가 기재되어 있지 않았다는 등의 점만으로는 적극적인 부정한 행위 없이 단순히 세법상의 신고를 하지 아니하거나 허위의 신고를 함에 그치는 것에 불과하다.[371]

2. 거짓 증빙 또는 거짓 문서의 작성 및 수취(제2호)

여기서 말하는 거짓 증빙 또는 거짓 문서는 회계장부 이외에 거래와 관련된 각종 증거서류를 말한다.[372] 각종 계약서, 발주서, 영수증, 출고증, 운송장 등이 여기에 속한다. 조세를 포탈하기 위하여 거래에 관한 위와 같은 증거서류를 거짓으로 작성하거나 수취하는 행위는 소득이나 거래에 대한 은닉행위로서 부정행위에 해당할 수 있다.

가. 인정례

① 주식의 증여를 매매인 것처럼 가장한 경우

甲이 자녀인 丙에게 乙소유인 A회사 주식을 증여하기 위해, 乙과 丙 쌍방을 대리하여 乙소유의 A회사 주식을 명의수탁자인 丁을 거쳐 丙에게 명의이전하면서 丁과 丙사이에 실제로 매매가 이루어진 것처럼 주식양도·양수계약서를 작성하게 하였을 뿐만 아니라, 나아가 丙이 양수대금을 실제로 지급하는 것처럼 송금하고(丙의 모친이 양수대금 증여) 丁의 주식양도차익에 대한 양도소득세와 丙의 주식양수대금에 대한 증여세까지 자진신고·납부하게 한 사안에서, 대법원은 甲이 실질적인 매매인 것처럼 조작하여 주식이전에 대한 증여

---

370) 대법원 1983. 1. 18. 선고 81도2686 판결.
371) 대법원 2007. 6. 28. 선고 2002도3600 판결. 원심법원은 사건진행부는 경리장부가 아닌 것으로 보여지고, 변호사사건수입명세서 또한 변호사가 소득세법에 의하여 관할 세무서장 앞으로 제출하는 사업장현황보고서의 첨부서류로서 일종의 신고문서이고 장부가 아닌 것으로 보여지는 이상, 변호사사건수입명세서에 기재된 금액이 실제와 달리 과소하게 기재되어 있다 하더라도, 이는 단순한 과소 신고에 불과하고, 달리 사후에 세무공무원의 조사에 대비하여 사전에 소득을 은폐하기 위하여 경리장부를 조작하거나, 사건의뢰인들과 통모하여 사건 수임료를 조작한다는 등의 적극적인 행위가 개입되지 않았다고 보았다.
372) 납세자는 각 세법에서 규정하는 바에 따라 모든 거래에 관한 장부 및 증거서류를 성실하게 작성하여 갖춰두어야 한다(국세기본법 제85조의3 제1항).

세의 부과·징수를 현저히 곤란하게 하는 사기 기타 부정한 방법으로 丙에게 부과될 증여세를 포탈한 것이라고 판시하였다.[373]

② 사용료대금을 감액한 허위계약서 작성

甲이 홍콩 영화를 수입하면서 홍콩 소재의 그 각 영화수출회사와 공모하여 사용료대금을 실제 금액보다 낮게 기재한 허위계약서 등을 이용하여 수입 및 통관절차를 밟고 그에 맞춰 원천징수를 한 경우 사기 기타 부정한 행위로 위 각 영화수출회사들의 국내원천소득에 대한 원천징수 법인세 일부를 포탈한 것에 해당한다.[374]

③ 상속재산 등을 생전에 매수한 것처럼 허위 매매계약서 작성

상속인들이 상호 공모하여 상속세 및 증여세를 포탈할 목적으로 상속인들이 상속받거나 증여받은 부동산을 피상속인으로부터 매수한 것처럼 매매를 원인으로 한 소유권이전등기 절차를 경료한 후, 구 상속세법에 의한 상속세와 증여세의 과세표준을 신고하지 아니한 채 그 기한인 3개월이 경과한 경우 사기 기타 부정한 행위로써 국세를 포탈한 경우에 해당한다.[375]

④ 허위의 출고증 제출

정당하게 발급된 출고증을 회수하고 납세중지를 영업소별로 안내하여 내용이 허위인 출고증을 각 영업소에 송부하여 이를 세무서에 제출케 한 경우 사기 기타 부정한 행위로써 국세를 포탈한 경우에 해당한다.[376]

⑤ 토지 매매일자를 허위로 등기한 등기부등본 제출

甲이 체비지를 1974. 4. 24. 매수하였으면서도 자산양도차익예정신고를 함에 있어 그 양도소득세와 방위세를 감면받기 위하여 등기원인이 그로부터 5년이나 경과한 1979. 6. 27.에 매수한 것으로 된 등기부등본을 제출하여 마치 甲이 위 토지를 1979. 6. 27.에 매수한 것처럼 가장하였다면 이는 단순히 등기원인일자가 사실과 다소 다른 경우 그 등기원인일자에 맞추어 자산양도차익예정신고를 하는 경우와는 달리 사기의 방법을 사용한 경우에 해당한다.[377]

⑥ 봉사료지급대장 등을 거짓 기재하여 매출누락

나이트클럽 웨이터들에게 지급한 성과급 형태의 보수는 봉사료로 볼 수 없는 것이어서 이를 과세표준인 매출액에서 제외할 수 없음에도, 甲이 원래 웨이터들에게 성과급으로 지

---

373) 대법원 2006. 6. 29. 선고 2004도817 판결.
374) 대법원 1998. 5. 8. 선고 97도2429 판결.
375) 대법원 1984. 6. 26. 선고 81도2388 판결.
376) 대법원 1985. 12. 10. 선고 85도1043 판결.
377) 대법원 1988. 12. 27. 선고 86도998 판결.

급하기로 약정한 매출액의 15%를 초과한 금액을 신용카드매출전표에 봉사료인 것처럼 허위로 기재하고 웨이터나 웨이터보조로 하여금 봉사료지급대장에 서명날인하도록 하는 등의 방법으로 매출액을 감액하여 신고한 경우 사기 기타 부정한 행위로써 국세를 포탈한 경우에 해당한다.[378]

⑦ 분양사실을 은닉하기 위해 거짓 임대계약서 작성

甲이 점포를 분양하고도 분양하지 않고 임대한 것처럼 허위의 관계서류를 작성·비치하고 이에 맞추어 부가가치세를 신고누락하고, 법인소득에 대한 결산신고시에는 결손된 양 허위신고를 하여 조세를 포탈한 일련의 행위는 조세부과를 현저하게 곤란케 하는 부정행위에 해당한다.[379]

⑧ 부당행위계산 부인을 회피하기 위해 허위 매매계약서 등을 작성한 경우

A회사가 1997. 12. 23. 특수관계자들로부터 상장주식으로서 당시 시가가 주당 540원이던 B회사 주식 1,548,245주를 주당 6,760원에 매수함에 있어, 甲이 매매계약서와 회계장부상으로는 고가매입이 아닌 것처럼 가장하기 위하여 그 매수일자를 위 주식시세가 높았던 1997. 7. 2.로 소급하여 기재하였고, 1997. 12. 23. 동일자로 B회사 주식 1,200,000주를 C회사에 주당 540원에 매도함으로써 7,464,000,000원의 투자자산처분손실을 입었고 이에 그만큼 소득금액이 줄어들어 그에 상당하는 세금 2,089,920,000원을 면한 경우, 甲이 위와 같이 부당행위계산에 해당하는 거래임을 은폐하기 위하여 적극적으로 서류를 조작하고 장부상 허위기재하는 경우까지 세무회계와 기업회계의 차이로 인한 것으로 보아 조세포탈에 해당하지 않는 것으로 볼 수는 없다.[380]

⑨ 거짓 사업자등록과 건축허가로 토지 양도사실 은닉

甲이 토지를 매도하고도 양도소득세의 징수를 면탈할 목적으로 매수인과 공모하여 실지로는 매수인이 그 지상에 아파트를 건축함에도 불구하고 甲 명의로 사업자등록을 하고 건축허가를 받아 마치 甲이 자기 토지 위에 아파트를 건축하여 직접 분양하는 것처럼 가장하여 양도소득세를 포탈한 경우 사기 기타 부정한 행위로써 국세를 포탈한 경우에 해당한다.[381]

⑩ 타인에게 해외 고급주택 구입에 사용할 자금을 해외송금하여 증여하면서도 마치 본인의 해외이주비를 송금한 것처럼 가장한 경우

사실은 A가 해외 고급주택 구입에 사용할 자금임에도, 마치 피고인의 해외이주비로 송

---

378) 대법원 2007. 3. 15. 선고 2006도8690 판결.
379) 대법원 1984. 4. 24. 선고 83도892 판결.
380) 대법원 2002. 6. 11. 선고 99도2814 판결.
381) 대법원 1983. 11. 8. 선고 83도2365 판결.

금하는 것처럼 가장하여 피고인 자신의 명의로 된 캐나다 은행계좌로 자금을 송금하고, 다시 이를 국내에서는 그 인출의 용도를 쉽게 확인하기 어려운 A명의의 미국 은행계좌로 송금하여 해외 고급주택의 구입자금으로 사용하게 함으로써, 피고인이 해당 자금을 A에게 증여하고도 증여세를 신고하지 않은 경우, 이는 사기나 그 밖의 부정한 행위로 증여세를 포탈한 경우에 해당한다.[382]

나. 부정례

① 대여금에 대한 담보가등기를 다른 사람 명의로 경료

종합소득세확정신고를 할 때 사업소득만 신고하고 이자소득을 신고하지 아니한 납세자가 돈을 빌려주고 그 담보조로 가등기를 설정받음에 있어 그 일부를 다른 사람 명의로 마쳤다거나 피고인이 세무조사를 받음에 있어 이자소득이 없다고 답변한 경우는 사기나 그 밖의 부정한 행위에 해당하지 않는다.[383]

② 과세표준신고서 허위작성

甲이 자산양도차익 예정신고 및 예정신고 자진납부계산서를 제출함에 있어서 취득가액과 양도가액을 실지거래액대로 기재하지 아니하고 시가표준액을 기준으로 기재하여 신고하였을 뿐 위 신고에 있어서 조세의 부과징수를 불능 또는 현저하게 곤란하게 하는 위계 기타 부정한 적극적인 행위가 수반되었다고 인정할 증거가 없다면 사기 기타 부정한 행위에 해당되지 아니한다.[384]

③ 명의신탁된 주식을 증여하면서 명의수탁자와 수증자 사이에 주식양도계약서만을 작성한 경우

명의신탁된 주식을 증여하기 위해 명의신탁된 주식의 명의를 실질적인 수증자의 명의로 변경하면서 실질적인 주주인 명의신탁자가 명의신탁주식을 회수하여 수증자에게 증여하는 형식을 취하지 아니하고 명의수탁자가 실질적인 수증자에게 막바로 양도한 것처럼 주식양도계약서를 작성한 사실만 가지고는(주식양수대금이 실제로 지급되는 것처럼 꾸미거나 기타 적극적으로 실질적인 주식매매가 이루어진 것처럼 조작하지는 아니함) 사기 기타 부정한 행위로 증여세를 포탈하였다고 단정하기 어렵다.[385]

---

382) 대법원 2020. 10. 15. 선고 2016도10654 판결.
383) 대법원 1988. 12. 27. 선고 86도998 판결.
384) 대법원 1981. 7. 28. 선고 81도532 판결.
385) 대법원 2006. 6. 29. 선고 2004도817 판결 ; 서울고등법원 2004. 1. 14. 선고 2002노2753 판결.

3. 장부와 기록의 파기(제3호)

장부와 기록을 파기하는 것은 전형적인 소득은닉행위로서 부정행위에 해당할 수 있다. 납세자는 각 세법에서 규정하는 바에 따라 모든 거래에 관한 장부 및 증거서류를 성실하게 작성하여 갖춰 두어야 한다. 이 경우 장부 및 증거서류 중 국제조세조정에 관한 법률 제16조 제4항에 따라 과세당국이 납세의무자에게 제출하도록 요구할 수 있는 자료의 경우에는 소득세법 제6조 또는 법인세법 제9조에 따른 납세지(소득세법 제9조 또는 법인세법 제10조에 따라 국세청장이나 관할 지방국세청장이 지정하는 납세지를 포함한다)에 갖춰 두어야 한다(국세기본법 제85조의3 제1항). 납세자는 장부와 증거서류를 해당 국세의 법정신고기한이 지난 날로부터 5년간(역외거래의 경우 7년간) 보존하되, 국세기본법 제26조의2 제1항 및 제2항 제1호의 국세부과제척기간이 끝난 날이 속하는 과세기간 이후의 과세기간에 소득세법 제45조 제3항 등에 따라 이월결손금을 공제하는 경우에는 결손금이 발생한 과세기간의 소득세 또는 법인세에 관한 장부와 증거서류는 이월결손금을 공제한 과세기간의 법정신고기한으로부터 1년간 보존하여야 한다(국세기본법 제85조의3 제2항). 또한 장부와 증거서류의 전부 또는 일부를 전산조직을 이용하여 작성할 수 있는데 이 경우 그 처리과정 등을 자기테이프, 디스켓 또는 그 밖의 정보처리장치에 보존하여야 한다(국세기본법 시행령 제65조의7 제1항). 이와 같은 정보처리장치를 전자기록이라고 한다. 그런데 이러한 장부와 증거서류 또는 이를 대체하는 전자기록 등을 파기하는 것은 세무공무원에 의한 결정 또는 경정을 현저히 곤란하게 하거나 불가능하게 하는 행위에 해당하므로 부정행위에 해당할 수 있다.

판례에 의하면 부가가치세를 포탈할 의도 아래 실제의 거래현황이 기재된 장부 등을 소각 등의 방법으로 없애버리고 또 일부의 매입자들에 대하여는 세금계산서를 교부하지 아니하였을 뿐만 아니라, 세무신고 시에는 교부하였던 세금계산서의 일부마저 누락시킨 채 일부의 세금계산서와 그를 토대로 만든 허위의 매입·매출장을 제출하는 방법으로 매출신고를 과소신고한 경우, 이러한 행위는 조세의 부과와 징수를 불가능하게 하거나 현저히 곤란하게 하는 적극적 행위에 해당한다고 한다.[386]

한편, 조세범 처벌법 제8조는 조세를 포탈하기 위한 증거인멸의 목적으로 세법에서 비치하도록 하는 장부 또는 증빙서류(국세기본법 제85조의3 제3항에 따른 전산조직을 이용하여 작성한 장부 또는 증빙서류를 포함한다)를 해당 국세의 법정신고기한이 지난 날부터 5년 이내에 소각·파기 또는 은닉한 자는 2년 이하의 징역 또는 2천만 원 이하의 벌금에 처하도록 규정하고 있다.

---

386) 대법원 1988. 3. 8. 선고 85도1518 판결.

4. 재산의 은닉, 소득·수익·행위·거래의 조작 또는 은폐(제4호)

가. 의의

재산의 은닉, 소득·수익·행위·거래의 조작 또는 은폐도 소득이나 거래의 은닉 등을 위한 부정행위의 유형에 해당한다. 이와 관련하여 명의신탁, 차명계좌, 사업자 또는 거래당사자 명의대여 등이 문제될 수 있는데, 위와 같은 행위는 조세포탈뿐만 아니라 그 밖에 다양한 목적에서 행하여지는 것이 현실이므로 위와 같은 행위가 있다고 하여 곧바로 부정행위가 인정되는 것은 아니다. 위와 같은 행위들의 부정행위 해당여부는 조세포탈의 의도나 은닉방법의 적극성 등을 고려하여 개별적으로 판단하여야 한다. 이하 순차적으로 살펴본다.

나. 명의신탁

부동산의 명의신탁은 부동산 실권리자명의 등기에 관한 법률에 의해 일부 예외를 제외하고는 위법·무효인 것으로 규정돼 있으나, 부동산 이외의 재산에 대해서는 명의신탁이 원칙적으로 허용되고 있다. 명의신탁의 목적은 탈세, 강제집행면탈, 각종 소유제한 규정 회피 등 다양하다. 그러므로 세금과 관련된 재산이 명의신탁이 돼 있고, 그로 인하여 세액이 줄어든 결과가 발생하였다고 하여 당연히 그 명의신탁이 조세포탈을 위한 부정행위에 해당하여 조세포탈죄가 성립하는 것은 아니다. 판례도 납세자가 명의를 위장하여 소득을 얻더라도, 명의위장이 조세포탈의 목적에서 비롯되고 나아가 여기에 허위 계약서의 작성과 대금의 허위지급, 과세관청에 대한 허위의 조세 신고, 허위의 등기·등록, 허위의 회계장부 작성·비치 등과 같은 적극적인 행위까지 부가되는 등의 특별한 사정이 없는 한 명의위장 사실만으로 부정행위에 해당한다고 볼 수 없다는 입장이다.[387]

(1) 부동산의 명의신탁

부동산 명의신탁은 주로 양도소득세의 포탈과 관련하여 문제된다. 판례는 다음과 같은 사안에서 부정행위를 인정한다.

① 제3자가 부동산을 취득하여 양도한 것처럼 세금을 신고한 경우

피고인이 A로부터 부동산을 11,860,000원에 매수하여 B에게 154,350,000원에 매도하였음에도, 乙이 A로부터 위 부동산을 11,860,000원에 매수하여 이를 丙에게 10,250,000원에 매도하고, 丙이 이를 다시 B에게 154,350,000원에 매도한 것처럼 위장하여 위 丙 명의로 양도차액확정신고를 한 사안에서, 대법원은 위 丙 명의의 양도차액확정신고는 피고인이 이 사건

---

387) 대법원 2017. 4. 13. 선고 2015두44158 판결.

양도소득세 등을 포탈하기 위하여 사용한 위계로서 이를 가르켜 양도소득금액이 있는 납세의무자로서 법에 의한 양도소득과세표준의 확정신고를 한 것으로는 볼 수 없고, 이는 피고인이 납세의무자로서 조세를 포탈할 목적으로 사기 기타 부정한 수단으로 법에 의한 과세표준을 신고하지 아니함으로써 당해 세목의 과세표준을 정부가 결정 또는 조사결정을 할 수 없게 한 경우에 해당한다고 판시하였다.[388]

② 상속받은 재산을 명의신탁받은 재산인 것처럼 위장한 경우

상속인 중 1인이 상속재산의 협의분할 후 상속포기신고를 한 다음, 마치 상속개시 전에 매수한 것을 피상속인에게 명의신탁하여 둔 것처럼 가장하여 다른 공동상속인을 상대로 신탁해제로 인한 소유권이전등기청구소송을 제기하여 의제자백에 의한 승소판결을 얻어 자기 명의의 소유권이전등기를 경료한 것은 사기나 그 밖의 부정한 행위로 상속세를 포탈한 경우에 해당한다.[389]

(2) 주식의 명의신탁

주식의 명의신탁에 의한 조세포탈은 주식에 대한 양도소득세, 증여세, 소득세 등의 포탈과 관련하여 문제되는 경우가 많다.

(가) 인정례

① 주권상장법인 대주주의 주식 양도소득에 대한 과세규정이 시행되기 전에 차명으로 인수한 신주인수권을 과세규정이 시행된 이후 차명으로 행사하여 취득한 주식을 양도하여 대주주 양도소득 과세를 면한 경우

주권상장법인의 주식을 5% 이상 소유한 대주주의 주식 양도소득을 과세하는 규정이 시행된 1999. 1. 1. 이전에 甲이 A회사의 신주인수권부사채를 임직원들 명의로 취득하였지만, 위 과세규정의 시행으로 피고인이 대주주의 주식 양도로 인한 납세의무를 예견할 수 있게 된 후인 1999. 12. 20.부터 2002. 3. 14.까지 위 신주인수권부사채에 부여된 신주인수권을 행사하고 임직원들의 계좌를 통해 신주인수대금을 납입하는 방법으로 A회사의 주식을 차명으로 취득한 다음, 전담 직원을 두어 차명주식과 그 매각대금 등을 관리하게 하는 등의 행위를 한 점은 그 주식 등이 피고인의 소유임을 은닉함으로써 조세의 부과·징수를 불능 또는 현저히 곤란하게 하는 별도의 사기 그 밖의 부정한 행위에 해당한다.[390]

---

388) 대법원 1983. 9. 13. 선고 83도1231 판결. 그 밖에 甲이 부동산 매매거래로 발생하는 양도소득세를 포탈할 목적으로, 甲 명의가 아니라 무자력자인 乙의 명의로 다수의 부동산을 취득한 다음 이를 전매하여 거액의 양도소득을 취득하고도 양도소득세 신고·납부하지 않은 경우 등에도 사기나 그 밖의 부정행위가 인정된다.
389) 대법원 1983. 6. 28. 선고 82도2421 판결.
390) 대법원 2015. 9. 10. 선고 2014도12619 판결.

② 대기업 회장이 임원들의 명의를 차용하여 개설한 증권위탁계좌를 이용하여 상장법인 주식을 차명으로 매입하고 매도하는 거래를 반복하여 양도차익을 얻고도 양도소득세를 신고하지 아니한 경우

　A그룹 회장인 甲이 A그룹 직원들로 하여금 임직원들 명의를 차용하여 개설한 다수의 증권위탁계좌로 甲 소유의 주식을 관리하면서 다수의 주권상장법인의 주식을 매매하여 양도차익이 발생하였으나 차명주주가 대주주가 아니라는 이유로 이에 대해 양도소득세 신고를 하지 아니한 경우, 여러 사람의 명의로 개설한 甲의 차명계좌를 이용하여 상당한 기간에 걸쳐 대규모로 차명주식 거래를 한 사실을 은닉한 이상 사기나 그 밖의 기타 부정한 행위에 해당한다.[391]

③ 합병을 통한 우회상장 전에 특수관계자인 자녀들에게 A회사가 발행한 차명주식을 증여하고도 허위 매매계약서 등을 이용하여 그 사실을 은닉하고 이후 상장회사와의 합병을 통해 A회사 주식을 우회상장함으로써 의제증여세를 면한 경우

　피고인이 자신이 보유하고 있는 A회사 차명주식을 그의 자녀들에게 증여하고 우회상장을 통해 그 가치를 증가시켜 그 증가액만큼을 추가 증여하기로 마음먹고, 해당 차명주주들로부터 그의 자녀들이 A회사 주식을 직접 매수하는 것처럼 보이기 위하여 허위의 주식매매계약서를 작성하고, 주식매매대금이 실제로 지급된 것과 같은 외관을 만들기 위하여 피고인의 자녀들 명의의 예금계좌에서 직접 매도인인 차명주주들 명의의 예금계좌로 금원을 이체하거나 피고인의 자녀들 명의의 예금계좌에서 출금한 금원을 차명주주들의 예금계좌에 그대로 입금한 후, 명목상 매도인인 차명주주들의 명의로 주식양도차익에 대한 양도소득세를 자진하여 신고·납부한 다음, 코스닥상장법인 B를 인수하여 A회사와 합병시켜 우회상장하는 방법으로 차명주식의 가치를 증가시킨 경우, 피고인이 적극적으로 피고인의 자녀들과 차명주주들 사이에 실질적인 매매가 있는 것과 같은 외관을 만드는 방법으로 의제증여세 부과의 전제가 되는 최대주주인 피고인과 특수관계에 있는 자녀들 사이의 차명주식 증여 사실을 숨기는 등의 방법으로 의제증여세[392]의 부과와 징수를 불가능하게 하거나 현저히 곤란하게 하였으므로 사기나 그 밖의 부정한 행위에 해당한다.[393]

---

391) 대법원 2013. 9. 26. 선고 2013도5214 판결.
392) 구 상속세 및 증여세법(2003. 12. 30. 법률 제7010호로 개정되기 전의 것) 제41조의5 제1항은 최대주주등과 특수관계에 있는 자가 최대주주등으로부터 당해 법인의 주식등(주식 또는 출자지분)을 증여받거나 유상으로 취득한 경우 또는 증여받은 재산으로 최대주주등 외의 자로부터 당해 법인의 주식 등을 취득하거나 다른 법인의 주식 등을 취득한 경우로서 그 주식등의 증여일등으로부터 3년 이내에 당해 법인 또는 다른 법인이 특수관계에 있는 주권상장법인 또는 협회등록법인과 합병됨에 따라 그 가액이 증가된 경우로서 당해 주식 등을 증여받거나 유상으로 취득한 자가 당초 증여세과세가액 또는 취득가액을 초과하여 대통령령이 정하는 기준 이상의 이익을 얻은 경우에 당해 이익을 증여받은 것으로 의제한다.
393) 대법원 2011. 6. 30. 선고 2010도10968 판결.

(나) 부정례

① 차명주식을 양도하여 차명주주 명의로 양도소득세를 납부한 경우

甲이 乙 등의 명의로 비상장법인인 A회사의 주식을 보유하며 乙 등의 명의로 배당소득을 수령하고, 乙 등의 명의로 위 주식을 양도하여 양도소득도 乙 등의 명의로 신고·납부하였는데, 甲이 명의신탁에 의한 부정행위로 소득세와 양도소득세를 포탈을 하였음을 이유로 과세관청이 甲에게 10년의 제척기간을 적용하여 종합소득세와 양도소득세를 부과한 사안에서, 대법원은 명의신탁 당사자들의 구체적 소득 규모에 따른 종합소득세 세율 적용의 차이, A회사의 재무상태와 실제 이루어진 배당내역, 비상장주식 양도소득에 대한 누진세율 적용 여부 등의 사정과 그러한 사정의 변동 및 그에 대한 예견 가능성을 비롯하여 조세포탈의 목적을 추단케 하는 사정에 관한 과세관청의 충분한 증명이 없다면, 단순히 명의신탁이 있었다는 점만을 들어 명의신탁자가 오랜 기간에 걸쳐 누진세율의 회피 등과 같은 조세포탈의 목적을 일관되게 가지고 명의신탁하였다고 단정하기는 어렵고, 나아가 명의신탁으로 인해 결과적으로 양도소득 기본공제에 다소 차이가 생겼지만 명의신탁으로 인해 양도소득세의 세율이 달라졌다는 등의 사정도 보이지 않는 이상 이러한 사소한 세액의 차이만을 내세워 명의신탁 행위와 이에 뒤따르는 부수행위를 조세포탈의 목적에서 비롯된 부정한 적극적인 행위로 볼 수 없다고 판시하였다.[394]

② 주식의 명의신탁이 양도소득 과세에 영향을 미치지 않는 경우

코스닥 상장사 A회사의 대주주인 甲이 코스닥시장 외에서 A회사 주식을 양도한 행위는 자신의 이름으로 양도를 한 것이나 타인의 이름을 빌려 양도를 한 것이나 양도소득세 과세요건을 충족한다는 측면에서는 아무런 차이가 없으므로 장외에서 차명 보유 주식을 처분하여 양도차익을 남기고도 양도소득을 신고하지 않는 경우, 그 양도사실을 은닉하기 위하여 어떠한 위장행위를 하였다는 사실을 인정할 아무런 증거가 없고, 양도소득세의 과세대상이 되는 소득이란 자산의 처분으로 인하여 비로소 발생하는 것이라 할 것이므로 위와 같은 행위를 이미 발생한 소득에 대한 적극적인 은닉행위로 평가하기도 어려우므로, 양도소득세 포탈에 관한 사기나 그 밖의 부정한 행위가 인정되지 않는다.[395]

③ 대주주가 1992년경 주식 일부를 명의신탁한 후 회사가 1993년에 코스닥상장이 되었음에도 계속 명의신탁을 유지하면서 명의신탁된 주식을 명의수탁자 명의로 양도하고도 명의수탁자는 대주주가 아니라는 이유로 양도소득세를 내지 않은 경우

A회사 대주주 甲은 계열분리 및 기업공개를 위한 필요에서 자신의 주식 중 일부를 乙

---

394) 대법원 2018. 3. 29. 선고 2017두69991 판결(국세기본법상 장기부과제척기간에 관한 판례이다).
395) 대법원 2011. 7. 28. 선고 2008도5399 판결.

등 6명에게 명의신탁하였고, A회사를 코스닥 상장한 이후에도 주식공시의무위반에 대한 제재 등을 염려하여 명의신탁을 유지하면서 명의수탁자 명의로 증권계좌를 개설하여 주식 양도대금이나 배당 등을 수취하였고 소득세도 명의수탁자 명의로 신고하던 중, 명의수탁자 명의로 주식을 매도하면서도 명의수탁자는 과세대상인 대주주에 해당하지 않는다는 이유로 양도소득세 신고를 하지 않았던 사안에서, 甲이 부정행위로 양도소득세를 포탈하여 부당무신고가산세 부과대상인지 여부가 쟁점되었는데, 대법원은 甲의 주식 명의신탁행위로 인하여 양도소득세가 과세되지 못하였고 종합소득세와 관련하여 세율 구간 차이에 따라 산출세액에서 차이가 발생하게 되었다고 하더라도, 甲이 주식을 명의신탁하고 명의신탁관계를 유지한 것이 조세포탈 목적에서 비롯된 것으로 보이지 않고 명의수탁자 명의로 증권계좌를 개설하여 주식 양도대금이나 이자 또는 배당소득을 수취하고 명의수탁자 명의로 종합소득세 신고를 한 것은 주식 명의신탁에 통상적으로 수반된 것으로 이를 명의신탁행위와 별도로 조세포탈에서 비롯된 부정한 적극적인 행위에 해당한다고 보기 어렵다는 취지로 판단하였다.[396]

④ 상장법인 대주주의 주식 양도소득에 대한 과세규정이 시행되기 전 차명으로 취득한 주식에 대해 위 과세규정 시행 이후 명의수탁자 앞으로 발행된 무상주를 명의신탁자가 양도하고도 양도소득세를 미신고한 경우

甲이 상장법인 대주주의 주식 양도소득에 대한 과세규정이 시행되기 이전에 차명으로 A회사의 주식을 취득하였는데 위 과세규정 시행이후 甲이 명의수탁자 앞으로 발행된 A회사의 무상주를 명의수탁자 명의로 양도하고도 명의수탁자가 대주주가 아니라는 이유로 양도소득세를 납부하지 않은 사안에서, 대법원은 甲이 기존 주식을 취득할 당시에는 조세납부의무가 없었으므로 대주주의 상장주식 양도로 인한 양도소득세 납세의무에 대하여 예견할 수 없었고, 자산재평가적립금 등 자본준비금이나 이익잉여금을 자본에 전입하여 무상주가 배정되는 경우에는 발행법인의 순자산이나 이익 및 주주의 지분비율, 실질적인 재산적 가치에는 아무런 변화가 없으므로, 취득 당시 과세대상이 아닌 기존 주식이 과세대상으로 전환된 후에 그 기존 주식에 관하여 자산재평가적립금이나 이익잉여금의 자본전입에 따른 무상주가 배정되었다고 하여 새로운 '사기 기타 부정한 행위'가 있었다고 볼 수 없으므로 위 무상주를 양도함으로써 얻은 양도소득에 대하여 별도의 조세포탈죄가 성립하지 아니한다고 판시하였다.[397]

---

396) 대법원 2017. 4. 13. 선고 2015두44158 판결(국세기본법상 부당무신고가산세에 관한 판례이다).
397) 대법원 2015. 9. 10. 선고 2014도12619 판결.

다. 차명계좌

판례에 의하면 차명계좌 이용행위 한 가지만으로써 구체적 행위의 동기, 경위 등 정황을 떠나 어느 경우에나 적극적 소득은닉 행위가 된다고 단정할 수는 없으나, 과세대상의 미신 고나 과소신고와 아울러 차명계좌의 예입에 의한 은닉행위에 있어서도 여러 곳의 차명계좌 에 분산 입금한다거나 순차 다른 차명계좌에의 입금을 반복하거나 단 1회의 예입이라도 그 명의자와의 특수한 관계 때문에 은닉의 효과가 현저해지는 등으로 적극적 은닉의도가 나타 나는 사정이 덧붙여진 경우에는 조세의 부과징수를 불능 또는 현저히 곤란하게 만든 것으 로 인정할 수 있다고 한다.[398]

(1) 인정례

① 그룹사 회장이 해외법인 대표 명의의 계좌를 이용하여 해외 발생 소득을 입금받고 지출에 사용한 경우

甲이 자신이 실질적 경영자로 있는 해외법인 대표이사 A명의의 계좌를 빌려 그 계좌로 해외 중고선박 매매와 관련한 리베이트와 해외에 있는 다른 계열회사의 배당금을 입금하도 록 한 다음 위 계좌에서 甲의 해외법인 주식 매입대금, 甲의 자녀 유학비 등을 지출하여 지속적으로 사용한 사안에서, 이러한 행위는 국내 과세관청으로 하여금 甲의 소득 발견을 어렵게 함으로써 조세의 부과·징수를 불능 또는 현저히 곤란하게 만든 것에 해당하므로 사기 기타 부정한 행위가 인정된다.[399]

② 차명계좌 및 자기앞수표의 반복적 유통

i) 정치자금 성격의 활동비 혹은 이자 명목으로 교부받은 금원들을 차명계좌에 분산 입 금케 하거나 미리 자금세탁된 헌 수표를 전달받아 이 중 일부를 다시 차명계좌에 분산 입금시키는 등의 부정한 방법으로 증여재산 혹은 이자소득을 은닉하고 그에 대한 과 세표준신고를 하지 아니한 경우, 이는 증여세 또는 종합소득세의 대상이 되는 금원을 금융자산의 차명거래의 방법을 이용하거나 자기앞수표의 반복적 유통의 방법을 이용 하여 적극적으로 은닉한 것으로 사기 기타 부정한 행위에 해당한다.[400]

ii) 갈비집을 경영하는 甲이 수입산 쇠고기를 한우로 둔갑시켜 판매하면서 다른 사람들에 게 자기앞수표를 지급하거나 차명송금 내지는 타인명의 계좌로 송금하는 등의 방법으 로 금원을 대여하였다가 그 이자는 약속어음, 자기앞수표, 현금 등으로 직접 지급받거 나 여러 개의 차명계좌 또는 특수한 관계에 있는 법인계좌로 분산하여 지급받은 사건

---

398) 대법원 1999. 4. 9. 선고 98도667 판결.
399) 대법원 2016. 2. 18. 선고 2014도3411 판결.
400) 대법원 1999. 4. 9. 선고 98도667 판결.

에서, 대법원은 피고인이 단순히 세법상의 소득신고를 하지 아니하는 데 그치지 아니하고 위와 같이 장기간에 걸쳐 상이한 지급수단인 약속어음, 자기앞수표 등에 의한 자금거래를 반복하고, 여러 개의 차명계좌를 이용하는 등의 방법으로 자금거래 사실을 은닉한 이상, 이러한 피고인의 행위는 조세의 부과·징수를 불가능하게 하거나 또는 현저하게 곤란하게 하는 위계 기타 부정한 적극적 행위로서 사기 기타 부정한 행위에 해당한다고 판시하였다.[401]

iii) 甲이 상속재산을 은폐하기로 공동상속인들과 공모하고 무기명양도성예금을 해지하여 각기 다른 가명 또는 차명으로 분할 예입하였다가 다시 해지하여 다른 사람의 명의로 분할 예입하고, 가명 또는 차명으로 된 예수금증서 영수인란의 피상속인 명의의 인영을 지우고 명의인들의 인장을 찍어 그들이 직접 해지하는 것처럼 하여 인출한 후 상속세 과세표준을 신고함에 있어 이를 누락한 결과 과세관청이 그대로 상속세 부과결정을 하였다면, 甲의 위와 같은 일련의 행위가 조세의 부과와 징수를 현저하게 곤란하게 하는 적극적인 행위에 해당한다.[402]

③ 다수의 가명계좌의 사용을 통한 수입금액 은닉

7개의 투전기업소를 운영하는 甲이 각 투전기업소에서 수입한 수입금액을 숨기기 위하여 허위로 장부를 작성하여 각 사업장에 비치하고, 여러 은행에 200여 개의 가명계좌를 만들어 7개의 투전기업소에서 수입한 금액을 분산하여 입금시키면서 그 가명계좌도 1개월 미만의 짧은 기간 동안만 사용하고 폐지시킨 뒤 다시 다른 가명계좌를 만들어 사용하는 등의 행위를 반복하고 6개의 투전기업소의 수입금액에 대해서는 전혀 과세신고를 하지 아니하였다면, 이와 같은 행위가 조세의 부과와 징수를 현저하게 곤란하게 하는 적극적인 행위에 해당한다.[403]

(2) 부정례

① 신용불량으로 처 명의로 사업에 참여하고, 정산금도 처 명의로 수령한 경우

신용불량 상태에 있어 처의 명의로 봉안당 사업에 참여하는 바람에 그 사업으로 인한 정산금을 처 명의의 계좌로 수령한 것에 불과한 경우에는 적극적인 소득 은닉의도가 있었다고 보기 어려워 사기나 그 밖의 부정한 행위가 인정되지 않는다.[404]

---

401) 대법원 2007. 8. 23. 선고 2006도5041 판결.
402) 대법원 1997. 5. 9. 선고 95도2653 판결.
403) 대법원 1994. 6. 28. 선고 94도759 판결.
404) 대법원 2015. 6. 11. 선고 2015도1504 판결.

② 여러 가명계좌에 이자소득이 단순 분산입금된 경우

甲이 금융실명거래에 관한 법률이 시행되기 전에 그의 실명과 A라는 가명으로 된 예금계좌 여러 개를 보유하면서 이자소득을 위 실명계좌와 가명계좌에 분산하여 입금시킨 바 있으나 위 가명구좌에는 이자소득이 아닌 다른 자금도 입출금되었으며 1978년도, 1979년도의 이자소득은 실명구좌를 통한 입금액이 훨씬 많고 또 1980년도의 이자소득은 전부 실명구좌에만 입출금되었으므로 위 가명구좌에 따른 거래를 특별히 문제삼을 수는 없고 따라서 이자소득이 여러 은행의 당좌나 가명예금구좌에 분산 입금되었다고 하여도 그 자체만으로는 조세를 포탈하기 위한 사기 기타 부정한 행위에 해당한다고 할 수 없고, 甲이 돈을 빌려주고 그 담보조로 가등기를 설정받음에 있어 그 일부를 다른 사람 명의로 마쳤다거나 피고인이 세무조사를 받음에 있어 이자소득이 없다고 답변하였다고 하여도 그와 같은 행위가 바로 위에서 설시한 바와 같은 부정한 적극적인 행위라고 말할 수는 없다.[405]

라. 사업자등록명의 위장

신용불량, 법령상 혜택 활용 등의 목적으로 다른 사람의 명의를 빌려 사업자등록을 하고 사업을 영위하는 경우가 많다. 그러한 경우 명의대여자의 명의로 거래를 하고 과세신고까지 하므로 일반적으로 그로 인하여 사소한 세액의 차이를 제외하고는 중대한 조세수입의 침해가 발생하지는 않는다. 따라서 사업자명의를 위장하여 소득을 얻더라도 그것이 조세포탈 목적과 관련이 없는 행위인 때에는 명의위장 사실만으로 부정행위에 해당한다고 할 수 없다.

그러나 판례에 의하면 누진세율 회피, 수입의 분산, 감면특례의 적용, 세금 납부를 하지 못하는 무자력자의 명의사용 등과 같이 명의위장이 조세회피의 목적에서 비롯되고 나아가 여기에 허위 매매계약서의 작성과 대금의 허위지급, 허위의 양도소득세 신고, 허위의 등기·등록, 허위의 회계장부 작성·비치 등과 같은 적극적인 행위까지 부가된다면 이는 조세의 부과와 징수를 불가능하게 하거나 현저히 곤란하게 하는 사기나 그 밖의 부정한 행위에 해당한다고 한다.[406]

판례는 다음과 같은 사안에서 사업자등록 명의위장에 대하여 부정행위를 인정한다.

① 다른 사람 명의로 위장사업체를 설립하여 매출을 분산시키는 경우

甲이 다른 사람들의 명의를 빌려 3개의 위장사업체를 설립한 다음 A회사의 매출을 분산시킴으로써 매출을 과소신고한 것은 사기나 그 밖의 방법에 의한 조세포탈행위에 해당한다.[407]

---

405) 대법원 1988. 12. 27. 선고 86도998 판결.
406) 대법원 2011. 3. 24. 선고 2010도13345 판결.

② 사업자명의 차용, 차명계좌 사용, 세금계산서 미발급 등의 경우

甲이 다른 사람의 명의를 빌려 사업자등록을 하고 차명계좌를 통해 매출금을 입금받고 세무사에게 세금계산서를 발급하지 아니한 매출액과 지출한 급여 일부를 누락한 자료를 건네 그로 하여금 실제 매출과 다른 내용의 장부를 작성하고 부가가치세 및 종합소득세 신고를 하게 한 것은 적극적인 은닉의도가 드러난 사기 기타 부정한 행위에 해당한다.[408]

③ 소득 은닉 목적으로 제3자 명의로 사업자등록 및 카드가맹점 개설

甲이 유흥주점을 경영함에 있어서 제3자의 이름으로 사업자등록을 한 뒤 그 이름으로 카드가맹점을 개설하고 신용카드 매출전표를 작성하여 자신의 수입을 숨기는 등 행위를 한 경우 사기나 그 밖의 부정한 행위에 해당한다.[409]

④ 타인 명의 사업자등록으로 과세특례를 적용받은 경우

甲이 부가가치세 과세특례를 적용받기 위해, 과세특례가 적용되는 乙의 명의로 사업자등록을 하고 실제로는 자신이 판매를 하면서도 마치 乙이 판매하는 것처럼 위장한 다음, 일반 과세자로서의 세액과 과세특례자로서의 세액의 차액만큼 과소신고한 경우 사기 기타 부정한 행위로써 국세를 포탈한 경우에 해당한다.[410]

마. 거래당사자 명의위장

판례는 다음과 같은 사례에 대해 부정행위를 인정한다.

① 중간매도인이 부동산을 미등기 전매하여 양도차익을 남긴 경우

국토의 계획 및 이용에 관한 법률에서 정한 토지거래허가구역 내의 토지 등을 매수하였으나 그에 따른 토지거래허가를 받지 아니하고 이전등기를 마치지도 아니한 채 토지를 제3자에게 전매하여 매매대금을 수수하고도 최초의 매도인이 제3자에게 직접 매도한 것처럼 매매계약서를 작성하고 그에 따른 토지거래허가를 받아 이전등기까지 마친 경우에, 토지거래허가가 없어 모든 매매계약이 무효라고 할지라도 이전등기가 말소되지 아니한 채 남아 있고 중간 매도인이 수수한 매매대금도 제3자에게 반환하지 아니한 채 그대로 보유하고 있는 때에는 예외적으로 중간 매도인에게 자산의 양도로 인한 소득이 있다고 보아 양도소득

---

407) 대법원 2009. 5. 28. 선고 2008도7210 판결.
408) 대법원 2011. 3. 24. 선고 2010도13345 판결.
409) 대법원 2004. 11. 12. 선고 2004도5818 판결. 그 밖에 甲이 주유소를 운영하면서 세금을 납부할 능력이 전혀 없는 바지사장 乙을 내세워 주유소 사업자등록을 하고 그 명의로 신용카드가맹점 개설을 한 다음 유류대금을 결제함으로써 乙에게 각종 세금이 부과되도록 한 경우 등에도 실무상 사기나 그 밖의 부정행위가 인정된다.
410) 대법원 1984. 1. 31. 선고 83도3085 판결.

세 과세대상이 된다고 보아야 하고, 제3자에게 토지를 전매하지 아니하고 토지를 취득할 수 있는 권리를 양도한 경우라고 하여 달리 볼 것은 아니며, 이러한 미등기 전매행위는 부정행위에 해당한다.[411]

② 개인이 렌트카 회사 명의로 자동차를 매수하여 사용하는 것임에도 렌트카 회사가 대여용 승용차를 구입한 것처럼 가장하여 부가가치세를 환급받은 경우

자동차의 실제 매수자는 개인들이고 그 구입대금 기타 운행에 소요되는 제세공과금 역시 개인들이 부담하여 자가용으로 사용하는 것임에도 형식상으로 렌트카 영업을 하는 A회사 명의를 빌려 대여용인 것처럼 승용차를 구입하게 한 다음 A회사가 부가가치세 신고시에 사업용승용차를 구입한 것처럼 가장하여 매입세액을 환급받았다면 이는 부가가치세 환급을 받을 수 없는 자가 환급권이 있는 것처럼 부정환급을 받은 것이므로 사기 기타 부정한 행위에 해당한다.[412]

③ 소비자에 대한 가스공급자를 제3자로 내세워 세금계산서를 발급한 경우

가스소매업자인 甲이 가스판매사업을 하는 것을 감추고 실수요자가 가스를 직접 공급받는 것으로 가장하고 가스도매업체로 하여금 실수요자 앞으로 세금계산서를 발급하게 하였다면 이러한 위장은폐행위는 단순히 사업자등록이나 세법상의 신고를 하지 아니한 것에 그치지 아니하고 甲에 대한 부가가치세 등의 부과징수를 불능하게 하거나 현저히 곤란하게 하는 사기 기타 부정행위에 해당한다.[413]

바. 가장행위를 통한 조작 또는 은폐

가장행위는 쌍방 의사표시의 합치라는 외관은 갖추었지만 당사자가 의사표시한 대로 법률효과가 발생하는 것을 의욕하지 않기 때문에 무효이다. 세법에서도 가장행위는 무효로 취급된다. 따라서 가장행위를 무시한 사실관계를 토대로 세법을 적용하면 된다. 이러한 가장행위는 소득을 은닉 또는 조작하는데 활용되기도 한다. 가장행위가 조세 포탈의 의도 하에 이루어지는 경우 이는 부정행위에 해당한다고 할 것이다. 판례 또한 같은 입장이다.

가장행위를 통해 소득을 축소한 사례를 살펴보자. 甲회사 및 乙회사 모두의 자산관리자인 丙회사의 대표이사 丁이 甲회사가 그 소유의 C채권을 매각하여 얻을 수 있었던 수익 중 일부를 乙회사에 불법적으로 이전하기로 마음먹고, 이에 따라 丁이 戊회사와 통정하여 원래 70억 8,700만 원 밖에 회수할 수 없었던 乙회사 소유의 B채권을 戊회사에 140억 원에

---

411) 대법원 2012. 2. 23. 선고 2007도9143 판결.
412) 대법원 2003. 6. 27. 선고 2002도6088 판결.
413) 대법원 1983. 2. 22. 선고 82도1919 판결.

고가 매도하는 형식을 취하고, 대신 甲회사가 己회사에 대금 410억 원에 양도하기로 이미 합의되어 있던 C채권을 戊회사에 351억 3,300만 원에 저가 매도하는 형식을 취한 후 다시 戊회사 명의로 己회사에 410억 원에 매도하였다. 위 C채권의 매각은 丙회사와 己회사가 직접 교섭하여 진행하였고, 戊회사는 丙회사와 己회사가 작성한 계약서에 형식적으로 인감만 날인하였을 뿐 채권의 가치평가, 매매대금 결정, 계약서 및 채권양도통지서 등의 작성 과정에 일체 관여한 바 없었고 거래에 필요한 戊회사 명의의 통장까지 丙회사에 교부하였다. 한편, 丙회사는 위 거래에 동원된 戊회사 명의의 통장으로 甲회사의 C채권 매각대금 410억 원을 입금받은 후 그 다음 날 위 통장에 입금된 410억 원 중 351억 3,300만 원만을 출금하여 甲회사 계좌에 입금하고 나머지 58억 6,700만 원은 계속 보관하고 있다가 甲회사의 제1기 사업연도(2001. 6. 30.~2001. 8. 31.)가 종료된 후인 2001. 9. 12.경 당초 모의한 대로 乙회사에 위 58억 6,700만 원을 지급하였다. 甲회사의 자산관리인 丙회사의 대표이사인 丁은 甲회사의 제1기 사업연도 과세신고 시 위 58억 6,700만 원을 소득으로 신고하지 않아 법인세를 포탈한 혐의로 기소되었다. 이에 대하여 항소심 법원은 위 58억 6,700만 원이 乙회사에 확정적으로 이전되어 사외유출되었으므로 甲회사의 배당가능이익에 포함되지 않는다는 이유로 무죄를 선고하였는데, 대법원은 甲회사의 C채권을 자산관리자인 丙회사가 戊회사에게 매도하는 형식으로 체결한 매매계약은 통모에 의한 가장행위로서 무효이므로 甲회사가 己회사에 위 C채권을 직접 매각하여 대금 410억 원을 수익으로 얻은 것으로 보아야 하고, 甲회사와 乙회사의 자산관리자인 丙회사가 甲회사의 위 매매대금 410억 원 중 58억 6,700만 원을 乙회사에게 불법적으로 이전하기로 한 행위는 甲회사의 대리인의 배임적 대리행위를 그 상대방인 乙회사의 대리인이 알았던 경우에 해당할 뿐만 아니라 반사회적 법률행위이기도 하므로 위 58억 6,700만 원은 甲회사의 제1기 사업연도 수익으로 귀속되어야 하고, 설령 丙회사가 위 금원을 乙회사를 위해 보관하고 있어 이미 乙회사에 이전된 것으로 본다하더라도 甲회사는 그에 상응하는 손해배상채권 또는 부당이득반환청구권을 취득하게 되므로, 이를 甲회사의 익금으로 보고 제1기 사업연도의 배당가능이익에 포함된 것이라고 볼 여지가 있다고 판시하며 파기환송하였다.[414] 이후 파기환송심에서는 丁 등이 甲회사가 특수관계에 있는 乙회사에게 직접 수익을 이전할 경우 세무조사 등에서 발각될 것을 염려하여 이를 숨기기 위해 특수관계가 없는 戊회사 명의를 빌려 거래를 위장하였고 이러한 거래구조를 이용하여 과세관청이 위법한 수익이전 사실을 발견하는 것을 불가능하게 하거나 현저히 곤란하게 했다는 이유로 위와 같은 가장행위가 사기나 그 밖의 부정한 행위에 해당한다고 판단하였다.[415]

---

414) 대법원 2011. 3. 10. 선고 2008도6335 판결.
415) 서울고등법원 2011. 10. 6. 선고 2011노806 판결.

사. 특수목적법인(SPC)을 이용하는 행위

특수목적법인(Special Purpose Company, 이하 SPC라 한다)을 설립하고 그곳에 소득을 귀속시키는 경우가 있다. SPC는 대부분 최소한의 출자와 인적, 물적 시설만을 갖추고 있는 경우가 많지만 주주와는 구별되는 독립된 법인격을 가진 실체로 인정된다.[416] 다만, SPC가 그 명의로 다른 회사의 주식 등을 소유하지만 그것을 지배, 관리하는 자가 따로 존재한다고 인정되고 그와 같은 명의와 실질의 괴리가 조세회피 목적에서 비롯되는 경우에는 실질과세 원칙에 따라 SPC가 소유하는 주식 등을 그것을 실제로 지배·관리하는 자에게 귀속된 것으로 간주하여 그 실질적 소유자에게 소득세 등을 과세할 수 있다.

그런데 판례에 의하면 해외 조세피난처 등에 조세회피 목적으로 설립한 SPC를 이용하여 국내에 투자하여 그로 인한 소득을 해외에서 지배·관리하는 방법으로 실제 소유자에 대한 소득을 파악하기 어렵게 하고 과세신고도 하지 않았다 하더라도 그러한 사정만으로는 이를 부정행위라고 평가하기는 어렵다고 한다.[417] 이는 조세피난처에 SPC를 설립하여 그 명의로 국내 주식을 보유하는 행위를 금지하는 규정이 없기 때문에 SPC를 이용한 경제활동은 합법적이고, 또한 해외 SPC를 이용하여 국내 주식 등에 투자하여 소득을 얻는 것이 사실상 차명계좌를 이용하는 것과 유사한 효과를 달성할 수 있다 하더라도 차명계좌 이용은 금융 실명거래 및 비밀보장에 관한 법률상 금지되어 있는 반면 SPC의 이용은 원칙적으로 합법적이므로 위 둘을 동일하게 취급하기도 어려운 면이 있다는 점을 근거로 한다. 대법원은 대기업 회장 甲이 해외 조세피난처 BVI(British Virgin Island)에 수 개의 SPC를 설립(다만 甲이 SPC 보유 계좌의 실질적 소유자로서 금융계좌 개설시 자신의 인적사항을 제출함)하고 그 명의로 해외 금융기관을 통해 국내 주식 등에 투자할 경우 국내에는 해외 금융기관만 나타날 뿐 실제 투자자가 확인되지 않는다는 점을 이용하여 위 SPC 명의로 국내 기업 주식 등에 투자하여 위 SPC 명의로 양도소득과 배당소득을 해외 송금받아 이를 지배·관리하면서도 과세신고를 하지 않은 사안에서, 비록 甲이 각 SPC를 실질적으로 지배·관리하고 있어 甲에게 과세대상 양도소득 등이 귀속된 것으로 보아야 하나, 위 각 SPC를 이용하여 주식을 양도하거나 배당을 받은 행위에 조세회피 목적을 넘어서는 불법적인 적극적 소득은닉행위가 있었다는 점에 관한 검사의 증명이 부족하다고 판단하였다.[418]

한편, 같은 사안의 원심은 甲이 그룹 해외 계열사 A회사를 이용하여 자신의 해외 자산을 증식시킬 목적으로 자신의 해외 재산을 관리하는 乙, 丙과 함께 계열사 C회사가 보유하고 있던 A회사의 주식 100%를 甲이 乙을 통하여 BVI에 설립한 B회사(乙이 Beneficial Owner

---

416) 대법원 2010. 2. 25. 선고 2007다85980 판결 ; 대법원 2006. 8. 25. 선고 2004다26119 판결 등 참조.
417) 대법원 2015. 9. 10. 선고 2014도12619 판결(원심은 서울고등법원 2014. 9. 12. 선고 2014노668 판결).
418) 위의 판례.

임)에 매도하고, A회사로 하여금 B회사에 거액의 배당금을 지급하게 한 다음 乙이 위 배당금을 甲에게 송금하였으나 甲이 과세신고시 배당소득을 누락한 사안에서, 법원은 甲 등이 B회사를 이용한 배당금의 미국 등 해외 송금, 해외 송금 배당금을 이용한 미술품 매입 등의 방법으로 위 배당소득 미화 1,000만 달러가 甲의 소유인 사실을 과세당국이 발견하기 어렵게 하였다는 이유로 甲의 종합소득세 포탈을 인정하였다.

아. 선박의 편의치적 및 다단계 지배구조 활용

판례에 의하면 편의치적이란 해운업계에서 선박소유회사들이 세무, 노동, 해운정책 등에 기한 각 국가의 각종 규제를 회피할 목적으로 규제가 상대적으로 느슨한 국가에 형식상의 회사를 설립한 후 당해 회사 명의로 선박의 소유권을 귀속시켜 당해 국가의 국적을 유지하는 것을 말하는데, 이는 해운업계에서 널리 사용되고 있는 관행이고, 또한 해운업계에서는 해상사고 등으로 인한 피해를 사고 선박 자체에 한정시키는 방법으로 위험을 회피하기 위해 다단계 출자구조를 가지고 있고 주식의 명의신탁 및 SPC 활용이 널리 이루어지고 있기 때문에 편의치적이나 다단계 출자구조는 그것 자체가 위법하다고 볼 수 없고 그것이 세금을 포탈할 수단으로 하는 경우에 한하여 부정행위가 된다.[419]

이와 관련하여 해운그룹의 회장인 甲이 약 100개의 SPC를 설립하여 선박을 편의치적하고, 이를 통합하여 지배하는 지주회사로 A회사와 B회사를 설립하고 甲과 그 배우자 명의로 보유하던 위 A회사와 B회사의 주식을 조세피난처인 케이만 소재 C회사에 명의신탁하여 甲이 위 회사들의 지분을 100% 보유하며 지배하고 있는 사실을 은폐하고, 다수의 SPC 명의의 해외계좌를 개설하여 수익금을 해외에서 수령하고 관리하는 방법으로 甲의 재산 보유사실을 은닉함으로써, A회사 및 B회사의 배당유보소득, 각종 리베이트 수입, 배당수입 등에 관한 소득세를 포탈하였다고 기소된 사안에서, 대법원은 ① 선박의 편의치적, 다단계 출자구조, 주식의 명의신탁 및 특수목적법인의 설립 등은 해상운송에서 일어날 수 있는 위험을 선박 자체에 한정시키기 위한 해운업계의 관행으로 보이는 점, ② 甲이 사건 배당가능 유보소득에 관한 납세의무를 부담하게 되었을 뿐 주식의 명의신탁에서 더 나아가 위 소득에 대한 조세를 포탈하기 위하여 적극적인 행위를 하였다고 보기 어려운 점, ③ 甲이 비거주자가 되기 위하여 취한 일련의 조치들은 허위 또는 가장행위에 해당하지 않는 점 등에 비추어 甲이 다수의 페이퍼 컴퍼니를 이용하여 단계적인 출자구조를 만들고 그 주식을 명의신탁한 행위나 甲과 그 가족들 명의로 보유하던 국내 자산을 양도하는 등 비거주자가 되기 위하여 행한 행위들이 조세를 포탈하기 위한 적극적인 사기 기타 부정한 행위에 해당한

419) 서울고등법원 2014. 2. 21. 선고 2013노874 판결 ; 대법원 1994. 4. 12. 선고 93도2324 판결.

다고 볼 수 없다고 판시하였다.[420]

자. 기타 소득·수익·행위·거래의 조작 또는 은폐

① A회사의 매출을 적자인 B회사 매출로 조작한 경우

甲이 A회사의 매출로 입금처리되어야 할 금원을 관계서류를 수정, 조작하여 위 A회사의 매출에서 제외시키고 이를 적자누적으로 인하여 법인세가 부과되지 않는 B회사에 입금처리하는 방법으로 A회사의 소득금액을 과소신고함으로써 법인세를 포탈하였다면 이는 사기 기타 부정한 행위로 조세를 포탈한 경우에 해당한다.[421]

② 세금계산서의 미발급·미수취의 경우

i) 금 도매업체 대표자가 거래 상대방에게 금을 공급함에 있어 부가가치세를 포탈할 의도로 세금계산서를 교부하지 아니하였다가 부가가치세 확정신고 시에 고의로 그 매출액을 신고에서 누락시켰다면 이는 조세의 부과와 징수를 불가능하게 하거나 현저하게 곤란하게 하는 적극적 행위로서 사기 기타 부정한 행위에 해당한다.[422]

ii) 알미늄샷시 제조업체 사장이 판매한 알미늄샷시 중 일부의 세금계산서를 발급하지 아니한 후 부가가치세 확정신고를 함에 있어 이 세금계산서를 발급하지 아니한 매출액을 고의로 신고누락한 경우, 이 세금계산서 불발급은 조세의 부과와 징수를 불가능하게 하거나 현저하게 곤란하게 하는 적극적 행위라고 할 것이어서 피고인의 소위는 단순한 신고누락이라고 할 수 없다.[423]

iii) 석유정제업자로부터 석유류를 공급받아 다시 주유소에 공급하는 사업자가 석유정제업자로부터 공급받은 석유류 중 일부를 제3자에게 공급하면서 부가가치세를 포탈할 의도로 세금계산서를 교부하지 않은 다음 부가가치세 확정신고를 하면서 고의로 그 매출액을 신고에서 누락하였다면, 이는 사기 기타 부정한 행위로써 부가가치세의 부과와 징수를 불가능하게 하거나 현저하게 곤란하게 한 것으로 볼 수 있다.[424]

iv) 외국 선박으로부터 주문받은 해상용 면세 경유 전부 또는 일부를 실제 급유하지 않고, 그 급유하지 않은 경유에 대하여는 그 대금의 60% 상당액을 현금으로 지급하기로 외국 선박의 선장, 기관사 등과 공모하여 해상용 면세 경유를 빼돌린 다음 이를 판매하면서 부가가치세를 포탈하기 위하여 석유판매업 사업자등록을 하지 아니하고 관련 장

---

420) 대법원 2016. 2. 18. 선고 2014도3411 판결.
421) 대법원 1996. 12. 10. 선고 96도2398 판결.
422) 대법원 2000. 2. 8. 선고 99도5191 판결.
423) 대법원 1983. 9. 27. 선고 83도1929 판결.
424) 대법원 2009. 1. 15. 선고 2006도6687 판결.

부를 전혀 비치·기재하지 않으면서 세금계산서도 발행하지 않은 것은 조세의 부과와 징수를 불가능하게 하거나 현저하게 곤란하게 하는 적극적 행위에 해당한다.[425]

5. 고의적인 장부의 미작성 또는 미비치(제5호 전단)

개인사업자 중 간편장부대상자인 소규모 사업자를 제외한 나머지 사업자와 법인은 그 사업에 관한 모든 거래사실이 객관적으로 파악될 수 있도록 복식부기에 따라 장부에 기록·관리하여야 하고 증명서류를 비치·보존하여야 한다(소득세법 제160조, 법인세법 제112조). 그런데 고의적으로 장부를 작성하지 아니하거나 비치하지 아니하는 행위는 소득은닉행위로서 부정행위에 해당할 수 있다.

가. 인정례

① 부동산 개발업자가 부동산 매입·매출 장부를 기장·비치하지 않은 경우

甲이 부동산을 개발하여 전매하는 사업을 영위하면서 상당한 양도차익을 얻었음에도 매입·매출에 관한 장부를 기장·비치하지 아니하였고 그 사업과정에 관한 세금계산서를 전혀 발급하거나 발급받지 아니하였으며 법인세 확정신고도 전혀 하지 아니한 경우, 이러한 행위는 조세의 부과와 징수를 불가능하게 하거나 현저히 곤란하게 하는 적극적 행위로서 사기 기타 부정한 행위에 해당한다.[426]

② 대부업자가 거래장부를 작성하지 않거나 은닉한 경우

대부업자인 甲이 거래장부 등 관련 서류를 작성하지 아니하거나 파기·은닉하고 대부업 이자소득에 관한 종합소득세, 상가 및 주택의 임대수익에 관한 부가가치세 신고를 하지 않은 사안에서, 대법원은 대부업을 영위하는 사업자로서 소득세법에 따라 성실하게 장부를 비치·기록할 의무가 있고, 장기간 상당한 규모의 대부업에 종사하였음에도 아무런 장부를 작성하지 않았다는 것은 그 자체로 매우 이례적인 점 등의 사정에 비추어 볼 때, 甲의 일련의 행위는 조세포탈의 의도를 가지고 거래장부 등을 처음부터 고의로 작성하지 않거나 이를 은닉함으로써 조세의 부과징수를 불능 또는 현저하게 곤란하게 하는 적극적인 행위로서 사기나 그 밖의 부정한 행위에 해당한다고 판시하였다.[427]

---

425) 대법원 2004. 5. 28. 선고 2004도1297 판결.
426) 대법원 2013. 9. 12. 선고 2013도865 판결.
427) 대법원 2015. 10. 15. 선고 2013도9906 판결.

③ 중간도매상이 사업자등록을 하지 않고 장부도 기장, 비치하지 않은 경우

甲이 합성수지 원료의 중간도매상을 하면서, 사업자등록도 아니하고 장부를 비치, 기장하지도 아니한 채 세금계산서를 발급받음이 없이 합성수지 원료를 매입하여 세금계산서를 발급하지 아니하고 이를 매출한 후, 부가가치세 확정신고도 전혀 하지 아니하였다면, 이러한 행위는 조세의 부과와 징수를 불가능하게 하거나 현저히 곤란하게 하는 적극적 행위라 아니할 수 없다.[428]

나. 부정례

그런데 세법상 요구되는 장부를 기장, 비치하지 않은 경우라도 거래내역과 그로 인한 손익을 출력하여 쉽게 확인할 수 있도록 매입·매출에 관한 사항을 컴퓨터에 기록하여 관리한 경우에는 부정행위를 인정하지 않는다. 판례는 甲이 만기 전의 약속어음을 할인·매입하여 타에 되파는 영업을 하면서 세법상 요구되는 장부를 비치·기장하지 아니하고, 영수증 등의 서류도 보관하지 아니하고 폐기하는 한편 과세신고도 하지 않았으나, 甲이 세법상 요구되는 장부를 비치·기장하지 아니하는 대신 거래내역과 그로 인한 손익을 매입·매출대장 또는 손익계산서의 형태로 손쉽게 출력하여 확인할 수 있도록 약속어음의 매입·매출에 관한 사항을 사실대로 정확하게 컴퓨터에 입력하여 보관·관리하여 온 사안에서, 이와 같이 甲이 소득세의 부과·징수에 필요한 거래 내역 및 손익에 관한 기록을 컴퓨터 자료의 형태로 사실대로 정확하게 유지·관리하여 왔다면 세법상 요구되는 장부를 그것과 별도로 따로 비치·기장하지 아니하였다 하여 그것을 가지고 甲이 소득을 감추는 부정한 행위를 하였다고 하기는 어렵다고 판시하였다.[429]

6. (세금)계산서, (세금)계산서합계표의 조작(제5호 후단)

조세를 포탈하기 위하여 거래의 증빙자료가 되는 세금계산서, 계산서 또는 매출처·매입처별 세금계산서합계표 또는 매출처·매입처별 계산서합계표를 조작하는 것도 부정행위에 해당할 수 있다. 조작이란 위와 같은 문서들을 거짓으로 기재하거나 재화나 용역의 공급이 없었음에도 세금계산서를 발급·수취하는 것을 의미한다. 세금계산서 등의 미발급·미수취 또는 세금계산서합계표 등의 미제출은 조작이라는 문언에 포섭되기 어렵다고 판단된다. 이는 제4호의 거래의 은폐에 해당한다고 볼 수도 있고, 제7호의 그 밖에 위계에 의한 행위 또는 부정한 행위에 해당한다고 볼 수도 있을 것이다. 본서에서는 제4호에 해당하는 행위로 다루었다.

---

428) 대법원 1988. 2. 9. 선고 84도1102 판결.
429) 대법원 2000. 4. 21. 선고 99도5355 판결.

한편, 위와 같은 조작행위는 조세범 처벌법 제10조에 의해 처벌된다. 원칙적으로 과세사업자는 세금계산서를, 면세사업자는 계산서를 각각 발급하고 수취할 의무가 있고, 세금계산서합계표나 계산서합계표를 제출할 의무가 있으므로 이를 조작하는 것은 소득이나 거래를 은닉 또는 축소하는 강력한 수단이 된다. 판례상 세금계산서나 계산서의 조작은 그것이 과세표준에 직접적인 영향을 미치는 소득세, 법인세, 부가가치세의 포탈에 있어서 부정행위로 인정된다.

가. 인정례

① 세금계산서의 공급가액 과다기재

A회사의 대표이사인 甲이 강관가공물량 또는 운송물량 등을 실제물량보다 늘리는 등의 방법으로 강관외주가공비 또는 운송비를 허위로 과다계상하여 세금계산서를 교부받는 한편, 그와 같이 회계장부를 정리하고 나아가 A회사의 법인세 및 방위세를 납부함에 있어 위와 같이 과다계상된 손금을 토대로 산출된 세액만을 납부하고, 부가가치세를 신고·납부함에 있어 위와 같이 과다계상된 매입세액을 공제받은 경우 법인세, 방위세, 부가가치세를 포탈한 것으로 인정된다.[430]

② 자료상으로부터 구입한 세금계산서로 매입세액공제를 받은 경우

실제로는 세금계산서의 수수 없이 소위 무자료거래를 통하여 재화나 용역을 공급받음으로써 원래 매입세액을 공제받을 수 없는 경우임에도, 속칭 자료상 등으로부터 허위 세금계산서를 구입하여 마치 세금계산서상의 가공의 공급자로부터 재화나 용역을 공급받은 것처럼 가장하여 매입세액을 공제받았다면, 이러한 행위는 조세의 부과와 징수를 현저하게 곤란하게 하는 적극적인 행위에 해당하여 조세포탈죄를 구성한다고 할 것이다.[431]

③ 수정세금계산서 발급요건에 해당하지 않음에도 공급가액을 줄이는 허위 수정세금계산서를 발급한 경우

A회사는 그 거래처들과 정상 단가에 따라 매매대금을 정하고 그 매매대금에서 일정금액을 할인해 준 것이므로 A회사가 당초 매매대금 액수를 공급가액으로 하여 세금계산서를 발급한 것은 정당하고, 매매대금에서 할인해 준 금액은 A회사가 영업비용 지원을 위해 지급받지 않기로 한 것에 불과하여 법령에서 정하고 있는 수정세금계산서 발급사유에 해당하지 않음에도, A회사 대표 甲이 당초 매매대금의 합계액으로 세금계산서를 발급하고 그대로 신고함에 따라 부과될 부가가치세의 부담을 줄이고자 매매대금에서 할인해 준 금액만큼을

---

430) 대법원 1992. 3. 10. 선고 92도147 판결.
431) 대법원 2005. 9. 30. 선고 2005도4736 판결.

감액하는 내용의 수정세금계산서를 발급하고, 부가가치세 확정신고를 하면서 수정세금계산서를 기초로 그만큼 매출액을 감소시킴으로써 과세표준과 세액에 관한 허위의 신고를 한 행위는 단순히 세법상의 허위신고를 한 데에 그친 것이 아니라 조세의 부과와 징수를 현저히 곤란하게 하는 적극적인 행위에 나아간 것이므로 사기 기타 부정행위에 해당한다.[432)]

④ 허위의 세금계산서합계표를 제출하는 경우

피고인이 무자료 유류를 공급받아 판매하는 과정에서 매입자료를 만들기 위해 여러 회사를 설립한 다음, A회사가 실제로 다른 회사로부터 유류를 공급받은 사실이 없음에도, 허위 매입세금계산서 상의 공급가액을 매입금액으로 기재한 매입처별 세금계산서합계표를 작성하여 A회사의 부가가치세 확정신고 시에 제출하는 방법으로 매입세액을 공제받은 경우 사기 기타 부정한 행위로 부가가치세를 포탈하였다고 할 것이다.[433)]

⑤ 세금계산서 작성일자를 허위로 기재하여 매입세액을 환급받은 경우

甲이 사업자등록이 되어 있지 않던 중고자동차 매매단지의 9개 입주업체의 사업자등록을 대행한 다음, 그 사업자등록 이전의 거래이거나 이미 과세기간이 경과함으로써 매입세액을 환급받을 수 없는 경우임에도 세금계산서 작성일자를 허위로 기재하여 그 거래시기가 마치 사업자등록 이후이며 환급신고 당시의 과세기간에 이루어진 것처럼 가장하여 매입세액을 환급받은 것이라면, 이와 같은 행위는 조세의 부과와 징수를 현저하게 곤란하게 하는 적극적인 행위에 해당한다.[434)]

나. 부정례

① 법인세 포탈과 관련하여 부가가치세 신고 시 매입처별 세금계산서합계표를 허위로 기재하여 제출한 경우

甲이 A회사의 부가가치세를 신고하면서 매입처별 세금계산서합계표를 허위로 기재하여 제출하고 법인세를 미신고하여 법인세를 포탈했다고 기소된 사안에서, 2심 법원은 부가가치세와 법인세는 공히 신고납세방식을 취하고 있기는 하나, 그 과세의 목적이나 과세대상, 과세시기 등을 달리하여 각 신고행위는 전혀 별개의 행위이므로, 이 사건에서 매입처별 세금계산서합계표를 허위 기재하여 제출한 행위는 부가가치세와 관련된 행위일 뿐 이를 들어 법인세의 포탈을 위한 행위로 볼 수 없고, 어떤 다른 행위를 수반함이 없이 단순히 세법상의 신고를 하지 아니하거나 허위의 신고를 함에 그치는 것은 이에 해당하지 않으므로 위

---

432) 대법원 2014. 5. 29. 선고 2012도11972 판결.
433) 대법원 2011. 12. 8. 선고 2011도9242 판결.
434) 대법원 1996. 6. 14. 선고 95도1301 판결.

행위만으로 甲이 A회사의 법인세와 관련하여 사기나 그 밖의 부정한 행위로 조세를 포탈한 것이라고 할 수 없다고 판시하였다.[435]

② 교통세 포탈과 관련하여 유사석유제품을 제조하여 판매하면서 일반 경유류를 판매한 것처럼 거래품목을 경유로 기재한 세금계산서를 수수한 경우

甲 등이 솔벤트의 일종인 토파졸 P-250, 윤활유의 일종인 P-8, P-9 등을 섞는 방법으로 유사석유제품을 제조·판매하였음에도 그 기간 중 경유 등을 단순 판매한 것처럼 거래품목을 경유로 기재한 세금계산서를 발행하고 이로써 여수세무서장에게 부가가치세 신고하는 등 사위 기타 부정한 방법으로 신고·납부기한이 2002. 9. 30.부터 2002. 12. 31.까지인 교통세를 포탈하였다고 기소된 사안에서, 대법원은 甲 등은 부가가치세와 관련하여 거래상대방에게 세금계산서를 발행하고 이에 맞추어 관할 세무서에 부가가치세 신고를 하였을 뿐 교통세에 관련하여서는 별도로 세금계산서를 발행하거나 관할 세무서에 신고한 일이 없음을 인정할 수 있고, 교통세는 국가가 휘발유 및 이와 유사한 대체유류 또는 경유 및 이와 유사한 대체유류를 과세물품으로 하여 이를 제조하여 반출하는 자에게 그 과세물품의 반출수량에 따라 부과하는 세금으로서 부가가치세와 관련하여 발행한 세금계산서가 교통세의 부과와 징수에 있어서도 어떤 역할을 한다는 등의 특별한 사정이 없는 한, 甲 등이 거래품목을 다르게 기재한 세금계산서를 발행하고 이에 맞추어 관할 세무서에 부가가치세 신고를 하였다고 하더라도, 甲 등의 그러한 행위가 부가가치세와 별도의 세목인 교통세의 부과와 징수에 어떠한 영향을 주었다고 볼 수는 없고, 또한, 甲 등이 발행한 세금계산서 자체가 과세관청에 제출되는 것이 아니라면 甲 등이 거래품목을 경유로 기재한 세금계산서를 발행한 행위가 과세관청으로 하여금 甲 등이 교통세의 과세물품을 제조·판매하고 있다는 사실을 알 수 없도록 하거나 그러한 사실을 아는 것을 더욱 어렵게 만들었다고 볼 수도 없어, 교통세에 대하여는 특별한 사정이 없는 한 그 세금의 부과와 징수를 불능 또는 현저히 곤란하게 하는 적극적 행위로 볼 수 없어서 사기 기타 부정한 행위에 해당한다고 할 수 없다고 판시하였다.[436]

7. 전사적 기업자원관리설비 또는 전자세금계산서의 조작(제6호)

전사적 기업자원관리설비(Enterprise Resource Planning)란 구매·설계·건설·생산·재고·인력 및 경영정보 등 기업의 인적·물적 자원을 전자적 형태로 관리하기 위하여 사

---

435) 대법원 2011. 4. 28. 선고 2011도527은 위와 같은 원심의 판단을 수긍하였다(원심은 부산고등법원 2010. 12. 29. 선고 2010노852 판결).
436) 대법원 2005. 3. 25. 선고 2005도370 판결.

용되는 컴퓨터와 그 주변기기, 소프트웨어, 통신설비, 그 밖의 유형·무형의 설비를 말한다 (조세특례제한법 제5조의2 제1호). 오늘날 상당수 기업들이 종이 장부를 대신하여 전사적 기업 자원관리설비를 갖추어 경영활동을 하는데 이러한 시스템에 조세포탈을 목적으로 거래에 관한 기록을 누락하거나 거짓으로 기록한다면 부정행위에 해당할 수 있다. 또한 전자세금 계산서를 조작하는 것도 앞서 살펴보았듯이 종이세금계산서를 조작하는 것과 마찬가지로 부정행위에 해당할 수 있다.

8. 그 밖에 위계에 의한 행위 또는 부정한 행위(제7호)

위계란 상대방에게 오인·착각 또는 부지를 일으키게 하여 이를 이용하는 것을 말한다.[437] 조세포탈을 위한 위계의 상대방은 세무공무원 등이 될 것이다. 조세범 처벌법 제3조 제6항 제7호는 포괄적 규정이므로 제1호 내지 제6호에 해당하지 않는 행위는 제7호에 의해 부정행위가 될 수 있다.

가. 부가가치세 확정신고는 하면서도 징수를 면할 목적으로 거래징수한 부가가치 세를 즉시 인출하는 등 책임재산을 산일하고 단기간에 폐업하는 행위

과거에는 납세자의 협력의무 이행 등으로 조세채권이 정상적으로 확정된 이후에는 더 이상 조세의 포탈은 문제되지 않는 것으로 여겼다. 하지만 대법원 2007. 2. 15. 선고 2005도 9546 전원합의체 판결에서 조세포탈죄는 조세의 적정한 부과·징수를 통한 국가의 조세수 입의 확보를 보호법익으로 하는 것으로서, 처음부터 조세의 징수를 회피할 목적으로 사기 기타 부정한 행위로써 그 재산의 전부 또는 대부분을 은닉 또는 탈루시킨 채 과세표준만을 신고하여 조세의 정상적인 확정은 가능하게 하면서도 그 전부나 거의 대부분을 징수불가능 하게 하는 등 과세신고가 형식적이어서 신고를 하지 않은 것과 마찬가지인 경우에는 부정 행위 및 조세포탈죄가 성립할 수 있다고 보았다.

위 전원합의체 판결은 금지금(골드바) 거래에서의 폭탄업체에 의한 부가가치세 포탈에 관한 것이다. 금지금 거래는 외국업체 → 수입업체 → 면세도매업체 → 폭탄업체 → 과세도 매업체 → 수출업체 → 외국업체의 단계를 거쳐 유통된다. 폭탄업체는 면세도매업체와 공 모하여 허위의 수출계약서 등을 이용한 구매승인서를 토대로 금지금을 영세율로 매입하여 이를 매입가보다 낮은 가액에 과세금으로 판매하며 부가가치세를 거래징수한 다음 단기간 에 공급대가(공급가액+부가가치세액)에서 매입가액을 뺀 이익금을 전액 인출, 은닉하고

---

437) 대법원 2017. 2. 21. 선고 2016도15144 판결 ; 대법원 2001. 12. 24. 선고 2001도5074 판결.

수 개월 이내의 단기간 영업 후 폐업한다. 폭탄업체는 금괴의 판매대금이 계좌로 입금될 때마다 곧바로 이를 전액 인출하여 법인 명의의 재산을 거의 남겨두지 않으며, 위 거래 중 일부 거래에 관하여는 그에 따른 세금계산서를 발행·교부하고 과세표준신고서를 제출하기도 하였지만, 부가가치세는 전혀 납부하지 아니한다.

대법원은 위와 같은 거래는 정당한 세액의 납부를 전제로 하면 손해를 볼 수밖에 없는 구조로서, 결국은 거래상대방으로부터 거래징수하는 한편 과세관청에 대하여는 책임재산의 의도적인 산일과 그에 이은 폐업신고에 의하여 그 지급을 면하는 부가가치세 상당액이 위 거래에서 상정할 수 있는 유일한 이윤의 원천이자 거래의 동기이었음을 알 수 있으며, 또한 사정이 이와 같다면 일부 거래에 관하여는 그에 따른 세금계산서를 발행·교부하고 과세표준신고서를 제출함으로써 조세의 확정이 정상적으로 이루어졌다 하더라도, 이는 최종적으로는 피고인 등으로부터 금괴를 구입한 과세사업자가 과세관청으로부터 자신들이 피고인 등에게 거래징수당한 부가가치세를 매입세액으로 공제받거나 환급받는 것을 가능하게 해 줌으로써 오히려 현실적인 조세수입의 감소나 국고손실을 초래한다는 의미 밖에는 없는 것이어서, 이를 전체적·종합적으로 고찰할 때 피고인 등은 처음부터 부가가치세의 징수를 불가능하게 하거나 현저히 곤란하게 할 의도로 거래상대방으로부터 징수한 부가가치세액 상당 전부를 유보하지 아니한 채 사기 기타 부정한 행위를 하는 일련의 과정에서 형식적으로만 부가가치세를 신고한 것에 지나지 아니하여 그 실질에 있어서는 부가가치세를 신고하지 아니한 것과 아무런 다를 바가 없고, 그에 따라 국가가 그 부가가치세를 징수하지 못한 이상 피고인 등의 행위는 조세포탈죄에 해당한다고 판시하였다.[438]

나. 세무공무원에 대한 기망행위 등

부과과세방식의 조세에 있어서 납세의무자의 과세표준신고에 따라 과세관청이 과세표준과 세액을 결정하기 위하여 세무조사를 하는 경우(국세기본법 제81조의6 제4항), 과세표준신고를 하지 않거나 신고내용에 오류나 탈루의 혐의가 있어 과세관청이 부과결정하거나 경정을 하는 경우(같은 조 제3항), 조세채무가 확정된 이후 경정청구를 하거나 과세표준신고와는 별개로 환급신청를 하는 경우 등의 절차에서 세무공무원에게 허위주장과 함께 허위자료를 제출하는 행위는 조세범 처벌법 제3조 제6항 제7호 소정의 부정행위에 해당할 수 있다.

---

438) 위의 판결.

부정행위로 인정되지 아니하는 행위

1. 소득의 차이가 기업회계와 세무회계와의 차이에 불과한 경우

기업회계는 기업의 재무상태, 영업성과를 파악하고 기간손익을 확정하기 위하여 일반적으로 인정된 회계기준에 따라 수행하는 회계이다. 세무회계란 국가나 지방자치단체에서 세금을 부과하기 위해 세법에 따라서 과세소득의 파악과 결정을 위하여 수행하는 회계이다. 세무회계는 기업회계가 손익 인식기준 등에서 세법과 다른 경우 해당 부분 기업회계를 세법에 따라 조정하여 과세소득을 계산하는 회계이다. 기업회계에 의해 산정된 당기순이익은 세법에 따른 세무조정에 의해 과세소득으로 전환된다. 비록 기업회계에 따른 기업의 소득이 세무회계에 따른 과세소득 보다 적은 액수로 산정되었다 하더라도 이러한 차이는 기업회계와 세무회계와의 차이에 따른 당연한 결과이므로 사기나 그 밖의 부정한 행위에 의한 조세포탈에 해당하지 않는다.

구 조세범 처벌법(2010. 1. 1. 법률 제9919호로 개정되기 전의 것) 제9조의2는 '법에 의한 소득금액결정에 있어서 세무회계와 기업회계와의 차이로 인하여 생긴 금액'과 '법인세의 과세표준을 법인이 신고하거나 정부가 결정 또는 경정함에 있어서 그 법인의 주주·사원·사용인 기타 특수한 관계에 있는 자의 소득으로 처분된 금액'에 대해서는 사기 기타 부정한 행위로 인하여 생긴 소득금액으로 보지 아니한다고 규정하고 있었으나, 2010. 1. 1. 동법 개정 시 삭제되었다. 정부는 세무회계와 기업회계의 차이로 인하여 생긴 소득금액의 차액은 이론상 부정행위에 해당하지 않으므로 굳이 위 규정이 필요 없다는 점을 고려하여 이를 삭제하였다.

예를 들어, A회사의 전무이사인 甲이 A회사의 임직원 등 A회사의 특수관계인에게 금원을 대여할 경우 대여금에 대하여 이자를 부과하여 그 금액을 법인의 수익금으로 계상하는 등 절차를 거쳐 익금산입한 후 그에 상응하는 법인세를 납부하여야 함에도 불구하고, 대여금을 전액 변제받은 것처럼 허위 분개전표를 작성하도록 한 다음 마치 위와 같은 대여금이 없는 것처럼 결산 장부를 정리하여 법인소득을 탈루시키는 방법으로 4년간 법인세를 포탈하였다고 기소된 사안에서, 甲이 위와 같은 방법으로 각 대여금에 대하여 법인세법에 의한 인정이자와 지급이자 부인에 의한 세무조정 소득금액 상당의 법인소득을 탈루시켰으나, 매 사업연도 중의 종업원단기대여금 원장 등 회계장부에는 위 각 대여금의 대여 및 상환일시 등이 기재되어 있어 일시 변제받은 것으로 처리한 기간을 제외한 나머지 사업연도 중의 대여금의 존재는 쉽게 알 수 있었던 사실이 인정되고, 위 탈루소득금액은 위 각 무상대여를 특수관계인과의 거래로 인한 부당행위계산으로 부인하고 세무조정하여 법인세법에 의한 인정이자 및 지급이자 부인액을 소득금액에 포함시킴으로써 생긴 소득금액으로서, 구 조세범 처벌법 제9조의2 제1호 소정의 세무회계와 기업회계와의 차이로 인하여 발생한 금액에 해당하여, 단지 특수관계인에 대한 대여사실을 감추기 위하여 매 사업연도 말에 대여금을 변제받은 것처럼 분개전표를 작성하고 그에 따라 결산장부를 정리한 행위만으로는 위 제9조의2 제1호의 적용을 배제하고 조세포탈에 해당한다고 볼 정도의 적극적인 부정한 행위가 있었다고 보기는 어렵다고 판시하였다.[439]

판례는 반면에, 세법상 부당행위계산에 해당하는 거래임을 은폐하여 세무조정금액이 발생하지 않게 하기 위하여 부당행위계산의 대상이 되지 않는 자의 명의로 거래를 하고 나아가 그 사실이 발각되지 않도록 허위 매매계약서의 작성과 대금의 허위지급 등과 같이 적극적으로 서류를 조작하고 장부상 허위기재를 하는 경우에는 그것이 세무회계와 기업회계의 차이로 생긴 금액이라 하더라도 이는 사기 기타 부정한 행위로써 국세를 포탈한 경우에 해당한다고 한다.[440]

2. 사업자등록을 하지 않은 경우

사업자등록을 하지 않고 미술장식품 제작설치 중개업을 하면서 소득이 발생했음에도 불구하고 과세신고를 하지 않거나[441], 만기 전의 약속어음을 할인·매입하여 타에 되파는 영업을 하면서 사업자등록이나 소득금액에 대한 종합소득세 과세표준 확정신고도 하지 아니한 사안[442]에서, 대법원은 다른 어떤 행위를 수반함이 없이 단순히 사업자등록을 하지 아니하거나 소득신고를 하지 아니함에 그치는 것은 사기 기타 부정한 행위에 해당하지 아니한다는 취지로 판시하였다.

甲이 친형의 이름으로 사업자등록을 마친 다음 실제로는 甲이 자금을 대고 고물상 영업을 하여 1979년 매출가액이 194,322,480원이었음에도 8,689,310원으로 과소신고함으로써 그 차액에 해당하는 부가가치세 18,892,104원을 포탈하였다는 공소사실에 대하여, 대법원은 위 고물상의 사업자등록을 친형 명의로 하였다는 사실만으로 甲에게 조세포탈의 목적이 있었다고 볼 수 없다고 판시하였다.[443]

---

439) 대법원 2006. 6. 29. 선고 2004도817 판결.
440) 대법원 2013. 12. 12. 선고 2013두7667 판결.
441) 대법원 2003. 2. 14. 선고 2001도3797 판결.
442) 대법원 2000. 4. 21. 선고 99도5355 판결.
443) 대법원 1983. 11. 8. 선고 83도510 판결.

3. 변칙적 금지금 거래에 가담한 수출업체의 부가가치세 환급

금지금 수출업체가 일련의 금지금 폭탄영업의 과정에서 금지금 매입처 등과 공모하여 이미 폭탄업체를 거쳐 부가가치세가 포탈된 과세금지금을 매입하여 이를 수출하면서 부가가치세 매입세액을 환급받은 사안에서, 대법원은 금지금 폭탄영업행위 자체를 조세포탈행위로 처벌하는 이상, 수출업체가 폭탄업체들이 쿠션업체 또는 바닥업체를 통해 전전 유통시킨 수입 금지금들을 매입하여 수출한 후 그 매입에 따른 부가가치세를 환급받았다고 하더라도, 수출업체가 사전에 폭탄업체 등과 공모하여 그와 같은 행위를 하였을 경우 폭탄업체에 의한 조세포탈 범행의 공범으로 인정될 수는 있을지언정, 수출업체에 의한 부가가치세 환급행위 자체가 조세포탈행위와 별도로 조세범 처벌법 제9조 제1항에서 정한 사기 기타 부정한 행위로써 조세의 환급을 받는 것에 해당하게 되는 것으로 볼 수는 없다고 판단하였다.[444]

한편, 위 판결이 선고될 때까지만 하더라도 대법원은 위와 같이 변칙적 금지금거래에 가담한 수출업체도 금지금 매입으로 인한 매입세액을 환급받을 수 있다는 입장이었다. 그런데 이후에는 수출업자에게 고의가 있거나 수출업자가 고의에 가까운 정도로 주의의무를 게을리하여 위와 같은 변칙적 거래가 이루어지는 것을 알지 못했던 경우에는 부가가치세 환급이 허용되지 않는다는 취지로 판례가 변경되었다.[445]

4. 현금카드를 이용하여 증여를 받은 경우

甲이 乙과 丙으로부터 그들 명의의 현금카드를 교부받아 이를 장기간 사용하여 증여를 받고도 증여세 신고를 하지 않은 사안에서, 판례는 甲이 과세관청으로부터 증여세의 과세를 회피하기 위한 목적으로 또다시 차명계좌를 이용하여 소위 '자금세탁'을 하거나 인출한 수표를 현금으로 교환하는 등의 적극적인 소득 은닉행위를 하지는 아니하였으므로 조세포탈죄가 성립하지 아니한다고 판시하였다.[446]

---

444) 대법원 2008. 1. 10. 선고 2007도8369 판결.
445) 대법원 2011. 1. 20. 선고 2009두13474 전원합의체 판결.
446) 대법원 2008. 6. 12. 선고 2008도2300 판결.

조세범 처벌법

제3조(조세 포탈 등) ① 사기나 그 밖의 부정한 행위로써 조세를 포탈하거나 조세의 환급·공제를 받은 자는 2년 이하의 징역 또는 포탈세액, 환급·공제받은 세액(이하 "포탈세액등"이라 한다)의 2배 이하에 상당하는 벌금에 처한다. 다만, 다음 각 호의 어느 하나에 해당하는 경우에는 3년 이하의 징역 또는 포탈세액등의 3배 이하에 상당하는 벌금에 처한다.

1. 포탈세액등이 3억 원 이상이고, 그 포탈세액등이 신고·납부하여야 할 세액(납세의무자의 신고에 따라 정부가 부과·징수하는 조세의 경우에는 결정·고지하여야 할 세액을 말한다)의 100분의 30 이상인 경우

2. 포탈세액등이 5억 원 이상인 경우

(생략)

⑤ 제1항에서 규정하는 범칙행위의 기수(旣遂) 시기는 다음의 각 호의 구분에 따른다.

1. 납세의무자의 신고에 의하여 정부가 부과·징수하는 조세: 해당 세목의 과세표준을 정부가 결정하거나 조사결정한 후 그 납부기한이 지난 때. 다만, 납세의무자가 조세를 포탈할 목적으로 세법에 따른 과세표준을 신고하지 아니함으로써 해당 세목의 과세표준을 정부가 결정하거나 조사결정할 수 없는 경우에는 해당 세목의 과세표준의 신고기한이 지난 때로 한다.

2. 제1호에 해당하지 아니하는 조세: 그 신고·납부기한이 지난 때

(생략)

Ⅰ 포탈의 결과

조세포탈죄는 부정행위에 의하여 조세범 처벌법 제3조 제1항 소정의 구성요건적 결과인 협의의 조세포탈, 부정환급 또는 부정공제가 발생하여야 성립하는 결과범이다. 보호법익의 관점에서 보면, '조세의 적정한 부과·징수를 통한 국가의 조세수입의 확보'라는 보호법익이 침해되는 결과가 발생하여야 조세포탈죄가 성립한다. 조세포탈죄를 비롯한 모든 조세범은 미수범을 처벌하지 않는다. 따라서 조세포탈의 고의로 소득은닉행위를 하여 실행에 착수하였다 하더라도 이후 변심하여 과세표준신고를 사실대로 하거나, 부과과세방식의 조세에서 소득은닉행위를 수반하여 허위과소신고를 하였는데 과세관청이 세무조사를 통해 제대로 부과결정을 하거나 오히려 아무런 부과결정을 하지 않은 경우[447] 등은 미수에 불과하여 처벌이 되지 않는다.

이하에서 조세포탈의 유형별로 포탈의 결과에 관하여 살펴본다.

1. 협의의 조세포탈의 결과

협의의 조세포탈은 사기나 그 밖의 부정한 행위로써 납세의무가 있는 조세의 전부 또는 일부의 납부를 면하여 국가의 조세수입의 확보를 침해하는 행위를 말한다. 광의의 조세포탈 중에서 부정환급이나 부정공제를 제외한 나머지 유형이 협의의 조세포탈에 해당한다. 협의의 조세포탈은 부정행위로써 조세채권의 확정을 불능 또는 현저히 곤란하게 하여 조세의 납부를 면하는 경우(조세채권의 확정을 침해하는 경우)뿐만 아니라, 예외적으로 조세채권의 확정은 가능하게 하면서도 부정행위로써 조세의 징수만을 불능 또는 현저히 곤란하게 하여 조세의 납부를 면하는 경우(징수권만을 침해하는 경우)까지 포함하는 개념이라는 점은 앞서 살펴본 바와 같다.

2. 부정환급의 결과

가. 환급과 부정환급의 의의

환급이란 이미 세금으로 납부한 금액 중 잘못 납부하거나 초과하여 납부한 금액이 있거나 세법에 따라 환급받아야 할 환급세액이 있을 때 그 잘못 납부한 금액, 초과하여 납부한 금액 또는 환급세액을 돌려받는 것이다(국세기본법 제51조 제1항). 통상 잘못 납부한 금액은 오납액, 초과하여 납부한 금액을 초과납부액이라 하고, 세법에 의해 환급이 인정되는 것을 환급세액이라고 한다.

여기서 오납액이라 함은 납부 또는 징수의 기초가 된 신고 또는 부과처분이 부존재하거나 당연무효임에도 불구하고 납부 또는 징수된 세액을 말하고, 초과납부액은 신고 또는 부과처분이 당연무효는 아니나 그 후 취소 또는 경정됨으로써 그 전부 또는 일부가 감소된 세액을 말하며, 환급세액은 적법하게 납부 또는 징수되었으나 그 후 국가가 보유할 정당한 이유가 없게 되어 각 개별 세법에서 환부하기로 정한 세액을 말한다.[448]

부정환급[449]이란 조세의 환급과 관련하여 사기나 그 밖의 부정한 행위로써 환급요건이 충족되지 않음에도 환급을 받거나 정당하게 환급받아야 할 세액을 초과하여 환급받는 것을 말한다.

---

447) 대법원 1982. 12. 28. 선고 82도2276 판결.
448) 대법원 1989. 6. 15. 선고 88누6436 전원합의체 판결 ; 대법원 1997. 10. 10. 선고 97다26432 판결.
449) 특정범죄 가중처벌 등에 관한 법률 제8조에 위반되는 죄로서, '조세범 처벌법 제3조 제1항, 제4조 및 제5조, 지방세기본법 제102조 제1항에 규정된 죄 중 조세 및 지방세를 환급받는 경우'는 범죄수익은닉의 규제 및 처벌 등에 관한 법률 제2조 제1호 소정의 중대범죄에 해당한다.

나. 환급의 유형과 환급청구

오납액, 초과납부액 및 환급세액은 모두 조세채무가 처음부터 존재하지 않거나 그 후 소멸되었음에도 불구하고 국가가 법률상 원인 없이 수령하거나 보유하고 있는 부당이득에 해당한다. 그러므로 납세의무자는 이러한 부당이득의 반환을 구하는 국세환급금채권을 가진다.

오납액의 경우에는 처음부터 법률상 원인이 없으므로 납부 또는 징수시에 이미 확정되어 있고, 납세자는 곧바로 환급을 청구할 수 있다.[450][451]

초과납부액의 경우에는 신고 또는 부과처분의 경정 또는 취소에 의하여 조세채무의 전부 또는 일부가 소멸한 때에 확정된다. 초과납부액은 신고나 결정, 경정 등 유효한 확정행위에 기초하여 납부 내지 징수한 세액이기 때문에 경정청구나 국세불복청구 등에 의해 그 기초가 되는 확정행위의 효력이 배제되지 않는 한 부당이득으로서 환급청구를 할 수 없다.[452]

과세표준의 과다신고는 경정청구에 의한 과세관청의 결정에 의해서만 경정할 수 있다. 이를 경정청구의 배타성이라고 한다. 그리고 부과처분의 경정은 직권이나 납세자의 경정청구에 의해 이루어지고[453], 부과처분의 취소는 직권이나 국세불복절차에 의해 이루어진다.[454]

환급세액의 경우에는 각 개별 세법에서 규정한 환급요건이 충족되면 확정된다. 환급세액

---

450) 대법원 2009. 3. 26. 선고 2008다31768 판결 ; 대법원 1989. 6. 15. 선고 88누6436 전원합의체 판결 ; 대법원 1997. 10. 10. 선고 97다26432 판결.

451) 착오납부나 이중납부는 국세환급금 환급신청서에 따라 환급청구를 한다(국세기본법 제51조 제1항 후단, 국세기본법 시행규칙 제14조의2).

452) 이준봉, 앞의 책, 482쪽.

453) 과세표준신고서를 법정신고기한까지 제출한 자 및 국세기본법 제45조의3 제1항에 따른 기한후과세표준신고서를 제출한 자는 ① 과세표준신고서 또는 기한후과세표준신고서에 기재된 과세표준 및 세액(각 세법에 따라 결정 또는 경정이 있는 경우에는 해당 결정 또는 경정 후의 과세표준 및 세액을 말한다)이 세법에 따라 신고하여야 할 과세표준 및 세액을 초과할 때, ② 과세표준신고서 또는 기한후과세표준신고서에 기재된 결손금액, 세액공제액 또는 환급세액(각 세법에 따라 결정 또는 경정이 있는 경우에는 해당 결정 또는 경정 후의 결손금액, 세액공제액 또는 환급세액을 말한다)이 세법에 따라 신고하여야 할 결손금액, 세액공제액 또는 환급세액에 미치지 못할 때에는 최초신고 및 수정신고한 국세의 과세표준 및 세액의 결정 또는 경정을 법정신고기한이 지난 후 5년 이내에 관할 세무서장에게 청구할 수 있다. 다만, 결정 또는 경정으로 인하여 증가된 과세표준 및 세액에 대하여는 해당 처분이 있음을 안 날(처분의 통지를 받은 때에는 그 받은 날)부터 3개월 이내(법정신고기한이 지난 후 5년 이내로 한정한다)에 경정을 청구할 수 있다(국세기본법 제45조의2). 그리고 납세의무자의 신고나 과세관청의 결정에 의해 조세채무가 정당하게 확정되었으나 과세표준과 세액 계산의 근거가 된 거래 또는 행위 등이 그에 관한 소송에 대한 판결에 의하여 다른 것으로 확정되는 경우 등과 같이 당초의 과세표준 및 세액에 변경을 가져오거나 그와 연동된 다른 세목(같은 과세기간으로 한정)이나 다른 과세기간(같은 세목으로 한정)의 과세표준 또는 세액에 변경을 가져오는 사실이 발생한 경우에도 경정청구가 가능하다(국세기본법 제45조의2 제2항). 이를 후발적 경정청구라고 한다.

454) 부과처분이나 경정청구에 대한 거부처분이 위법하면 국세불복청구절차를 거쳐 행정소송을 제기할 수 있다. 국세불복청구절차로는 세무서장이나 지방국세청장에 대한 이의신청, 조세심판원장에 대한 심판청구, 감사원 심사청구, 국세청장에 대한 심사청구가 있는데, 행정소송을 제기하기 위해서는 심판청구나 심사청구 둘 중 하나를 거쳐야 하며, 이의신청은 납세의무자가 원할 경우 심판청구나 심사청구에 앞서서 세무서장이나 세무서장을 경유하여 지방국세청장에게 제기할 수 있다.

은 조세의 조기확보를 위한 중간예납제도나 원천징수 등의 징세기술 때문에 필연적으로 발생하는 경우도 있고, 조세정책적 목적실현을 위한 세제혜택으로서 인정해주는 경우도 있다. 전자로는 기납부세액공제에 의한 환급이 있고 후자로는 중소기업에 대한 이월결손금의 소급공제에 따른 소득세 또는 법인세의 환급이 있다. 전자는 부당이득반환의 성격을 가지지만 후자는 조세정책적 목적에 의해 인정되는 것이라 부당이득의 성격을 가지지 않는다.

개별 세법상 환급이 인정되는 것으로는 ① 기납부세액(중간예납세액, 수시부과세액, 원천징수세액 등)이 결정세액을 초과하는 경우의 소득세나 법인세의 환급, ② 중소기업에 해당하는 거주자나 법인에 대한 이월결손금의 소급공제에 의한 소득세나 법인세의 환급, ③ 근로소득세, 연금소득세, 특정 보험모집인 또는 방문판매원의 사업소득세의 연말정산 등에 의한 소득세의 환급, ④ 매입세액공제에 의한 부가가치세의 환급, ⑤ 조세특례제한법에 의한 근로장려금의 환급 등이 있다. 그 밖에 주류 면허 등에 관한 법률, 개별소비세법, 교통·에너지·환경세법 등에 환급세액이 규정되어 있다.

환급세액의 환급은 과세표준신고와 별개로 환급신청을 해야 하는 경우와 그렇지 않은 경우로 나뉜다. 기납부세액이 결정세액을 초과하여 발생하는 종합소득세의 환급 등은 과세표준확정신고에 의해 납부할 세액 또는 환급받을 세액이 확정되므로 과세표준확정신고와 별도로 환급신청을 할 필요가 없으나, 연말정산에 의한 소득세의 환급, 부가가치세의 조기환급, 중소기업의 이월결손금 소급공제에 의한 법인세나 소득세의 환급, 근로장려금의 환급은 과세표준신고와 별도로 환급신청을 하여야 한다.

위와 같은 환급세액의 환급 중에서 실무상 비중이 큰 것은 매입세액공제에 의한 부가가치세 환급이다. 실무상 실물거래 없이 수취한 허위 세금계산서나 공급가액이 과다기재된 세금계산서를 이용하여 부정하게 매입세액공제를 받는 경우가 자주 문제된다.

부가가치세의 환급은 일반환급과 조기환급으로 나뉜다. 일반환급은 부가가치세의 확정신고기한이 경과한 후 30일 이내에 사업자에게 지급하여야 한다(부가가치세법 제59조 제1항, 동법 시행령 제106조). 예정신고 때는 환급세액이 발생하여도 실제로 지급되지 않으며 확정신고 때 납부할 세액에서 공제하거나 환급한다.

부가가치세의 조기환급은 ① 사업자가 수출 등으로 영세율이 적용되는 자일 때, ② 감가상각자산에 해당하는 사업설비를 신설, 취득, 확장, 증축하는 때, ③ 사업자가 일정한 재무구조개선계획을 이행 중인 때에 가능하다. 조기환급은 과세기간 종료 후 확정신고 등의 절차에 의하여 정산할 것을 전제로 미리 환급하는 제도라고 할 수 있다.[455] 예정신고기간 중 또는 과세기간 최종 3개월 중 매월 또는 매 2월을 조기환급기간으로 할 수 있고 그 조기환

---

455) 나성길·신민호·정지선, 『부가가치세법론』, 삼일인포마인, 2019, 513쪽.

급기간의 종료일부터 20일 내에 조기환급 신고를 하여야 하고 조기환급신고기한이 지난 후 15일 이내에 사업자에게 환급하여야 한다(부가가치세법 제59조, 동법 시행령 제107조).

다. 부정환급의 성립

(1) 일반적인 조세의 환급의 경우

오납액은 처음부터 법률상 원인이 흠결되어 있음에도 착오로 인하여 납부되거나 징수된 세액이므로 부정행위로써 오납액을 환급받는 경우는 상정하기 어렵다.

그런데 초과납부액은 신고 또는 부과처분의 경정 또는 취소에 의하여 조세채무의 전부 또는 일부가 소멸한 때에 환급되는 세액으로서, 납세자가 경정청구 등의 절차에서 허위주장 및 허위자료의 제출로써 신고나 부과처분이 경정되거나 취소되게 하여 조세를 환급받는 경우 조세포탈죄가 성립할 수 있다.[456]

환급세액의 경우 부정행위를 수반하여 허위의 과세표준신고를 하여 환급세액이 발생하게 하거나 과세표준신고와 별개인 절차에서 부정행위를 수반하여 허위의 환급신청을 하여 조세의 환급을 받는 경우에 조세포탈죄가 성립할 수 있다. 예를 들어 사업소득 외 소득이 있는 거주자 등이 종교단체 등으로부터 허위의 기부금 영수증을 교부받아 허위의 연말정산 신고상의 세액공제[457]를 통해 기납부한 소득세를 부정하게 공제·환급받아 조세포탈죄로 처벌되는 경우가 종종 있다.

(2) 부가가치세 매입세액공제에 의한 환급의 경우

부정행위로써 매입세액공제를 받아 부가가치세의 환급을 받아 국가의 조세수입의 감소를 초래하는 경우 부정환급에 의한 조세포탈죄가 성립할 수 있다. 그런데 부가가치세법상 매입세액공제에 따른 환급이 과연 조세범 처벌법 제3조 제1항 소정의 '조세의 환급'으로 볼 수 있는지 의문이 제기될 수 있다. 부가가치세의 매입세액이 매출세액을 초과하여 발생하는 환급은 기납부세액이 결정세액을 초과하는 경우의 환급처럼 이미 납부된 세액을 확정신고에 의해 정산하여 돌려주는 제도가 아니다. 판례에 의하면 납세의무자에 대한 국가의 부

---

456) 東京地裁 昭和 61年 3月 19日 稅資 155号 387頁(감액경정청구에 의한 상속세 포탈 인정). 서울중앙지방법원 2017. 11. 29. 선고 2016고합672 판결에서는 조세범 처벌법 제3조 제1항 소정의 (부정)환급의 범위에 경정청구나 조세심판청구 등에 의한 환급이 포함되는 것인지 여부가 쟁점이 되었으나, 법원은 조세범 처벌법 제3조 제1항이 환급의 범위를 제한하고 있지 않고 부정행위를 통하여 해당 과세기간에 환급신고를 하는 행위와 경정청구나 심판청구 등을 통하여 세액을 환급받는 행위는 모두 과세관청을 속여 정당한 세액을 탈루하였다는 점에서 양자를 달리 취급할 이유가 없다는 이유로 경정청구나 심판청구에 의한 부정환급도 조세포탈죄에 해당할 수 있다고 판단하였다.

457) 반면에 사업소득이 있는 자가 지급한 법정기부금과 지정기부금 및 법인의 동 기부금은 소득금액 계산시 필요경비 또는 손금산입의 대상이 된다.

가가치세 환급세액 지급의무는 전단계세액공제 제도를 채택한 결과 어느 과세기간에 거래징수된 세액이 거래징수를 한 세액보다 많은 경우에는 그 납세의무자가 창출한 부가가치에 상응하는 세액보다 많은 세액이 거래징수되게 되므로 이를 조정하기 위한 과세기술상, 조세 정책적인 요청에 따라, 그 납세의무자로부터 어느 과세기간에 과다하게 거래징수된 세액 상당을 국가가 실제로 납부받았는지와 관계없이 특별히 인정되는 공법상의 의무이고, 정의와 공평의 관념에서 수익자와 손실자 사이의 재산상태 조정을 위해 인정되는 부당이득 반환의무는 아니라고 한다.[458] 따라서 매입세액공제에 따른 부가가치세의 환급은 기납부한 '조세의 환급'이 아니라 조세정책에 따라 특별히 인정되는 공법상의 의무이행에 불과한 것으로 보이는 게 사실이다. 하지만, 부가가치세법 제37조 제2항에 의하면 매출세액을 초과하는 부분의 매입세액은 환급세액으로 한다고 규정하고 있고, 국세기본법은 이러한 환급세액을 국세환급금으로 취급하고 있기 때문에 위와 같은 속성에도 불구하고 부가가치세의 매입세액공제에 따른 환급을 조세범 처벌법 제3조 제1항 소정의 '조세의 환급'에 해당한다고 해석하는데 문제가 없다고 봄이 상당하다.

다음으로, 허위의 매입세금계산서에 의한 환급이 조세범 처벌법 제3조 제1항 소정의 구성요건, 즉 사기나 그 밖의 부정한 행위로써 조세의 환급을 받은 경우에 해당하는지 의문이 들 수 있다. 왜냐하면 이러한 경우에는 납세자가 허위의 매입세금계산서와 관련하여 부가가치세를 거래징수당한 바가 없기 때문에 그가 받은 환급은 그 실질이 환급이라기보다는 사기에 더 가깝기 때문이다. 살피건대, 허위의 매입세금계산서에 의한 환급세액의 신고는 취소사유는 될지언정 당연무효라고 보기 어려워 일응 확정력이 있고[459], 그 확정력에 의해 부가가치세법상의 환급세액으로서 지급되므로 위와 같은 경우에도 조세범 처벌법 제3조 제1항의 '사기나 그 밖의 부정한 행위로써 조세의 환급을 받은 자'라는 구성요건을 충족한다고 해석함이 상당하다.[460][461] 다만, 판례는 허위의 매입세금계산서에 기하여 매입세액의

---

458) 대법원 2013. 3. 21. 선고 2011다95564 전원합의체 판결.

459) 자료상의 환급신고는 그 하자가 중대하기는 하여도 명백한 경우는 아니므로 일응 유효하다(대법원 2007. 7. 12. 선고 2007다28147 판결).

460) 재화를 공급받은 바 없이 허위 세금계산서를 발급받아 매입세액 자체가 발생하지 않은 상황에서 위 허위 세금계산서에 기해 부가가치세를 조기환급받은 것을 조세범 처벌법 제3조 제1항으로 처벌한 사례로는 대법원 2007. 12. 27. 선고 2007도3362 판결을 들 수 있다(같은 취지의 하급심 판례도 상당수 존재한다).

461) 한편, 판례는 조세를 강제적으로 징수하는 국가 또는 지방자치단체의 직접적인 권력작용을 사기죄의 보호법익인 재산권과 동일하게 평가할 수 없으므로 기망행위에 의하여 조세를 포탈하거나 조세의 환급·공제를 받는 경우에는 조세포탈죄가 성립하는 것은 별론으로 하고 사기죄는 성립하지 않는다는 입장인데(대법원 2008. 11. 27. 선고 2008도7303 판결), 허위의 매입세금계산서에 의한 부가가치세의 환급은 비록 국가가 기망당해 환급한 것이라 할지라도 이로써 부가가치세의 징수와 관련한 권력작용이 침해된 것일 뿐 재산권이 침해된 것은 아니므로 사기죄가 성립한다고 보기 어렵다. 따라서 만일 위와 같은 사례를 조세범 처벌법 제3조 제1항 소정의 부정환급에 해당하지 않는다고 해석한다면 결국 이에 대해서는 아무런 처벌을 하지 못한다는 결론에 이르게 된다. 대법원은 허위의 매입세금계산서 등에 의한 부가가치세의 환급 또한 조세범

공제나 환급을 받은 자에게 조세포탈의 고의가 인정되려면 그가 허위 세금계산서에 기하여 매입세액의 공제나 환급을 받은 것만으로는 부족하고 나아가 그에게 허위 세금계산서를 발급하여 준 자가 그 허위 세금계산서에 상응하는 매출세액을 정부에 납부하지 않음으로써 결과적으로 그 허위 세금계산서로써 매입세액의 공제나 환급을 받는 것이 국가의 조세수입의 감소를 가져오게 될 것이라는 사실을 인식하였어야 한다는 입장이다.[462]

(3) 근로장려금 환급의 경우

근로장려금은 조세환급제도를 이용한 소득지원금인데 부정행위로써 근로장려금을 환급받는 경우, 비록 근로자가 기납부한 세액을 환급받는 것은 아니나, 근로장려금이 기납부세액으로 간주되고[463] 조세환급제도를 이용하여 근로장려금을 지급하므로 이 또한 조세범 처벌법 제3조 제1항 소정의 조세의 부정환급에 해당한다고 할 것이다.

근로장려금 환급에 관한 보다 상세한 내용은 제2부 제13장을 참고하라.

3. 부정공제의 결과

가. 세액공제와 부정공제의 의의

세액공제란 과세표준에 세율을 적용하여 산출된 세액에서 일정한 금액을 공제하는 세금 혜택제도이다. 세액공제는 이중과세 해소, 조세정책적 목적 실현, 세원확보의 실효성 제고 등을 위해 인정된다. 모든 세액공제는 무제한 허용되는 것이 아니고 세법에서 정한 공제한도 내에서만 공제가 허용되고 이를 초과하는 공제액은 없는 것으로 간주하거나 이월공제가 허용되기도 한다.

부정공제란 사기나 그 밖의 부정한 행위로써 세액공제 요건이 충족되지 않음에도 공제를 받거나 정당하게 공제받아야 할 세액을 초과하여 공제받는 것을 말한다. 조세범 처벌법 제3조 제1항에서 사기나 그 밖의 부정한 행위로써 '조세'의 공제를 받는 경우를 처벌한다고 명시하고 있으므로 부정공제에는 세액공제만 포함되고 소득공제는 포함되지 않는다.

처벌법 제3조 제1항 소정의 부정환급에 해당하는 것으로 보는 입장에 서 있다고 보인다. 대법원은 피고인들이 부가가치세를 부정환급받기 위하여 소위 유령사업자를 모집하여, 사실은 해당 유령사업자가 아무런 매입을 하지 않았음에도 마치 사업에 필요한 고정자산을 매입하고 신용카드로 그 대금을 결제한 것처럼 세무서에 부가가치세 조기환급신고를 하여 이에 속은 세무서로부터 부가가치세를 부정환급을 받아 사기죄로 기소된 사안에서, 위 2008도7303 판결과 같은 이유로 피고인들에게 조세범처벌법위반죄가 성립함은 별론으로 하고, 형법상 사기죄는 성립할 수 없다고 판시하였다(대법원 2021. 11. 11. 선고 2021도7831 판결).
462) 대법원 1990. 10. 16. 선고 90도1955 판결.
463) 조세특례제한법 제100조의7 제4항에 따라 근로장려금은 이를 환급받는 사람이 이미 납부한 해당 소득세 과세기간의 소득세액으로 본다.

나. 세액공제의 유형

종합소득세에 대한 소득세법상의 세액공제로는 기납부세액공제, 배당세액공제, 외국납부세액공제, 재해손실세액공제, 기부금세액공제, 근로소득자 특별세액공제 등이 있다. 그밖에 조세특례제한법상 중소기업투자세액공제 등도 있다. 법인세에 대한 세액공제로는 외국납부세액공제, 재해손실세액공제, 투자세액공제, 분식회계로 인한 경정에 따른 세액공제 등이 있다.

세액공제는 통상 과세표준신고시에 신고하는 방법으로 이루어진다. 그런데 재해손실세액공제의 경우처럼 공제신청이 과세표준의 신고와 별도로 이루어질 수도 있다. 재해손실세액공제는 사업소득자나 법인이 재해로 자산총액의 20% 이상을 상실하여 납세가 곤란하다고 인정되는 경우에, ① 재해발생일 현재 미납된 소득세 또는 법인세 및 부과되지 아니한 소득세 또는 법인세와 ② 재해발생일이 속하는 사업연도의 소득에 대한 법인세 또는 소득세에서 재해상실비율에 상응하는 세액을 공제하는 제도이다(소득세법 제58조, 법인세법 제58조). 법인세의 재해손실세액공제를 받으려는 자는 과세표준의 신고와는 별도로[464] 재해손실세액공제신청서를 제출하여야 하고, 과세관청은 공제세액을 결정하여 통지하여야 한다(법인세법 제58조 제2항, 제3항).[465]

만일 과세신고나 결정 또는 경정에 의하여 조세채무가 확정된 이후 세액공제가 누락된 사실이 발견되었다면 경정청구나 국세불복청구절차 등에 의하여 감액경정처분을 받거나 부과처분을 취소받아 환급을 받을 수 있다.

다. 부정공제의 성립

부정행위를 수반하여 허위의 과세표준신고 또는 허위의 경정청구 등을 통해 세액공제를 받는 경우 부정공제가 성립한다. 만일 허위의 인적사항을 이용하여 중간 상인으로부터 고금을 매입했음에도 마치 일반 소비자들로부터 구입한 것처럼 고금 매입, 매출명세서를 작성, 제출함으로써 부가가치세 신고 시 구 조세특례제한법 제106조의5(현재 폐지)에 규정된 고금의제매입세액을 부당하게 공제받은 경우 부정공제에 의한 조세포탈죄가 성립할 것이다. 또한 사업소득 외 소득이 있는 거주자 등이 지급한 법정기부금과 지정기부금은 소득세 세액공제의 적용대상이 되는데, 종교단체 등으로부터 허위의 기부금영수증을 교부받아 허위의 연말정산신고를 통해 소득세를 부정하게 공제받는 경우에도 부정공제에 의한 조세포

---

464) 공제대상 세액이 무엇이냐에 따라 과세표준신고와 함께 재해손실세액공제신청서를 제출할 수도 있고 그와 무관하게 재해발생일로부터 1월 내에 신고할 수도 있다.
465) 소득세의 경우 재해손실세액공제의 신청은 납세자의 선택사항이며, 공제신청이 없더라도 이를 적용하여야 한다(소득세법 제58조 제6항).

탈죄가 성립한다.

한편, 부정공제를 받기 위해 소득은닉행위 등을 수반한 허위의 과세표준신고를 하였으나 결손 등으로 납부세액이 없거나 최저한세 적용으로 당해에 공제받지 못하고 이월하여 다음 해에 공제받는 경우에는 실제로 공제받은 때에 부정공제의 결과가 발생하므로 그때에 조세 포탈죄의 기수가 성립한다.[466]

 기수시기

> **조세범 처벌법**
>
> 제3조(조세 포탈 등) (생략)
> ⑤ 제1항에서 규정하는 범칙행위의 기수(既遂) 시기는 다음의 각 호의 구분에 따른다.
> 1. 납세의무자의 신고에 의하여 정부가 부과·징수하는 조세 : 해당 세목의 과세표준을 정부가 결정하거나 조사결정한 후 그 납부기한이 지난 때. 다만, 납세의무자가 조세를 포탈할 목적으로 세법에 따른 과세표준을 신고하지 아니함으로써 해당 세목의 과세표준을 정부가 결정하거나 조사결정할 수 없는 경우에는 해당 세목의 과세표준의 신고기한이 지난 때로 한다.
> 2. 제1호에 해당하지 아니하는 조세 : 그 신고·납부기한이 지난 때
> (생략)

1. 조세범 처벌법 제3조 제5항의 적용범위와 입법론

가. 개요

조세포탈죄는 포탈의 결과가 발생한 시점에 기수가 되는데, 포탈의 결과가 어느 시점에 발생하는 것으로 볼 것인가는 별도의 검토가 필요하다. 이에 관하여 종전에는 납부해야 할 세액이 확정된 시점에 포탈의 결과가 발생한다고 보는 견해(확정시설)와 납세자가 조세를 납부하였어야 하는 시점에 포탈의 결과가 발생한다고 보는 견해(납기설)가 대립되었다.[467] 그런데 정부는 1963. 1. 1. 시행한 개정 조세범 처벌법에서 조세포탈죄의 기수시기를 납기설에 입각하여 명문화함으로써 이 문제를 입법적으로 해결하였다. 현재는 조세범 처벌법 제3조 제5항에 조세포탈죄에 대한 기수시기가 규정되어 있다.

---

466) 김태희, 『조세범 처벌법』, 박영사, 2020, 247쪽. 이월공제에 의한 부정공제의 기수시기에 관하여는 결론을 같이 한다.
467) 이태로·한만수, 앞의 책, 1225쪽.

조세범 처벌법 제3조 제5항은 부과과세방식에 의한 조세와 그 외의 조세에 대한 조세포탈의 기수시기를 구분하여 규정하고 있다. 부과과세방식에 의한 조세는 원칙적으로 해당 세목의 과세표준을 정부가 결정하거나 조사결정한 후 그 납부기한이 지난 때에 조세포탈죄의 기수가 성립한다. 다만, 납세의무자가 조세를 포탈할 목적으로 세법에 따른 과세표준을 신고하지 아니함으로써 해당 세목의 과세표준을 정부가 결정하거나 조사결정할 수 없는 경우에는 해당 세목의 과세표준의 신고기한이 지난 때에 기수가 성립한다(조세범 처벌법 제3조 제5항 제1호). 부과과세방식에 의하지 아니하는 신고납세방식 등의 조세에 대해서는 그 신고·납부기한이 지난 때에 조세포탈죄의 기수가 성립한다(같은 항 제2호).

조세포탈죄는 보호법익이 침해될 때, 즉 '조세의 적정한 부과·징수를 통한 국가의 조세수입이 확보'가 침해될 때 기수가 성립한다고 할 것인데, 그러한 결과는 세법에 정한 납부기한까지 조세가 납부되지 않는 경우에 발생한다고 볼 수 있다. 따라서 신고·납세방식의 조세에서는 개별 세법에서 정한 신고·납부기한의 경과시점에, 부과과세방식의 조세에서는 납세자의 신고에 따라 부과결정된 세액의 납부기한이 경과한 시점에, 부과과세방식의 조세에서 미신고로 인하여 부과결정이 없었던 경우에는 납부기한이 정해지지 못하므로 부득이 신고기한이 경과한 시점에 위와 같은 결과가 발생한 것으로 인식할 수 있다. 따라서 조세범 처벌법 제3조 제5항은 '조세의 적정한 부과·징수를 통한 국가의 조세수입이 확보'라는 보호법익이 침해된 결과가 발생한 시점을 기수시기로 명문화한 규정에 해당한다.

나. 조세범 처벌법 제3조 제5항의 적용범위

조세범 처벌법 제3조 제5항의 문언을 살펴보면 이는 기본적으로 과세표준 및 세액에 관한 신고·납부기한 또는 납부기한의 경과에 의해 포탈의 결과가 발생하는 유형의 조세포탈범을 전제하고 그에 관한 기수시기를 규정한 것임이 내용상 명확하다. 바꿔 말하면 조세범 처벌법 제3조 제5항은 과세표준 및 세액에 관한 허위과소신고 또는 허위미신고가 실행행위를 이루는[468] 유형의 조세포탈범을 예정하고 그에 관한 기수시기를 정하고 있는 것으로 해석된다. 따라서 과세표준 및 세액에 관한 허위과소신고 또는 허위미신고가 실행행위를 이루지 않는 유형의 조세포탈범의 기수시기에 관하여는 문언해석상 조세범 처벌법 제3조 제5항을 적용할 수 없다. 허위의 경정청구 또는 과세표준신고와 별개로 하는 허위의 세액공제신청 등에 의한 부정환급이나 부정공제 등이 이러한 유형의 조세포탈범에 해당한다.

그리고 과세표준 및 세액에 관한 허위과소신고가 실행행위를 이루는 유형의 조세포탈범

---

468) 이른바 부정행위에 관한 포괄설의 입장에서는 허위과소신고 또는 허위미신고가 사전소득은닉행위와 함께 포괄하여 조세포탈죄의 실행행위 내지 부정행위를 구성한다. 본서는 포괄설의 입장을 취하고 있다.

인 경우에도 포탈의 결과가 신고·납부기한 등이 경과한 시기와 다른 시기에 발생하는 유형의 조세포탈범의 기수시기에 관하여는 결과범의 속성상 조세범 처벌법 제3조 제5항을 적용하기 어렵다. 부정환급이 이러한 유형의 조세포탈범에 해당한다.

위와 같이 조세범 처벌법 제3조 제5항을 적용할 수 없는 유형의 조세포탈범에 대해서는 결과범의 기수시기에 관한 일반이론에 따라 포탈의 결과가 발생한 시점에 기수가 성립한다고 봄이 상당하다. 위와 같은 해석에 따른 포탈유형별 구체적 기수시기에 관하여는 아래 2.항 내지 4.항을 참고하라.

한편, 부과과세방식의 조세에서 납세자가 허위과소신고한 대로 과소하게 부과결정이 이루어졌는데 자진납부로 인하여 고지세액이 없는 경우[469]에는 부과결정에 따른 납부기한이 존재하지 않으므로 이로 인한 포탈범의 기수시기에 관하여 조세범 처벌법 제3조 제5항을 적용할 수 없다. 생각건대, 이러한 경우에는 결과범의 기수시기에 관한 일반론에 따라 부과결정에 의해 세액이 과소하게 확정되는 때, 즉 세액을 과소하게 확정하는 부과결정이 이루어진 때에 포탈의 결과가 발생하여 기수가 성립한다고 봄이 상당하다.

다. 입법론

조세범 처벌법 제3조 제5항은 1963. 1. 1. 신설된 이후 수 십년이 지난 현재까지 거의 같은 내용을 유지하고 있다. 현재는 당시에 비해 세제가 다양해지고 복잡해졌고, 세법학도 발전하여 과세표준 및 세액에 관한 신고·납부기한 또는 납부기한의 경과에 의해 포탈의 결과가 발생하는 전형적인 조세포탈범 외에도 여러 가지 형태의 조세포탈범이 문제되고 있다. 그런데 앞서 살펴보았듯이 조세범 처벌법 제3조 제5항은 과세표준 및 세액에 관한 허위과소신고 또는 허위미신고가 실행행위를 이루는 전형적인 조세포탈범을 예정하고 그에 관한 기수시기를 정하고 있는 것이라 다른 유형의 조세포탈범에 대해서는 문언해석상 이를 적용할 수 없다. 조세범 처벌법 제3조 제5항의 기수시기가 모든 유형의 조세포탈범에 적용될 수 없다면 위 조항이 존재함으로 인하여 오히려 실무상 혼란이 가중되고 있다고 할 수 있다. 조세범 처벌법 제3조 제1항의 구성요건을 충족하는 비전형적인 포탈범이 조세범 처벌법 제3조 제5항에 정한 기수시기를 충족시킬 수 없어서 처벌되지 못하는 사례가 발생할 수도 있다. 현재 제2차 납세의무의 포탈에 관한 기수시기를 둘러싼 혼란[470]도 그와 같은

---

469) 예를 들어 상속세 또는 증여세의 과세표준신고서를 제출한 자에 대하여 과세관청이 세무조사를 통해 상속세나 증여세를 결정했는데, 결정세액이 이미 자진납부되어 있어 고지세액이 없는 경우에는 납세고지 없이 상속세 결정통지서 또는 증여세 결정통지서, 재산평가명세서만을 통지한다(상속세 및 증여세 사무처리규정 제49조 제1항 제2호). 이처럼 부과결정을 하면서 고지세액이 없어 납세고지서를 발급하지 않는 경우에는 부과결정에 따른 납부기한이 없다.

470) 이에 관하여는 제2부 제2장 Ⅱ. 3. 나항을 참고하라.

경우라고 할 수 있다.

앞서 살펴본 바와 같이 조세범 처벌법 제3조 제5항은 결과범의 기수시기에 관한 일반이론에 따른 결론을 입법화한 확인적 규정에 불과하다. 따라서 위 조항으로 인해 유발되는 실무상의 혼선을 방지하기 위해서라도 이를 삭제하고 결과범의 기수시기에 관한 일반적인 해석론에 따라 기수시기를 결정하는 것이 타당하다. 그렇지 않다면 비전형적인 조세포탈죄의 기수시기까지도 포괄할 수 있도록 조세범 처벌법 제3조 제5항을 개정함이 상당하다. 그와 같이 입법적으로 해결되기 전에는 위 조항이 적용될 수 없는 포탈범에 대해서는 결과범의 기수시기에 관한 일반이론에 따라 실제로 포탈의 결과가 발생한 시점에 기수가 성립한다고 해석해야 할 것이다. 판례도 아래 3항에서 기술하는 바와 같이 조세포탈범의 기수시기에 관하여 예외없이 조세범 처벌법 제3조 제5항을 적용해야 한다는 입장은 아니다.[471]

2. 협의의 조세포탈의 기수시기

가. 부과과세방식의 조세에 대한 기수시기

부과과세방식에 의한 조세는 원칙적으로 해당 세목의 과세표준을 정부가 결정하거나 조사결정한 후 그 납부기한이 지난 때에 조세포탈죄의 기수가 성립하고, 다만 납세자가 과세표준을 신고하지 아니함으로써 해당 세목의 과세표준을 정부가 결정하거나 조사결정할 수 없는 경우에는 해당 세목의 과세표준의 신고기한이 지난 때에 기수가 성립한다는 것은 앞서 살펴본 바와 같다.

부과과세방식을 채택하는 조세로는 상속세와 증여세가 있다. 상속인 등은 상속개시일이 속하는 달의 말일부터 6개월 이내에 상속세를 신고 · 납부하여야 한다.[472] 증여세는 증여의제 이외의 증여의 경우 재산을 증여받은 날이 속하는 달의 말일부터 3월 이내에 신고 · 납부하여야 한다. 특정법인과의 거래를 통한 이익의 증여의제의 경우 특정법인의 법인세 과세표준의 신고기한이 속하는 달의 말일부터 3개월이 되는 날까지 신고 · 납부하여야 하고, 특수관계법인과의 거래를 통한 이익의 증여의제의 경우(이른바 일감 몰아주기) 수혜법인의 법인세 과세표준의 신고기한이 속하는 달의 말일부터 3개월이 되는 날까지 신고 · 납부하여야 하고, 특수관계법인으로부터 제공받은 사업기회로 발생한 이익의 증여의제의 경우(이른바 일감 떼어주기) 수혜법인의 법인세 과세표준의 신고기한이 속하는 달의 말일부터 3개월이 되는 날까지 신고 · 납부하여야 한다.

---

471) 대법원 2007. 12. 27. 선고 2007도3362 판결.
472) 피상속인이나 상속인 전원이 비거주자인 경우에는 상속개시일이 속하는 달의 말일부터 9월 이내에 신고 · 납부하여야 한다.

상속세와 증여세의 납부세액이 2천만 원을 초과하는 경우에는 허가를 받아 연부연납을 할 수 있다. 연부연납허가는 원래의 상속세부과처분에 정하여진 납부기한 자체를 변경하는 것은 아니고 다만 연부연납기간 내에는 상속세 체납의 책임을 묻지 않는 것에 지나지 않는다고 보아야 하므로 연부연납허가가 있더라도 상속세부과처분의 납부기한이 경과함으로써 조세포탈은 기수에 이른다.[473]

나. 신고납세방식의 조세에 대한 기수시기

신고납세방식의 조세인 경우에는 과세표준에 관한 신고·납부기한이 지난 때에 조세포탈죄가 성립한다(조세범 처벌법 제3조 제5항). 이때의 신고·납부기한은 과세표준의 확정신고에 관한 것을 말한다. 개별 세법에는 확정신고만이 아니라 예정신고도 있는데(소득세법 제69조, 제105조, 제106조, 부가가치세법 제48조), 부가가치세 예정신고의 경우처럼 확정의 효력이 있는 경우가 있으나 예정신고에 의한 확정은 잠정적 확정으로서 예정신고와 다른 내용으로 확정신고를 하는 경우에 예정신고상 과세표준과 세액은 확정신고에 의해 확정된 과세표준과 세액에 흡수된다. 따라서 조세포탈죄의 기수는 예정신고 기한이 아닌 확정신고 기한의 경과에 의해 성립한다고 보아야 한다(단, 조기환급금은 실제 환급금 수령시에 기수가 성립함).

납세의무자의 신고에 의하여 세액이 확정되는 신고납세방식을 채택하는 조세로는 소득세, 법인세, 부가가치세 등이 있다. 소득세는 소득의 종류에 따라, 종합과세되는 종합소득세와 별도로 분류과세되는 양도소득세, 퇴직소득세로 나눌 수 있다. 종합소득세는 매년 1. 1.부터 12. 31.까지 1년간의 과세기간에 귀속하는 소득에 과세하며, 각 과세연도의 다음 해 5. 1.~5. 31.까지 신고·납부하여야 한다. 토지 또는 건물, 부동산에 관한 권리, 기타 자산에 대한 양도소득세는 양도일이 속하는 말일부터 2월 이내에 예정신고를 하고, 양도일이 속하는 연도의 다음 해 5. 1.~5. 31.까지 확정신고를 한다. 양도한 부동산이 1건인 경우 예정신고 외에 확정신고는 불필요하다. 주식 또는 출자지분(신주인수권 포함)에 대한 양도소득세는 양도일이 속하는 반기의 말일부터 2개월 이내에 예정신고를 하고(국외주식, 파생상품은 예정신고 면제) 양도일이 속하는 연도의 다음 연도 5. 1.~5. 31.까지 확정신고를 한다.

법인세는 각 사업연도를 과세기간으로 하여 그 기간 동안의 법인소득에 과세한다. 소득세 과세기간은 예외없이 매년 1. 1.부터 12. 31.까지의 1년간의 소득을 대상으로 하고 있는데 반해 법인세의 과세기간은 각 법인의 1회계기간으로 한다. 법인의 각 과세기간을 '사업연도'라고 한다. 사업연도는 법령이나 법인의 정관 등에서 정하는 1회계기간으로 하는데 1회계기간을 1년을 초과하지 못한다(법인세법 제6조 제1항). 법인세는 법인의 결산을 이용하여

---

473) 대법원 1994. 8. 9. 선고 93도3041 판결.

과세소득을 계산하는 구조이기 때문에 회계연도와 사업연도를 일치시킬 필요가 있다.

법인세는 각 사업연도 종료일로부터 3월 이내에 신고·납부하여야 한다. 구체적인 사업연도 종료일은 회사별 정관으로 정하거나 법령에 규정되어 있으나 대부분의 법인은 사업연도를 매년 1. 1.~12. 31.로 정하고 있으므로 그로부터 3월 후인, 익년 4. 1.이 기수일이 된다.

부가가치세의 과세기간은 제1기와 제2기로 나뉘고, 제1기는 매년 1. 1.~6. 30.이고, 제2기는 매년 7. 1.~12. 31.이다. 부가가치세의 신고·납부기한은 과세기간이 종료된 다음 달 25일이므로, 기수시기는 제1기는 7. 26.이고, 제2기는 다음 해 1. 26.이 된다. 사업자가 폐업한 경우의 과세기간은 폐업일이 속하는 과세기간의 개시일로부터 폐업일까지이므로 사업자가 폐업한 경우 부가가치세 포탈의 범칙행위는 폐업일로부터 25일의 신고·납부기한이 경과함으로써 기수에 이른다.[474]

신고납세방식의 조세인 경우 신고납부기한이 경과한 때에 조세포탈행위의 기수가 된다할 것이니, 그 납부기한 후에 포탈세액 일부를 납부하거나 수정신고를 하더라도 조세포탈죄의 성립에는 아무런 영향을 미칠 수 없다.[475]

3. 부정환급의 기수시기

부정환급은 어떤 경위로 환급이 이루어지든 과세표준 신고기한의 경과 시나 부정환급이 결정된 시기가 아니라 환급금의 지급이 이루어지는 때에 국가의 조세수입의 감소가 초래되는 결과가 발생한다. 그러므로 모든 부정환급은 포탈의 결과가 신고·납부기한 등이 경과한 시기와 다른 시기에 발생하는 조세포탈범에 해당한다. 그렇다면 부정환급의 기수시기에 관하여는 결과범의 속성상 조세범 처벌법 제3조 제5항을 적용할 수 없으므로 조세범 처벌법 제3조 제1항 소정의 구성요건적 결과가 발생하는 시기, 즉 환급금의 지급이 이루어진 때에 기수가 성립한다고 보아야 한다.[476][477]

판례는 부가가치세 조기환급신고를 하여 부정환급을 받는 경우 부가가치세 신고·납부기간의 경과와 상관없이 실제 환급을 받았을 때 부정환급에 의한 조세포탈죄가 성립한다고 판시하고 있는데[478], 부가가치세의 조기환급이 아닌 일반적인 부정환급의 기수시기에 대해서는 아직 명확한 판례가 없는 실정이다.

---

474) 대법원 2007. 2. 15. 선고 2005도9546 판결.
475) 대법원 1988. 2. 9. 선고 84도1102 판결 ; 대법원 1988. 11. 8. 선고 87도1059 판결.
476) 소비세의 부정환급을 처벌하는 일본의 경우도 환부금을 수령한 때에 기수가 성립하는 것으로 보고 있다.
477) 안대희, 앞의 책, 405쪽 ; 김태희, 앞의 책, 249, 251쪽.
478) 대법원 2007. 12. 27. 선고 2007도3362 판결.

4. 부정공제의 기수시기

과세표준 및 세액에 관한 허위과소신고가 실행행위를 이루는 유형의 부정공제의 기수시기에 대해서는 조세범 처벌법 제3조 제5항을 적용한다. 예를 들어 부가가치세 과세표준신고시 허위의 매입세액공제에 의해 세액이 감소되는 경우에는 조세범 처벌법 제3조 제5항제2호에 따라 신고·납부기한의 경과로 부정공제의 기수가 성립한다.[479)480)]

그런데 과세표준 및 세액에 관한 허위과소신고가 실행행위를 이루지 않는 유형의 부정공제의 기수시기에 관하여는 문언해석상 조세범 처벌법 제3조 제5항을 적용할 수 없고, 결과범의 기수시기에 관한 일반론으로 돌아가 조세범 처벌법 제3조 제1항의 구성요건적 결과가발생하는 시기, 즉 부정공제가 확정되는 시기에 기수가 성립한다. 예를 들어 허위의 경정청구[481)] 또는 과세표준신고와 별개로 하는 허위의 재해손실세액공제신청에 의한 부정공제 등이 이러한 유형의 포탈범에 해당한다.

 제6절 인과관계

I 형법상의 인과관계론

어떠한 결과가 발생하여야 구성요건이 충족되는 결과범에 있어서 기수가 성립하려면 행위와 결과 사이에 연결관계, 즉 인과관계가 존재하여야 한다. 형법 제17조는 인과관계에 대하여 "어떤 행위라도 죄의 요소되는 위험발생에 연결되지 아니한 때에는 그 결과로 인하여벌하지 아니한다"라고 규정하고 있다.

인과관계에 관한 학설에는 인과관계 자체는 행위와 결과 사이에 자연법칙적이고 논리적인 연결관계가 있는지 여부를 기준으로 판단하고, 이후 인과관계가 확인된 결과를 규범적·법적 관점에서 객관적으로 행위에 귀속시킬 수 있는지를 판단하여, 인과관계와 객관적

---

479) 부가가치세 과세표준신고 시의 허위의 매입세액공제로 인한 부정공제는 과세표준의 허위과소신고에 의한 협의의 포탈과 구분할 실익이 없으므로 실무상으로는 협의의 조세포탈과 동일하게 취급하는 경우가 많다.
480) 그런데 매출세액이 존재하는 가운데 허위의 매입세액공제에 의한 부정공제와 부정환급이 동시에 일어난 경우에는 부정환급이 이루어진 때에 부정공제와 부정환급이 포괄하여 1개의 조세포탈죄를 구성한다고 보아야 할 것이다.
481) 과세표준신고와 함께 세액을 납부한 상태에서 추가적인 세액공제를 주장하며 경정청구를 하여 인용되면 세액의 환급이 이루어지겠지만, 과세표준신고만 하고 세액을 납부하지 않은 상태에서 추가적인 세액공제를 주장하며 경정청구를 하여 인용되면 세액의 공제가 이루어질 것이다.

귀속을 2단계로 판단하는 학설과 위 2단계를 통합하여 인과관계 문제로 다루는 학설로 나뉜다. 전자를 객관적 귀속이론이라고 한다. 그리고 상당인과관계설이 후자에 속한다.

통상 객관적 귀속이론에서는 인과관계는 자연법칙적, 존재론적으로 인정하는데, 인과관계에 관한 학설로는 행위와 결과 사이에 조건적 관계만 있으면 인과관계를 인정하는 조건설, 행위와 결과 사이에 중요한 영향을 준 조건에 대해서만 결과와의 사이에 인과관계를 인정하려는 원인설, 결과가 행위에 시간적으로 뒤따르면서 합법칙적으로 연결되어 있을 때 인과관계를 인정하는 합법칙적 조건설 등이 있다. 이후 이렇게 인과관계가 확인된 결과를 법규범적 관점에서 행위에 귀속시키는 것이 상당한지를 판단한다. 통상 객관적 귀속이론에 의하여 객관적 귀속이 인정되기 위해서는 행위에 의해 구성요건적 결과 발생에 대한 허용되지 않는 위험이 발생하거나 증가되고 그 위험이 실현되어 결과가 발생하였으며 결과 발생을 예견하였거나 예견할 수 있었고 지배가능하며 위험이 실현된 결과가 행위가 위반한 규범의 보호목적 범위 내에 속할 것이 요구된다고 본다.[482]

인과관계와 객관적 귀속을 통합하여 인과관계 문제로 다루는 학설로는 상당인과관계설이 있다. 상당인과관계설은 경험칙상 행위에 의하여 높은 확률로 발생하는 결과는 인과관계를 인정하고 낮은 확률로 발생하는 결과는 인과관계를 인정하지 않는다. 여기서 상당성은 행위와 결과 사이의 개연성을 의미한다.[483] 판례는 상당인과관계설을 채택하고 있다. 상당인과관계를 인정하기 위해서는 행위가 없었더라면 결과가 발생하지 않았을 것이라는 사실이 증명되어야 하고 행위에 의해 결과가 발생할 것을 예견하였거나 예견할 수 있어야 한다.[484] 따라서 폭행이 경미했음에도 피해자의 특이체질 등 예견가능성이 없는 특수한 사정에 의해 사망한 경우에는 인과관계가 인정되지 않는다.[485] 그리고 행위가 결과에 대한 유일한 원인이거나 직접적인 원인이 되어야 인과관계가 인정되는 것은 아니다. 즉 피해자의 평소의 지병이나 피해자의 과실 등 다른 원인이 경합하여 결과가 발생하는 경우에도 인과관계가 인정된다.[486]

---

482) 김성돈, 앞의 책, 270쪽 이하 ; 이재상·장영민·강동범, 앞의 책, 171쪽 이하.
483) 이재상·장영민·강동범, 앞의 책, 156쪽 참조.
484) 대법원 2007. 10. 26. 선고 2005도8822 판결 ; 대법원 1982. 1. 12. 선고 81도1811 판결.
485) 대법원 1978. 11. 28. 선고 78도1961 판결.
486) 대법원 1982. 6. 8. 선고 82도781 판결 ; 대법원 1982. 12. 28. 선고 82도2525 판결 ; 대법원 1994. 3. 22. 선고 93도3612 판결 참조. 대법원 1984. 6. 26. 선고 84도831 판결은 피고인의 폭행에 의한 장파열과 복막염 외에 의사의 수술지연의 과실이 경합되어 사망의 공동원인이 되었다 하더라도 피고인의 폭행이 사망의 유력한 원인이 된 이상 인과관계가 인정된다고 한다.

Ⅱ 조세포탈죄에서의 인과관계

조세범 처벌법 제3조 제1항은 사기나 그 밖의 부정한 행위로써 조세를 포탈하거나 조세의 환급·공제를 받은 자를 처벌하도록 규정하여, 부정행위와 포탈의 결과 사이에 인과관계가 존재해야 함을 명시하고 있다. 조세포탈죄의 인과관계도 판례에 따라 상당인과관계설에 의하여 판단함이 상당하다.[487]

우리나라의 판례와 실무가 소득은닉행위 등과 허위미신고 내지 허위과소신고가 포괄하여 부정행위를 이룬다고 해석하고 있다는 것은 앞서 살펴본 바와 같다. 그리고 포탈의 결과는 정당한 세액과 실제로 납부한 세액 사이의 차액 또는 정당한 세액의 미납부, 정당한 환급·공제액과 실제로 받은 환급·공제액 사이의 차액이라고 할 것이다. 결국 부정행위에 의하여 국가의 조세수입의 감소가 발생하여야 인과관계가 인정된다.

실무상 조세포탈죄에서의 인과관계는 먼저 허위미신고 또는 허위과소신고에 의하여 포탈의 결과가 발생했는지를 판단하고, 그것이 인정될 경우에 허위미신고 또는 허위과소신고에 의하여 포탈된 세액과 관련된 소득은닉행위 등이 존재하는지 여부를 판단한다. 만일 포탈된 세액과 관련된 소득은닉행위 등이 존재한다면 해당 포탈세액은 부정행위에 의한 포탈세액으로서 인과관계가 인정될 것이지만 존재하지 않는다면 해당 포탈세액은 부정행위에 의한 포탈세액이 아니므로 인과관계가 인정되지 않는다.

납세자가 일정한 소득에 대하여 허위과소신고를 하였는데 과세관청이 조사하는 과정에서 해당 허위과소신고는 바로 잡았으나 다른 부분에서 스스로 착오를 일으켜 결과적으로 과소하게 부과결정된 경우에는 허위과소신고와 결과 사이에 인과관계가 인정되지 않는다.[488] 하지만 과세관청이 납세자의 전체적인 허위과소신고 내용 중에 일부 과소신고는 바로 잡았으나 나머지는 바로 잡지 못한 경우에 나머지 부분에 대해서는 여전히 인과관계가 인정된다. 예를 들어, 유흥업소 업주가 세금을 포탈하기 위하여 매상고를 줄여서 신고하였는데, 과세당국이 신고액보다 많은 과세표준액을 결정하여 그에 따른 납부를 하였다 하더라도 과세당국이 결정한 과세표준액이 위 업체의 실제의 매상고에 미치지 못하는 경우에는 그 차액에 따른 세금에 관하여 조세포탈의 죄책을 면할 수 없다.[489]

과세표준신고와 별개의 신청에 의한 부정공제나 부정환급의 경우에도 마찬가지로 판단하면 된다. 먼저 허위의 신청행위뿐만 아니라 부정환급 또는 부정공제된 세액과 관련된 부정행위가 존재하여야 최종적으로 인과관계가 인정된다.

---

487) 안대희, 앞의 책, 418쪽도 같은 취지이다.
488) 김태희, 앞의 책, 267쪽.
489) 대법원 1978. 12. 26. 선고 78도2448 판결.

제7절 **포탈세액의 계산**

Ⅰ 의의, 계산방법

조세포탈범에 대한 형사절차에서 확정하여야 할 포탈세액은 당해 포탈범에 대하여 부과하여야 할 세법상의 납세의무액수와 그 범위를 같이 하여야 한다.[490] 따라서 포탈세액은 포탈행위가 없었을 경우 세법에 의해 납부해야 할 정당한 세액과 포탈행위의 결과 실제로 확정된 세액과의 차액이다.[491] 부정환급 또는 부정공제의 경우에는 포탈행위가 없었을 경우 정당하게 환급 또는 공제받을 세액과 포탈행위의 결과 실제로 환급받거나 공제받은 금액의 차액이 포탈세액이 된다.

결정이나 경정 결과 확정된 정당한 세액과 허위과소신고된 세액의 차액(미신고된 세액 전액) 중에서 포탈의 고의가 있고 부정행위와 인과관계가 있는 세액만을 포탈세액에 포함시키고 포탈의 고의가 인정되지 않는 세액, 부정행위와의 인과관계가 인정되는 않는 세액 등은 포탈세액에서 제외한다. 가산세는 신고납부기한 이후에 발생하는 벌과금적 성질을 가진 것이므로 포탈세액에 포함되지 않는다.[492]

매출누락, 비용 과대계상 등 부정행위에 의한 과세표준의 탈루가 밝혀졌다면 이를 포함시켜 다시 정당하게 납부하여야 할 세액을 계산한다. 그런데 이를 포함하여도 최종 세액이 0 또는 마이너스로 계산이 된다면 포탈된 세액이 존재하지 않고 미수에 그친 상태이므로 조세포탈죄가 성립하지 않는다.

Ⅱ 유형별 포탈세액 계산방법

1. 실질귀속자의 계산에 의한 기납부세액 공제

명의위장 등으로 다른 사람이나 법인의 이름으로 소득을 취득하고 그 명의수탁자 명의로 세금을 납부하거나 세금을 원천징수 당한 경우에는 그 세금이 실질적으로 누구의 부담으로 납부되었느냐를 따져 포탈세액을 산정함에 있어 기납부세액으로 공제할지 여부를 결정한다. 만일 소득의 실질귀속자의 계산에 의해 명의수탁자 등의 명의로 세금이 납부된 경우에

---

490) 대법원 2000. 2. 8. 선고 99도5191 판결 ; 대법원 1988. 3. 8. 선고 85도1518 판결.
491) 징수권만을 침해하는 유형의 조세포탈의 경우에는 세법에 의해 납부해야 할 정당한 세액과 포탈행위의 결과 실제로 납부한 세액과의 차액이 포탈세액이 될 것이다.
492) 대법원 2002. 7. 26. 선고 2001도5459 판결.

는 그 실질귀속자에게 과세를 함에 있어서 이를 기납부세액으로 공제해야 하고, 이는 포탈세액에서도 제외된다.[493][494]

예를 들어 甲회사가 여러 개인 명의로 보유하고 있던 차명계좌에서 발생한 이자소득을 법인세 신고시 누락하였다 하더라도, 만일 위 이자소득에 대하여 이미 명의수탁자들 개인 이름으로 소득세와 주민세가 원천징수되어 납부되었고 원천징수된 이자소득세 등을 제외한 나머지 금액만이 차명계좌에 입금되었다면, 결과적으로 甲회사가 차명계좌에서 발생한 이자소득에 대하여 소득세 등을 부담한 것이므로 甲회사가 차명계좌에서 발생한 이자소득을 사실대로 계상하지 아니하여 과소납부한 법인세액은 정당한 법인세액에서 위와 같이 원천징수 당한 소득세액을 제외한 나머지 금액이라고 할 것이다.[495]

2. 범죄주체가 양벌규정의 행위자인 경우의 포탈세액 계산

판례에 의하면 조세범 처벌법 제18조 소정의 법인의 대표자, 법인 또는 개인의 대리인, 사용인 기타의 종업원 등의 행위자는 납세의무자와 별개로 조세포탈범의 범죄주체가 될 수 있으므로 행위자가 조세포탈의 주체로서 포탈한 세액은 납세의무자가 아니라 행위자를 기준으로 산정하여야 한다.[496] 따라서 피고인이 자녀들에게 차명주식을 증여함에 있어, 피고인이 자녀들을 대리하여 자녀들과 차명주주들 사이에 실질적인 매매가 있는 것처럼 적극적으로 조작하면서 증여세의 과세표준이나 세액을 신고하지 아니하는 방법으로 수증자인 자녀들의 대리인으로서 그들에게 부과될 증여세를 포탈한 경우, 피고인의 자녀별 포탈세액을 전부 합산하는 방법으로 '조세범 처벌법 제18조 소정의 행위자로서 포탈한 세액'을 산정하여야 한다.[497]

---

493) 이와 관련하여 국세기본법 제51조 제11항은 "과세의 대상이 되는 소득, 수익, 재산, 행위 또는 거래의 귀속이 명의일 뿐이고 사실상 귀속되는 자(이하 이 항에서 "실질귀속자"라 한다)가 따로 있어 명의대여자에 대한 과세를 취소하고 실질귀속자를 납세의무자로 하여 과세하는 경우 명의대여자 대신 실질귀속자가 납부한 것으로 확인된 금액은 실질귀속자의 기납부세액으로 먼저 공제하고 남은 금액이 있는 경우에는 실질귀속자에게 환급한다"라고 규정하고 있다.

494) 그런데 국세기본법 제47조의2 소정의 무신고가산세, 과소신고가산세를 산정함에 있어서는 명의수탁자 명의로 한 신고나 납부를 명의신탁자의 신고나 납부로 인정하지 않는다(대법원 1997. 10. 10. 선고 96누6387 판결 ; 대법원 2017. 4. 13. 선고 2015두44158 판결).

495) 대법원 2005. 1. 14. 선고 2002도5411 판결(원심은 서울고등법원 2002. 9. 13. 선고 2002노1097 판결. 원심은 실질과세의 원칙 등에 비추어, 과세당국이 명의에 관계없이 그 진정한 소유자가 누구임을 밝혀 그에게 과세하는 것과 마찬가지로, 세금이 원천징수되었다면 그 세금이 실질로 누구의 부담으로 납부되었느냐를 기준으로 '기납부세액'에 해당하는지를 가려야 한다고 판시하였다).

496) 대법원 2011. 6. 30. 선고 2010도10968 판결.

497) 위의 판결.

3. 허위 세금계산서 등에 의한 부가가치세 포탈시 포탈세액의 계산

가. 매입세액공제와 포탈세액의 계산

세금계산서 또는 수입세금계산서를 발급받지 않은 경우, 매입처별 세금계산서합계표 또는 세금계산서의 필요적 기재사항이 기재되지 않았거나 사실과 다르게 기재된 경우에는 원칙적으로 매입세액공제가 허용되지 않는다(부가가치세법 제39조 제1항). 포탈세액의 계산에 있어서도 마찬가지이다. 판례는 포탈세액 계산의 기준이 되는 납세의무는 당해 포탈범에 대한 세법상의 납세의무와 범위를 같이 하므로 부가가치세 포탈세액을 계산함에 있어서 매입세금계산서를 교부받지 아니하고 또 이를 제출치 아니하여 당시의 부가가치세법에 따라 매입세액공제가 불가한 것에 대해서는 포탈세액을 계산함에 있어서도 매출세액에서 해당 매입세액을 공제하지 않는다고 판시한다.[498] 또한, 부가가치세액 산정에 있어서 현실적으로 거래징수 당하지 않은 매입세액은 매출세액에서 공제할 수 없다.[499]

나. 허위 세금계산서 또는 공급가액이 과다기재된 세금계산서에 의해 매입세액 공제를 받은 경우

재화나 용역을 공급받지 아니하고 수취한 허위 세금계산서에 의해서는 매입세액공제가 불가능하다. 그리고 재화나 용역을 공급받았다 하더라도 그 공급가액이 과다기재된 세금계산서의 경우 과다계상분에 대해서는 매입세액공제를 받지 못한다. 그럼에도 불구하고 허위 매입세금계산서 또는 공급가액이 과다기재된 세금계산서에 의해 매입세액공제를 받았다면 부정공제 또는 부정환급에 의한 조세포탈죄가 성립할 수 있다.

그런데 위와 같은 경우 피고인에게 조세포탈의 고의가 인정되려면 피고인에게 허위 세금계산서에 의하여 매입세액의 환급을 받는다는 인식 이외에, 위 허위 세금계산서 발행업체들이 위 허위 세금계산서상의 매출세액을 제외하고 부가가치세의 과세표준 및 납부세액을 신고·납부하거나 또는 위 허위 세금계산서상의 매출세액 전부를 신고·납입한 후 매출세액을 환급받는 등으로 위 허위 세금계산서상의 부가가치세 납부의무를 면탈함으로써 결과적으로 피고인이 위 허위 세금계산서에 의한 매입세액의 공제를 받는 것이 국가의 조세수입의 감소를 가져오게 될 것이라는 인식이 있어야 한다.[500] 만약 甲이 이른바 자료상으로부터 허위 세금계산서를 구입하면서 부가가치세 상당액을 지급하였고, 甲에게 허위 세금계산서를 발행한 대부분의 업체들이 그 세금계산서상의 공급가액을 포함하여 산출한 매출세액

---

498) 대법원 2000. 2. 8. 선고 99도5191 판결 ; 대법원 1988. 3. 8. 선고 85도1518 판결.
499) 대법원 2008. 4. 24. 선고 2007도11258 판결.
500) 대법원 2011. 4. 28. 선고 2011도527 판결

을 신고하였으며, 그 중 일부 업체들은 신고한 매출세액을 실제로 납부한 경우라면, 甲에게는 허위 세금계산서에 의하여 매입세액의 환급을 받는다는 인식이 있었다고 할 것이나, 이를 넘어서 허위 세금계산서상의 부가가치세 납부의무를 면탈함으로써 결과적으로 甲이 허위 세금계산서에 의한 매입세액의 공제를 받는 것이 국가의 조세수입의 감소를 가져오게 될 것이라는 인식까지도 있었다고 보기는 어렵다.[501] 따라서 허위 세금계산서 등에 의하여 매입세액공제를 받은 경우라 할지라도 위와 같은 고의가 인정되는 경우에 한하여 포탈세액을 인정하여야 한다.

또한 판례는 재화나 용역을 공급하는 사업자가 가공의 매출세금계산서와 함께 가공의 매입세금계산서를 기초로 부가가치세의 과세표준과 납부세액 또는 환급세액을 신고한 경우에는 그 가공의 매출세금계산서상 공급가액에 대하여는 부가가치세의 과세대상인 재화나 용역의 공급이 없는 부분으로서 이에 대한 추상적인 납세의무가 성립하였다고 볼 수 없으므로 비록 공제되는 매입세액이 가공이라고 하더라도 이러한 경우에는 가공의 매출세액을 초과하는 부분에 한하여 그 가공거래와 관련된 부가가치세의 포탈이나 부정환급·공제가 있었다고 보아야 한다고 판시한다.[502]

4. 선량한 풍속 등에 반하는 필요경비의 불공제

판례에 의하면 소득세는 원칙적으로 소득이 다른 법률에 의하여 금지되는지 여부와 관계없이 담세력에 따라 과세하여야 하고 순소득을 과세대상으로 하여야 하므로 범죄행위로 인한 위법소득을 얻기 위하여 지출한 비용이더라도 필요경비로 인정함이 원칙이라 할 것이나, 그 비용의 지출이 사회질서에 심히 반하는 등 특별한 사정이 있는 경우라면 필요경비로 인정할 수 없다고 한다. 따라서 유흥주점 업주가 유흥접객원과 영업상무 등에게 성매매 수당 내지 성매매 손님 유치 수당을 지급하였다 하더라도 이러한 수당은 성매매 및 그것을 유인하는 행위를 전제로 지급된 것으로서 그 비용의 지출은 선량한 풍속 기타 사회질서에 심히 반하므로 필요경비로 인정할 수 없다.[503] 반면에, 홍콩에서 금괴를 매입하여 국내 환승구역을 거쳐 일본으로 밀반출 한 후 이를 매도하여 매매차익을 올리는 방식의 금괴밀반출 사업에 있어서, 피고인이 외국에서 납부한 소비세 등은 총수입금액에 대응하는 비용으로서 이 사건 금괴 사업과 관련이 있는 제세공과금에 해당하여 총수입금액에서 공제되어야 할 필요경비적 성질의 것이라고 봄이 타당하다.[504]

---

501) 위의 판례. 반면에 고의를 인정한 판례로는 대법원 2005. 9. 30. 선고 2005도4736 판결이 있다.
502) 대법원 2009. 12. 24. 선고 2007두16974 판결.
503) 대법원 2015. 2. 26. 선고 2014도16164 판결.
504) 부산지방법원 2019. 1. 11. 선고 2018고합127 판결.

5. 회사의 비자금이 사업용도로 사용된 경우의 손금 인정요건

법인세법은 기업회계에서 비용처리된 것을 그대로 손금으로 인정하지 아니하고 법에서 정한 항목과 그 용인한도액 내에서만 손금으로 인정하고 있다. 따라서 회사가 비용의 허위계상 또는 과다계상의 방법으로 공금을 정식경리에서 제외한 뒤 그 금액상당을 손금으로 처리한 경우 그 금액들이 전부 회사의 사업집행상 필요한 용도에 사용되었더라도 그 용도를 구체적으로 밝혀 그것이 손비로 인정될 수 있는 항목이고 손금 용인한도액 내의 전액임을 입증하지 못하는 이상 그 부분에 대해서도 조세포탈의 죄책을 져야만 한다.[505]

6. 실지조사 시 새로 발견된 수입금액에 대응한 비용 인정문제

판례는 과세관청이 실지조사방법에 의하여 납세의무자의 소득에 대한 과세표준과 세액을 결정하는 경우에 있어 납세의무자의 당초 신고에서 누락된 수입금액을 발견하였다 하더라도, 이에 대응하는 필요경비 등의 손금은 별도로 지출되었음이 장부 기타 증빙서류에 의하여 밝혀지는 등의 특별한 사정이 없는 한 총수입금에 대응하는 총손금에 포함되었다고 보아야 한다고 한다.[506] 따라서 누락수입에 대응하는 비용도 신고누락 되었다는 점에 관하여는 그 별도의 공제를 구하는 납세의무자가 주장·입증하여야 한다.[507]

⑩ 추계조사결정에 의한 포탈세액의 계산

1. 의의

과세표준의 신고를 하여야 할 자가 그 신고를 하지 아니한 경우 과세관청이 과세표준과 세액을 결정하여야 하고, 신고를 했더라도 그것에 탈루 또는 오류가 있거나 증빙자료가 미비하거나 신고내용이 불성실한 경우 등의 사정이 있는 경우에는 과세관청이 과세표준과 세액을 경정하여야 한다(소득세법 제80조 제1항, 제2항, 법인세법 제66조 제1항, 제2항).

이러한 과세표준의 결정 또는 경정은 그 장부와 이에 관계되는 증거자료에 의하여야 한다(소득세법 제80조 제3항, 법인세법 제66조 제3항 단서). 장부와 증거자료를 근거로 실액을 계산하는 과세표준 인정방법을 실액방법이라고 한다.[508] 실액방법 중에서 과세신고서 및 그 첨부서류를 중심으로 하여 확정하는 방법을 서면조사결정이라고 한다. 반면에 주로 납세자의

---

505) 대법원 2002. 9. 24. 선고 2002도2569 판결 ; 대법원 1989. 10. 10. 선고 87도966 판결.
506) 대법원 1987. 10. 13. 선고 85누1004 판결.
507) 대법원 2008. 1. 31. 선고 2006두9535 판결 ; 대법원 2003. 3. 11. 선고 2001두4399 판결.
508) 김완석·정지선, 앞의 책, 548쪽.

사업장 또는 주소에서 해당 납세자가 비치하고 있는 회계장부 및 증빙자료 등을 확인하고 납세자에게 질문하는 등의 방법으로 정확한 과세표준을 결정하는 것을 실지조사결정이라고 한다.

실액방법에 대응되는 개념이 추계방법이다. 과세관청에 의한 과세표준의 결정이나 경정이 필요한데, 납세자가 비치하고 있는 장부와 증빙서류가 없거나 중요한 부분이 미비 또는 허위인 경우 등처럼 장부나 그 밖의 증명서류에 의하여 소득금액을 계산할 수 없는 경우에는 여러 가지 간접적인 자료를 토대로 과세표준을 추정하여 산정할 수밖에 없다. 이를 추계방법이라고 한다(소득세법 제80조 제3항 단서, 법인세법 제66조 제4항). 추계방법은 실액방법에 의한 과세가 불가능할 때에 한하여 예외적으로 허용된다. 추계방법에 따라 과세표준 및 세액을 결정하는 것을 추계조사결정이라고 한다.

2. 추계조사결정의 요건

소득세법과 법인세법의 각 시행령은 추계조사결정을 할 수 있는 경우로 ① 과세표준을 계산할 때 필요한 장부와 증빙서류가 없거나 한국표준산업분류에 따른 동종업종 사업자의 신고내용 등에 비추어 수입금액 및 주요 경비 등 중요한 부분이 미비 또는 허위인 경우, ② 기장의 내용이 시설규모·종업원수·원자재·상품 또는 제품의 시가·각종 요금 등에 비추어 허위임이 명백한 경우, ③ 기장의 내용이 원자재사용량·전력사용량 기타 조업상황에 비추어 허위임이 명백한 경우를 열거하고 있다(소득세법 시행령 제143조 제1항, 법인세법 시행령 제104조 제1항).

회사의 장부나 증빙서류의 일부가 미비되거나 허위로 된 것이 있다 하여도 그 장부나 증빙서류의 중요한 부분이 미비되었거나 허위로 되었다고 볼만한 별단의 사정이 없는 한, 현존하는 장부와 증빙서류에 의하여 실액에 의한 손비계산을 할 수 있는 경우에는 추계과세는 허용될 수 없다.[509] 또한, 납세자가 비치·기장한 장부나 증빙서류 중 일부 허위로 기재된 부분이 포함되어 있다고 하더라도 그 부분을 제외한 나머지 부분이 모두 사실에 부합하는 자료임이 분명하여 이를 근거로 과세표준을 계산할 수 있다면 그 과세표준과 세액은 실지조사의 방법에 의하여 결정하여야지 추계조사 방법에 의해서는 아니되고, 실지조사에 의한 부과처분이 결과적으로 추계과세에 의한 부과처분보다 불리하다거나 납세자 스스로 추계의 방법에 의한 조사결정을 원하고 있다는 사유만으로는 추계과세요건이 갖춰진 것이라고 볼 수 없다.[510]

---

509) 대법원 1986. 12. 23. 선고 86도156 판결.
510) 대법원 1997. 9. 26. 선고 96누8192 판결.

위와 같은 추계사유가 있을 때, 소득세법 시행령 및 법인세법 시행령에 정해진 바에 따라 소득금액과 사업수입금액을 결정한다(소득세법 시행령 제143조, 제144조, 법인세법 시행령 제104조, 제105조). 소득세법상 소득금액의 추계는 기준경비율에 따른 추계방법과 단순경비율에 따른 추계방법이 있다.[511] 기준경비율을 이용한 추계는 수입금액에서 '매입비용 등의 주요경비'와 '수입금액에 기준경비율을 곱하여 계산한 금액'을 각각 공제한 금액을 소득금액으로 계산하는 방법이다. 단순경비율에 따른 추계방법은 수입금액에서 '수입금액에 단순경비율을 곱한 금액'을 공제한 금액을 소득금액으로 계산하는 방법이다. 사업수입금액의 추계방법은 소득세법 시행령 제144조에 규정되어 있는데 기장이 정당하다고 인정되어 기장에 의하여 조사결정한 동일 업황의 다른 사업자의 수입금액을 참작하여 계산하는 방법 등이 규정되어 있다.

판례에 의하면 추계결정의 방법이 일반적으로 용인될 수 있는 객관적, 합리적인 것이고 그 결과가 고도의 개연성과 진실성을 가진 것이라면 그 방법에 의한 포탈세액의 추계도 허용되지만 소득세법이나 법인세법 등에 추계방법이 규정되어 있는 경우에는 구체적 사안에서 그 방법이 불합리하다고 볼 특별한 사정이 없는 한 그 방법을 적용하여야 한다.[512] 또한 판례는 추계방법의 적법여부가 다투어지는 경우에 과세관청이 추계과세의 요건의 구비와 관계 규정에 정한 방법과 절차에 따라 추계하였다는 사실을 입증한다면 추계과세의 합리성과 타당성은 일응 입증되었다고 보아야 하고, 그 추계방법이 불합리하다는 특수한 사정은 납세자가 입증해야 한다고 한다.[513]

3. 추계조사결정의 적법성에 관한 사례

가. 추계를 적법하다 본 사례

① 일일주류현황 등에 의해 유흥주점의 소득금액 계산

유흥주점 업주가 수입·지출에 관한 장부 그 밖의 증빙서류를 거짓 작성하거나 이를 은닉하는 등의 방법으로 그 수입금액을 줄이거나 지출경비를 늘림으로써 조세를 포탈한 경우, A가 엑셀파일로 작성한 '월별 회계자료'를 기초로 하되, 그 파일자료가 없는 2012년 3, 5, 6, 8, 11, 12월 매출액의 경우에는 B가 작성한 '2012년도 일일주류현황'을 기준으로 삼아 이 사건 유흥주점의 과세표준을 추정계산 방식에 의하여 산출한 것은 허용될 수 있는 방법

---

511) 기준경비율과 단순경비율은 국세청장이 규모와 업황에 있어서 평균적인 기업에 대하여 업종과 기업의 특성에 따라 조사한 평균적인 경비비율을 참작하여 기준경비율심의회의 심의를 거쳐 결정한 경비율로서 수입금액에서 공제할 필요경비를 계산하는 비율로 사용한다(소득세법 시행령 제145조 제1항).
512) 대법원 2011. 4. 28. 선고 2011도527 판결 ; 대법원 2005. 5. 12. 선고 2004도7141 판결.
513) 대법원 2010. 10. 14. 선고 2008두7687 판결.

에 해당한다.[514]

② 기준경비율에 의한 소득금액 추계

부동산을 개발하여 전매하는 사업을 하는 피고인이 부동산의 매입과 매출 당시 그에 관한 장부나 증빙서류를 전혀 작성하지 아니하고 세금계산서도 수수하지 아니하였으며 법인세 확정신고도 하지 아니하자, 구 법인세법 시행령 제104조 제2항 제1호에 따라 사업수입금액에 기준경비율을 곱하여 계산한 금액을 사업수입금액에서 공제하는 방법으로 법인 소득금액을 추계한 사안에서, 대법원은 법인세 포탈세액은 특별한 사정이 없는 한 구 법인세법 시행령 제104조 등에 따라 기준경비율에 의한 방법으로 추계하여야 하고 피고인이 부동산의 매입과 매출 당시 그에 관한 장부나 증빙서류를 전혀 작성하지 아니한 이 사건에서, 이와 같은 추계방법이 불합리한 결과를 초래한다는 등의 특별한 사정이 인정되지 않고, 추계방법이 일반적으로 용인될 수 있는 객관적, 합리적인 것이고 그 결과가 고도의 개연성과 진실성을 가진 것이라는 취지로 판단하였다.[515]

③ 기타 합리적이고 고도의 개연성이 있는 방식으로 노무비, 숙식비를 추계한 경우

서울지방국세청 소속 세무공무원들이 A회사의 탈세여부를 조사함에 있어서 위 회사가 비치한 노임대장을 검토한 결과, 그 인부들의 주민등록번호 중 약 84퍼센트가 조작된 것으로 밝혀졌고 또 그 92퍼센트 가량이 실제로 일한 사실없이 노임대장에 노임 수령한 것으로 기재되었음이 드러났으며 −(중략)− 달리 실제로 지급된 노무비, 숙식비의 액수를 밝힐 장부 기타 증빙이 없었으므로, 위 세무공무원들은 현장인부노임 중 1) 공사(용역) 시행내역서상 인부, 측부가 필요없는 것으로 되어 있는 사업에 지급된 것으로 기재된 것, 2) 공사예정공정표상 현지조사기간 외에 지급된 것으로 기재된 것(다만, 공사의 착수 또는 완공이 지연된 것은 당초의 예정공정표상 측량조사기간일수에 상당하는 노임을 인정하였음), 3) 공사예정공정표가 없거나 공사예정공정표에 측량조사기간이 불분명한 경우 과학기술처장관이 승인한 지역 및 도시계획표준품셈표와 건설부장관의 승인을 얻은 건설표준품셈표에 의하여 작성한 공사시행내역서상의 노임액을 초과한 것을 가공계상노임으로 산출하고, 측량기사숙식비 중 1) 업무의 성질상 출장, 숙식이 불필요한 기획부 용역업무에 관하여 지급된 것으로 기재된 것, 2) 그 외 다른 부서의 업무 중 측량기사들이 확인한 실제 출장일수를 넘는 일수에 대하여 지급된 것으로 기재된 것을 가공계상숙식비로 각 산출한 다음, 위 각 산출금액 범위 내에서 대표이사인 甲과 경리과장인 乙이 시인하는 금액을 위 회사의 법인세신고 시 과대계상한 지출경비라고 인정하여 그에 따른 포탈세액을 계산한 사안에서, 대

---

514) 대법원 2015. 2. 26. 선고 2014도16164 판결.
515) 대법원 2013. 9. 12. 선고 2013도865 판결.

법원은 위 세무공무원들의 가공계상비용 부인행위와 이에 기한 포탈세액의 추정계산은 그 방법이 가장 합리적이고, 진실에 가까운 고도의 개연성이 있는 것으로서 타당하다고 판시하였다.[516]

나. 추계를 위법하다고 본 사례

① 폐업한 소기업의 소득금액 계산에 단순경비율을 적용하지 않은 경우

피고인이 유류업체인 A회사를 운영하면서 무자료로 출처불명의 유류를 구입한 후 자료 상으로부터 수십 회에 걸쳐 허위의 매입세금계산서를 수수한 다음, 그 허위 매입세금계산 서에 기재되어 있는 매입비용을 A회사의 실제 매입비용인 것처럼 위장하여 과세표준을 축소신고하였는데, 과세관청이 '필요한 장부 또는 증빙서류가 없거나 그 중요한 부분이 미비 또는 허위인 때'에 해당한다는 이유로 추계조사를 하면서, A회사가 폐업한 소기업임에도 소득금액 계산 시 소득세법 시행령에 폐업한 소기업에 대해 적용하도록 규정하고 있는 단순경비율 방식으로 추계하지 않고, 피고인 등이 실제로 공급한 유류가 해상선박에 사용되는 면세유인 것을 확인한 후 수협중앙회에서 고시하는 어업용면세유 가격을 기준으로 그 매출원가를 산정하여 A회사의 법인세 포탈세액을 추계한 사안에 대하여, 대법원은 소득세법이나 법인세법 등에 추계방법이 규정되어 있는 경우에는 구체적 사안에서 그 방법이 불합리하다고 볼 특별한 사정이 없는 한 그 방법을 적용하여야 한다고 판시하고 단순경비율 방식에 의하여 추계하면 불합리한 결과가 초래된다는 등의 특별한 사정이 있는지 여부를 가려보지 아니한 채 그 추계방법이 객관적이고 합리적이라는 이유만으로 적법하다고 판단한 것은 위법하다고 판단하였다.[517]

② 납세의무자의 단순한 답변을 기초로 추계한 경우

A회사의 1993년 1기분 및 2기분 각 부가가치세와 1993 사업연도(1992. 7. 1.~1993. 6. 30.) 법인세 포탈세액의 계산 기초가 되는 1993년의 매출액에 대하여 세무당국에 신고한 매출액이 실제 매출액의 50% 정도라는 A회사 대표이사의 진술만을 토대로 실제 매출액을 신고한 매출액의 2배로 추정계산한 것은 위법하다.[518]

③ 회사 대표이사가 관리하던 계좌에 입금된 금액을 기준으로 불합리하게 추계한 경우

과세관청이 납세자인 법인의 매출누락금으로 본 금액이 그 법인의 대표이사가 관리하던 여러 금융기관 계좌에 입금된 총액으로서 그 금액 중에는 다른 계좌에서 출금하여 재입금

---

516) 대법원 1985. 7. 23. 선고 85도1003 판결.
517) 대법원 2011. 4. 28. 선고 2011도527 판결.
518) 대법원 1997. 5. 9. 선고 95도2653 판결.

된 금액까지 계산됨으로써 중복된 것도 있고, 그 대표이사가 당해 납세법인과는 별도로 같은 지역에서 경영하던 다른 회사의 수입금도 포함되어 있을 뿐 아니라, 대표이사가 아무런 거래관계 없이 자금융통을 위하여 거래처의 어음을 할인하여 주고 금융기관에 이를 추심의뢰하여 입금된 금액 또한 함께 계산된 사실이 있다면, 과세관청이 위의 금액을 매출누락분으로 보고 이에 기하여 추계과세의 형식으로 법인세, 부가가치세 등의 각 부과처분을 한 것은 그 추계의 방법이 합리적인 것이 아니어서 위법하다.[519]

제8절 고의

 I 의의, 고의의 대상

1. 의의

조세포탈죄에 있어서 고의는 납세의무자 등이 자기의 행위가 사기나 그 밖의 부정한 행위에 해당하는 것을 인식하고 그 행위로 인하여 조세포탈의 결과가 발생한다는 사실을 인식하면서 부정행위를 감행하거나 하려고 하는 것이라고 판례는 정의한다.[520] 조세포탈범은 고의범이지 목적범은 아니므로 피고인에게 조세를 회피하거나 포탈할 목적까지 가질 것을 요하는 것이 아니다.[521]

범죄 성립에 필요한 고의는 확정적 고의뿐만 아니라 결과 발생에 대한 인식이 있고 그를 용인하는 의사인 이른바 미필적 고의도 포함하는 것이다. 조세포탈죄에서의 고의 또한 미필적 고의만으로 족하다 할 것이다.[522]

2. 고의의 대상

고의를 인정하려면 본죄의 범죄주체가 ① 납세의무 ② 부정행위 ③ 포탈의 결과 ④ 인과관계 등을 인식하여야 한다.[523]

---

519) 대법원 1996. 11. 12. 선고 95누17779 판결.
520) 대법원 1999. 4. 9. 선고 98도667 판결 ; 대법원 2006. 6. 29. 선고 2004도817 판결.
521) 대법원 1999. 4. 9. 선고 98도667 판결.
522) 조세포탈죄에서 미필적 고의를 인정한 판례로는 대법원 1992. 3. 10. 선고 92도147 판결이 있다. 조세포탈죄에 있어서도 미필적 고의가 인정될 수 있다는 견해로는 최형기, "판례를 중심으로 한 조세포탈범의 성립요건과 문제점", 『재판자료』 제50집, 1990, 467쪽 ; 김종민, "조세포탈범의 형사처벌과 관련한 제문제", 『사법논집』 제45집, 2007, 463쪽 등이 있다.

납세의무의 인식은 부정행위에 의하여 포탈되는 조세의 존재를 인식하는 것이다. 납세의무에 관한 인식이 고의의 인정에 있어서 출발점이 된다. 그런데 만약 납세자가 조세포탈액 중 일부에 대해서만 인식하고 있는 경우에 어디까지 조세포탈범이 성립하느냐에 대하여 논쟁이 있다. 인식이 있는 부분에 대해서만 포탈범이 성립한다는 견해(인식부분설)와 소득의 전체에 대해서 포탈범이 성립한다는 견해(총세액설, 개괄적고의설)가 있다. 일본에서는 종래 총세액설이 지배적이었지만 포탈범이 고의범이라는 것을 중시한다면 인식이 없는 부분에까지 포탈범의 성립을 인정하기는 어렵고[524][525], 다만 소득 계산의 기초가 되는 복잡한 계정과목과 다수의 수입 및 비용 관련 항목에 대한 개별적인 인식이 필요하다고 보는 것은 타당하지 않고, 대략적인 소득의 금액에 대하여 인식이 있으면 족하다고 보는 것이 타당하다.[526]

부정행위에 대한 인식은 자기의 행위로 인하여 조세의 부과와 징수가 불능 또는 현저히 곤란하게 될 것이라는 인식이다. 조세의 포탈을 위하여 매출누락, 비용의 과대계상 등 소득은닉행위 등을 한다는 인식과 아울러 허위미신고 또는 허위과소신고를 한다는 인식이 있어야 한다.

포탈의 결과에 대한 인식은 부정행위의 실행과 조세의 신고·납부기한 또는 신고기한의 경과로 국가의 조세수입이 감소하는 결과가 발생하는 것을 인식하는 것이다.

인과관계의 인식은 부정행위로써 포탈의 결과가 발생한다는 인식이다. 만일 사전소득은닉행위 등과 상관없는 부분에 관하여 단순히 허위미신고 또는 허위과소신고를 하여 세액을 면하는 경우에는 부정행위와 포탈의 결과 사이의 인과관계에 관한 인식이 존재하지 않는다.

Ⅱ 납세의무에 관한 법률의 부지

고의의 대상 중의 하나인 납세의무의 인식과 관련하여 납세자가 세법의 부지로 인하여 납세의무를 인식하지 못했다고 주장하는 경우는 어떻게 해야 하는가. 일반적인 형사법이론에 따르면 법률의 부지는 고의를 부정하는 이유가 될 수 없다. 다만 단순한 법률의 부지가 아닌 법률의 착오[527]에 해당한다면 정당한 이유가 있는 경우에 한하여 처벌받지 아니한다

---

523) 대법원 2007. 6. 1. 선고 2005도5772 판결 ; 2001. 2. 9. 선고 99도2358 판결 ; 대법원 1990. 10. 16. 선고 90도1955 판결.

524) 金子 宏, 앞의 책, 1125쪽 ; 오윤, 앞의 책, 430쪽 등 참조. 東京高判 昭和 54年 3月 19日 高裁刑集 32卷 1号 44頁도 같은 취지의 판결이다.

525) 이와 관련하여 납세자가 인식하는 부분과 기본적 사실관계가 동일한 범위 내에서 조세포탈범이 성립한다고 보는 것이 타당하다고 보는 유력한 견해가 있다(이준봉, 앞의 책, 1140쪽 참조).

526) 金子 宏, 앞의 책, 1125쪽. 이것이 소위 개괄적인식설이다. 위 문헌에 의하면 최근 일본에서는 순수한 형태로 개별적 인식설이나 총세액설을 주장하는 견해는 적고 학설들이 개괄적인식설에 근접하고 있다고 한다.

(형법 제16조). 이러한 일반이론이 조세포탈범에도 적용된다면 세법의 부지로 인하여 납세의무를 인식하지 못했으므로 고의가 없었다는 주장은 법률의 부지를 주장하는 것으로서 원칙적으로 범죄 성립에 영향을 미치지 못한다고 해야 할 것이다.

하지만 조세법은 복잡하고 다양한 거래를 규율하는 법으로서 그 범위가 방대하고 그 내용 또한 정교하고 기술적이어서 이를 제대로 해석하여 납세의무를 인식하는 것을 일반인에게 기대하기 어려운 경우가 많다. 따라서 조세법에 관한 법률의 부지로 인하여 조세포탈죄의 구성요건인 납세의무를 인식하지 못한 경우, 다른 형사범과 마찬가지로 고의 인정에 영향을 미치지 못하는 것으로 볼지, 아니면 법률의 부지를 일정한 요건 하에서 고의를 부정하는 사유로 볼 것인지는 추가적인 검토가 필요하다.

미국의 경우는 조세범죄 영역에서 일정한 조건 하에서 법률의 부지를 고의를 부정하는 사유로 인정한다. 미국 보통법(Common Law)상 법률의 부지에 관한 주장은 범죄성립에 영향을 미치지 않는다. 그런데 1933년에 선고된 U.S. v. Murdock 판결(290 U.S. 389, 393(1933))에서 조세범죄 영역에서 선의(in good faith)로 법률을 알지 못한 때에는 고의가 부정된다는 법리가 제시되었다. 그런데 선의로 법률을 알지 못하였다는 주장에 대한 인정여부를 주관적 기준(납세자가 실제로 믿은 것)에 따라야 할지, 객관적 기준(믿음의 객관적 합리성 여부)에 따라야 할지 논란이 되었는데 1991년에 선고된 Cheek v. United States 판결(498 U.S. 192, 201(1991))에서 조세범죄에 있어서 법률의 부지가 아무리 불합리하더라도 납세자가 선의로 그렇게 믿었다면 고의를 인정할 수 없다는 법리가 정립되었다.[528] 그런데 위 Cheek 판례 이후의 다수의 연방하급심 판례는 납세자가 그에게 납세의무를 알려주는 자료들을 의도적으로 회피한 것으로 인정되는 경우(willful blindness)[529]에는 선의에 반하는 것으로서 고의를 인정할 수 있다고 판시하여 Cheek 판결의 적용을 제한하고 있다.[530] 이와

---

527) 일반적으로 범죄가 되는 경우이지만 자기의 특수한 경우에는 법령에 의하여 허용된 행위로서 죄가 되지 아니한다고 그릇 인식하는 경우를 말한다.

528) 그러나 연방대법원이 Cheek 판결에서 조세범죄에 있어서 납세의무에 관한 고의 여부를 주관적 기준(subjective standard)에 따라 판단하도록 한 것은 자발적인 협력이라는 조세시스템의 목적을 달성하는 것을 저해한다는 비판이 제기되었다. 이러한 견해들은 객관적인 기준(objective standard)에 따라 고의 여부를 판단해야 한다고 주장한다(Nicholas A. Mirkay III, "The supreme court's decision in Cheek : Does it encourage willful tax evasion?", *Missouri Law Review*, Vol.56. No. 4.(1991), p.1138 이하 ; Mark C. Winings, "Ignorance is bliss, especially for the tax evader", *Criminal Law and Criminology*, Vol. 84. No. 3.(1993), p.590).

529) 납세자가 문제가 된 세금신고서가 중요한 사항에 관하여 허위이거나 부정한 것일 가능성이 높다는 것을 알고 있고, 의식적으로 그리고 의도적으로 그러한 사실에 대해 알려고 하는 것을 회피한 경우가 이에 해당한다(Rachel Zuraw, "Snipping down ignorance claims : The third circuit in United States v. Stadtmauer upholds will", *Villanova University Law Review*, Vol. 56. No. 4.(2012), p.794).

530) U.S. v. Anthony, 545 F.3d 60 (2008) ; U.S. v. Hauert, 40 F.3d 197, 203(1994) ; U.S. v. Stadtmauer, 620. F.3d 238, 253(2010).

같은 제한에 따라 납세자는 그들의 믿음이 불합리하면 할수록 선의로 세법을 몰랐다거나 오해했다고 주장하기 어려워졌다.[531][532][533]

유력한 견해[534]는 미국의 판례와 마찬가지로 법률에 의하여 납세의무가 성립하였다는 점에 대한 인식이 없다면 형법상의 일반이론과 달리 고의 자체가 곧바로 조각되는 것이지 납세자가 납세의무에 위반되지 않는다고 인식하는 것에 정당한 사유가 있는 경우에 한하여 처벌되지 않는 것은 아니라는 입장을 피력한다. 나아가 조세포탈죄의 고의에 관한 우리나라의 판례는 납세의무 위반을 조세포탈죄의 구성요건의 한 요소로 보고, 납세의무 위반에 대한 인식을 조세포탈죄의 고의의 한 요소로 보고 있다고 이해하면서 이러한 판례의 입장은 미국 및 독일의 판례의 입장과 동일한 것으로 보아야 한다고 한다. 그리고 미국의 판례는 조세포탈죄의 고의가 성립하려면 법률이 납세자에게 납세의무를 부과하고 이를 인식하는 납세자가 자발적이고도 의도적으로 해당 의무를 위반하였다는 점을 과세관청이 입증하여야 한다고 판시하는데 우리의 경우에도 동일하게 해석해야 한다고 한다.

납세의무에 관한 법률의 부지와 고의의 인정문제는 아직 본격적인 연구나 논의가 진행되지 못한 부분인데, 향후 이에 관하여 활발하게 논의가 전개되고 판례에 의해 보다 명확하게 관련 법리가 정립되기를 기대한다.

한편, 법률의 부지를 이유로 부정행위 및 고의의 성립을 부정한 듯한 판례도 있다. 대법원은 법인의 실질적 경영자인 이사가 법인의 자금을 인출하여 개인적으로 사용하여 횡령한 뒤 이를 기부금으로 회계처리하거나 가공의 채무를 변제한 것으로 회계처리를 하고 계속하여 종합소득 과세표준신고 시 이를 누락하여 소득세 포탈혐의로 기소된 사안에서, 원심의 판결이유를 원용하는 방식으로 "피고인이 회계장부 등을 조작하고 이 사건 각 횡령행위가 이루어진 날이 속하는 연도의 다음해 5월 31일까지 소득세 신고를 하지 아니한 행위가 사기 기타 부정한 행위에 해당한다고 보기 어렵고, 위 피고인이 이 사건 횡령행위로 인하여 취득한 이득이 과세소득의 대상이 된다는 점을 인식하였거나 위 횡령행위를 은폐하기 위한 행위로 인하여 조세포탈의 결과가 발생한다는 사실을 인식하였다고 보기도 어렵다"는 이유로 무죄를 선고한 원심을 확정하였다.[535][536]

---

531) Rachel Zuraw, *op. cit.* p.801.
532) 조세포탈범의 고의에 관한 미국판례에 대한 상세한 소개는 이준봉, 앞의 책, 1132쪽 이하 ; 이준봉, "조세포탈죄의 고의에 관한 연구", 『조세법연구』 25(3), 한국세법학회, 2019. 참조.
533) 조세포탈의 고의에 관한 미국 판례 분석은 Townsend, Compagna, Johnson & Schumacher., Tax Crimes, California Academic Press(2015)를 참고하라.
534) 이준봉, 앞의 책, 1131쪽.
535) 대법원 2005. 6. 10. 선고 2005도1828 판결.
536) 대법원은 위 횡령금이 과세소득에 해당한다는 인식이 있었다고 보기 어려운 이유를 구체적으로 설시하지 않았지만 1, 2심은 일반인이 횡령행위로 취득한 이익이 과세소득의 대상이 된다고 인식하고 있다고 보기는 어려우므로 피고인도 학력이나 경력에 비추어 이를 인식하지 못했을 것이라고 판단하였다.

Ⅲ 납세의무에 관한 법률의 착오

형법 제16조는 법률의 착오와 관련하여 "자기의 행위가 법령에 의하여 죄가 되지 아니하는 것으로 오인한 행위는 그 오인에 정당한 이유가 있는 때에 한하여 벌하지 아니한다"라고 규정하고 있다. 판례는 형법 제16조에서 규정하고 있는 것은 단순한 법률의 부지를 말하는 것이 아니고, 일반적으로 범죄가 되는 경우이지만 자기의 특수한 경우에는 법령에 의하여 허용된 행위로서 죄가 되지 아니한다고 그릇 인식하고 그와 같이 그릇 인식함에 정당한 이유가 있는 경우에는 벌하지 않는다는 취지라고 판시한다.[537] 법률의 착오에 정당한 이유가 있는 경우 고의가 조각되는지, 책임이 조각되는지 견해가 대립되나 판례는 고의가 조각된다는 입장이다.[538] 이러한 법률의 착오의 법리는 조세포탈죄에 있어서도 그대로 적용될 수 있다.

정당한 이유가 있는지 여부는 회피가능성을 기준으로 판단한다. 판례는 이러한 정당한 이유가 있는지 여부는 행위자에게 자기 행위의 위법 가능성에 대하여 심사숙고하거나 조회할 수 있는 계기가 있어 자신의 지적능력을 다하여 이를 회피하기 위한 진지한 노력을 다하였더라면 스스로의 행위에 대하여 위법성을 인식할 수 있는 가능성이 있었음에도 이를 다하지 못한 결과 자기 행위의 위법성을 인식하지 못한 것인지 여부에 따라 판단하여야 할 것이고, 이러한 위법성의 인식에 필요한 노력의 정도는 구체적인 행위정황과 행위자 개인의 인식능력 그리고 행위자가 속한 사회집단에 따라 달리 평가되어야 한다고 한다.[539]

바다이야기라는 경품게임장의 업주인 甲이 이용자가 게임기에 투입한 금액 전체가 부가가치세 과세대상이 아니라 총 투입금액에서 자신이 경품으로 제공한 상품권의 구입가액을 공제한 금액만이 부가가치세 과세 대상인 매출액이라고 믿고 그와 같이 신고·납부하여 조세포탈죄로 기소된 사안에서, 대법원은 甲이 바다이야기 게임장 사업을 시작하면서 게임장협회나 세금신고 등의 대리를 맡긴 A세무법인으로부터 게임시 경품으로 제공하는 상품권은 부가가치세 과세대상에 해당하지 아니한다는 설명을 들었던 사실, 이에 甲은 게임장에서 이용자가 승률 100%인 게임기에 투입한 금액(1회 10,000원) 중 자신이 경품으로 제공한 상품권의 구입가액에 해당하는 부분(4,800원×2장=9,600원)을 제외한 나머지 부분(400원)만이 부가가치세 과세대상이 되는 게임기 이용제공 용역의 대가로 알고 있었던 사실, A세무법인 소속 세무사는 이용자가 게임기에 투입한 총액에서 경품으로 지급한 상품권의 총구입가액을 차감한 금액이 상품권제공 게임장의 부가가치세 과세표준이 된다는 전제하에 甲

---

537) 대법원 2006. 4. 27. 선고 2005도8074 판결 ; 대법원 2006. 1. 13. 선고 2005도8873 판결.
538) 대법원 1974. 11. 12. 선고 74도2676 판결.
539) 대법원 2015. 1. 15. 선고 2013도15027 판결.

에 대하여도 다른 상품권제공 게임장들과 동일한 방법으로 2005년 제2기 및 2006년 제1기 부가가치세를 각 확정신고·납부한 사실을 인정할 수 있고, 이러한 사정에 과세관청은 상품권제공 게임장의 부가가치세 과세표준에 관하여 명확한 입장 표명을 하지 않고 있다가 2005년 말경 바다이야기와 같은 사행성 게임장 사업이 크게 사회문제로 대두되기에 이르자 2006. 1.경 비로소 게임장 이용자의 게임기 투입금액에서 경품으로 나간 상품권 가액은 부가가치세 과세표준에서 공제하지 않는다는 견해를 밝힌 점 등을 아울러 살펴보면, 甲이 상품권제공 게임장의 게임기 투입총액에서 경품으로 제공한 상품권 총구입가액을 공제한 금액을 부가가치세 과세표준이 되는 매출액으로 보고 부가가치세의 신고·납부를 한 이상 甲에게 이 사건 조세포탈의 범의가 있다고 보기 어렵다고 판시하였다.[540] 위 사례는 대법원이 경품게임장 업주인 甲의 부가가치세 과세대상에 대한 법률의 착오에 대해 정당한 이유가 있다고 판단하여 고의를 부정한 사례라고 볼 수 있다.

Ⅳ 기타 고의가 문제된 사례

① 허위 세금계산서 또는 공급가액이 과다계상된 세금계산서를 발급받아 매입세액공제를 받았으나, 그와 같이 매입세액의 공제를 받는 것이 국가의 조세수입의 감소를 가져오게 될 것이라는 인식이 있었다고 보기 어려운 경우

재화나 용역의 공급 없이 발급된 허위 세금계산서 또는 공급가액이 과다계상된 세금계산서를 발급받아 매입세액공제를 받은 경우, 허위의 매입세액 또는 과다계상된 매입세액에 대하여 부정공제 또는 부정환급에 의한 조세포탈죄가 성립할 수 있다. 그런데 위와 같이 허위 세금계산서나 공급가액이 과다계상된 세금계산서를 발급받는 사람은 그와 같은 사실을 감추기 위하여 허위 또는 과다계상된 공급가액에 상응한 부가가치세액 10%에 수수료를 더한 금액을 발급자에게 지급하고, 발급자는 해당 세금계산서에 의한 부가가치세를 정상인 것처럼 신고·납부하는 경우가 많다. 이러한 경우 허위 세금계산서 등을 발급받은 자가 이에 대한 매입세액을 위법하게 공제받거나 환급받는다고 하더라도 국가 입장에서는 원래 징수대상이 아니었던 과납된 매출세액이 원상회복된 것에 불과하므로 전체적으로 보아 조세수입의 감소가 인정되지 않는다. 따라서 이러한 경우에 매입세액의 환급이나 공제를 받는 허위 세금계산서상의 공급받는 자 등에게는 조세포탈의 고의가 인정되지 않아 처벌이 불가하다.[541]

그러나 허위 세금계산서를 발급한 자가 허위 세금계산서상의 매출세액을 제외하고 부가

---

540) 대법원 2008. 4. 10. 선고 2007도9689 판결.
541) 대법원 1990. 10. 16. 선고 90도1955 판결.

가치세의 과세표준 및 납부세액을 신고·납부하거나 또는 위 허위 세금계산서상의 매출세액 전부를 신고·납입한 후 그 매출세액을 환급받거나 공제받는 등으로 위 허위 세금계산서상의 부가가치세 납부의무를 면탈하는 경우에는, 허위 세금계산서상의 공급받는 자의 매입세액 환급이나 공제는 조세수입의 감소를 초래하게 된다. 따라서 허위 세금계산서를 발급한 자가 위와 같이 허위 세금계산서상의 부가가치세 납부의무를 면탈함으로써 결과적으로 허위 세금계산서를 발급받은 자가 허위 세금계산서에 의한 매입세액의 공제나 환급을 받는 것이 국가의 조세수입의 감소를 가져오게 될 것이라는 사실을 인식했다면 조세포탈의 고의 및 부정행위가 인정된다.[542] 하지만 허위 세금계산서 발급자의 위와 같은 납부의무 면탈에도 불구하고 발급받는 자에게 그러한 인식이 없다면 매입세액공제에 의한 조세포탈의 고의 및 부정행위가 부인된다. 이러한 법리는 세금계산서상의 공급가액을 과다계상하여 매입세액을 공제받은 경우에도 동일하게 적용된다.[543]

예를 들어, 甲이 유류도매업체로부터 허위 세금계산서를 구입하면서 그 공급가액의 11~13%에 해당하는 금액을 지급하였는데 그 중 10%에 해당하는 금액은 유류도매업체의 매출 부가가치세 납부용이었다고 주장하고 실제로 甲에게 허위 세금계산서를 발급한 대부분의 유류도매업체들이 그 세금계산서상의 공급가액을 포함하여 산출된 세액을 매출세액으로 신고한 사안에서, 대법원은 甲에게 조세포탈죄의 고의가 있다고 하려면 위 허위 세금계산서에 의하여 매입세액의 환급을 받는다는 인식 이외에 위 유류도매업체들이 위 허위 세금계산서상의 매출세액을 제외하고 부가가치세의 과세표준 및 납부세액을 신고·납부하거나 또는 위 허위 세금계산서상의 매출세액 전부를 신고·납입한 후 그 매출세액을 환급받는 등으로 위 허위 세금계산서상의 부가가치세 납부의무를 면탈함으로써 결과적으로 甲이 위 허위 세금계산서에 의한 매입세액의 공제를 받는 것이 국가의 조세수입의 감소를 가져오게 될 것이라는 인식이 있어야 할 것인데, 원심이 유류도매업체들이 甲으로부터 교부받은 세액 전부를 매출세액으로 신고·납부할 것으로 甲이 믿고 있었던 것으로 볼 수 있는지 여부에 관하여 심리 없이 유죄 판결을 선고한 것은 위법하다고 판시하였다.[544]

또한, 甲이 여러 하도급 건설회사들로부터 공급가액을 과다계상한 세금계산서를 교부받아 매입세액의 공제를 받는 한편, 하도급 건설회사들에게 과다계상한 공급가액을 기초로 산출된 부가가치세액을 지급하였음에도 과다계상된 매입세액공제분에 대해 조세포탈로 유죄판결이 선고된 사안에서, 대법원은 과다계상된 세금계산서에 의하여 매입세액의 공제를 받는 것이 결과적으로 국가의 조세수입의 감소를 가져오게 될 것이라는 인식이 甲에게 있

---

542) 위의 판결.
543) 위의 판결.
544) 대법원 2010. 1. 14. 선고 2008도8868 판결 ; 대법원 2001. 2. 9. 선고 99도2358 판결.

었는지 여부에 관하여 심리·판단하였어야 함에도 그러한 심리 없이 부가가치세 포탈 부분을 유죄로 인정한 것은 위법하다고 판시하였다.[545)]

그리고 판례는 자료상으로부터 허위 세금계산서를 구입한 경우라 할지라도 甲이 허위 세금계산서를 구입하면서 부가가치세 상당액을 지급하였고, 甲에게 허위 세금계산서를 발행한 대부분의 업체들이 그 세금계산서상의 공급가액을 포함하여 산출한 매출세액을 신고하였으며, 그 중 일부 업체들은 신고한 매출세액을 실제로 납부한 경우, 甲에게 허위 세금계산서에 의한 매입세액의 공제를 받는 것이 국가의 조세수입의 감소를 가져오게 될 것이라는 인식이 있었다고 보기는 어렵다는 이유로 부가가치세 포탈에 관한 고의를 인정하지 아니하였다.[546)]

② 실질귀속자가 소득에 대한 세금을 신고·납부하지는 않았으나 다른 사람의 명의로 신고·납부한 경우

주식, 부동산, 계좌 등의 명의위장으로 인하여 양도소득세나 종합소득세 등에 대한 조세포탈이 인정되는 경우라 할지라도 차명인의 명의로 소득세 등을 신고·납부하거나 차명인의 명의로 소득세 등이 원천징수된 경우 그 부분에 한해서는 조세포탈의 고의가 인정되지 않는다. 판례는 공동사업을 경영하는 거주자가 당해 공동사업장에 관한 사업자등록을 함에 있어서 사업장 소재지 관할 세무서장에게 자신의 지분 또는 손익분배의 비율은 신고하지 아니하고 자신을 제외한 다른 공동사업자들만이 공동 또는 단독으로 사업을 경영하는 것처럼 신고하고, 자신의 종합소득세 과세표준확정신고를 함에 있어서도 그 공동사업에서 발생한 자신의 소득금액을 종합소득금액에 합산하지 아니하고 누락시킴으로써 확정신고 및 자진납부하여야 할 종합소득세액을 일부 탈루한 채 납부하였다고 하더라도, 만약 그 공동사업자가 당해 공동사업에서 발생한 자신의 소득금액에 대한 소득세를 사업자등록을 할 때 자신의 지분 또는 손익분배의 비율을 가지고 있는 것으로 신고된 다른 공동사업자의 명의로 납부하였다면, 그와 같이 납부한 세액에 관하여는 당해 공동사업자에게 사기 기타 부정한 행위로써 조세를 포탈하려는 고의가 있었다고 볼 수 없다고 판시하였다.[547)]

납세의무자가 타인 명의로 차명주식을 보유하면서 자신의 종합소득세 과세표준확정신고를 함에 있어 차명주식에서 발생한 자신의 금융소득금액을 종합소득금액에 합산하지 아니하고 누락시킴으로써 확정신고 자진납부하여야 할 종합소득세액을 일부 탈루한 채 납부하였다고 하더라도, 만약 그 납세의무자가 실질적으로 이를 부담하여 당해 차명주식에서 발생한 자신의 소득금액에 대한 소득세를 차명주주의 명의로 납부하였다면, 그와 같이 납부

545) 대법원 2007. 6. 1. 선고 2005도5772 판결.
546) 대법원 2011. 4. 28. 선고 2011도527 판결.
547) 대법원 1994. 6. 28. 선고 94도759 판결.

한 세액에 관하여는 당해 납세의무자에게 사기 기타 부정한 행위로써 조세를 포탈하려는 고의가 있었다고 볼 수 없다.[548]

 죄수

조세채무는 납세의무자별로 성립하여 징수되고, 이것을 포탈하는 것이 조세포탈죄를 구성하므로 조세포탈죄는 원칙적으로 납세의무자별로 1죄가 성립한다. 또한 조세포탈범의 죄수는 위반사실의 구성요건 충족 회수를 기준으로 성립하는 것으로, 소득세포탈범은 각 과세연도의 소득세마다, 법인세포탈범은 각 사업연도의 법인세마다, 그리고 부가가치세의 포탈범은 각 과세기간인 6월의 부가가치세마다 1죄가 성립하는 것이 원칙이다.[549]

소득세의 경우 종합소득세, 양도소득세, 퇴직소득세가 분류과세되고 각각의 과세표준 신고기한은 동일하나 과세표준 신고가 각각 다른 양식의 신고서에 의해 별도로 행하여지므로 각 세목별로 별도로 조세포탈죄를 구성한다. 법인세의 경우 각 사업연도 소득에 대한 법인세와 토지 등 양도소득에 대한 법인세가 하나의 신고서식에 따라 과세표준 및 세액의 신고를 하므로 포괄하여 하나의 법인세 포탈죄를 구성한다.

실무상 조세범이 상상적 경합으로 처리되는 주된 사례 중의 하나는 독립세(이를 부가세와 대비하여 본세라고도 한다)와 부가세에 대한 조세포탈죄 상호간이다.[550] 부가세로는 교육세, 농어촌특별세, 지방교육세(지방세임)가 있다. 부가세는 본세의 세액을 과세표준으로 하여 일정한 세율을 곱하여 세액을 계산하는데 부가세에 대한 신고·납부는 본세의 신고·납부와 동시에 이루어지므로 본세를 포탈하는 자는 1개의 행위로 동시에 부가세를 포탈하게 되고, 각 세목별로 1죄를 구성하므로 본세의 포탈죄와 부가세의 포탈죄가 각각 성립하여 상상적 경합 관계가 된다.

---

548) 서울고등법원 2014. 9. 12. 선고 2014노668 판결.
549) 대법원 2010. 4. 20. 선고 99도3382 전원합의체판결.
550) 안대희, 앞의 책, 493쪽.

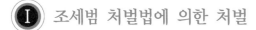

Ⅱ 타죄와의 관계

종전에는 면세유 부정유통에 의한 조세포탈과 가짜석유제품 제조·판매에 의한 조세포탈도 구 조세범 처벌법 제9조 제1항(현재의 동법 제3조 제1항에 해당)에 의해 처벌되었다. 그런데 2010. 1. 1. 이에 의한 조세포탈을 더 중하게 처벌하기 위해 조세범 처벌법 제4조(면세유 부정유통 관련 조세포탈)와 제5조(가짜석유제품 제조·판매 관련 조세포탈)를 신설하였기 때문에, 만약 어떤 조세포탈행위가 동법 제3조 제1항에도 해당하고 동법 제4조 또는 제5조에도 해당한다면 조세범 처벌법 제3조가 적용되지 않고 이와 특별관계에 있는 동법 제4조 또는 제5조가 우선 적용된다.

제10절 처벌

Ⅰ 조세범 처벌법에 의한 처벌

1. 기본적 법정형과 가중적 법정형

본죄의 기본형량은 2년 이하의 징역 또는 포탈세액, 환급·공제받은 세액(이하 "포탈세액등"이라 한다)의 2배 이하에 상당하는 벌금이다. 그런데 ① 포탈세액등이 3억 원 이상이고, 그 포탈세액등이 신고·납부하여야 할 세액(납세의무자의 신고에 따라 정부가 부과·징수하는 조세의 경우에는 결정·고지하여야 할 세액을 말한다)의 100분의 30 이상인 경우와, ② 포탈세액등이 5억 원 이상인 경우에는 3년 이하의 징역 또는 포탈세액등의 3배 이하에 상당하는 벌금에 처한다(조세범 처벌법 제3조 제1항). 그런데 위 ②에 해당하는 사안이 연간 포탈세액등의 합계액이 5억 원 이상이어서 특정범죄 가중처벌 등에 관한 법률에 의해 가중처벌되는 경우에는 조세범 처벌법 제3조 제1항이 적용되지 않는다.

상습적으로 조세포탈죄를 범한 자는 형의 2분의 1을 가중한다(같은 조 제4항). 그리고 본죄는 정상에 따라 징역형과 벌금형을 병과할 수 있다(같은 조 제2항).

2. 사후신고에 의한 임의적 감경

본죄를 범한 자가 포탈세액등에 대하여 국세기본법 제45조에 따라 법정신고기한이 지난 후 2년 이내에 수정신고를 하거나 같은 법 제45조의3에 따라 법정신고기한이 지난 후 6개월 이내에 기한 후 신고를 하였을 때에는 형을 감경할 수 있다(조세범 처벌법 제3조 제3항).

특가법에 의한 가중처벌

특정범죄 가중처벌 등에 관한 법률

제8조(조세 포탈의 가중처벌) ① 「조세범 처벌법」 제3조 제1항, 제4조 및 제5조, 「지방세기본법」 제102조 제1항에 규정된 죄를 범한 사람은 다음 각 호의 구분에 따라 가중처벌한다.
1. 포탈하거나 환급받은 세액 또는 징수하지 아니하거나 납부하지 아니한 세액(이하 "포탈세액등"이라 한다)이 연간 10억 원 이상인 경우에는 무기 또는 5년 이상의 징역에 처한다.
2. 포탈세액등이 연간 5억 원 이상 10억 원 미만인 경우에는 3년 이상의 유기징역에 처한다.
② 제1항의 경우에는 그 포탈세액등의 2배 이상 5배 이하에 상당하는 벌금을 병과한다.

1. 의의

조세범 처벌법에 규정된 3개 유형의 조세포탈 범죄와 지방세포탈 범죄의 연간 포탈세액등을 합산한 금액이 5억 원 이상 또는 10억 원 이상이면 특정범죄 가중처벌 등에 관한 법률 제8조에 의하여 가중처벌된다. 조세범 처벌법 제3조 제1항, 제4조 및 제5조, 지방세기본법 제102조 제1항에 규정된 죄를 범한 사람이 그 포탈세액등(포탈하거나 환급받은 세액 또는 징수하지 아니하거나 납부하지 아니한 세액)이 연간 10억 원 이상인 경우에는 무기 또는 5년 이상의 징역에 처하고, 포탈세액등이 연간 5억 원 이상 10억 원 미만인 경우에는 3년 이상의 유기징역에 처한다(특정범죄 가중처벌 등에 관한 법률 제8조 제1항).

그리고 위와 같이 특정범죄 가중처벌 등에 관한 법률 제8조 제1항에 의해 가중처벌되는 경우 그 포탈세액등의 2배 이상 5배 이하에 상당하는 벌금을 병과한다(특정범죄 가중처벌 등에 관한 법률 제8조 제2항). 조세범 처벌법에서는 징역형과 벌금형을 선택적으로 병과하도록 규정돼 있으나 동법에서는 징역형과 벌금형을 필요적으로 병과하도록 하여 처벌을 강화하고 있다.

2. 가중처벌의 요건

가. 법인에의 적용여부

특정범죄 가중처벌 등에 관한 법률 제8조 제1항은 징역형과 벌금형을 반드시 병과하도록 되어 있어 법인을 같은 조항으로 가중처벌할 수 있는지 의문이 든다. 판례는 동법 제8조 제1항의 위반죄는 징역형과 벌금형을 병과하도록 규정돼 있는데 현행 형벌체계상 법인에게는 징역형을 과할 수 없는 점에 비추어 볼 때 동법 제8조의 규정은 위에서 본 조세포탈범의 법정책임자와 이러한 자의 포탈행위에 가담한 공범자인 자연인을 가중처벌하기 위한 규정임이 명백하고, 법인에 대하여는 동법상으로 법인을 조세범 처벌법의 각 본조에 정한 벌금형을 가중하여 처벌한다는 명문의 처벌규정(양벌규정)이 없으므로 죄형법정주의원칙상 동법 제8조에 의하여 법인을 가중처벌할 수 없다고 한다.[551]

나. 연간의 의미

합산의 대상기간이 되는 연간은 1년을 의미하는 것임은 명백하나 그 기산점에 대해서는 법문에 아무런 규정이 없어 그 해석이 문제될 수 있다. 판례는 위 '연간'은 특정범죄 가중처벌 등에 관한 법률 적용 여부와 죄수 및 기판력의 객관적 범위를 결정하는 중요한 구성요건이므로 형법법규의 명확성의 요청 상 법에서 그 기산시점을 특정하지 아니한 경우에는 역법상의 한 해인 1월 1일부터 12월 31일까지의 1년간으로 보아야 한다고 판시하였다.[552]

다. 합산의 방법

(1) 조세포탈의 주체 기준 합산

조세범 처벌법 제3조 제1항 소정의 조세포탈범의 범죄주체는 납세의무자와 양벌규정상의 행위자인 법인의 대표자, 법인 또는 개인의 대리인, 사용인, 기타의 종업원 등이고, 연간 포탈세액등이 일정액 이상에 달하는 경우를 구성요건으로 하고 있는 특정범죄 가중처벌 등에 관한 법률 제8조 제1항의 규정은 이러한 조세포탈범을 가중처벌하기 위한 규정이므로 가중처벌을 위한 연간 포탈세액등의 계산은 납세의무자를 기준으로 합산하거나, 행위자를 기준으로 합산하거나, 납세의무자로서 포탈한 세액과 행위자로서 포탈한 세액을 모두 합산하여 그 적용 여부를 판단하여야 한다.[553]

---

551) 대법원 1992. 8. 14. 선고 92도299 판결.
552) 대법원 2000. 4. 20. 선고 99도3822 전원합의체 판결.
553) 대법원 1998. 5. 8. 선고 97도2429 판결 ; 대법원 2011. 6. 30. 선고 2010도10968 판결 ; 대법원 2005. 5. 12. 선고 2004도7141 판결.

첫째, 대상자가 납세의무자도 아니고 양벌규정상의 행위자도 아닌 상황에서 수 명의 납세의무자와 공모하여 수 개의 조세포탈죄를 범한 경우에는 각 납세의무자를 기준으로 각 포탈세액을 합산하여 특정범죄 가중처벌 등에 관한 법률 제8조 제1항의 적용여부를 판단한다. 판례는 "1인의 원천징수의무자가 수인의 납세의무자와 공모하여 조세를 포탈한 경우에도 조세포탈의 범죄주체는 어디까지나 각 납세의무자이고 원천징수의무자는 각 납세의무자의 조세포탈에 가공한 공범에 불과하므로, 그 죄수는 각 납세의무자별로 각각 1죄가 성립하고 이를 포괄하여 1죄가 성립하는 것은 아니라 할 것이다. 그러므로 연간 포탈세액이 일정액 이상에 달하는 경우를 구성요건으로 하고 있는 특정범죄 가중처벌 등에 관한 법률 제8조의 적용에 있어서도 그 적용대상이 되는지 여부는 납세의무자별로 연간 포탈세액을 각각 나누어 판단하여야 하고, 각 포탈세액을 모두 합산하여 그 적용 여부를 판단할 것은 아니다"라고 판시하였다.[554]

다시 말해 대상자가 납세의무자도 아니고 양벌규정상의 행위자도 아닌 상황에서, 수 명의 납세의무자와 공모하여 수 개의 조세포탈죄를 범한 경우, 대상자는 특정범죄 가중처벌 등에 관한 법률 제8조의 가중처벌의 대상이 아니므로 그가 범한 모든 조세포탈죄의 포탈세액을 합산하여 특정범죄 가중처벌 등에 관한 법률 제8조 제1항의 적용여부를 결정하지 않고 납세의무자별로 합산하여 그 적용여부를 결정해야 한다. 판례에서 언급하고 있듯이 특정범죄 가중처벌 등에 관한 법률 제8조는 조세포탈죄의 실행에 있어서 핵심적인 지위에 있는 조세포탈의 범죄주체를 가중처벌하기 위한 조항이고 공범은 그 가담형태나 가담의 정도가 다양하므로 단순 공범을 연간 포탈세액등을 기준으로 하여 일률적으로 가중처벌하는 것은 타당하지 않다고 할 것이다.

둘째, 대상자가 양벌규정상 행위자로서 여러 납세의무자의 조세를 포탈한 경우에는 행위자를 기준으로 각 포탈세액을 합산하여 특정범죄 가중처벌 등에 관한 법률 제8조 제1항의 적용여부를 판단한다. 예컨대, 주범인 甲이 乙의 명의로 속칭 폭탄업체 A사를 설립하고 丙의 명의로 폭탄업체 B사를 설립하여, 乙 및 丙과 공모하여 무자료로 물건을 매입하여 거래처에 납품하고 부가가치세 확정신고를 한 직후 A사 및 B사를 폐업하고 잠적하는 방법으로 乙 및 丙이 납세의무를 부담하는 A사의 부가가치세(납부기한 2013. 1. 25.)와 B사의 부가가치세(납부기한 2013. 7. 25.)를 포탈한 경우, 甲이 乙과 丙의 행위자로서 2013년도에 포탈한 위 두 업체의 부가가치세액을 모두 합산하여 甲에 대한 특정범죄 가중처벌 등에 관한 법률 제8조 제1항의 적용여부를 판단하여야 한다.[555]

셋째, 대상자가 납세의무자로서 자신의 조세를 포탈하는 한편 다른 납세의무자의 행위자

---

554) 대법원 1998. 5. 8. 선고 97도2429 판결.
555) 대법원 2018. 4. 26. 선고 2017도21429 판결.

로서 그들의 조세도 함께 포탈한 경우에는 납세의무자로서 포탈한 세액과 행위자로서 포탈한 세액을 합산하여 특정범죄 가중처벌 등에 관한 법률 제8조 제1항의 적용여부를 판단한다. 판례는 甲과 乙이 A, B, C와 함께 지분을 출자하여 공동사업체를 설립하였으나 甲과 乙이 그 실질적인 경영자로서 다른 공동사업자들로부터 영업을 위임받아 사무를 처리하는 대리인의 지위에서 그들에게 귀속될 소득세까지 포탈하였다면, 甲과 乙은 자신들의 몫뿐만 아니라 공동사업자들의 소득세 전액에 대하여도 포탈의 책임을 져야 하므로 甲과 乙이 각각 납세의무자로서 포탈한 세액과 행위자로서 포탈한 세액을 합산하여 甲과 乙에게 특정범죄 가중처벌 등에 관한 법률 제8조를 적용할 것인지 여부를 결정하여야 한다고 판시하였다.[556)]

(2) 합산대상 세목

포탈된 모든 국세(관세 제외)와 지방세의 포탈세액이 합산대상이 된다. 본세와 부가세의 포탈범은 통상 상상적 경합관계에 있어서 과형상 일죄로서 중한 죄에 정한 형으로 처벌되지만 특정범죄 가중처벌 등에 관한 법률 제8조 제1항을 적용함에 있어서는 각각의 포탈세액을 모두 합산에 포함시킨다.[557)]

지방소득세는 2014. 1. 1.부터 종전의 부가세에서 독립세로 변경되었다. 지방소득세는 소득세 및 법인세와 과세표준을 동일하게 계산하므로(지방세법 제91조) 사기나 그 밖의 부정한 행위로 소득세나 법인세의 과세표준을 감소시켜 조세를 포탈하는 경우 소득세나 법인세뿐만 아니라 지방소득세도 같이 포탈하게 된다. 그런데 지방소득세의 신고・납부는 원칙적으로 해당 소득세나 법인세를 신고・납부해야 할 기한까지 관할 지방자치단체장에게 신고・납부하므로 소득세 또는 법인세 포탈죄와 관련 지방소득세 포탈죄는 상상적 경합이 아니라 실체적 경합 관계에 있게 되고, 이를 모두 연간 포탈세액 합산범위에 포함시킨다.

(3) 합산되어야 할 연도의 결정

'연간 포탈세액등'이란 매년 1월 1일부터 12월 31까지의 포탈세액등을 의미한다. 그런데 포탈세액등이 특정 연도에 합산되는 기준은 무엇인가. 문언해석상 포탈의 시기, 즉 포탈죄의 기수시기를 기준으로 결정해야 할 것이다. 판례도 각 포탈범의 기수시기를 기준으로 합산되어야 할 연도를 결정한다. 따라서 과세기간이 동일한 연도에 속한다고 하더라도 만일 각 포탈죄의 기수시기(성립시기)가 속하는 연도가 다른 경우에는 각 포탈세액을 합산하여 특정범죄 가중처벌 등에 관한 법률 제8조 제1항 위반의 1죄로 처벌할 수 없다.[558)]

---

556) 대법원 2005. 5. 12. 선고 2004도7141 판결.
557) 대법원 1983. 4. 26. 선고 82도2504 판결.
558) 대법원 2002. 7. 23. 선고 2000도746 판결 : 대법원 2011. 6. 30. 선고 2010도10968 판결.

예를 들어 甲이 아래 도표의 내역과 같이 조세를 포탈했다고 가정하자.

	포탈 세목	과세기간	포탈 세액	기수시기
1	소득세	2015년	3억 원	2016. 6. 1.
2	부가가치세	2016년 1기	1억 원	2016. 7. 26.
3	부가가치세	2016년 2기	2억 원	2017. 1. 26.
4	소득세	2016년	2억 원	2017. 6. 1.
5	부가가치세	2017년 1기	2억 원	2017. 7. 26.
6	부가가치세	2017년 2기	1억 원	2018. 1. 26.

甲의 연간 포탈세액을 계산해 보면, 2016년도의 연간 포탈세액은 4억 원, 2017년도의 연간 포탈세액은 6억 원, 2018년도의 연간 포탈세액은 1억 원이 된다. 따라서 甲의 순번 1, 2, 6번의 범행은 조세범 처벌법 제3조 제1항에 의해 처벌되고, 순번 3, 4, 5번의 범행은 포괄하여 특정범죄 가중처벌 등에 관한 법률 제8조 제1항에 의해 가중처벌된다.

(4) 부정공제의 포함 여부

특정범죄 가중처벌 등에 관한 법률 제8조 제1항은 '포탈하거나 환급받은 세액 또는 징수하지 아니하거나 납부하지 아니한 세액'을 포탈세액등이라고 약칭한다. 특정범죄 가중처벌 등에 관한 법률 제8조 제1항은 조세범 처벌법 제3조 제1항 소정의 포탈세액의 유형 중 부정환급받은 세액에 대해서는 포탈세액등에 명확히 포함시키고 있으나 이과 달리 부정공제에 의한 세액이 포탈세액에 포함되는지에 대해서는 명확히 규정하고 있지 않다. 그런데 특정범죄 가중처벌 등에 관한 법률 제8조 제1항에서 조세범 처벌법 제3조 제1항 소정의 포탈범 중 부정공제에 의한 포탈범을 배제하는 규정을 별도로 두고 있지 않고, '포탈세액등'의 정의인 '징수하지 아니하거나 납부하지 아니한 세액'에 부정공제받은 세액도 포함될 수 있으므로 부정공제에 의한 포탈세액도 특정범죄 가중처벌 등에 관한 법률 제8조 제1항 소정의 '포탈세액등'에 포함된다.[559]

3. 고발 및 공소시효에 관한 특칙

모든 조세범에 대해서는 과세관청의 고발이 있어야 공소제기가 가능하다. 그런데 포탈세액등이 연간 5억 원 이상이어서 특정범죄 가중처벌 등에 관한 법률 제8조로 가중처벌되는 경우는 고발이 필요 없다(특정범죄 가중처벌 등에 관한 법률 제16조). 또한, 특정범죄 가중처벌

---

559) 안대희, 앞의 책, 479쪽도 같은 결론이다.

등에 관한 법률 제8조 위반의 조세포탈죄에 대하여는 세무공무원이 통고처분을 할 권한이 없으므로 피고인이 세무공무원의 통고처분으로 범칙금을 납부하였다 하여도 여기에 일사부재리의 원칙이 적용될 수 없어 공소제기가 가능하다.[560]

조세범처벌법위반죄에 대한 공소시효는 대체로 7년인데(제16조 위반죄 제외), 행위자가 특정범죄 가중처벌 등에 관한 법률 제8조에 의해 처벌되는 경우에 조세범 처벌법상 양벌규정에 의해 처벌되는 법인의 공소시효는 10년이 된다(조세범 처벌법 제22조).

4. 죄수

판례에 의하면 특정범죄 가중처벌 등에 관한 법률 제8조 제1항은 연간 포탈세액이 일정액 이상이라는 가중사유를 구성요건화하여 조세범 처벌법 제3조 제1항의 행위와 합쳐서 하나의 범죄유형으로 하고 그에 대한 법정형을 규정한 것이므로 조세의 종류를 불문하고 1년간 포탈한 세액을 모두 합산한 금액이 5억 원 이상인 때에는 특정범죄 가중처벌 등에 관한 법률 제8조 제1항 위반의 1죄만이 성립하고 그 결과 합산되어 가중처벌되는 원래의 포탈죄는 별도의 범죄를 구성하지 않게 된다. 특정범죄 가중처벌 등에 관한 법률 제8조 제1항 위반의 죄는 역법상 1년 단위로 하나의 죄를 구성하며 1년 단위로 성립하는 범죄 상호 간에는 실체적 경합범 관계에 있다.[561]

| 제11 절 | 입증책임과 관련증거의 증명력 |

 입증책임과 입증의 필요의 전환

1. 조세행정사건과 조세형사사건에서의 입증책임의 관계

조세포탈범에 대한 형사절차에서 확정하여야 할 포탈세액은 당해 포탈범에 대하여 부과하여야 할 세법상의 납세의무액수와 그 범위를 같이 하여야 하고[562], 조세행정사건의 판결에서 확정된 부과처분 그 자체의 위법여부 및 부과금액이 그 후 다른 민사사건이나 형사사건의 선결문제로 되는 경우에 있어서는 이들 민·형사사건에 대하여 재판을 하는 법원으로

---

560) 대법원 1988. 11. 8. 선고 87도1059 판결.
561) 대법원 2011. 6. 30. 선고 2010도10968 판결 ; 대법원 1982. 6. 22. 선고 82도938 판결.
562) 대법원 2000. 2. 8. 선고 99도5191 판결 ; 대법원 1988. 3. 8. 선고 85도1518 판결.

서도 행정사건의 판결에 따라야 하고 이와 저촉되는 다른 판단을 할 수 없으므로[563] 조세행정사건에 적용되는 과세관청과 납세자 사이의 입증책임이나 입증의 정도에 관한 법리는 조세포탈범의 수사와 재판에 있어서도 대체로 적용될 수 있을 것이다.

2. 과세관청의 입증책임

과세처분의 적법성에 대한 입증책임은 과세관청에게 있다. 따라서 소득금액산정의 기초가 되는 수입 및 필요경비액에 대한 입증책임도 원칙적으로는 과세관청에게 있으며 다만 구체적 경비항목에 대한 입증의 난이(難易)라든가 당사자 사이의 형평 등을 고려하여 납세자측에 그 입증책임을 돌리는 수가 있을 뿐이라는 것이 판례의 입장이다.[564] 그러므로 부동산소득 산정의 기초가 되는 필요경비 중의 하나인 건물의 감가상각액을 계산하기 위하여 먼저 그 취득가액을 확정지어야 할 경우에도 그 가액이 얼마인지에 관한 입증책임은 일차적으로 과세관청에게 있다.[565] 그리고 납세의무자의 신고나 정부의 결정에 오류 또는 탈루가 있다는 것이 입증되었을 때에만 이를 경정할 수 있는 것이므로, 매출누락이 아니라거나 가공비용이 아니라는 점에 관한 납세의무자의 입증이 없다는 이유로 과세처분이 적법하다고 판단하는 것은 위법이다.[566]

3. 입증의 필요의 전환

실제 소송에 있어서는 과세관청이 얼마만큼을 입증하여야 입증책임을 다한 것이 되어 입증의 필요가 납세의무자에게로 넘어가는 것인지가 자주 문제된다. 수입과 필요경비의 확정에 필요한 대부분의 자료들이 납세의무자의 지배영역에 있는 상황에서 과세관청에 지나치게 높은 수준의 입증을 요구하게 되면 과세권의 공평한 행사가 어려워진다. 따라서 과세관청과 납세의무자 사이에 적정한 입증부담의 분배가 필요하다.

과세관청이 어디까지 입증해야 입증의 필요가 전환되는 것인가. 우선 과세요건사실에 대한 소송과정에서 경험칙에 비추어 과세요건사실이 추정되는 사실이 밝혀지면 그때에 비로소 납세의무자가 반대사실 등을 입증할 필요가 있다.[567] 과세소득 확정의 기초가 되는 필요경비도 원칙적으로 과세관청이 그 입증책임을 부담하나, 필요경비의 공제는 납세의무자에게 유리한 것일 뿐 아니라 필요경비의 기초가 되는 사실관계는 대부분 납세의무자의 지배

---

563) 대법원 1982. 3. 23. 선고 81도1450 판결.
564) 대법원 1991. 2. 22. 선고 90누5382 판결.
565) 위의 판례.
566) 대법원 1992. 1. 17. 선고 91누7415 판결.
567) 대법원 2009. 7. 9. 선고 2009두5022 판결.

영역 안에 있는 것이어서 과세관청으로서는 그 입증이 곤란한 경우가 있으므로, 그 입증의 곤란이나 당사자 사이의 형평을 고려하여 납세의무자로 하여금 입증케 하는 것이 합리적인 경우에는 입증의 필요를 납세의무자에게 돌려야 한다는 것이 판례의 입장이다.[568]

그리고 납세의무자가 신고한 어느 비용 중의 일부 금액에 관한 세금계산서가 과세관청에 의해 실물거래 없이 허위로 작성된 것이 판명되어 그것이 실지비용인지의 여부가 다투어지고 납세의무자측이 주장하는 비용의 용도와 그 지급의 상대방이 허위임이 상당한 정도로 입증되었다면, 그러한 비용이 실제로 지출되었다는 점에 대하여는 그에 관한 장부기장과 증빙 등 일체의 자료를 제시하기가 용이한 납세의무자측에서 이를 입증할 필요가 있다고 한다.[569] 납세의무자가 필요경비로 산입한 특정 노무비용이 장부에 이중계상되어 있음을 과세관청이 증명하여 그것이 실지비용이 아니라는 사실이 어느 정도 추정된다면 위와 같은 이중계상이 일용노무자의 노임에 대한 갑종근로소득세의 원천징수를 피하기 위한 편법이었을 뿐이고, 위 노무비도 실제로 노임으로 지급된 비용이라는 사실은 그 구체적 비용지출 사실에 관한 장부기장과 증빙 등 일체의 자료를 제출하기 용이한 납세의무자가 반증하여야 한다.[570] 손비처리한 매입내역과 관련하여 발급받은 세금계산서가 자료상으로부터 받은 허위 세금계산서인 것이 입증되었다면 그러한 비용이 실제로 지출되었다는 사실은 납세의무자가 입증하여야 할 것이다.[571] 그리고 甲 등이 하도급업체들에게 과다계상된 공사대금을 지급하였다가 과다계상분을 되돌려받는 방식으로 부외자금을 조성하는 과정에서 甲 등의 개인자금으로 하도급업체의 현장공사업자들에게 약속어음을 할인하여 주고 어음할인에 따른 이자 상당의 수입을 얻는 거래형태인 대금업에 의한 사업소득의 경우, 필요경비에 관한 자료는 대부분 甲 등의 지배영역 안에 있어 과세관청의 입증이 어려우므로, 납세의무자인 甲에게 입증책임이 있다고 한다.[572]

또한 과세관청으로서는 신고된 필요경비가 허위라는 것을 입증하면 족한 것이지 과세관청에게 그 허위내용으로 신고된 비용에 대응하는 무엇인가의 다른 실지비용이 전혀 아무것도 없음을 빠짐없이 입증할 것이 요구되지는 않는다고 한다.[573]

한편, 甲회사가 1996 사업연도 결산시 기업이미지 구축을 통한 자금조달의 편의를 위하여 생산원료인 MX(mixed xylen) 제품의 구입비 중 37,807,552,009원을 원재료계정으로 회계

568) 대법원 1995. 7. 14. 선고 94누3407 판결.
569) 위의 판결. 대법원 2004. 9. 23. 선고 2002두1588 판결은 납세의무자가 입증활동을 하지 않고 있는 필요경비에 대해서는 부존재의 추정을 용인하여 납세의무자에게 입증의 필요성을 인정하는 것이 공평의 관념에도 부합된다고 판시한다.
570) 대법원 1996. 4. 26. 선고 96누1627 판결.
571) 대법원 1995. 7. 14. 선고 94누3407 판결 ; 대법원 2011. 4. 28. 선고 2010두28076 판결.
572) 대법원 2009. 3. 26. 선고 2007두22955 판결.
573) 대법원 1995. 7. 14. 선고 94누3407 판결.

처리하지 아니하고 자산계정인 건설가계정으로 회계처리하는 등으로 분식결산을 함으로써 1996. 귀속 법인세 부분에 대하여 필요경비가 과소계상되었으므로, 그 과소계상액 37,807,552,009원을 손금에 추가하여 과세표준과 세액을 다시 계산하여야 한다고 주장하는 경우, 그와 같은 사정은 甲회사가 입증하여야 하지 과세관청이 甲회사의 주장이 사실이 아니라는 점에 대한 입증책임을 부담하지 않는다.[574]

Ⅱ 세무조사 시 작성하는 전말서와 확인서의 증명력

1. 전말서의 증명력

과세관청의 조사과정에서 작성한 납세의무자 아닌 자의 진술이 기재된 전말서 등은 그 진술내용에 부합하는 증빙자료가 있거나 납세의무자에 대한 사실확인. 재판과정에서의 반대신문 등의 보완조사가 이루어지지 않았다면 납세의무자 아닌 자의 일방적 진술을 기재한 것에 불과하여 다른 특별한 사정이 없는 한 이를 납세의무자에 대한 과세자료로 삼기에는 부족하다는 것이 판례의 입장이다. 예를 들어. 원고 甲이 A회사의 지입차주인 C와 실제로 거래를 하였다고 주장하면서 금융자료를 제출한 경우. 설령 甲이 A회사 계좌로 송금한 돈의 대부분이 3일 내에 출금되었고, A회사 관계자 乙이 甲과의 거래가 현금을 입금했다가 돌려받는 방식의 가공거래라고 진술하는 전말서가 작성되었다고 하더라도, 乙이 A회사 지입차주들과 정상거래를 한 업체와 72개의 가공거래 업체를 구별하여 기억하는 근거가 없고 乙의 진술이 사실임을 입증하는 증빙자료가 없으며 甲을 상대로 乙의 그와 같은 진술이 사실인지 여부를 보완수사하지 않았고 재판과정에서도 乙이 소재불명이라 반대신문을 할 기회가 甲에게 주어지지 않았다면. 위와 같이 가공거래를 의심하게 하는 현금 출금내역과 납세의무자 아닌 자의 일방적 진술을 기재한 것에 불과한 전말서만으로는 甲과 A회사의 지입차주들과의 거래를 허위거래라고 인정하기에 부족하므로 과세관청이 이 사건 세금계산서가 허위라는 사실이 일단 추정될 수 있는 정도의 입증을 하지 못한 상황에서 원고가 앞서 본 바와 같은 금융자료 외에 이 사건 세금계산서와 관련된 장부나 증빙서류를 제출하지 못하고 있다는 사정을 이유로 이 사건 세금계산서가 허위라는 사실을 인정할 수 없다고 판시하였다.[575]

---

574) 대법원 2004. 9. 23. 선고 2002두1588 판결.
575) 대법원 2009. 7. 9. 선고 2009두5022 판결.

2. 확인서의 증명력

세무조사 시 조사공무원은 확인된 소득 탈루 내용을 명확히 하고자 탈루금액, 거래시기 등 과세요건이 포함된 확인서를 작성하여 납세의무자에게 열람시키고 서명날인을 받는 방법으로 확인서를 작성한다. 판례에 의하면 이러한 확인서는 확인서가 납세자의 의사에 반하여 강제로 작성되었거나 혹은 그 내용의 미비 등으로 인하여 구체적인 사실에 대한 입증자료로 삼기 어렵다는 사정이 없는 이상, 확인서의 내용을 쉽게 부인할 수 없다.[576] A가 실제 사업실적을 기재한 비밀결산서에 근거하여 스스로 자필로 1981. 7.부터 같은 해 12.까지 매월별로 매출금액과 매입금액을 기재하고 그 내용이 실제 사업실적임을 시인하는 확인서를 작성함으로써 과세관청이 위 확인서 내용에 따라 A가 위 기간 내에 모두 금 137,135,434원의 매출신고누락이 있음을 인정하고, 이를 기초로 1981년도 귀속 종합소득세와 같은 연도 제2기분 부가가치세를 경정하여 부과처분한 경우, 이와 같이 납세자가 매출누락사실 등을 시인하는 확인서를 작성하고 그 확인서가 사실에 근거한 것이라면 가사 A가 위 매출누락사실 등을 부인할 경우에 고발 등의 조치가 있을 것을 두려워하여 이를 작성하였다 할지라도 과세관청은 위 확인서를 과세처분의 자료로 삼을 수 있다.[577]

하지만 확인서에 구체적인 매출사실이 기재되어 있지 않고 결론만 기재되는 등 신빙성을 인정하기에 부족한 경우에는 이를 토대로 과세하기는 어려울 것이다. 판례는 일반적으로 납세의무자의 신고내용에 오류 또는 탈루가 있어 이를 경정함에 있어서는 장부나 증빙에 의함이 원칙이라고 하겠으나, 진정성립과 내용의 합리성이 인정되는 다른 자료에 의하여 그 신고내용에 오류 또는 탈루가 있음이 인정되고 실지조사가 가능한 때에는 그 다른 자료에 의하여서도 이를 경정할 수 있지만, 납세의무자가 제출한 매출누락사실을 자인하는 확인서에 매출사실의 구체적 내용이 들어 있지 않아 그 증거가치를 쉽게 부인할 수 없을 정도의 신빙성이 인정되지 아니한다면, 비록 납세의무자의 확인서라고 하더라도, 이는 실지조사의 근거로 될 수 있는 장부 또는 증빙서류에 갈음하는 다른 자료에 해당되지 아니한다는 입장이다.[578]

위 판례에서 대법원은 과세근거자료로는 세무조사 당시 담당 공무원의 요구에 의하여 원고 회사 직원들과 대표이사가 날인한 확인서밖에 없는데, 위 확인서에는 "재고부족에 따른 매출누락 : 71,498개 pcs 488,545,126원(부가세 포함된 판매가)"이라는 결론적인 내용만이 기재되어 있을 뿐, 구체적인 거래시기나 거래금액, 거래방법 등에 관하여는 아무런 기재가 없을 뿐만 아니라 그 기재 내용을 뒷받침하는 구체적인 매출사실에 대한 증빙자료도 전혀

---

576) 대법원 2008. 9. 25. 선고 2006두8068 판결.
577) 대법원 1986. 9. 23. 선고 86누314, 86누315 판결.
578) 대법원 2003. 6. 24. 선고 2001두7770 판결.

없으며, 오히려 원고 회사가 1년 동안 약 3,000여 종의 의류를 판매하면서 약 1,500만 개의 제품이 입·출고되는 등 그 영업형태나 거래규모 등에 비추어 보면, 도난, 폐기, 훼손 등으로 인한 정상적인 감모손실분도 당연히 있을 것이라고 추정되는데 위 확인서의 기재 내용은 재고부족분 전부가 매출된 것이라는 내용이어서 이는 거래통념에 비추어 객관적 진실에도 반하는 것이라고 할 것이므로, 위 확인서만 가지고서는 이 사건 재고부족분이 감모손실 등의 사유로 인한 것이 아니라거나 그 부족분 전부가 매출되어 피고가 익금에 가산한 금액만큼의 매출수익이 있었다고 인정하기는 어렵다고 전제하면서, 원심이 원고가 이 사건 재고부족분이 정상적인 감모손실이라는 점을 소명하지 못하였다는 이유만으로 위 확인서를 근거로 하여 피고의 이 사건 과세처분이 적법하다고 판단한 것은, 과세처분의 적법성에 관한 입증책임을 전도한 것이 아니면 법인의 매출누락수입의 익금 산입에 관한 법리를 오해한 나머지 증거가치의 판단을 그르쳤거나 증거 없이 사실을 인정한 것이라 하지 않을 수 없다고 판시하였다.

또한, 판례는 분양원가에 대한 장부가 멸실된 상황에서 납세의무자가 1993. 9. 22. 세무조사과정에서 분양원가 계정금액과 임대아파트 계정 감소액과의 차액, 즉 1991년도의 경우 금 2,291,541,868원, 1992년도의 경우 금 1,745,341,100원 전액이 가공의 필요경비임을 시인하는 확인서를 제출하였다 할지라도 위 확인서에 결론만 적혔을 뿐 그 기재 내용을 뒷받침하는 증빙서류 또는 가공경비를 계상한 구체적 거래에 대하여 아무런 내용이 없고 그 인정금액 중 일부는 실제로 분양원가에 포함되는 것이라면 위 확인서는 과세의 근거가 될 수 있는 증빙서류에 갈음하는 다른 자료에 해당된다고 보기 어렵다고 한다.[579]

---

579) 대법원 1998. 7. 10. 선고 96누14227 판결.

제 3 장

면세유 부정유통에 의한 조세포탈

제1절 **농어민 등에 대한 면세유의 부정유통에 의한 조세포탈**

> **조세범 처벌법**
>
> **제4조(면세유의 부정유통)** ① 「조세특례제한법」 제106조의2 제1항 제1호에 따른 석유류를 같은 호에서 정한 용도 외의 다른 용도로 사용·판매하여 조세를 포탈하거나 조세의 환급·공제를 받은 석유판매업자(같은 조 제2항에 따른 석유판매업자를 말한다)는 3년 이하의 징역 또는 포탈세액등의 5배 이하의 벌금에 처한다.
> (생략)

I 의의, 입법취지

본죄는 조세특례제한법에 따라 농어민 등에게 공급되는 면세유를 석유판매업자가 법에서 정한 용도 외의 다른 용도로 사용·판매하여 조세를 포탈하거나 조세의 환급·공제를 받을 때 성립하는 범죄이다. 조세범 처벌법 제3조 제1항이 부정행위로써 조세를 포탈하거나 조세의 환급·공제를 받은 자를 처벌하는 규정이라면 본죄는 농어민 등에게 공급되는 면세유를 부정유통할 경우 면세가 불가함에도 면세인 것으로 처리하여 면세액 상당의 조세를 포탈하거나 조세의 환급·공제를 받은 석유판매업자를 처벌하는 규정이라고 할 수 있다. 본죄는 조세범 처벌법 제3조 제1항과 달리 '사기나 그 밖의 부정한 행위'가 구성요건으로 규정돼 있지 않으므로 면세유를 부정유통하는 것 외에 별도의 부정행위가 있어야 하는 것은 아니다.[580]

종전에는 면세유 부정유통에 의한 조세포탈행위를 구 조세범 처벌법 제9조 제1항(현행 조세범 처벌법 제3조 제1항에 해당)에 의하여 처벌하였으나 빈발하는 면세유 부정유통에

---

580) 대법원 2017. 12. 5. 선고 2013도7649 판결(조세범 처벌법 제5조에 관한 판례이지만 조세범 처벌법 제4조의 해석에 있어서도 참고할 수 있다).

대한 처벌을 강화하기 위해 2010. 1. 1. 조세범 처벌법 전면 개정 시 본죄를 신설하였다.[581]

Ⅱ 농어민 등에 대한 면세유의 공급체계

석유류에는 부가가치세, 개별소비세 또는 교통·에너지·환경세, 교육세[582], 자동차 주행에 대한 자동차세(지방세)가 부과된다. 그런데 농업, 어업 및 임업 생산물의 생산기반유지 및 안정적 공급에 기여하고 농가경영의 안정화를 위해 일정한 요건을 갖춘 농민·어민 또는 임업인(이하 '농어민 등'이라고 한다)에게는 조세특례제한법 제106조의2 제1항 제1호에 따라 부가가치세와 개별소비세 또는 교통·에너지·환경세, 교육세 및 자동차 주행에 대한 자동차세가 면제된 석유류를 공급하고 있다. 이것이 농어민 등에 대한 면세유이다.

이러한 면세유에 대한 구체적인 요건과 범위는 농·축산·임·어업용 기자재 및 석유류에 대한 부가가치세 영세율 및 면세 적용 등에 관한 특례규정(이하 '영농기자재등면세규정'이라고 약칭한다) 제15조에 규정되어 있다. 농어민 등은 농업협동조합 등 면세유류 관리기관인 조합에 농·어업용 기계, 선박 등의 보유현황을 신고하고 면세유류구입카드 등을 발급받아 이를 결제수단으로 하여 주유소 등 석유판매업자로부터 면세유를 구매할 수 있다.

농업 및 내수면 어업용 면세유와 일반 어업용 면세유는 그 공급체계가 서로 다르다. 농업 및 내수면 어업용 면세유는 석유판매업자가 부가가치세, 개별소비세, 교통·에너지·환경세, 교육세가 과세된 석유류를 공급받아 농어민 등에게 면세가격으로 판매한 다음, 면제되는 세액을 직접 관할 세무서로부터 환급·공제받는 방식으로 공급이 이루어진다(조세특례제한법 제106조의2 제2항).[583]

반면에 일반 어업용 면세유는 통상 수산업협동조합중앙회가 석유판매업자 중 석유정제업자나 석유수출입업자로부터 그들이 개별소비세, 교통·에너지·환경세, 교육세 및 자동차세가 과세된 상태로 저유소 등으로 반출해 둔 석유류를 면세된 가격으로 구매하여 수협 직영 주유소나 공급대행계약을 체결한 주유소를 통해 어민들에게 공급하고 있다. 이때 어

---

581) 조세범 처벌법 제3조 제1항의 기본 법정형이 "2년 이하의 징역 또는 포탈세액, 환급·공제받은 세액의 2배 이하에 상당하는 벌금"이므로 면세유 부정유통으로 인한 조세포탈 등의 법정형이 일반 조세포탈범 보다 높다.
582) 개별소비세, 교통·에너지·환경세에 대한 부가세이다.
583) 석유판매업자가 면제된 세액을 환급받기 위해서는 세목에 상관없이 관할 세무서장에게 환급신청을 하여야 하나, 지방세인 자동차세는 관할 세무서장이 환급하지 못하므로 관할 세무서장이 석유판매업자에게 감면세액을 환급한 경우에는 자동차세 감면세액의 환급을 위하여 기획재정부령으로 정하는 자료를 환급일의 다음 달 10일까지 울산광역시장에게 통보하여야 하고, 이를 통보받은 울산광역시장은 석유판매업자가 환급신청한 날의 다음 달 20일까지 자동차세의 감면세액을 석유판매업자에게 환급하여야 한다(영농기자재 등면세규정 제15조의2 제5항, 제6항).

민들은 면세유 구입대금을 주유소에서 결제하지 않고 일선 수협에서 면세유류구입카드 등으로 결제한 다음 출고지시서를 발급받아 이를 주유소에 제시하는 방식으로 구매를 하게 된다. 이때 석유정제업자나 석유수출입업자는 부가가치세, 개별소비세, 교통·에너지·환경세, 교육세가 과세된 석유류를 위와 같이 면세유로 공급한 경우 관할 세무서로부터 면제되는 세액을 환급받거나 납부 또는 징수할 세액에서 공제받을 수 있다(조세특례제한법 제106조의2 제2항).

석유판매업자가 면제되는 부가가치세를 환급 또는 공제받으려면 농어민 등에게 공급한 해당 석유류를 구입하는 때에 부담한 부가가치세 매입세액은 매출세액에서 공제되는 매입세액으로 보아 부가가치세를 신고하여야 한다(영농기자재등면세규정 제15조의2 제2항). 그리고 석유판매업자가 개별소비세, 교통·에너지·환경세, 교육세의 감면세액을 환급받으려면 농어민 등에게 매월 공급한 면세유의 석유제품별 수량 및 환급세액 등이 기재된 기획재정부령으로 정하는 신청서에 국세청장이 정하는 면세유류공급명세서를 첨부하여 다음 달 10일까지 관할 세무서장에게 제출하여야 한다(영농기자재등면세규정 제15조의2 제3항).

농업 및 내수면 어업용 면세유 공급체계는 아래 도표와 같다.

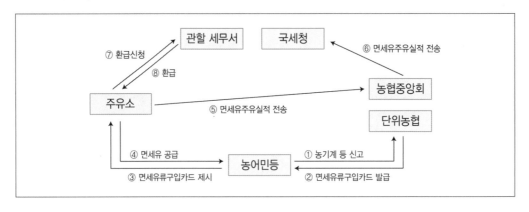

일반 어업용 면세유 공급체계는 아래 도표와 같다.

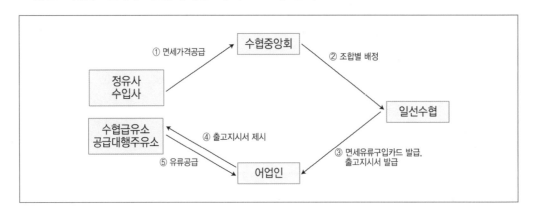

Ⅲ 구성요건

1. 범죄의 객체

본죄는 농어민 등에게 공급되는 면세유를 부정유통할 경우 면세가 불가함에도 면세인 것으로 처리하여 면세액에 상당한 조세를 포탈하거나 조세의 환급·공제를 받은 석유판매업자를 처벌하는 규정이므로 면세 대상 조세가 범죄의 객체가 된다. 현행 세법상 휘발유와 경유에는 교통·에너지·환경세, 교육세, 부가가치세, 자동차 주행에 대한 자동차세가 부과되고, 그 밖의 석유류에는 개별소비세, 교육세, 부가가치세가 부과된다. 그런데 농어민 등에게 공급되는 모든 석유류는 조세특례제한법 제106조의2 제1항 제1호에 따라 국세 중에서는 부가가치세, 개별소비세, 교통·에너지·환경세 및 교육세가 면제되므로 석유판매업자들이 농어민 등에 대한 면세유의 부정유통으로써 면세가 불가한 것을 면세인 것으로 처리하여 포탈할 수 있는 국세는 위 네 가지라고 할 수 있다.

2. 범죄의 주체

이하에서 기술하는 바와 같이, 조세특례제한법 제106조의2 제2항에 따른 석유판매업자로서[584] 부가가치세, 개별소비세, 교통·에너지·환경세, 교육세의 납세의무자와 조세범 처벌법 제18조 소정의 행위자, 조세특례제한법 제106조의2 제2항에 따라 면세된 개별소비세, 교통·에너지·환경세 및 교육세의 환급·공제를 직접 받을 권한이 부여된 개별소비세, 교통·에너지·환경세 및 교육세의 담세자가 본죄의 주체가 된다. 본죄의 주체가 아닌 농어민 등이 면세유류구입카드 등으로 공급받은 석유류를 석유판매업자와 상관없이 스스로 농업·임업·어업용 외의 용도로 사용한 경우에는 감면세액을 추징당할 뿐 본죄로 처벌되지 않는다. 다만, 농어민 등이 신분자인 석유판매업자와 공모하여 본죄를 범할 때는 본범인 석유판매업자의 공범으로 처벌된다.

---

584) 조세특례제한법 제106조의2 제2항에 따른 석유판매업자에는 정유회사인 석유정제업자로부터 말단 주유소업자까지 포함된다. 구체적으로 ① 석유 및 석유대체연료 사업법 제2조 제7호부터 제9호까지의 규정에 따른 석유정제업자·석유수출입업자 또는 석유판매업자 및 액화석유가스의 안전관리 및 사업법 제2조 제3호에 따른 액화석유가스 수출입업자, ② 액화석유가스의 안전관리 및 사업법 제2조 제5호·제9호 및 같은 법 제44조 제2항에 따른 액화석유가스 충전사업자, 액화석유가스 판매사업자 및 액화석유가스 특정사용자, ③ 고압가스 안전관리법 제4조에 따른 고압가스제조자 등이 본죄의 주체가 되는 석유판매업자에 해당한다 (영농기자재등면세규정 제15조의2 제1항).

가. 납세의무자인 석유판매업자, 행위자

본죄의 구성요건의 구조는 조세범 처벌법 제3조 제1항과 유사하다. 조세범 처벌법 제3조 제1항의 구성요건은 "사기나 그 밖의 부정한 행위로써 조세를 포탈하거나 조세의 환급·공제를 받은 자"이다. 여기서 부정행위로써 조세를 포탈하거나 환급·공제를 받는 것이 가능한 주체는 납세의무자와 조세범 처벌법 제18조에서 정한 행위자이므로 원칙적으로 납세의무자 및 양벌규정상의 행위자가 조세범 처벌법 제3조 제1항에 정한 조세포탈범의 범죄주체가 됨은 앞서 살펴보았다.

본죄의 구성요건은 "조세특례제한법 제106조의2 제1항 제1호에 따른 석유류를 같은 호에서 정한 용도 외의 다른 용도로 사용·판매하여 조세를 포탈하거나 조세의 환급·공제를 받은 석유판매업자"이다. 본죄의 구성요건을 조세범 처벌법 제3조 제1항과 비교하여 볼 때, 본죄에서 면세유 부정유통으로써 조세를 포탈하거나 조세의 환급·공제를 받는 것이 가능한 주체는 부가가치세, 개별소비세, 교통·에너지·환경세, 교육세의 납세의무자와 조세범 처벌법 제18조에서 정한 행위자이므로 우선 이들이 본죄의 범죄주체가 된다.

석유류에 관한 개별소비세, 교통·에너지·환경세 및 교육세의 납세의무자는 석유류를 제조하여 반출하거나 보세구역에서 반출하는 자, 관세를 납부할 의무가 있는 자에 해당하는 석유정제업자와 석유수출입업자이다(교통·에너지·환경세법 제3조, 개별소비세법 제3조).[585] 그리고 위와 같은 조세는 석유류를 제조장으로부터 반출하거나 수입신고를 하는 때 등에 부과한다(교통·에너지·환경세법 제4조, 개별소비세법 제4조). 이러한 과세형태를 반출과세라고 한다. 한편 부가가치세는 석유류를 공급하는 모든 석유판매업자가 납세의무자가 된다.

나. 담세자인 석유판매업자, 행위자

개별소비세, 교통·에너지·환경세 및 교육세가 과세된 석유류를 공급받아서 농어민 등에게 면세가격으로 공급하는 석유판매업자는 개별소비세, 교통·에너지·환경세 및 교육세의 담세자에 불과할 뿐 그 납세의무자나 조세범 처벌법 제18조 소정의 행위자가 아니기 때문에, 이들은 면세유 부정유통으로써 협의의 조세포탈[586]은 범할 수 없으나, 조세특례제한법 제106조의2 제2항에 따라 담세자로서 부담한 개별소비세, 교통·에너지·환경세 및

---

585) 과세요건이 반출이라는 사실행위인 경우에는 납세의무자가 어떠한 의사를 가지고 그 행위를 하였는지를 불문하고 당해 사실행위의 결과(반출, 출고 등)만으로 과세요건이 충족된다. 일단 반출이라는 요건이 충족된 이상, 당해 물품이 다시 법령에 규정되어 있는 반출의 경계선 안으로 들어오더라도 성립한 납세의무가 소멸하지 않는다(박훈, "과세요건이 사실행위인 경우 조세법상 실질과세원칙의 적용문제", 「한양법학」 28(2), 한양법학회, 2017, 154쪽 ; 대법원 1981. 2. 24. 선고 80누8 판결).

586) 협의의 조세포탈의 의미는 제2부 제2장 제1절 I. 1항을 참고하라.

교육세의 환급을 직접 신청하여 지급받는 것, 즉 부정환급이 가능하기 때문에 그 범위 내에서 본죄의 주체가 될 수 있다. 또한 담세자와의 관계에서 조세범 처벌법 제18조 소정의 행위자의 지위에 있는 자도 본죄의 주체가 될 수 있다.

3. 법정 용도 외 사용·판매

가. 농업 및 내수면 어업용 면세유의 경우

현행 면세유 공급체계상 농업 및 내수면 어업용 면세유는 부가가치세, 개별소비세, 교통·에너지·환경세 및 교육세의 납세의무자인 석유정제업자나 석유수출입업자가 이를 농어민 등에게 직접 공급하는 경우는 없고, 통상 석유정제업자나 석유수출입업자로부터 부가가치세, 개별소비세, 교통·에너지·환경세 및 교육세가 과세된 석유류를 공급받은 석유판매업자가 이를 농어민 등에게 면세된 가격으로 공급한다.

농업 및 내수면 어업용 면세유는 농어민 등이 면세유류 관리기관인 조합으로부터 미리 발급받은 면세유류구입카드 등을 이용하여 석유판매업자에게 결제하는 방법으로만 구입하여 확보할 수 있으므로, 석유판매업자가 면세유를 정한 용도 외로 사용·판매하기 위해서는 이를 구입하여 확보할 수 있는 농어민 등과의 공모가 불가피하다. 통상 농어민 등에 대한 면세유의 부정유통 범행은 석유판매업자가 농어민 등과 공모하여 농어민 등에게 발급된 면세유류구입카드로 석유류 대금을 결제하여 그에 해당하는 면세유를 확보한 다음 농어민 등에게 출고하지 아니하고 제3자에게 과세가격에 판매하는 방식으로 이루어진다.[587]

나. 일반 어업용 면세유의 경우

일반 어업용 면세유는 통상 개별소비세, 교통·에너지·환경세 및 교육세의 납세의무자

---

587) 일부 하급심은 석유판매업자가 농어민 등과 공모하여 면세유류구입카드로 결제한 유류를 농어민 등에게 출고하지 아니하고 곧바로 과세유로 일반 소비자에게 판매한 다음 면세액을 환급받는 유형의 사례에서, 그와 같은 방식으로 확보하여 판매한 유류는 진정한 면세유가 아니므로 이러한 경우 조세범 처벌법 제4조 제1항의 죄가 아니라 제3조 제1항의 죄가 성립한다는 입장이다. 그러나 석유판매업자가 법적 요건에 부합하는 진정한 면세유, 즉 모든 법적 요건을 갖추어 농어민 등에게 정상적으로 출고된 면세유를 법정 용도 외의 다른 용도로 사용·판매하여 조세를 포탈하거나 조세의 환급·공제를 받는 경우란 논리적으로 상정하기 어렵다. 그리고 조세범 처벌법 제4조 제1항을 해석함에 있어서는 정부가 2010. 1. 1. 위 조항을 신설한 이유가, 당시에 성행하던 면세유 부정유통 범죄, 즉 석유판매업자와 농어민 등이 공모하여 면세유류구입카드 등을 이용하여 면세가격으로 결제한 면세유를 농어민 등에게 출고하지 아니하고 곧바로 일반 소비자에게 과세가격으로 판매하는 방식의 범행을 더욱 강력하게 처벌하기 위함이었다는 점을 고려할 필요가 있다. 생각건대, 농어민 등과 석유판매업자가 합의하여 조세특례제한법 제106조의2에서 정한 절차에 따라 발급된 면세유류구입카드로 유류대금을 면세가격으로 결제하여 언제든 면세유를 출고할 수 있는 상태가 되었다면 설령 부정유통의 의도가 있었다 하더라도 이를 조세범 처벌법 제4조 제1항 소정의 '조세특례제한법 제106조의2 제1항 제1호에 따른 석유류'라고 해석하는데 문제가 없다고 본다.

인 석유정제업자 또는 석유수출입업자가 개별소비세, 교통・에너지・환경세, 교육세가 과세된 상태로 저유소 등으로 반출해 둔 석유류를 수산업협동조합중앙회에 면세된 가격으로 공급하고, 수산업협동조합중앙회는 직영 주유소나 공급대행계약을 체결한 주유소를 통해 어민들에게 면세유를 공급하며, 석유정제업자나 석유수출입업자는 관할 세무서로부터 기과세된 개별소비세, 교통・에너지・환경세 및 교육세를 직접 환급・공제받는다는 점은 앞서 살펴본 바와 같다.

그렇다면 개별소비세, 교통・에너지・환경세 및 교육세의 경우, 면세유 부정유통으로써 이들 조세를 포탈하거나 환급・공제를 받는 것은 위와 같은 공급구조상 납세의무자인 석유정제업자나 석유수출입업자에 의해서만 가능하고[588], 그들이 수산업협동조합중앙회 직원과 공모하여 면세유를 법정 용도 외로 사용・판매하는 경우에 본죄가 성립할 수 있다. 그러나 현실적으로 대기업에 속하는 석유정제업자나 석유수출입업자가 수산업협동조합중앙회와 공모하여 위와 같이 면세유를 법정 용도 외로 유통하는 경우를 찾아보기는 어렵다. 부가가치세의 경우, 수협 직영주유소나 공급대행 주유소도 납세의무자이므로 이들이 어민들과 공모하여 출고지시서에 따라 출고하거나 출고할 면세유를 법정 용도 외로 부정유통하는 경우 부가가치세의 포탈이 가능할 수 있다.

4. 조세의 포탈 또는 환급・공제의 결과 발생[589], 기수시기

가. 조세의 포탈 또는 환급・공제의 결과 발생

(1) 범죄의 주체가 납세의무자인 석유판매업자, 행위자인 경우

현재의 면세유 공급체계상 농업 및 내수면 어업용 면세유는 납세의무자인 석유판매업자(석유정제업자, 석유수출입업자)가 농어민 등에게 공급하고 있지 않다는 점은 앞서 살펴본 바와 같다. 따라서 이와 관련하여 납세의무자인 석유판매업자 등의 조세포탈이 문제될 여지가 거의 없다.

다음으로 일반 어업용 면세유는 납세의무자인 석유판매업자가 수산업협동조합중앙회와 공모하여 이를 부정유통하는 것이 이론상 가능하나 실제로는 그런 사례를 찾아보기 어렵다는 점 또한 앞서 살펴 본 바와 같다. 그럼에도 불구하고 만약 납세의무자인 석유판매업자가

---

588) 이러한 유통구조 하에서는 조세특례제한법 제106조의2 제2항에 따라 면세액을 환급・공제받을 권한이 있는 담세자는 존재하지 않는다.
589) 한편, 석유판매업자가 위와 같이 면세유를 용도 외로 사용・판매하는 경우에는 통상 세금계산서를 발급하지 않고 무자료로 거래를 하게 되므로 이에 따른 세금계산서 미발급 혐의와 부가가치세, 법인세, 소득세 등의 포탈 혐의에 대해서도 함께 문제되는 경우가 많다.

수산업협동조합중앙회와 공모하여 개별소비세, 교통·에너지·환경세 및 교육세가 과세된 상태로 저유소 등으로 반출해 둔 석유류를 농어민 등에 대한 면세유인 것으로 처리한 다음 이를 부정유통하고도 정상적으로 면세유를 공급한 것처럼 환급신청을 하여 면제되는 세액을 환급받거나 납부 또는 징수할 세액에서 공제받는 경우에는 면세유 부정유통에 의한 부정환급의 결과가 발생한다고 할 것이다.

한편, 위와 같은 석유판매업자가 부정유통한 면세유에 대한 부가가치세를 거래징수하지 않고 과세표준신고시 이를 매출세액에서 누락하는 경우 부가가치세 포탈의 결과가 발생한다.

(2) 범죄의 주체가 담세자인 석유판매업자, 행위자인 경우

석유판매업자가 개별소비세, 교통·에너지·환경세 및 교육세가 과세된 석유류를 공급받아 농어민 등에 대한 면세유로 공급한 것으로 처리한 다음 이를 부정유통하고도 정상적으로 면세유를 공급한 것처럼 자신들이 담세자로서 부담한 개별소비세, 교통·에너지·환경세 및 교육세의 환급신청을 하여 면제되는 개별소비세, 교통·에너지·환경세 및 교육세를 환급받거나 납부 또는 징수할 세액에서 공제받는 경우에는 면세유 부정유통에 의한 부정환급의 결과가 발생한다.

한편, 위와 같은 석유판매업자가 부정유통한 면세유에 대한 부가가치세를 거래징수하지 않고 과세표준신고시 이를 매출세액에서 누락하는 경우 부가가치세 포탈의 결과가 발생한다.

나. 기수시기

본죄는 구성요건적 결과가 발생하여야 기수가 성립하는 결과범이다. 따라서 협의의 조세포탈범은 해당 조세의 신고·납부기한이 경과한 시점에 포탈의 결과가 발생하여 기수가 성립한다. 반면에 부정환급은 면제되는 세액의 환급신청을 하여 실제로 이를 환급받거나 납부 또는 징수할 세액에서 공제받는 경우에 부정환급의 결과가 발생하여 기수가 성립한다.[590]

5. 고의

본죄는 고의범이다. 따라서 석유판매업자가 농어민 등과 공모하여 면세유를 법정 용도 외로 사용·판매하고도 정상적으로 사용·판매한 것처럼 허위의 과세표준신고를 하거나 환급신청을 하여 조세를 포탈하거나 조세의 환급·공제를 받는다는 인식하에 범행을 하여야 한다.

---

590) 부정환급에 의한 조세포탈의 기수시기에 관하여는 제2부 제3장 제5절 Ⅱ. 3.항을 참고하라.

죄수, 타죄와의 관계

석유판매업자가 포탈하거나 환급받은 세목별로 1죄가 성립한다. 개별소비세 또는 교통·에너지·환경세와 그에 대한 부가세인 교육세는 동시에 환급되므로 각 세목별로 1죄가 성립하고 세목별로 성립한 각 죄 상호간은 상상적 경합이 된다.

본죄는 조세범 처벌법 제3조 제1항과는 특별관계에 있기 때문에 본죄와 조세범 처벌법 제3조 제1항의 구성요건이 모두 충족되는 경우에는 본죄만이 성립한다.

Ⓥ 특가법에 의한 가중처벌

본죄로 인한 연간 포탈세액등과 조세범 처벌법 제3조 제1항 및 제5조, 지방세기본법 제102조 제1항 등에 규정된 죄의 포탈세액등을 합산한 금액이 연간 5억 원 이상인 경우에는 특정범죄 가중처벌 등에 관한 법률 제8조에 의해 가중처벌되고, 징역형과 벌금형이 필요적으로 병과된다.

제2절 **외국항행선박 등에 대한 면세유의 부정유통에 의한 조세포탈**

> **조세범 처벌법**
>
> 제4조(면세유의 부정유통) ① (생략)
> ②「개별소비세법」제18조 제1항 제11호591) 및「교통·에너지·환경세법」제15조 제1항 제3호에 따른 외국항행선박 또는 원양어업선박에 사용할 목적으로 개별소비세 및 교통·에너지·환경세를 면제받는 석유류를 외국항행선박 또는 원양어업선박 외의 용도로 반출하여 조세를 포탈하거나, 외국항행선박 또는 원양어업선박 외의 용도로 사용된 석유류에 대하여 외국항행선박 또는 원양어업선박에 사용한 것으로 환급·공제받은 자는 3년 이하의 징역 또는 포탈세액등의 5배 이하의 벌금에 처한다.

---

591) 조세범 처벌법(2019. 1. 1. 시행 법률 제16108호) 제4조는 개별소비세법 제18조 제1항 제11호에 따른 외국항행선박 또는 원양어업선박에 사용할 목적으로 개별소비세를 면제받는 석유류의 부정유통을 처벌한다고 규정돼 있으나, 개별소비세법 제18조 제1항 제11호는 "외국 무역선, 원양어업선박 또는 외국항행항공기에서 사용할 것으로 인정되는 연료 외의 소모품"에 대한 면세조항으로 조세범 처벌법 제4조 소정의 면세유와는 무관한 조항이다. 조세범 처벌법 제4조 소정의 면세유에 관하여는 개별소비세법 제18조 제1항 제9호에서 "외국항행선박, 원양어업선박 또는 항공기에 사용하는 석유류"를 면세 대상으로 규정

Ⅰ 의의, 입법취지

본죄는 외국항행선박 또는 원양어업선박에 사용할 목적으로 개별소비세 및 교통·에너지·환경세를 면제받는 석유류(이하 본절에서 '외국항행선박 등에 대한 해상면세유'라고 칭한다)를 외국항행선박 또는 원양어업선박 외의 용도로 반출하여 조세를 포탈하거나, 외국항행선박 또는 원양어업선박 외의 용도로 사용된 석유류에 대하여 외국항행선박 또는 원양어업선박에 사용한 것으로 환급·공제받은 경우에 성립한다. 조세범 처벌법 제3조 제1항이 부정행위로써 조세를 포탈하거나 조세의 환급·공제를 받은 자를 처벌하는 규정이라면 본죄는 외국항행선박 등에 대한 해상면세유를 부정유통할 경우 면세가 불가함에도 면세인 것으로 처리하여 면세액에 상당하는 조세를 포탈하거나 조세의 환급·공제를 받은 자를 처벌하는 규정이라고 할 수 있다. 본죄는 조세범 처벌법 제3조 제1항과 달리 '사기나 그 밖의 부정한 행위'가 구성요건으로 규정돼 있지 않으므로 면세유를 부정유통한 것 외에 별도로 부정행위가 있어야 하는 것은 아니다.[592]

종전에는 외국항행선박 등에 대한 해상면세유의 부정유통에 의한 조세포탈범을 구 조세범 처벌법 제9조 제1항(현행 조세범 처벌법 제3조 제1항에 해당)에 의해 처벌하였으나 빈발하고 있던 해상면세유의 부정유통 행위에 대한 처벌을 강화하기 위해 2010. 1. 1. 조세범 처벌법 전면 개정 시 본죄를 신설하였다.

Ⅱ 외국항행선박 등에 대한 해상면세유 공급체계

개별소비세법 제18조 제1항 제9호(법조항에 기재된 제11호는 오기임이 명백하므로 이를 바로 잡았다) 및 교통·에너지·환경세법 제15조 제1항 제3호에 의하여 외국항행선박 또는 원양어업선박에 사용하는 석유류에 대하여는 개별소비세, 교통·에너지·환경세 및 교육세가 조건부로 면세된다.

외국항행선박 등에 대한 석유류의 공급(이를 '벙커링'이라고 하기도 한다)은 외항선사 등이 직접 또는 대리인 회사를 통해 국내의 석유정제업자, 석유수출입업자, 석유판매업자

하고 있다. 따라서 조세범 처벌법 제4조의 "개별소비세법 제18조 제1항 제11호"는 "개별소비세법 제18조 제1항 제9호"로 개정되어야 한다. 이와 같은 오류는 구 개별소비세법 개정 시(2010. 11. 26. 법률 제10310호로 개정되기 전의 것) 제18조 제1항 제11호(외국항행선박, 원양어업선박 또는 항공기에 사용하는 석유류 관련)가 제18조 제1항 제9호로 자리를 옮겼음에도 조세범 처벌법이 이를 반영하지 못한 탓이다. 신속히 개정될 필요가 있다.

592) 대법원 2017. 12. 5. 선고 2013도7649 판결(조세범 처벌법 제5조에 관한 판례이지만 조세범 처벌법 제4조의 해석에 있어서도 참고할 수 있다).

등에게 석유류 적재요청을 하여 양사간에 석유류 공급계약이 체결되면 석유정제업자 등이 자신들과 용역계약이 체결된 해상급유업체에 적재지시를 하고, 해상급유업체는 세관에 '환급대상 수출물품 적재허가 신청'[593]을 하여 적재허가를 받은 다음 해상에서 외국항행선박 등에 급유를 하게 된다. 외국항행선박 등에 공급되는 해상면세유는 중유가 대부분이고 경유, 윤활유 등도 일부 공급된다.[594]

석유정제업자 또는 석유수출입업자, 석유판매업자[595]가 외항선사 등과 직접 해상면세유 공급계약을 체결하는 경우에는 통상 개별소비세, 교통·에너지·환경세 및 교육세가 과세된 석유류를 외국항행선박 등에 면세가격으로 공급하고 기 납부한 개별소비세, 교통·에너지·환경세 및 교육세를 환급·공제받는 방식을 취한다. 개별소비세, 교통·에너지·환경세 및 교육세가 납부되었거나 납부될 석유류를 외국항행선박 등에 대한 해상면세유로 공급한 경우 대통령령으로 정하는 바에 따라 이미 납부한 세액을 환급받을 수 있고, 이 경우 납부 또는 징수할 세액이 있으면 이를 공제할 수 있다(개별소비세법 제20조 제2항 제2호, 교통·에너지·환경세법 제17조 제2항 제4호, 교육세법 제12조).

그와 같이 환급·공제를 받으려는 자는 환급신청서에 해당 사유의 발생 사실을 증명하는 서류와 개별소비세, 교통·에너지·환경세 및 교육세가 이미 납부되었거나 납부될 사실을 증명하는 서류를 첨부하여 관할 세무서장 또는 세관장에게 신청하여야 한다. 이때 환급을 받으려는 자가 개별소비세, 교통·에너지·환경세 및 교육세를 납부한 자가 아닌 경우에는 개별소비세를 납부한 자와 연명으로 신청하여야 한다. 다만, 환급을 받으려는 자가 개별소비세, 교통·에너지·환경세 및 교육세를 실제 부담하지 아니한 경우에는 개별소비세를 실제 부담한 자가 이들 조세를 납부한 자와 연명으로 신청할 수 있다(개별소비세법 시행령 제34조 제1항 제2호, 제3항, 교통·에너지·환경세법 시행령 제24조 제1항 제2호, 교육세법 제12조).

석유정제업자 또는 석유수출입업자와 외항선사가 해상면세유 공급계약을 체결한 경우의 공급체계는 아래 도표와 같다.

---

593) 수출용 원재료에 대한 관세 등 환급에 관한 특례법(약칭: 관세환급특례법) 제4조 제4호, 동법 시행규칙 제2조 제4항 제1호에 따라 "우리나라와 외국 간을 왕래하는 선박 또는 항공기에 선용품 또는 기용품으로 사용되는 물품의 공급"은 관세 등(관세, 임시수입부가세, 개별소비세, 주세, 교통·에너지·환경세, 농어촌특별세 및 교육세)의 환급대상 수출로 본다.
594) 위와 같은 석유류의 공급은 외화를 획득하는 재화 또는 용역의 공급으로서 부가가치세에 대하여는 면세가 아니라 영세율이 적용된다(부가가치세법 제24조 제1항 제3호, 동법 시행령 제33조 제2항 제5호).
595) 국세청예규 소비, 소비46430-66, 2001. 3. 2.에 의하면 석유판매업자가 석유정제업자 등으로부터 구입한 석유류를 외국항행선박에 공급한 경우에도 납부된 개별소비세 등을 환급받을 수 있다고 한다.

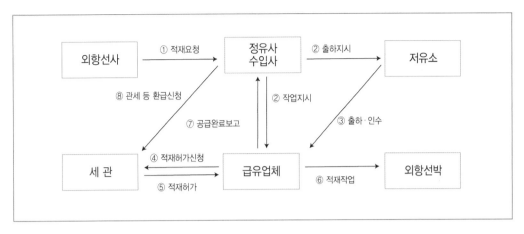

도표 출처 : 기획재정부

Ⅲ 구성요건

1. 범죄의 객체

　본죄는 외국항행선박 등에 공급되는 해상면세유를 부정유통할 경우 면세가 불가함에도 면세인 것으로 처리하여 면세액에 상당하는 조세를 포탈하거나 조세의 환급·공제를 받은 자를 처벌하는 규정이므로 면제되는 조세가 범죄의 객체가 된다. 외국항행선박 등에 공급되는 석유류는 위에서 살펴본 바와 같이 개별소비세, 교통·에너지·환경세와 이들의 부가세인 교육세가 면제되므로 외국항행선박 등에 대한 해상면세유 부정유통으로 포탈할 수 있는 조세는 위 세 가지라고 할 수 있다.

2. 범죄의 주체

　이하에서 기술하는 바와 같이, 범죄의 객체인 개별소비세, 교통·에너지·환경세 및 교육세의 납세의무자, 조세범 처벌법 제18조 소정의 행위자, 개별소비세, 교통·에너지·환경세 및 교육세의 환급·공제를 직접 받을 권한이 있는 개별소비세, 교통·에너지·환경세 및 교육세의 담세자가 본죄의 주체가 된다. 본죄는 신분범이므로 본죄의 주체가 아닌 자가 본죄의 주체와 공모하지 않고 해상면세유를 불법적으로 빼돌려 법정 용도 외의 용도로 반출하거나 사용하는 경우에는 본죄로 처벌되지 않는다.

가. 납세의무자, 행위자

본죄의 구성요건은 "개별소비세법 제18조 제1항 제9호 및 교통·에너지·환경세법 제15조 제1항 제3호에 따른 외국항행선박 또는 원양어업선박에 사용할 목적으로 개별소비세 및 교통·에너지·환경세를 면제받는 석유류[596]를 외국항행선박 또는 원양어업선박 외의 용도로 반출하여 조세를 포탈하거나, 외국항행선박 또는 원양어업선박 외의 용도로 사용된 석유류에 대하여 외국항행선박 또는 원양어업선박에 사용한 것으로 환급·공제받은 자"이다. 본죄의 구성요건을 조세범 처벌법 제3조 제1항과 비교하여 볼 때, 외국항행선박 등에 대한 해상면세유 부정유통으로써 조세를 포탈하거나 조세의 환급·공제를 받는 것이 가능한 주체는 면세 대상인 개별소비세, 교통·에너지·환경세 및 교육세의 납세의무자와 조세범 처벌법 제18조에서 정한 행위자이므로 우선 이들이 본죄의 범죄주체가 된다.

석유류에 관한 개별소비세, 교통·에너지·환경세 및 교육세의 납세의무자는 석유류를 제조하여 반출하거나 보세구역으로부터 반출하는 자, 관세를 납부할 의무가 있는 자에 해당하는 석유정제업자와 석유수출입업자이다(교통·에너지·환경세법 제3조, 개별소비세법 제3조). 그리고 위와 같은 조세는 석유류를 제조장으로부터 반출하거나 수입신고를 하는 때 등에 부과한다(교통·에너지·환경세법 제4조, 개별소비세법 제4조). 이러한 형태의 과세를 반출과세라고 한다.

나. 담세자, 행위자

개별소비세, 교통·에너지·환경세 및 교육세가 과세된 석유류를 석유정제업자나 석유수출입업자로부터 공급받아 외국항행선박 등에 면세가격으로 공급하는 석유판매업자는 개별소비세, 교통·에너지·환경세 및 교육세의 담세자에 불과할 뿐 납세의무자나 조세범 처벌법 제18조 소정의 행위자가 아니기 때문에 협의의 조세포탈[597]의 형태로는 본죄를 범할 수는 없으나, 담세자로서 부담한 개별소비세, 교통·에너지·환경세 및 교육세의 환급을 납세의무자와 연명으로 직접 신청하여 지급받는 것이 가능하기 때문에 부정환급 형태로 본죄의 주체가 될 수 있다. 또한 이러한 담세자에 대하여 조세범 처벌법 제18조 소정의 행위자의 지위에 있는 자도 본죄의 주체가 될 수 있다.

---

596) 이때는 개별소비세와 교통·에너지·환경세의 부가세인 교육세도 함께 면세된다.
597) 협의의 조세포탈의 의미는 제2부 제2장 제1절 I. 1항을 참고하라.

3. 법정 용도 외 반출 또는 사용

본죄가 성립하려면 범죄주체인 석유정제업자, 석유수출입업자 또는 기타 석유판매업자가 외국항행선박 등에 공급하는 해상면세유를 법정 용도 외로 반출하거나 사용하여야 하는데, 그러기 위해서는 이들이 외국항행선사, 급유업체, 외국항행선박의 선장 등과 공모하지 않으면 안 된다. 즉, 본죄는 범죄주체인 석유정제업자 등이 외국항행선사 등과 공모하여 세관으로부터 적재허가를 받은 양보다 적게 급유를 하고 나머지를 빼돌려 제3자에게 과세가격에 판매하는 경우에 성립할 수 있다. 그런데 대기업에 속하는 석유정제업자 등이 본죄와 같은 해상면세유 부정유통에 가담하는 경우를 찾아보기는 힘들다. 다만, 석유정제업자 등으로부터 과세된 석유류를 공급받아 외국항행선박 등에 해상면세유로 공급하는 영세한 기타 석유판매업자가 위와 같은 방식으로 범행할 여지는 있다.

실제로 자주 문제되는 해상면세유의 부정유통은 본죄의 주체인 석유정제업자 등이 가담하지 않고 그들로부터 해상면세유 급유를 위임받은 급유업체가 해상면세유를 급유받는 외국항행선박의 선원 등과 공모하여 적재허가신청을 받은 양보다 적은 양만을 급유하고 나머지를 외국항행선박의 선원 등으로부터 저렴하게 구입하여 이를 육상 석유판매업자에게 양도하고, 육상석유판매업자는 이를 과세유로 유통하는 방식으로 이루어진다. 그런데 이러한 경우에는 본죄의 범죄주체가 가담하지 않은 관계로 신분범인 본죄는 성립할 여지가 없고, 위와 같은 행위에 가담한 관계자들은 해상면세유 부정유통 과정에서 행한 허위 세금계산서 발급 및 수수, 매출 누락에 따른 법인세 등의 포탈 등으로 처벌된다.

4. 조세의 포탈 또는 환급·공제의 결과발생, 기수시기

가. 조세의 포탈 또는 환급·공제의 결과발생

(1) 범죄의 주체가 납세의무자, 행위자인 경우

개별소비세, 교통·에너지·환경세 및 교육세의 납세의무자인 석유정제업자나 석유수출입업자가 이들 조세가 과세되지 않은 석유류를 외국항행선박 등에 대한 해상면세유로 공급한 것으로 처리한 다음 이를 부정유통하고도 정상적으로 면세유를 공급한 것처럼 허위로 과세표준신고를 한 경우 부당하게 면세처리되어 납부되지 않은 세액이 포탈되는 결과가 발생할 수 있다.[598] 그런데 통상 석유정제업자 등은 이들 조세가 과세된 석유류를 외국항행선박 등에 대한 해상면세유로 공급하고 있어 위와 같은 협의의 조세포탈 형태의 범행은 찾아

---

598) 석유정제업자나 석유수출입업자가 제조장 등에서 석유류를 외국항행선박 등에 면세반출하는 경우가 그러하다.

보기 어렵다.

만일 개별소비세, 교통·에너지·환경세 및 교육세의 납세의무자인 석유정제업자나 석유수출입업자가 이들 조세가 과세된 석유류를 외국항행선박 등에 대한 해상면세유로 공급한 것으로 처리한 다음 이를 부정유통하고도 정상적으로 해상면세유를 공급한 것처럼 환급신청을 하여 면제되는 세액을 환급받거나 납부 또는 징수할 세액에서 공제받는 경우에는 해상면세유 부정유통에 의한 부정환급의 결과가 발생한다.

(2) 범죄의 주체가 담세자, 행위자인 경우

개별소비세, 교통·에너지·환경세 및 교육세의 담세자인 석유판매업자가 이들 조세가 과세된 석유류를 공급받아 외국항행선박 등에 대한 해상면세유로 공급한 것으로 처리한 다음 이를 부정유통하고도 정상적으로 면세유를 공급한 것처럼 개별소비세, 교통·에너지·환경세 및 교육세의 환급신청을 하여 면제되는 세액을 환급받거나 납부 또는 징수할 세액에서 공제받는 경우에는 해상면세유 부정유통에 의한 부정환급의 결과가 발생한다.

나. 기수시기

본죄는 구성요건적 결과가 발생하여야 기수가 성립하는 결과범이다. 따라서 협의의 조세포탈범은 해당 조세의 신고·납부기한이 경과한 시점에 포탈의 결과가 발생하여 기수가 성립한다. 반면에 부정환급은 면제되는 세액의 환급신청을 하여 현실적으로 이를 환급받거나 납부 또는 징수할 세액에서 공제받는 경우에 부정환급의 결과가 발생하여 기수가 성립한다.[599]

5. 고의

본죄는 고의범이다. 따라서 석유정제업자 등이 외국항행선박의 선장 등과 공모하여 외국항행선박 등에 대한 해상면세유를 법정 용도 외로 반출 또는 사용하여 조세를 포탈하거나 조세의 환급·공제를 받는다는 인식하에 범행을 하여야 한다.

---

599) 부정환급에 의한 조세포탈의 기수시기에 관하여는 제2부 제3장 제5절 Ⅱ. 3.항을 참고하라.

Ⅳ 죄수, 타죄와의 관계

석유정제업자 등이 포탈하거나 환급받은 세목별로 1죄가 성립한다. 개별소비세 또는 교통·에너지·환경세와 그에 대한 부가세인 교육세는 동시에 환급되므로 각 세목별로 1죄가 성립하고 세목별로 성립한 각 죄 상호간은 상상적 경합이 된다.

본죄는 조세범 처벌법 제3조 제1항과는 특별관계에 있기 때문에 본죄와 조세범 처벌법 제3조 제1항의 구성요건이 모두 충족되는 경우에는 본죄만이 성립한다.

Ⅴ 특가법에 의한 가중처벌

본죄로 인한 포탈세액등과 조세범 처벌법 제3조 제1항 및 제5조, 지방세기본법 제102조 제1항 등에 규정된 죄의 포탈세액등을 합산한 금액이 연간 5억 원 이상인 경우에는 특정범죄 가중처벌 등에 관한 법률 제8조에 의해 가중처벌되고, 징역형과 벌금형이 필요적으로 병과된다.

제3절 면세유류구입카드 등의 부정발급 관련 범죄

조세범 처벌법

제4조의2(면세유류구입카드 등의 부정발급)「조세특례제한법」제106조의2 제11항 제1호의 행위를 한 자는 3년 이하의 징역 또는 3천만 원 이하의 벌금에 처한다.

Ⅰ 의의

본죄는 조세특례제한법 제106조의2 제11항 제1호의 행위를 한 경우에 성립한다. 여기서 조세특례제한법 제106조의2 제11항 제1호의 행위란 '면세유류 관리기관인 조합이 거짓이나 그 밖의 부정한 방법으로 면세유류구입카드 등을 발급하는 경우'를 말한다.

Ⅱ 구성요건

먼저 면세유류구입카드 등의 발급절차에 관하여 살펴본다. 면세유류구입카드 등이란 면세유류구입카드 및 출고지시서를 말한다(조세특례제한법 제106조의2 제4항). 면세유류구입카드는 일정한 요건을 갖춘 농민 또는 어민이 면세유류 관리기관이 배정하는 한도 내에서 면세유를 공급받을 수 있도록 면세유류 관리기관으로부터 여신전문금융업법에 따라 교부받은 직불카드 또는 신용카드를 말한다(영농기자재등면세규정 제16조 제1항 제1호). 출고지시서는 면세유류구입카드 발급대상이 아닌 일부 어민 및 임업인이 면세유를 공급받을 수 있도록 면세유류 관리기관이 교부하는 출고지시서 또는 구입권으로서 국세청장이 그 서식 등을 정한 것이다(동 규정 제16조 제1항 제2호). 면세유류 관리기관이란 농업협동조합, 산림조합, 수산업협동조합 등의 조합을 말한다(조세특례제한법 제106조의2 제3항).

조세범 처벌법 제4조의2 및 조세특례제한법 제106조의2 제11항 제1호는 본죄의 행위 주체를 면세유류구입카드 등을 발급하는 조합으로 규정하고 있지만 조세범 처벌법 제18조의 양벌규정에 의해 그 행위자인 대표자, 임직원 등도 범죄주체가 되며, 조합은 양벌규정에 따라 같이 처벌된다.

거짓이나 그 밖의 부정한 방법으로 면세유류구입카드 등을 발급하는 경우란 면세유류구입카드 등을 발급받을 요건을 갖추지 않았음에도 거짓 신청서와 증빙자료 등을 토대로 면세유류구입카드나 출고지시서 또는 구입권 등을 발급하는 경우를 말한다.

본죄는 고의범이므로 조합의 임직원 등이 과실로 거짓 신청사실을 알지 못하고 면세유류구입카드 등을 발급하는 경우에는 처벌되지 아니한다.

제4장

가짜석유제품의 제조 또는 판매 관련 조세포탈

> **조세범 처벌법**
>
> 제5조(가짜석유제품의 제조 또는 판매)「석유 및 석유대체연료 사업법」제2조 제10호에
> 따른 가짜석유제품을 제조 또는 판매하여 조세를 포탈한 자는 5년 이하의 징역 또는 포
> 탈한 세액의 5배 이하의 벌금에 처한다.

I 의의, 입법취지

본죄는 석유 및 석유대체연료 사업법 제2조 제10호에 따른 가짜석유제품을 제조 또는 판
매하여 조세를 포탈한 경우에 성립한다. 종전에는 가짜석유제품 제조 등에 의한 조세포탈
행위를 구 조세범 처벌법 제9조 제1항(현행 조세범 처벌법 제3조 제1항에 해당)에 의해 처벌하였
으나 빈발하고 있는 가짜석유제품 제조·판매행위에 대한 처벌을 강화하기 위해 2010. 1.
1. 조세범 처벌법 전면 개정 시 위와 같이 별도의 조문을 신설하여 통상의 조세포탈범 보다
더 높은 형으로 처벌하도록 하였다.

II 구성요건

1. 범죄의 객체

가짜석유제품의 제조 또는 판매에 대하여는 부가가치세, 교통·에너지·환경세와 교육
세 등이 과세될 수 있다. 따라서 이들 조세가 본죄의 객체가 된다.

본죄에서 말하는 가짜석유제품은 석유 및 석유대체연료 사업법 제2조 제10호에 따른 가
짜석유제품을 의미한다. 이는 아래의 표와 같다.

[석유 및 석유대체연료 사업법 제2조 제10호]

10. "가짜석유제품"이란 조연제(助燃劑), 첨가제(다른 법률에서 규정하는 경우를 포함한다), 그 밖에 어떠한 명칭이든 다음 각 목의 어느 하나의 방법으로 제조된 것으로서 「자동차관리법」 제2조 제1호에 따른 자동차 및 대통령령으로 정하는 차량·기계(휘발유 또는 경유를 연료로 사용하는 것만을 말한다)의 연료로 사용하거나 사용하게 할 목적으로 제조된 것(제11호의 석유대체연료는 제외한다)을 말한다.

가. 석유제품에 다른 석유제품(등급이 다른 석유제품을 포함한다)을 혼합하는 방법

나. 석유제품에 석유화학제품(석유로부터 물리·화학적 공정을 거쳐 제조되는 제품 중 석유제품을 제외한 유기화학제품으로서 산업통상자원부령으로 정하는 것을 말한다. 이하 같다)을 혼합하는 방법

다. 석유화학제품에 다른 석유화학제품을 혼합하는 방법

라. 석유제품이나 석유화학제품에 탄소와 수소가 들어 있는 물질을 혼합하는 방법

2. 범죄의 주체

본죄도 조세포탈죄의 일종이므로 가짜석유제품을 제조 또는 판매하여 부가가치세, 교통·에너지·환경세와 그 부가세인 교육세 등을 납부할 의무가 있는 납세의무자와 조세범처벌법 제18조 소정의 행위자가 본죄의 주체가 된다.

가짜석유제품은 교통·에너지·환경세법에 의한 과세물품인데, 가짜석유제품을 제조하여 반출하는 자가 납세의무자가 되며, 가짜석유제품을 제조하여 반출하는 때에 과세한다(교통·에너지·환경세법 제3조, 제4조, 동법 시행령 제3조 제2호 나목). 한편, 교통·에너지·환경세의 납세의무자는 부가세인 교육세를 납부할 의무가 있다(교육세법 제3조 제3호). 위와 같은 교육세의 납세의무자는 교통·에너지·환경세법에 따라 해당 세액을 신고·납부하는 때에는 그에 대한 교육세를 신고·납부하여야 한다(교육세법 제9조 제2항). 그리고 가짜석유제품을 제조하여 판매한 행위가 사업상 독립적으로 재화를 공급한 것에 해당하면 부가가치세를 신고·납부할 의무가 있다.

3. 가짜석유제품의 제조 또는 판매에 의한 납세의무 성립

본죄가 성립하려면 조세채무가 성립해야 하는데, 교통·에너지·환경세 및 교육세에 대해서는 가짜석유제품을 제조하여 반출하는 때에 즉시 납세의무가 성립한다. 부가가치세의 경우는 이를 제3자에게 판매 또는 공급하고 난 다음 과세기간이 경과한 때 납세의무가 성립한다.

4. 포탈행위

본죄의 구성요건에는 사기나 그 밖의 부정한 행위가 실행행위로 규정되어 있지 아니하다. 다만 '가짜석유제품을 제조 또는 판매하여 조세를 포탈한 자'라고만 규정되어 있는데 가짜석유제품을 제조 또는 판매하는 행위 자체는 조세포탈과 별 상관이 없으므로 '포탈'만이 본죄의 실행행위가 된다. '포탈'의 사전적 의미는 과세를 피하여 면하다는 의미에 불과하다. 그렇다면 본죄의 실행행위인 '포탈'에는 단순히 과세표준을 신고·납부하지 아니하거나 과소하게 신고·납부하여 정당한 세액의 전부 또는 일부를 면하는 행위까지도 포함된다고 할 수 있다.

판례도 같은 입장이다. 대법원은 조세범 처벌법 제5조에서 '유사석유제품을 제조하여 조세를 포탈'하는 행위란 유사석유제품을 제조하여 물품을 반출하거나 사업상 독립적으로 재화를 공급함으로써 교통·에너지·환경세, 교육세, 부가가치세 등의 납세의무를 부담하는 자가 그 조세의 부과와 징수를 피하여 면하는 것을 말하고, 위 처벌조항의 문언, 입법 연혁과 목적, 조세범 처벌법의 체계 등에 비추어 보면, 조세의 부과와 징수를 불가능하게 하거나 현저히 곤란하게 하는 적극적인 행위를 하지 않고 단순히 유사석유제품의 제조와 관련하여 납세신고를 하지 않거나 거짓으로 신고하는 행위도 여기서 말하는 조세의 포탈행위에 해당한다고 판시하였다.[600]

5. 조세포탈의 결과발생, 기수시기

본죄는 조세의 포탈이라는 구성요건적 결과가 발생하여야 기수가 성립하는 결과범이다. 따라서 조세포탈의 결과가 발생하는 해당 조세의 신고·납부기한이 경과한 시점에 기수가 성립한다.

6. 고의

본죄는 고의범이므로 가짜석유제품을 제조하여 물품을 반출하거나 사업상 독립적으로 재화를 공급함으로써 교통·에너지·환경세, 교육세, 부가가치세 등의 납세의무를 부담하

---

600) 대법원 2017. 12. 5. 선고 2013도7649 판결. 위와 같이 해석하는 근거로서, 조세범 처벌법 제5조는 조세범 처벌법이 2010. 1. 1. 법률 제9919호로 전부 개정되면서 신설된 조항으로 그 전에는 구 조세범 처벌법 제9조 제1항에서 '사기 기타 부정한 행위'로써 조세를 포탈하거나 조세의 환급·공제를 받은 자를 처벌하도록 정하고 있었는데, 위 개정 시 유사석유 제조와 관련하여 조세범으로 처벌하는 것을 확대·강화하고자 조세범 처벌법 제5조를 신설하면서 '사기나 그 밖의 부정한 행위'를 구성요건 요소로 명시하지 않았다는 점을 제시하였다.

는 자가 각 조세를 신고·납부하지 아니하거나 과소하게 신고·납부하여 이를 포탈한다는 인식하에 범행한 경우에 성립한다.

Ⅲ 타죄와의 관계

본죄는 조세범 처벌법 제3조 제1항과는 특별관계에 있기 때문에 본죄와 조세범 처벌법 제3조 제1항의 구성요건이 모두 충족되는 경우에는 본죄만이 성립한다.

Ⅳ 특가법에 의한 가중처벌

본죄로 인한 포탈세액등과 조세범 처벌법 제3조 제1항 및 제4조, 지방세기본법 제102조 제1항 등에 규정된 죄의 포탈세액등을 합산한 금액이 연간 5억 원 이상인 경우에는 특정범죄 가중처벌 등에 관한 법률 제8조에 의해 가중처벌되고, 징역형과 벌금형이 필요적으로 병과된다.

제5장

세금계산서, 계산서 및 합계표 관련 범죄

조세범 처벌법

제10조(세금계산서의 발급의무 위반 등) ① 다음 각 호의 어느 하나에 해당하는 행위를 한 자는 1년 이하의 징역 또는 공급가액에 부가가치세의 세율을 적용하여 계산한 세액의 2배 이하에 상당하는 벌금에 처한다.

1. 「부가가치세법」에 따라 세금계산서(전자세금계산서를 포함한다. 이하 이 조에서 같다)를 발급하여야 할 자가 세금계산서를 발급하지 아니하거나 거짓으로 기재하여 발급한 행위

2. 「소득세법」 또는 「법인세법」에 따라 계산서(전자계산서를 포함한다. 이하 이 조에서 같다)를 발급하여야 할 자가 계산서를 발급하지 아니하거나 거짓으로 기재하여 발급한 행위

3. 「부가가치세법」에 따라 매출처별 세금계산서합계표를 제출하여야 할 자가 매출처별 세금계산서합계표를 거짓으로 기재하여 제출한 행위

4. 「소득세법」 또는 「법인세법」에 따라 매출처별 계산서합계표를 제출하여야 할 자가 매출처별 계산서합계표를 거짓으로 기재하여 제출한 행위

② 다음 각 호의 어느 하나에 해당하는 행위를 한 자는 1년 이하의 징역 또는 공급가액에 부가가치세의 세율을 적용하여 계산한 세액의 2배 이하에 상당하는 벌금에 처한다.

1. 「부가가치세법」에 따라 세금계산서를 발급받아야 할 자가 통정하여 세금계산서를 발급받지 아니하거나 거짓으로 기재한 세금계산서를 발급받은 행위

2. 「소득세법」 또는 「법인세법」에 따라 계산서를 발급받아야 할 자가 통정하여 계산서를 발급받지 아니하거나 거짓으로 기재한 계산서를 발급받은 행위

3. 「부가가치세법」에 따라 매입처별 세금계산서합계표를 제출하여야 할 자가 통정하여 매입처별 세금계산서합계표를 거짓으로 기재하여 제출한 행위

4. 「소득세법」 또는 「법인세법」에 따라 매입처별 계산서합계표를 제출하여야 할 자가 통정하여 매입처별 계산서합계표를 거짓으로 기재하여 제출한 행위

③ 재화 또는 용역을 공급하지 아니하거나 공급받지 아니하고 다음 각 호의 어느 하나에 해당하는 행위를 한 자는 3년 이하의 징역 또는 공급가액에 부가가치세의 세율을 적용하여 계산한 세액의 3배 이하에 상당하는 벌금에 처한다.

1. 「부가가치세법」에 따른 세금계산서를 발급하거나 발급받은 행위

2. 「소득세법」 및 「법인세법」에 따른 계산서를 발급하거나 발급받은 행위
3. 「부가가치세법」에 따른 매출·매입처별 세금계산서합계표를 거짓으로 기재하여 제출한 행위
4. 「소득세법」 및 「법인세법」에 따른 매출·매입처별 계산서합계표를 거짓으로 기재하여 제출한 행위

④ 제3항의 행위를 알선하거나 중개한 자도 제3항과 같은 형에 처한다. 이 경우 세무를 대리하는 세무사·공인회계사 및 변호사가 제3항의 행위를 알선하거나 중개한 때에는 「세무사법」 제22조 제2항에도 불구하고 해당 형의 2분의 1을 가중한다.

⑤ 제3항의 죄를 범한 자에 대해서는 정상(情狀)에 따라 징역형과 벌금형을 병과할 수 있다.

제1절 개요

 ## 의의, 입법취지

조세범 처벌법 제10조는 세금계산서와 계산서의 거래질서를 문란하게 하는 행위를 처벌하는 규정이다. 조세범 처벌법 제10조 제1항은 재화 또는 용역을 공급하는 자의 세금계산서 및 계산서의 발급의무 위반행위 등에 대한 처벌을, 같은 조 제2항은 재화 또는 용역을 공급받는 자의 세금계산서 및 계산서의 수취의무 위반행위 등에 대한 처벌을, 같은 조 제3항은 재화 또는 용역의 공급 없이 세금계산서 및 계산서를 발급·수취하는 행위 등에 대한 처벌을, 같은 조 제4항은 제3항의 행위를 알선·중개하는 행위에 대한 처벌을 각 규정하고 있다.

세금계산서는 여러 가지 기능을 한다. 첫째, 재화나 용역을 공급받는 자에게 세금계산서를 발급하고 부가가치세를 거래징수하므로 부가가치세를 매입자에게 전가하는 수단이 될 뿐만 아니라 부가가치세 징수에 대한 영수증의 역할을 한다. 둘째, 세금계산서를 발급받아야 부가가치세 매입세액공제가 가능하므로 매입세액공제의 전제조건이 된다. 셋째, 부가가치세 신고과정에서 매입자와 매출자 사이에 세금계산서 발급사실이 과세관청에 신고되어 양자 간의 거래를 상호대조할 수 있으므로 세금계산서로 인하여 과세자료가 양성화되고 부가가치세, 법인세 및 소득세의 탈루를 막을 수 있다. 넷째, 세금계산서는 거래에 관한 적격영수증의[601] 역할, 송장의 역할, 외상거래에서의 청구서 역할 등을 한다.[602] 한편, 계산서는

---

601) 법인이 법인세법 시행령 제158조 제1항 소정의 사업자로부터 재화나 용역을 공급받고 그 대가를 지급하는

위의 세 번째와 네 번째 기능을 가지고 있다.

세금계산서와 계산서가 거래상 위와 같이 중요한 역할을 하므로 세금계산서나 계산서를 미발급·미수취하거나, 세금계산서나 계산서의 기재가 거짓이거나, 재화나 용역의 공급 없이 세금계산서나 계산서를 발급·수취하는 경우에는 부가가치세뿐만 아니라 그것이 적격 증빙자료로 사용되는 법인세, 소득세 등 각종 세금의 부과와 징수에도 상당한 장애를 초래하게 된다. 그뿐만 아니라 위와 같은 세금계산서와 계산서의 거래질서 위반행위는 사기대출, 분식회계, 기업신용도 또는 시공능력 조작 등 각종 불법행위에 활용될 가능성이 높다. 따라서 세금계산서와 계산서의 거래질서를 확립하고 세금계산서와 계산서의 거래 증빙자료로서의 기능을 보장할 필요가 있으므로 조세범 처벌법 제10조는 위와 같은 행위들을 조세위해범으로서 처벌하고 있다.[603] 그리고 특정범죄 가중처벌 등에 관한 법률 제8조의2는 재화나 용역의 공급 없이 세금계산서나 계산서를 발급·수취하는 행위 등으로 인한 공급가액등의 합계액이 30억 원 이상인 경우를 가중처벌하고 있다.

경우에는 신용카드 매출전표, 현금영수증, 세금계산서, 법인세법 제121조 및 소득세법 제163조에 따른 계산서 등 증명서류를 받아 보관하여야 한다(법인세법 제116조 제2항). 다만, 3만 원 이하의 소액거래 등 법인세법 시행령 제158조 소정의 경우에는 예외가 인정된다. 사업소득이 있는 자가 사업과 관련하여 법인 또는 사업자로부터 재화 또는 용역을 공급받고 그 대가를 지출하는 경우에는 신용카드 매출전표, 현금영수증, 세금계산서, 계산서 중 어느 하나에 해당하는 증명서류를 받아야 한다(소득세법 제160조의2 제2항). 그러나 3만 원 이하의 소액거래 등 소득세법 시행령 제208조의2 소정의 예외에 해당하는 경우에는 그러하지 아니하다. 위와 같이 세법에 사업자가 다른 사업자로부터 재화 등을 구입할 때 수취하도록 규정된 세금계산서, 계산서, 신용카드매출전표, 현금영수증 등을 적격영수증이라고 한다.

602) 세금계산서의 기능에 관한 상세한 내용은 나성길·신민호·정지선, 앞의 책, 408쪽 참조.
603) 대법원 2014. 4. 30. 선고 2012도7768 판결. 현행 조세범 처벌법 제10조 제3항의 입법취지가 실물거래 없이 세금계산서를 수수하는 행위를 처벌함으로써 세금계산서 수수질서의 정상화를 도모하려는 데에 있고 위 규정은 조세포탈 여부가 구성요건이 되는 다른 규정과 달리 세금계산서가 갖는 증빙서류로서의 기능을 중시하고 있다고 판시하고 있다.

조세범 처벌법 제10조의 구성요건 체계

			세금계산서	계산서	세금계산서 합계표	계산서합계표
공급자	실물 거래 있음	미발급 또는 거짓 기재 발급	제10조 제1항 제1호	제10조 제1항 제2호		
		매출처별×× 합계표의 거짓 기재 제출			제10조 제1항 제3호	제10조 제1항 제4호
	실물 거래 없음	발급	제10조 제3항 제1호	제10조 제3항 제2호		
		매출처별×× 합계표의 거짓 기재 제출			제10조 제3항 제3호	제10조 제3항 제4호
공급 받는 자	실물 거래 있음	통정 미수취 또는 거짓 기재 수취	제10조 제2항 제1호	제10조 제2항 제2호		
		통정 매입처별 ××합계표의 거 짓 기재 제출			제10조 제2항 제3호	제10조 제2항 제4호
	실물 거래 없음	수취	제10조 제3항 제1호	제10조 제3항 제2호		
		매입처별×× 합계표의 거짓 기재 제출			제10조 제3항 제3호	제10조 제3항 제4호
알선 · 중개자	실물 거래 없음	제10조 제3항 소정의 행위의 알선·중개	제10조 제4항			

제2절 **실물거래가 있는 세금계산서, 계산서 및 합계표 관련 범죄**

Ⅰ 세금계산서의 미발급·미수취 관련 범죄

조세범 처벌법

제10조(세금계산서의 발급의무 위반 등) ① 다음 각 호의 어느 하나에 해당하는 행위를 한 자는 1년 이하의 징역 또는 공급가액에 부가가치세의 세율을 적용하여 계산한 세액의 2배 이하에 상당하는 벌금에 처한다.

1. 「부가가치세법」에 따라 세금계산서(전자세금계산서를 포함한다. 이하 이 조에서 같다)를 발급하여야 할 자가 세금계산서를 발급하지 아니하거나 거짓으로 기재하여 발급한 행위

(생략)

② 다음 각 호의 어느 하나에 해당하는 행위를 한 자는 1년 이하의 징역 또는 공급가액에 부가가치세의 세율을 적용하여 계산한 세액의 2배 이하에 상당하는 벌금에 처한다.

1. 「부가가치세법」에 따라 세금계산서를 발급받아야 할 자가 통정하여 세금계산서를 발급받지 아니하거나 거짓으로 기재한 세금계산서를 발급받은 행위

(생략)

1. 의의, 입법취지

본죄는 부가가치세법에 따라 세금계산서를 발급하여야 할 자가 발급하지 아니한 경우 또는 부가가치세법에 따라 세금계산서를 발급받아야 할 자가 통정하여 세금계산서를 발급받지 아니한 경우에 성립한다. 본죄는 세금계산서의 발급을 강제하여 거래를 양성화하고, 세금계산서를 발급하지 않거나 발급받지 않아 조세의 부과와 징수를 불가능하게 하거나 현저히 곤란하게 하는 것을 막고자 하는 취지이다.[604]

통상 세금계산서의 미발급·미수취는 거래사실을 숨겨 부가가치세, 소득세, 법인세를 탈루할 목적으로 재화나 용역을 공급하는 자와 이를 공급받는 자의 합의에 따라 이루어지는 경우가 많다. 만일 재화나 용역을 공급하는 자가 이를 공급받는 자와 합의 없이 세금계산서의 발급시기에 세금계산서를 발급하지 아니한 경우에는 공급받는 자가 세금계산서 발급시기가 속하는 과세기간 종료일로부터 6개월 이내에 과세관청의 승인을 받아 세금계산서를

---

604) 대법원 2019. 6. 27. 선고 2018도14148 판결.

발행하여 공급자에게 교부할 수 있다(이를 '매입자발행세금계산서'라고 한다. 부가가치세법 제34조의2 제1항, 동법 시행령 제71조의2).

2. 구성요건

가. 세금계산서를 발급하여야 할 자와 발급받아야 할 자

(1) 세금계산서 발급의무 또는 수취의무가 있는 사업자

본죄의 범죄주체는 부가가치세법에 따라 세금계산서를 발급하여야 할 자 또는 발급받아야 할 자이다. 따라서 본죄는 신분범이다.

사업자가 재화 또는 용역을 공급[605]하는 경우(부가가치세가 면제되는 재화 또는 용역의 공급은 제외)에는 원칙적으로 세금계산서를 발급하여야 하므로 재화 또는 용역을 공급하는 사업자가 세금계산서를 발급하여야 할 자로서 본죄의 범죄주체에 해당한다(부가가치세법 제32조). 다만 세금계산서 발급의무가 없는 사업자인 간이과세자나 부가가치세가 면제되는 재화 또는 용역을 공급하는 면세사업자 등은 본죄의 범죄주체가 될 수 없다.[606] 이에 대해서는 아래 (2)항에서 상술하기로 한다.

사업자에게만 세금계산서 발급의무가 부여되는데, 사업자란 사업 목적이 영리이든 비영리이든 관계없이 사업상 독립적으로 재화 또는 용역을 공급하는 자를 말한다(부가가치세법 제2조 제3호). 세금계산서를 발급하여야 할 자에 관하여, 구 부가가치세법(2013. 6. 7. 법률 제11873호로 전부 개정되기 전의 것)에서는 '납세의무자로 등록한 사업자'가 재화 또는 용역을 공급하는 경우에는 세금계산서를 발급하여야 한다고 규정하고 있었는데(동법 제16조 제1항)[607], 2013. 7. 1. 시행된 개정된 부가가치세법에서는 '납세의무자로 등록한 사업자'가 '사

---

605) 부가가치세는 재화 또는 용역의 공급을 과세대상으로 한다. 소비지국 과세원칙을 관철시키기 위해 재화의 수입에도 과세한다. 재화의 공급이란 계약상 또는 법률상 모든 원인에 따라 재화를 인도하거나 양도하는 것을 말한다(부가가치세법 제9조 제1항). 재화는 재산가치가 있는 물건과 권리를 말한다(부가가치세법 제2조 제1호). 재화의 공급의 범위는 부가가치세법 시행령에 규정돼 있다. 매매거래, 가공거래, 교환거래, 경매, 수용, 대물변제, 소비대차 등이 공급에 해당하는 거래이다. 용역이란 재화 외에 재산 가치가 있는 모든 역무와 그 밖의 행위를 말한다. 건설업자의 경우 건설업자가 건설자재의 전부 또는 일부를 부담하는 것, 자기가 주요자재를 전혀 부담하지 아니하고 상대방으로부터 인도받은 재화를 단순히 가공만 해주는 것, 산업상·상업상 또는 과학상의 지식·경험 또는 숙련에 관한 정보를 제공하는 것이 용역의 범위에 포함된다(부가가치세법 시행령 제25조). 용역의 공급은 계약상 또는 법률상의 모든 원인에 따른 것으로서 역무를 제공하는 것, 시설물, 권리 등 재화를 사용하게 하는 것이다(부가가치세법 제11조 제1항). 용역의 범위는 부가가치세법 시행령에 규정돼 있다.
606) 대법원 2019. 6. 27. 선고 2018도14148 판결.
607) 2013. 6. 7. 법 개정 이전의 판례는 실제로 재화를 공급한 자에는 해당하나 부가가치세법상 사업자로 등록된 사람에는 해당하지 아니하는 경우 세금계산서를 발급하여야 할 자에 해당하지 않는다는 입장이었다(대법원 1996. 3. 8. 선고 95도1738 판결).

업자'로 개정되었다(동법 제32조 제1항). 따라서 개정된 부가가치세법이 시행된 2013. 7. 1. 이후에 재화 또는 용역을 공급한 '사업자'는 부가가치세법에 따른 사업자등록 여부와 상관없이 조세범 처벌법 제10조 제1항 제1호의 부가가치세법에 따라 세금계산서를 발급하여야 할 자에 해당한다고 봄이 타당하다.[608]

형식적으로 제3자 명의로 사업자등록이 된 사업체를 운영하여 재화 등을 공급하는 사람은 부가가치세법에 따라 세금계산서를 발급하여야 할 의무가 있다.[609]

부가가치세법에 따라 세금계산서를 발급받아야 할 자의 의미에 대해서는 법에 명시적 규정은 없다. 하지만 동법 제32조 제1항에 사업자가 재화 또는 용역을 공급하는 경우에는 세금계산서를 그 공급을 받는 자에게 발급하여야 한다고 규정하고 있으므로, 부가가치세법에 따라 세금계산서를 발급받아야 할 자란 재화 또는 용역을 공급받은 자로서 부가가치세법에 따라 세금계산서를 발급하여야 할 자의 거래상대방이라고 할 것이다.

부가가치세법에 의하여 재화나 용역을 공급하는 사업자로부터 세금계산서를 교부받고, 공급받는 사업자에게 세금계산서를 교부하여야 하는 자는 공급하는 사업자 또는 공급받는 사업자와 명목상의 법률관계를 형성하고 있는 자가 아니라, 공급하는 사업자로부터 실제로 재화 또는 용역을 공급받거나, 공급받는 자에게 실제로 재화 또는 용역을 공급하는 거래행위를 한 자여야 한다.[610] 따라서 실제로 재화나 용역을 공급하는 회사에 명의를 대여한 것에 불과한 회사는 세금계산서를 발급받거나 발급할 수 없다.

(2) 세금계산서 발급의무 또는 수취의무가 없는 사업자

세금계산서 발급의무가 없는 사업자로는 간이과세자와 주로 최종소비자에게 재화나 용역을 공급하는 부가가치세법 시행령 소정의 일반과세자 그리고 면세사업자가 있다.

간이과세자는 원칙적으로 직전 연도의 재화와 용역의 공급에 대한 대가(부가가치세가 포함된 공급대가)의 합계액이 4,800만 원에 미달하는 개인사업자를 말한다.[611] 다만, 간이과세가 적용되지 아니하는 다른 사업장을 보유하고 있는 사업자나, 광업사업자 등 부가가치세법 시행령에서 정하는 일정한 사업자의 경우에는 직전 연도의 공급대가 합계액이 4,800만 원에 미치지 못하더라도 일반과세자가 된다(부가가치세법 제61조 제1항).

일반과세자로서 세금계산서 발급이 어렵거나 세금계산서의 발급이 불필요한 경우 등의

---

608) 대법원 2019. 6. 27. 선고 2018도14148 판결.
609) 대법원 2015. 2. 26. 선고 2014도14990 판결.
610) 대법원 2008. 7. 24. 선고 2008도1715 판결 ; 대법원 2003. 1. 10. 선고 2002도4520 판결.
611) 간이과세자는 해당 과세기간의 공급대가의 합계액을 과세표준으로 하고 여기에 직전 3년간 신고된 업종별 평균 부가가치율 등을 고려하여 5퍼센트에서 50퍼센트의 범위에서 대통령령으로 정하는 해당 업종의 부가가치율에 부가가치세율 10%를 곱하여 계산된 납부세액을 신고·납부한다(부가가치세법 제63조).

사업자로서 부가가치세법 시행령이 정하는 사업자는 세금계산서를 발급하지 아니할 수 있다(부가가치세법 제33조 제1항). 또한, 일반과세자 중에서 부가가치세법 시행령 제88조 제5항 각 호 소정의 사업(목욕·이발·미용업, 여객운송업, 입장권을 발행하여 경영하는 사업 등)을 제외한 사업을 영위하는 사업자가 부가가치세법 제46조 제1항에 따른 신용카드매출전표, 현금영수증 등을 발급한 경우(일반과세자 중 주로 사업자가 아닌 자에게 재화 또는 용역을 공급하는 사업으로서 부가가치세법 시행령으로 정하는 사업을 하는 사업자가 부가가치세가 과세되는 재화 또는 용역을 공급하고 부가가치세법 제34조 제1항에 따른 세금계산서의 발급시기에 신용카드매출전표, 현금영수증 등을 발급한 경우를 말함)에는 세금계산서를 발급하지 아니한다(부가가치세법 제33조 제2항, 동법 시행령 제71조 제2항).

간이과세자 중 부가가치세법 제36조 제1항 제2호 각 목의 어느 하나에 해당하는 자나 일반과세자 중 주로 사업자가 아닌 자에게 재화 또는 용역을 공급하는 부가가치세법 시행령 소정의 사업자가 재화나 용역을 공급한 경우에는 부가가치세법에서 정한 공급시기에 세금계산서를 발급하는 대신 영수증을 발급하여야 한다(부가가치세법 제36조 제1항). 부가가치세법 제46조 제1항에 따른 신용카드매출전표등은 영수증으로 본다. 그리고 전기사업자가 산업용이 아닌 전력을 공급하는 경우 등 부가가치세법 시행령에서 정하는 사업자는 영수증을 발급할 수 있고 영수증을 발급하지 아니하는 경우에는 세금계산서를 발급하여야 한다(부가가치세법 제36조 제2항). 그러나 위와 같은 경우에도 재화 또는 용역을 공급받는 자가 사업자등록증을 제시하고 세금계산서의 발급을 요구하는 경우로서 부가가치세법 시행령 제73조 제3항 내지 제5항에 정하는 경우의 사업자는 세금계산서를 발급하여야 한다(부가가치세법 제36조 제3항).

면세사업자는 재화나 용역을 공급할 때 세금계산서를 발급할 의무는 없지만 소득세법 또는 법인세법에 따라 계산서를 발급하여야 하는 것이 원칙이다. 부가가치세는 공급받는 자에게 세부담이 전가되는 간접세이자 비례세이기 때문에 역진성이 있어서 이를 완화하기 위하여 가공되지 않는 식료품 등 기초생활필수품에 대해 부가가치세를 면제하고 나아가 국민복지의 증진, 문화소비촉진 등을 목적으로 부가가치세를 면제하기도 한다. 부가가치세 면세대상 품목은 부가가치세법 제26조, 제27조와 해당 시행령에 규정돼 있으며 조세특례제한법에도 일부 면세 품목이 규정돼 있다.

영세율이 적용되는 경우에는 세금계산서를 발급하여야 한다. 영세율은 소비지국과세원칙을 구현하거나 외화획득을 장려하기 위해서 과세거래인 수출하는 재화, 국외제공 용역, 외국항행 용역, 기타 외화획득 재화 또는 용역 등에 대해 부가가치세 세율만 "0"을 적용하는 제도이기 때문이다(부가가치세법 제25조).

나. 세금계산서(전자세금계산서)

(1) 세금계산서

세금계산서에는 ① 공급하는 사업자의 등록번호와 성명 또는 명칭, ② 공급받는 자의 등록번호(다만, 공급받는 자가 사업자가 아니거나 등록한 사업자가 아닌 경우에는 부가가치세법 시행령 제12조에서 정하는 고유번호 또는 공급받는 자의 주민등록번호), ③ 공급가액과 부가가치세액, ④ 작성 연월일[612], ⑤ 공급하는 자의 주소, ⑥ 공급받는 자의 상호·성명·주소, ⑦ 공급하는 자와 공급받는 자의 업태와 종목, ⑧ 공급품목, ⑨ 단가와 수량, ⑩ 공급 연월일, ⑪ 거래의 종류, ⑫ 사업자 단위 과세 사업자의 경우 실제로 재화 또는 용역을 공급하거나 공급받는 종된 사업장의 소재지 및 상호를 기재하여야 한다(부가가치세법 제32조, 동법 시행령 제67조 제2항).

(2) 전자세금계산서

법인사업자와 부가가치세법 시행령으로 정하는 개인사업자가 세금계산서를 발급하려면 전자적 방법으로 세금계산서(이하 "전자세금계산서"라 한다)를 발급하여야 한다. 전자세금계산서를 발급하여야 하는 개인사업자는 직전 연도의 사업장별 재화 및 용역의 공급가액(면세공급가액을 포함한다)의 합계액이 3억 원 이상인 개인사업자를 말한다(부가가치세법 제32조 제2항, 동법 시행령 제68조). 전자세금계산서 발급의무가 있는 개인사업자가 전자세금계산서를 발급하여야 하는 기간은 사업장별 재화 및 용역의 공급가액의 합계액이 3억 원 이상인 해의 다음 해 제2기 과세기간과 그 다음 해 제1기 과세기간으로 한다(동법 시행령 제68조 제2항). 전자세금계산서를 발급하였을 때에는 전자세금계산서 발급일의 다음 날까지 전자세금계산서 발급명세를 국세청장에게 전송하여야 한다(동법 시행령 제68조 제7항). 전자세금계산서를 발급하여야 하는 사업자가 아닌 사업자도 전자세금계산서를 발급하고 전자세금계산서 발급명세를 전송할 수 있다.

다. 세금계산서 발급시기의 경과

본죄는 사업자가 부가가치세법에서 규정하는 세금계산서의 발급시기에 세금계산서를 발급하지 아니하거나 통정하여 발급받지 아니한 경우에 성립한다. 다만, 본죄가 기수가 되려면 여러 유형의 세금계산서의 발급시기 중 마지막 발급시기까지 세금계산서를 발급하지 아니하거나 통정하여 세금계산서를 발급받지 아니하여야 한다(이에 관하여는 아래 3.항에서 상술하기로 한다). 이하에서 부가가치세법에서 규정하는 세금계산서의 발급시기에 관하여 살펴본다.

---

612) 세금계산서는 공급시기에 발급되어야 하므로 원칙적으로 그 공급시기가 작성 연월일로 기재되어야 한다.

(1) 원칙적 발급시기

세금계산서는 사업자가 부가가치세법 제15조 및 제16조에 따른 재화 또는 용역의 공급시기에 재화 또는 용역을 공급받는 자에게 발급하여야 한다(부가가치세법 제34조 제1항). 재화의 공급시기는 재화의 이동을 기준으로, 1) 재화의 이동이 필요한 경우에는 재화가 인도되는 때, 2) 재화의 이동이 필요하지 않은 경우는 재화가 이용가능하게 되는 때, 3) 위 두 규정을 적용할 수 없는 경우에는 재화의 공급이 확정되는 때이다(부가가치세법 제15조 제1항). 구체적인 거래형태에 따른 재화의 공급시기는 부가가치세법 시행령에 별도로 규정한다(동법 시행령 제28조 등).

용역의 공급시기는 역무의 제공이 완료되거나 시설물, 권리 등 재화가 사용되는 때로 한다(동법 제16조 제1항). 할부 또는 조건부로 용역을 공급하는 경우, 둘 이상의 과세기간에 걸쳐 계속적으로 용역을 공급하는 경우 등의 용역의 공급시기는 동법 시행령에 별도로 규정한다(동법 시행령 제29조 등).

변호사가 상습도박의 항소심 사건을 수임하면서 2015. 12. 24.경 피고인으로부터 수임료로 20억 원을 받은 다음, 2016. 1. 7. 위 사건의 변론을 위하여 변호인선임서를 제출하고 보석청구를 하는 한편 항소이유서를 제출하고 공판기일에 출석하여 변론하는 등 변호활동을 하다가 2016. 3. 3. 사임하였다면, 2016. 3. 3. 용역의 공급이 완료되었다고 할 것이므로 부가가치세법 제16조 제1항에 따라 그날이 용역의 공급시기가 된다.[613]

(2) 공급시기의 특례에 따른 발급시기(선발급)

부가가치세법 제17조는 동법 제15조 및 제16조에서 정한 원칙적 공급시기 이전의 특정시기를 공급시기로 인정하는 '공급시기의 특례'를 규정하고 있다. 이는 재화나 용역을 공급하기 전에 세금계산서를 대금청구서로서 먼저 발급하는 거래 관행을 감안한 것이다. 위와 같이 부가가치세법 제17조에 따라 공급시기의 특례가 인정되는 때에는 원칙적 공급시기 이전이라도 위 특례에 따라 세금계산서를 발급할 수 있다(부가가치세법 제34조 제2항). 부가가치세법 제17조에 따른 공급시기의 특례는 다음과 같다. 첫째, 부가가치세법 제15조 또는 제16조 소정의 공급시기가 되기 전에 사업자가 재화 또는 용역에 대한 대가의 전부 또는 일부를 받고 그 받은 대가에 대하여 세금계산서를 발급하면 그 세금계산서를 발급하는 때를 각각 그 재화 또는 용역의 공급시기로 본다(부가가치세법 제17조 제1항). 둘째, 사업자가 재화 또는 용역의 공급시기가 되기 전에 세금계산서를 발급하고 그 세금계산서 발급일부터 7일 이내에 대가를 받으면 해당 세금계산서를 발급한 때를 재화 또는 용역의 공급시기로 본다(부가

---

613) 대법원 2017. 12. 22. 선고 2017도12127 판결.

가치세법 제17조 제2항). 셋째, 위 두 번째 경우에서 사업자가 1) 거래당사자 간의 계약서·약정서 등에 대금 청구시기(세금계산서 발급일을 말한다)와 지급시기를 따로 적고 대금 청구시기와 지급시기 사이의 기간이 30일 이내인 경우, 2) 재화 또는 용역의 공급시기가 세금계산서 발급일이 속하는 과세기간 내(공급받는 자가 제59조 제2항에 따라 조기환급을 받은 경우에는 재화 또는 용역의 공급시기가 세금계산서 발급일로부터 30일 이내)에 도래하는 경우 등에는 재화 또는 용역을 공급하는 사업자가 그 재화 또는 용역의 공급시기가 되기 전에 세금계산서를 발급하고 그 세금계산서 발급일부터 7일이 지난 후 대가를 받더라도 해당 세금계산서를 발급한 때를 재화 또는 용역의 공급시기로 본다(부가가치세법 제17조 제3항). 넷째, 사업자가 할부로 재화 또는 용역을 공급하는 경우 등으로서 부가가치세법 시행령 제30조에서 정하는 장기할부판매 등에서의 공급시기가 되기 전에 세금계산서를 발급하는 경우에는 그 발급한 때를 각각 그 재화 또는 용역의 공급시기로 본다(부가가치세법 제17조 제4항).

(3) 세금계산서 발급시기의 특례에 따른 발급시기(월합계발급 및 소급발급)

세금계산서는 공급시마다 매번 1매씩 작성하는 것이 원칙이다. 그런데 공급시마다 매번 세금계산서를 발급하도록 고수하는 것은 몇 가지 문제가 있다. 첫째, 고정거래처와 빈번하게 거래하는 사업자에게 세금계산서를 발급하는데 과도한 시간과 비용을 부담케 한다. 둘째, 사업자가 외상으로 재화나 용역을 공급하는 때에는 그 대금을 지급받은 때에 세금계산서를 발급하는 경우가 많은데 이러한 거래관행을 보호하지 못하게 된다. 셋째, 실수나 기타 여러 가지 사정으로 세금계산서 발급시기를 놓친 납세자들에 대한 보호가 어렵다.

이러한 문제점을 고려하여 부가가치세법 제34조 제3항에서는 월합계세금계산서의 발급과 세금계산서 소급발급의 특례를 인정하고 있다. 현재의 거래 관행을 보면 부가가치세법에 따른 재화나 용역의 공급시기에 세금계산서를 발급하지 않고 부가가치세법 제34조 제3항에 따른 세금계산서의 발급시기의 특례에 따라 재화나 용역의 공급일이 속하는 달의 다음 달 10일까지 세금계산서를 발급하는 경우가 상당하다.

월합계세금계산서는 ① 거래처별로 달의 1일부터 말일까지의 공급가액을 합하여 해당 달의 말일을 작성 연월일로 하여 세금계산서를 발급하는 경우, ② 거래처별로 달의 1일부터 말일까지의 기간 이내에서 사업자가 임의로 정한 기간의 공급가액을 합하여 그 기간의 종료일을 작성 연월일로 하여 세금계산서를 발급하는 경우를 말한다(부가가치세법 제34조 제3항 제1호, 제2호). 즉, 달의 1일부터 말일까지의 전체의 공급가액의 합계분을 하나의 세금계산서로 발급할 수도 있고, 달의 1일부터 말일까지의 기간 이내에서 특정기간을 정하여 그 기간의 합계분을 하나의 세금계산서로 발급할 수도 있는 것이다.

관계 증명서류 등에 따라 실제거래사실이 확인되는 경우에는 해당 거래일을 작성 연월일로 하여 세금계산서를 소급하여 발급하는 것도 인정된다(부가가치세법 제34조 제3항 제3호).[614] 이에 해당하는 경우 당초 공급일자에 세금계산서를 작성했는지 여부에 상관없이 실제 거래시기와 다른 때에 세금계산서를 발급할 수 있고 반드시 당초 거래일자에 세금계산서를 발급하여야 하는 것은 아니다.[615]

위와 같은 부가가치세법 제34조 제3항 제1호, 제2호 소정의 월합계세금계산서와 같은 조 제3항 제3호 소정의 세금계산서는 재화 또는 용역의 공급일이 속하는 달의 다음 달 10일(그 날이 공휴일 또는 토요일인 경우에는 바로 다음 영업일을 말한다)까지 발급하여야 한다.

라. 세금계산서의 미발급 · 미수취

세금계산서의 발급이란 세금계산서를 발행[616]하여 거래상대방에게 교부하는 것을 의미한다. 재화나 용역을 공급하는 자가 공급받는 자에게 세금계산서를 발행하여 교부하지 않았다면 세금계산서를 발급하였다고 보지 않는다. 예를 들어, 재화나 용역을 공급한 사람이 세금계산서를 작성하여 거래상대방에게 주지 아니하고 세무서에만 제출하였다면 정당한 세금계산서로 인정받지 못한다.[617]

따라서 세금계산서를 발급하지 아니한다는 것은 세금계산서를 실제 작성하였는지 여부와 상관없이 세금계산서를 교부하여야 함에도 불구하고 이를 거래상대방에게 교부하지 않은 것을 말한다. 한편, 전자세금계산서의 경우에는 별도의 교부행위가 필요 없다. 전자세금계산서가 재화나 용역을 공급받는 자가 지정하는 수신함에 입력되거나 국세청장이 구축한 전자세금계산서 발급 시스템에 입력된 때에 그 공급받는 자가 그 전자세금계산서를 수신한 것으로 보기 때문이다(부가가치세법 시행령 제68조 제12항).[618]

피고인이 거래처에 물품을 공급하고 세금계산서를 발급하였다가 이를 취소하는 취지의 음(-)의 수정세금계산서를 다시 발급한 경우 이를 세금계산서 미발급으로 볼 수 있는지 문제된다. 판례는 조세범 처벌법 제10조 제1항 제1호 전단은 '부가가치세법에 따라 세금계산서를 작성하여 발급하여야 할 자가 세금계산서를 발급하지 아니한 경우'를 처벌하도록 정하고 있는데, 위 조항상 '세금계산서를 발급하지 아니한 경우'에 '세금계산서를 발급한 후 그 공급가액에 음의 표시를 한 수정세금계산서를 발급한 경우'가 포함된다고 보는 것은 문

---

614) 이러한 세금계산서는 부가가치세법 제39조 제1항 제1호의 사실과 다른 세금계산서로 보지 않는다(국세청 예규, 부가, 기준-2018-법령해석부가-0052 [법령해석과-1085], 2018. 4. 24.).
615) 대법원 2011. 10. 13. 선고 2010두12903 판결.
616) 과세실무와 판례 등에서는 발행(작성)과 발급(발행 및 교부)을 구분하고 있다.
617) 국세청 예규, 서면3팀-1175, 2005. 7. 25. ; 서삼 40615-12247, 2002. 12. 27.
618) 전자세금계산서의 발급은 통상 재화나 용역을 공급받는 자의 이메일 계정을 통하여 발급하나 공급받는 자가 이메일 수신함을 가지고 있지 않거나 이메일을 지정하지 아니한 경우 등에는 국세청장이 구축한 전자세금계산서 발급시스템을 수신함으로 지정한 것으로 본다(부가가치세법 시행령 제68조 제11항).

언의 가능한 의미를 벗어난 해석이 되어 죄형법정주의의 내용인 확장해석 금지에 따라 허용되지 않는다고 판단하였다.[619]

세금계산서 미발급 범행과 달리 세금계산서 미수취 범행은 통정하여 세금계산서를 발급받지 아니하는 경우에 성립한다. 여기서 통정한다는 것은 공급받는 자가 공급자와 세금계산서를 발급하지 않기로 합의하는 것이다. 재화나 용역을 공급하는 자가 세금계산서 발급을 거부하거나 해태할 수가 있는데 이런 경우는 재화나 용역을 공급받는 자에게 세금계산서 미수취의 책임을 인정할 수 없기 때문에 공급자와 세금계산서를 발급하지 않기로 통정하는 경우에만 처벌도록 규정하고 있다.

예를 들어 보자. A와 B가 합의하여 A가 B에게 전자제품을 납품하되 부가가치세를 납부하지 않기 위하여 사업자등록 후 3~6개월 안에 사업자등록을 폐지할 C~H 등 폭탄업체 6개를 바지사장을 내세워 설립하고 위 6개의 회사들을 인터넷쇼핑몰에 각각 판매자로 등록한 다음, 위 C~H 등 6개의 폭탄업체가 인터넷쇼핑몰을 통해 B에게 전자제품을 판매하면서 신용카드 결제를 받는 방법으로 A가 B에게 전자제품을 공급한다고 가정했을 때, 위 전자제품의 공급자는 C~H가 아닌 A이므로 A가 부가가치세법에 의하여 세금계산서를 발급하여야 할 자에 해당한다. 따라서 A는 세금계산서의 미발급 혐의가 인정되고, B는 A와 통정하여 세금계산서를 미수취한 혐의가 인정된다. 이때 A와 B가 비록 C~H 명의의 신용카드매출전표를 발급하거나 발급받았다 하더라도 세금계산서 미발급 또는 미수취로 인한 조세범 처벌법 제10조 제1항의 범죄가 성립한다.

재화 또는 용역을 공급받은 자가 재화나 용역을 실제로 공급한 자 아닌 다른 사람이 작성한 세금계산서를 발급받은 경우에는 조세범 처벌법 제10조 제3항 제1호의 죄(재화나 용역의 공급없는 세금계산서 수취)에 해당하고, 재화나 용역을 공급한 자가 재화나 용역을 실제로 공급받은 자에게 세금계산서를 발급하지 아니한 행위에 대해서는 조세범 처벌법 제10조 제1항 제1호에서 정한 세금계산서 미발급으로 인한 죄가 별개로 성립한다.[620]

마. 고의

본죄는 고의범이다. 본죄가 성립하려면 부가가치세 과세대상인 재화나 또는 용역을 공급하거나 공급받고도 세금계산서를 발급하지 아니하거나 통정하여 발급받지 아니한다는 고의가 있어야 한다.

---

619) 대법원 2022. 9. 29. 선고 2019도18942 판결.
620) 대법원 2014. 7. 10. 선고 2013도10554 판결.

3. 기수시기, 죄수

세금계산서 미발급·미수취 범행은 부가가치세법에 따라 세금계산서를 적법하게 발급할 수 있는 마지막 발급시기가 경과한 때에 기수가 성립한다고 해석해야 한다. 앞서 살펴 본 바와 같이 세금계산서는 부가가치세법 제15조, 제16조에 따른 원칙적 공급시기 또는 동법 제17조에 따른 원칙적 공급시기 이전의 특례상의 공급시기에 발급하거나, 부가가치세법이 규정하는 공급시기는 아니지만 부가가치세법 제34조 제3항이 규정하는 세금계산서 발급시기의 특례에 따른 발급시기에 발급할 수 있다. 위 세 가지 유형의 발급시기 중 가장 늦은 발급시기는 부가가치세법 제34조 제3항이 규정하는 세금계산서 발급시기의 특례에 따른 발급시기이다. 따라서 세금계산서 미발급·미수취 범죄는 세금계산서 발급시기의 특례에 따른 발급시기가 경과되었을 때 기수가 성립한다고 할 것이다.[621] 구체적으로 말하자면, 세금계산서 발급시기의 특례에 따라 재화나 용역의 공급에 따른 모든 세금계산서는 관계 증명서류 등에 따라 실제거래사실이 확인되는 경우 그 공급일이 속하는 달의 다음 달 10일까지 발급할 수 있으므로 세금계산서의 미발급·미수취 범죄는 재화나 용역의 공급일이 속하는 달의 다음 달 10일이 경과하는 때에 기수가 성립한다고 할 것이다.

세금계산서의 미발급·미수취 범죄는 발급하지 않거나 발급받지 않은 각 세금계산서마다 각 1죄가 성립한다. 왜냐하면 개별 세금계산서의 미발급·미수취 행위시마다 본죄의 구성요건이 1회 충족되고, 조세범 처벌법 제10조 제1항과 제2항은 거래의 공급가액을 기준으로 벌금형을 규정하고 있는데 이는 각 세금계산서마다 1죄가 성립하는 것을 전제로 하기 때문이다. 따라서 세금계산서의 미발급·미수취 범죄는 실물거래별로 범죄의 일시 및 장소, 공급가액이 공소장에 기재되어야 공소사실이 특정되었다고 할 수 있다.[622]

---

621) 일부 하급심은 부가가치세법에 따른 공급시기가 경과한 때에 본죄의 기수가 성립한다고 판시한 경우도 있는데, 공급시기가 경과한 이후에도 세금계산서 발급시기의 특례에 따라 적법하게 세금계산서를 발급하는 것이 가능하므로 세금계산서 발급시기의 특례에 따른 발급시기가 경과한 때에 기수가 성립한다고 보아야 한다.
622) 대법원 2006. 10. 26. 선고 2006도5147 판결[위 판결은 조세범 처벌법 제10조 제3항 제1호(무거래 세금계산서 수수)와 관련된 판결이다].

조세범 처벌법

제10조(세금계산서의 발급의무 위반 등) ① 다음 각 호의 어느 하나에 해당하는 행위를 한 자는 1년 이하의 징역 또는 공급가액에 부가가치세의 세율을 적용하여 계산한 세액의 2배 이하에 상당하는 벌금에 처한다.
(생략)

2. 「소득세법」 또는 「법인세법」에 따라 계산서(전자계산서를 포함한다. 이하 이 조에서 같다)를 발급하여야 할 자가 계산서를 발급하지 아니하거나 거짓으로 기재하여 발급한 행위

(생략)

② 다음 각 호의 어느 하나에 해당하는 행위를 한 자는 1년 이하의 징역 또는 공급가액에 부가가치세의 세율을 적용하여 계산한 세액의 2배 이하에 상당하는 벌금에 처한다.
(생략)

2. 「소득세법」 또는 「법인세법」에 따라 계산서를 발급받아야 할 자가 통정하여 계산서를 발급받지 아니하거나 거짓으로 기재한 계산서를 발급받은 행위

1. 의의

본죄는 소득세법 또는 법인세법에 따라 계산서(전자계산서 포함)를 발급하여야 할 자가 계산서를 발급하지 아니한 경우 또는 소득세법 또는 법인세법에 따라 계산서를 발급받아야 할 자가 통정하여 계산서를 발급받지 아니한 경우에 성립한다.

구 조세범 처벌법에서는 계산서의 미발급과 통정에 의한 계산서의 미수취에 대한 처벌규정을 두고 있지 않았으나 2019. 1. 1. 개정을 통해 조세범 처벌법 제10조 제1항 제1호와 같은 조 제2항 제2호에 이에 대한 처벌규정을 신설하였다.

계산서는 부가가치세가 면세되는 재화 또는 용역을 공급하는 면세사업자가 상호간의 거래내역을 명확하게 하기 위해 소득세법 또는 법인세법에 따라 발행하는 서류이다. 계산서는 당사자 간의 거래의 증빙서류이자 과세자료로서 기능한다.

개인사업자의 계산서의 작성 · 교부 및 매출 · 매입처별 계산서합계표의 제출에 관하여는 소득세법과 그 시행령에 정하는 경우를 제외하고는 부가가치세법과 그 시행령의 규정을 준용하고, 법인의 경우에는 법인세법과 그 시행령에 정하는 경우를 제외하고는 소득세법과 그 시행령의 규정을 준용하고 있다(소득세법 시행령 제212조 제2항, 법인세법 시행령 제164조 제1항, 제7항).

2. 구성요건

가. 계산서를 발급하여야 할 자와 발급받아야 할 자

본죄의 주체는 소득세법 또는 법인세법에 따라 계산서를 발급하여야 할 자 또는 계산서를 발급받아야 할 자이다. 사업자등록을 한 사업자 또는 법인이 재화 또는 용역을 공급하는 경우에는 소득세법 또는 법인세법[623)]에 따라 계산서나 영수증을 작성하여 재화 또는 용역을 공급받는 자에게 교부하여야 한다(소득세법 제163조 제1항, 법인세법 제121조 제1항). 그런데 부가가치세가 부과되는 과세사업자는 세금계산서나 영수증을 발급하여야 하고, 그가 부가가치세법에 따라 세금계산서 또는 영수증을 작성하여 발급한 경우에는 계산서 등을 작성·발급한 것으로 보므로 결국 면세사업자(면세 법인사업자 포함)만이 계산서나 영수증의 발급의무가 있다(소득세법 제163조 제6항, 법인세법 제121조 제6항).

면세사업자가 재화 또는 용역을 공급하는 경우에는 소득세법 또는 법인세법에 따라 계산서를 발급할 의무가 있는 것이 원칙이지만, 소득세법 시행령 제211조, 법인세법 시행령 제164조 제1항에서 규정하는 예외적인 경우에는 계산서를 발급할 의무가 없다.

결론적으로, 소득세법이나 법인세법에서 계산서를 발급할 의무가 있는 것으로 규정된 사업자만이 소득세법 또는 법인세법에 따라 계산서를 발급하여야 할 자로서 본죄의 주체가 된다. 그리고 그렇게 계산서를 발급하여야 할 자의 거래 상대방이 소득세법 또는 법인세법에 따라 계산서를 발급받아야 할 자로서 본죄의 주체가 된다.

나. 계산서(전자계산서)

사업자가 재화 또는 용역을 공급하는 때에는 소득세법 또는 법인세법의 시행령에 따라 원칙적으로 계산서를 작성하여 공급받는 자에게 발급하여야 한다. 부가가치세법에 따라 전자세금계산서를 작성하여야 하는 사업자와 직전 과세기간의 사업장별 총수입금액이 3억 원 이상인 개인사업자는 전자계산서를 발급하여야 한다. 전자계산서 발급방법은 전자세금계산서의 경우와 동일하다(소득세법 제163조 제1항, 법인세법 제121조 제1항, 부가가치세법 시행령 제68조 제5항). 사업자나 법인이 전자계산서를 발급하였을 때에는 발급일의 다음 날까지 전자계산서 발급명세를 국세청장에게 전송하여야 한다(소득세법 제163조 제8항, 소득세법 시행령 제211조의2 제4항, 법인세법 시행령 제164조 제5항).

계산서에는 ① 공급하는 사업자의 등록번호와 성명 또는 명칭, ② 공급받는 자의 등록번

---

623) 법인의 계산서나 영수증의 작성·교부에 관하여는 소득세법 시행령 제211조 내지 제212조의2의 규정을 준용한다(법인세법 시행령 제164조).

호와 성명 또는 명칭(다만, 공급받는 자가 사업자가 아니거나 등록한 사업자가 아닌 경우에는 소득세법 제168조 제5항에 따른 고유번호 또는 공급받는 자의 주민등록번호로 한다), ③ 공급가액, ④ 작성 연월일, ⑤ 기타 참고사항 등을 기재하여야 한다(소득세법 시행령 제211조 제1항, 법인세법 시행령 제164조 제1항).

다. 계산서 발급시기의 경과

계산서의 발급시기는 부가가치세법 제34조를 준용하므로 앞서 설명한 세금계산서의 발급시기와 특례가 그대로 적용된다(소득세법 시행령 제212조 제2항, 법인세법 시행령 제164조 제1항). 자세한 내용은 본장 제2절 Ⅰ. 2. 다항을 참고하라.

라. 계산서의 미발급 · 미수취

계산서를 발급하지 아니한 경우란 계산서를 실제 작성하였는지 여부와 상관없이 계산서를 교부하여야 함에도 불구하고 이를 거래상대방에게 교부하지 않은 경우를 말한다. 계산서 미발급 범행과 달리 계산서 미수취 범행은 계산서를 발급하여야 할 자와 통정하여 계산서를 발급받지 아니하는 경우에 성립한다.

마. 고의

본죄가 성립하려면 소득세법 또는 법인세법에 따라 계산서를 발급하여야 할 자 또는 계산서를 발급받아야 할 자가 계산서를 발급하지 아니하거나 통정하여 발급받지 아니한다는 고의가 있어야 한다.

3. 기수시기, 죄수

세금계산서에 대한 발급시기가 계산서에도 동일하게 적용되므로 계산서의 미발급 · 미수취 범죄의 기수시기도 세금계산서와 동일하게 보면 된다. 자세한 내용은 본장 제2절 Ⅰ.3 항을 참고하라. 계산서의 미발급 · 미수취 범죄의 죄수도 세금계산서의 미발급 · 미수취 범죄와 동일하게 보면 된다.

세금계산서의 거짓 기재 발급·수취 관련 범죄

제10조(세금계산서의 발급의무 위반 등) ① 다음 각 호의 어느 하나에 해당하는 행위를 한 자는 1년 이하의 징역 또는 공급가액에 부가가치세의 세율을 적용하여 계산한 세액의 2배 이하에 상당하는 벌금에 처한다.

1. 「부가가치세법」에 따라 세금계산서(전자세금계산서를 포함한다. 이하 이 조에서 같다)를 발급하여야 할 자가 세금계산서를 발급하지 아니하거나 <u>거짓으로 기재하여 발급한 행위</u>

(생략)

② 다음 각 호의 어느 하나에 해당하는 행위를 한 자는 1년 이하의 징역 또는 공급가액에 부가가치세의 세율을 적용하여 계산한 세액의 2배 이하에 상당하는 벌금에 처한다.

1. 「부가가치세법」에 따라 세금계산서를 발급받아야 할 자가 통정하여 세금계산서를 발급받지 아니하거나 <u>거짓으로 기재한 세금계산서를 발급받은 행위</u>

(생략)

1. 의의

본죄는 부가가치세법에 따라 세금계산서(전자세금계산서 포함)를 발급하여야 할 자가 세금계산서를 거짓으로 기재하여 발급한 경우 또는 부가가치세법에 따라 세금계산서를 발급받아야 할 자가 통정하여 거짓으로 기재한 세금계산서를 발급받은 경우에 성립한다.

실무상 사업자들이 대출, 입찰, 증권시장 상장, 분식회계, 매입세액공제 등을 위해 세금계산서의 공급가액을 과다하게 기재하여 발급·수취함으로써 처벌되는 사례가 종종 있다. 그런데 그 밖의 사항에 관한 거짓 기재가 과세관청에 의해 고발되어 처벌된 사례는 거의 찾아보기 어렵다.

2. 구성요건

가. 범죄의 주체

본죄의 주체는 부가가치세법에 따라 세금계산서를 발급하여야 할 자 또는 부가가치세법에 따라 세금계산서를 발급받아야 할 자이다. 부가가치세법에 따라 세금계산서를 발급하여야 할 자와 부가가치세법에 따라 세금계산서를 발급받아야 할 자에 관하여는 본장 제2절 Ⅰ. 2. 가항에서 살펴본 바와 같다.

나. 세금계산서의 거짓 기재

(1) 세금계산서의 기재사항

부가가치세법 및 동법 시행령에 따른 세금계산서의 기재사항은 ① 공급하는 사업자의 등록번호와 성명 또는 명칭, ② 공급받는 자의 등록번호(다만, 공급받는 자가 사업자가 아니거나 등록한 사업자가 아닌 경우에는 부가가치세법 시행령 제12조에서 정하는 고유번호 또는 공급받는 자의 주민등록번호), ③ 공급가액과 부가가치세액, ④ 작성 연월일, ⑤ 공급하는 자의 주소, ⑥ 공급받는 자의 상호 · 성명 · 주소, ⑦ 공급하는 자와 공급받는 자의 업태와 종목, ⑧ 공급품목, ⑨ 단가와 수량, ⑩ 공급 연월일, ⑪ 거래의 종류, ⑫ 사업자 단위 과세 사업자의 경우 실제로 재화 또는 용역을 공급하거나 공급받는 종된 사업장의 소재지 및 상호 등이다.

위 ①~④항까지를 필요적 기재사항이라고 하는데, 세금계산서 또는 수입세금계산서를 발급받지 아니한 경우 또는 발급받은 세금계산서 또는 수입세금계산서에 필요적 기재사항의 전부 또는 일부가 적히지 아니하였거나 사실과 다르게 적힌 경우의 매입세액(공급가액이 사실과 다르게 적힌 경우에는 실제 공급가액과 사실과 다르게 적힌 금액의 차액에 해당하는 세액을 말한다)은 매출세액에서 공제하지 않는다(부가가치세법 제39조 제1항 제2호). 그러나 필요적 기재사항 중 일부가 착오로 사실과 다르게 적혔으나 그 세금계산서에 적힌 나머지 필요적 기재사항 또는 임의적 기재사항으로 보아 거래사실이 확인되는 경우 등 부가가치세법 시행령 제75조 소정의 경우에는 예외적으로 매입세액공제가 허용된다.

(2) 거짓 기재의 처벌범위

위와 같은 세금계산서의 모든 기재사항에 관하여 이를 거짓으로 기재한 경우 본죄가 성립한다고 해석한다면 처벌범위가 지나치게 확대될 우려가 있다. 따라서 세금계산서를 거짓으로 기재하는 행위를 처벌하거나 제재를 가하는 세법규정의 입법취지를 고려한 목적론적 해석을 통해 본죄의 구성요건인 '거짓 기재'의 범위를 제한할 필요가 있다.

조세범 처벌법 제10조 제3항에서 실물거래 없는 허위 세금계산서 관련 범죄를 처벌하는 이유는 세금계산서의 수수질서를 정상화하고 세금계산서의 증빙서류로서의 기능을 보호하기 위함이다. 그리고 세금계산서의 거짓 기재를 제재하는 대표적인 수단이 사실과 다르게 기재된 세금계산서에 대한 매입세액불공제 제도인데, 매입세액불공제 제도의 취지에 관하여 판례는 전단계세액공제 제도의 정상적인 운영을 위해서는 과세기간별로 각 거래 단계에서 사업자가 공제받을 매입세액과 전단계 사업자가 거래징수한 매출세액을 대조하여 상호 검증하는 것이 필수적인 점을 고려하여 필요적 기재사항이 사실과 다르게 적힌 세금계산서에 의한 매입세액의 공제를 제한하고 있는 것이라고 판시한다.[624] 하지만 필요적 기재사항이 사실과 다르게 적힌 세금계산서이더라도 전단계세액공제 제도의 정상적인 운영을 저해하거나 세금계산서의 본질적 기능을 해치지 않는 것으로 볼 수 있는 경우에는 매입세액의 공제를 허용하는 것으로 하고 이에 해당하는 경우를 부가가치세법 시행령으로 정하도록 위임하고 있는 것이라고 한다.[625]

위와 같이 세법이 세금계산서의 거짓 기재를 제재하는 허위 세금계산서 관련 범죄와 매입세액불공제 제도의 입법취지를 고려해 볼 때, 마찬가지로 세금계산서의 거짓 기재를 처벌하는 본죄의 입법취지 또한 부가가치세제가 정상적으로 운용될 수 있도록 세금계산서의 기능을 보호하고 세금계산서 수수질서의 정상화를 도모하는데 있다고 할 수 있다. 또한 세금계산서의 거짓 기재에 대한 가산세 제재는 필요적 기재사항에 한정되어 있는데, 형사처벌의 대상을 가산세 제재범위보다 확대하는 것은 바람직하지 않다. 그렇다면 부가가치세제의 정상적인 운용을 저해하거나 수수질서를 문란케 할 우려가 적은 경미한 기재사항은 본죄의 처벌대상에서 제외함이 상당하므로 일응 필요적 기재사항의 거짓 기재만이 본죄의 처벌대상이 될 수 있다고 봄이 타당하다. 또한 본죄의 입법취지를 고려하여 목적론적으로 해석해 볼 때, 필요적 기재사항의 거짓 기재도 세금계산서의 기능을 해치는 것으로서 부가가치세 제도의 정상적인 운영을 저해하거나 세금계산서의 수수질서를 문란케 하는 것으로 평가될 수 있는 중요한 사항에 관한 거짓 기재만이 처벌대상이 된다고 해석해야 한다. 필요적 기재사항이 거짓으로 기재되었다 하더라도 매입세액공제가 허용되는 경우라면 중요한 사항에 관한 거짓 기재가 아니라고 보아 본죄의 처벌대상이 되지 않는다고 해석함이 상당하다.[626]

(3) 사실과 다른 세금계산서에 대한 취급

이하에서는 세금계산서의 거짓 기재의 처벌과 관련하여 사실과 다른 세금계산서의 취급에 관하여 유형별로 살펴보기로 한다.

(가) 공급자가 사실과 다르게 기재된 경우

'공급하는 사업자의 등록번호와 성명 또는 명칭'은 필요적 기재사항이므로 공급하는 자를 사실과 다르게 기재하는 경우 매입세액공제가 허용되지 않는다. 그런데 재화나 용역을 전혀 공급하지 않은 사업자를 세금계산서에 공급하는 자로 기재한 경우에는 본죄가 아니라

---

624) 대법원 2019. 8. 30. 선고 2016두62726 판결.
625) 대법원 2016. 2. 18. 선고 2014두35706 판결.
626) 안대희, 앞의 책, 156쪽, 김태희, 앞의 책, 290쪽, 안창남·양수영, "세금계산서에 따른 조세범죄에 관한 연구", 『조세법연구』 22(2), 한국세법학회, 2016, 478쪽도 같은 입장이다.

조세범 처벌법 제10조 제3항 제1호의 죄가 성립한다. 이러한 경우에는 세금계산서를 수수하는 당사자 사이에 아무런 실물거래가 존재하지 않기 때문이다.

한편, 형식적으로 제3자 명의를 차용하여 사업자등록을 하고 자기 사업을 영위하며 실제로 재화나 용역을 공급하는 사업자가 제3자를 '공급하는 자'로 기재하여 세금계산서를 발급하는 경우는 어떠한가. 이 경우에도 '공급하는 자의 성명과 명칭'이 사실과 다르게 거짓 기재된 사실에는 변함이 없으므로 그로부터 위와 같은 세금계산서를 발급받은 상대방은 매입세액공제를 받지 못하는 것이 원칙이다.[627] 하지만 그와 같은 사업자는 실제로 재화나 용역을 공급한 자로서 부가가치세법에 따라 세금계산서를 발급하여야 할 의무가 있으므로 그가 공급하는 자 이외의 사항에 대해 사실대로 발급한 세금계산서는 조세범 처벌법 제10조 제3항 제1호의 죄에는 해당하지 않는다. 그러나 본죄는 성립한다.[628]

(나) 공급받는 자가 사실과 다르게 기재된 경우

'공급받는 자의 등록번호'는 세금계산서의 필요적 기재사항이나 '공급받는 자의 상호·성명·주소'는 필요적 기재사항이 아니다. 통상 공급받는 자를 사실과 다르게 기재하는 경우에는 전자와 후자 모두 사실과 다르게 기재되므로 매입세액공제가 허용되지 않는다. 그런데 재화나 용역을 전혀 공급받지 않은 사업자를 세금계산서에 공급받는 자로 기재한 경우에는 본죄가 아니라 조세범 처벌법 제10조 제3항 제1호의 죄가 성립한다. 이러한 경우에는 세금계산서를 수수하는 당사자 사이에 아무런 실물거래가 존재하지 않기 때문이다.

한편, 제3자 명의를 차용하여 사업자등록을 하고 자기 사업을 영위하며 실제로 재화나 용역을 공급받는 사업자가 제3자를 '공급받는 자'로 기재한 세금계산서를 발급받는 경우는 어떠한가. 판례는 형식적으로 제3자 명의를 빌려 사업자등록을 하고 자기사업을 영위하며 세금계산서를 발급받은 경우, 세금계산서의 기재사항 중 공급받는 자의 명칭이 사실과 다르게 기재되었더라도 세금계산서상 공급받는 자의 '등록번호'가 실제 사업자의 등록번호로 기능하는 경우에는 사실과 다른 세금계산서가 아닌 것으로 보아 매입세액공제가 가능하다는 입장이다. 대법원은 관련 규정의 문언과 체계, 매입세액공제 여부 판단의 기준이 되는 필요적 기재사항이 '공급하는 사업자'와 관련하여서는 '등록번호와 성명 또는 명칭'인 반면,

---

627) 판례는 위와 같은 경우 공급받는 자가 세금계산서 발급자의 명의위장사실을 알지 못하였고 알지 못한 데에 과실이 없다는 특별한 사정이 없는 한 그 매입세액을 공제 내지 환급 받을 수 없으며, 공급받는 자가 위와 같은 명의위장사실을 알지 못한 데에 과실이 없다는 점은 매입세액의 공제 내지 환급을 주장하는 자가 이를 입증하여야 한다고 한다(대법원 2002. 6. 28. 선고 2002두2277 판결 ; 대법원 1995. 3. 10. 선고 94누13206 판결 ; 대법원 1997. 6. 27. 선고 97누4920 판결 등 참조). 예를 들어 신축 건물에 대한 세금계산서상의 공급자가 실제 시공자와 서로 다른 사업자로서 건설업면허 대여를 주로 하는 위장사업자라고 의심할 만한 충분한 사정이 있었다면 세금계산서상의 공급자가 위장사업자라는 사실을 알지 못한 데 과실이 있다고 한다(대법원 2002. 6. 28. 선고 2002두2277 판결).

628) 대법원 2015. 2. 26. 선고 2014도14990 판결.

'공급받는 자'와 관련하여서는 '등록번호'에 한정되어 있는 취지 등의 사정에 비추어 보면, 세금계산서에 기재된 '공급받는 자의 등록번호'를 실제 공급받는 자의 등록번호로 볼 수 있다면 '공급받는 자의 성명 또는 명칭'이 실제 사업자의 것과 다르다는 사정만으로 이를 매입세액공제가 인정되지 않는 사실과 다른 세금계산서라고 단정할 수는 없다고 한다. 예를 들어 자기의 계산과 책임으로 사업을 영위하지 아니하는 타인의 명의를 빌린 사업자가 어느 사업장에 대하여 타인의 명의로 사업자등록을 하되 온전히 자신의 계산과 책임으로 사업을 영위하며 부가가치세를 신고·납부하는 경우와 같이, 명칭이나 상호에도 불구하고 해당 사업장이 온전히 실제 사업자의 사업장으로 특정될 수 있는 경우라면 명의인의 등록번호는 곧 실제 사업자의 등록번호로 기능하는 것이므로, 그와 같은 등록번호가 '공급받는 자'의 등록번호로 기재된 세금계산서는 사실과 다른 세금계산서라고 할 수 없어 매입세액공제가 허용되는 것이다.[629]

한편, 위와 같이 형식적으로 제3자 명의를 차용하여 실제로 자신의 사업을 영위하는 사업자는 부가가치세법에 따라 세금계산서를 발급받아야 할 의무가 있으므로 그가 공급받는 자 이외의 사항에 대해 사실대로 발급받은 세금계산서는 조세범 처벌법 제10조 제3항 제1호의 죄에 해당하지 않고[630], 매입세액공제가 허용되므로 본죄에도 해당하지 않는다고 봄이 상당하다.

(다) 공급가액이 과다하게 기재된 경우

공급가액은 세금계산서의 필요적 기재사항이므로 이를 과다하게 거짓 기재하는 경우에는 실제 공급가액과 사실과 다르게 적힌 금액의 차액에 해당하는 매입세액을 매출세액에서 공제하지 않는다(부가가치세법 제39조 제1항 제2호). 공급가액의 과다기재는 본죄로 처벌되는 대표적인 유형이다.

(라) 공급시기가 사실과 다르게 기재된 경우

공급시기가 사실과 다르게 기재된 경우에는 원칙적으로 매입세액공제가 허용되지 않는다. 다만 사업자가 부가가치세를 부담하지 아니한 채 매입세액을 조기환급받을 의도로 공급시기 전에 미리 세금계산서를 발급받는 등의 특별한 사정이 없는 한, 공급시기 전에 발급된 세금계산서이더라도 그 발급일이 속한 과세기간 내에 공급시기가 도래하고 그 세금계산서의 다른 기재사항으로 보아 거래사실도 진정한 것으로 확인되는 경우에는 구 부가가치세법 시행령 제60조 제2항 제2호에(현 시행령 제75조 제2호)에 의하여 그 거래에 대한 매입세액

---

629) 대법원 2019. 8. 30. 선고 2016두62726 판결.
630) 대법원 2015. 2. 26. 선고 2014도14990 판결의 취지 참조.

은 공제된다.[631] 예를 들어 甲이 A회사 물류센터 신축공사를 완성도기준지급조건부 내지 중간지급조건부로 도급하고, 2011. 10. 18. 위 회사로부터 공사대금 중 30억 원에 대한 세금계산서를 발급받은 후 그 지급기일인 2011. 10. 31. 위 돈을 지급하고 그에 대한 용역을 제공받은 다음 위 세금계산서의 매입세액을 공제하여 부가가치세를 신고·납부한 사안에서, 판례는 위 세금계산서는 용역의 공급시기 전에 발급된 세금계산서로서 필요적 기재사항인 '작성 연월일'이 사실과 다른 세금계산서에 해당하지만, 甲이 위 세금계산서를 증빙자료로 첨부하여 은행으로부터 대출을 받아 위 공사대금을 지급하기 위하여 그 지급기일 전에 위 세금계산서를 발급받은 점, 甲은 동일한 과세기간인 2011년 2기에 이 사건 세금계산서의 대금을 지급하고 그에 대한 용역을 제공받은 다음 위 세금계산서의 매입세액을 공제하여 부가가치세를 신고·납부하였을 뿐 부당하게 세액을 환급받지 아니한 점 등에 비추어, 위 세금계산서에 대한 매입세액은 구 부가가치세법 시행령 제60조 제2항 제2호(현 시행령 제75조 제2호)에 의하여 전부 공제되어야 한다는 이유로, 이와 달리 위 세금계산서의 일부 공급가액에 대한 매입세액의 공제가 허용되지 아니함을 전제로 한 부가가치세 부과처분은 위법하다고 판단하였다.[632]

사업자가 공급시기에 세금계산서를 발급하지 않고 공급시기 이후에 작성 연월일을 실제거래일로 소급하여 발급한 경우 매입세액공제가 가능한지 문제된다. 판례는 매입세액의 공제가 부인되는 세금계산서의 필요적 기재사항의 일부인 '작성 연월일'이 사실과 다르게 기재된 경우라 함은 세금계산서의 실제작성일이 거래사실과 다른 경우를 의미하고, 그러한 경우에도 같은 그 세금계산서의 나머지 기재대로 거래사실이 확인된다면 위 거래사실에 대한 매입세액은 공제되어야 하지만, 이는 어디까지나 세금계산서의 실제작성일이 속하는 과세기간과 사실상의 거래시기가 속하는 과세기간이 동일한 경우(이러한 경우이면 세금계산서 상의 '작성 연월일'이 실제작성일로 기재되든, 사실상의 거래시기 또는 어느 특정시기로 소급하여 기재되든 묻지 아니한다)에 한한다고 판시한다.[633]

그런데 당해 재화의 공급시기가 속하는 과세기간이 경과한 후에 발행일자를 공급시기가 속하는 과세기간 내로 소급하여 작성·교부한 세금계산서라 하더라도 부가가치세법 제34조 제3항 제3호의 교부특례조항[634]에 따라 작성·교부한 경우에는 구 부가가치세법 제17조 제2항 제1호의2 본문(현행 부가가치세법 제39조 제1항 제2호)에서 규정하고 있는 '사실과 다른

---

631) 대법원 2016. 2. 18. 선고 2014두35706 판결 ; 대법원 2004. 11. 18. 선고 2002두5771 전원합의체 판결.
632) 대법원 2016. 2. 18. 선고 2014두35706 판결.
633) 대법원 2004. 11. 18. 선고 2002두5771 전원합의체 판결.
634) 관계 증명서류 등에 따라 실제거래사실이 확인되는 경우로서 해당 거래일을 작성 연월일로 하여 세금계산서를 발급하는 경우 재화 또는 용역의 공급일이 속하는 달의 다음 달 10일(그 날이 공휴일 또는 토요일인 경우에는 바로 다음 영업일을 말한다)까지 세금계산서를 발급할 수 있다.

세금계산서'에 해당하지 아니한다.[635] 대법원은 甲이 2005. 6. 21. 창원시 중앙동 소재 상가 건물의 일부인 부동산에 관하여 2005. 6. 9.자 매매를 원인으로 한 소유권이전등기를 마치고, 2005. 7. 9. 이 사건 부동산을 사업장으로 하여 부동산임대업 사업자등록을 마쳤으며, 같은 날 소외 주식회사로부터 위 부동산 공급에 대하여 발행일자가 2005. 6. 21.과 2005. 6. 30.로 소급하여 작성된 세금계산서를 각각 교부받은 사안에서, 대법원은 위 세금계산서는 세금계산서 교부특례 조항에 따라 위 부동산의 공급시기인 2005. 6. 21.이 속하는 달의 다음 달 10일 이내인 2005. 7. 9. 작성·교부되었으므로, 구 부가가치세법 제17조 제2항 제1호의2 본문(현행 부가가치세법 제39조 제1항 제2호)에서 규정하고 있는 '사실과 다른 세금계산서'에 해당하지 아니한다고 판시하였다.[636]

다. 거짓 기재한 세금계산서의 발급·수취

세금계산서를 거짓 기재하여 발급하거나 세금계산서를 발급하는 자와 통정하여 거짓 기재한 세금계산서를 발급받는 경우에 본죄가 성립한다. 세금계산서의 발급·수취와 관련한 나머지 사항은 본장 제2절 I. 2. 라항을 참고하라.

라. 고의

본죄는 고의범이므로 착오나 과실이 아닌 고의에 의하여 거짓 기재를 하는 경우에만 범죄가 성립한다. 세법 규정에 대한 법률의 착오로 세금계산서를 거짓 기재하게 된 경우 정당한 이유가 있으면 고의가 조각된다.

3. 기수시기, 죄수

본죄는 세금계산서를 거짓 기재하여 실제로 발급하였거나 발급받았을 때 기수가 성립한다. 그리고 거짓 기재한 각 세금계산서마다 1개의 범죄가 성립한다.[637]

---

635) 대법원 2010. 8. 19. 선고 2008두5520 판결.
636) 위의 판례.
637) 대법원 1982. 12. 14. 선고 82도1362 판결.

4. 수정세금계산서의 경우

세금계산서를 발급하여야 할 자 또는 세금계산서를 발급받아야 할 자가 최초로 발급·수취한 세금계산서에 대한 수정세금계산서를 발급·수취하였는데, 그 수정세금계산서를 거짓으로 기재한 경우에도 본죄가 성립하는가. 다음과 같은 이유에서 수정세금계산서를 거짓 기재한 경우에도 본죄가 성립한다고 봄이 상당하다. 첫째, 수정세금계산서는 최초의 세금계산서를 대체하거나 그 내용을 변경하는 역할을 하면서 일반 세금계산서와 동일하게 취급된다. 따라서 수정세금계산서는 일반 세금계산서와 증빙서류로서의 본질적인 기능이 동일하고 부가가치세의 매출세액이나 매입세액 산정에 있어서 미치는 영향 또한 동일하다. 또한, 부가가치세법 제32조 제7항에서 원래의 세금계산서와 수정세금계산서를 구분하고 있으나 이는 수정 여부에 따라 형식적으로 구분한 것일 뿐이고 수정과 무관한 다른 사항에 대해서는 부가가치세법이 수정세금계산서와 일반세금계산서를 동일하게 취급한다. 둘째, 이러한 수정세금계산서의 발급·수취행위는 최초의 세금계산서를 거짓 기재하는 경우와 마찬가지로 세금계산서의 수수질서를 문란케 하므로 별도의 가벌성이 존재한다. 셋째, 부가가치세법상 세금계산서라는 용어는 광의로는 종이 세금계산서, 전자세금계산서, 수정세금계산서를 모두 포함하는 의미로 사용되므로(예를 들면 부가가치세법 제17조의 경우), 조세범 처벌법 제10조 제1항 제1호 또는 같은 조 제2항 제1호 소정의 세금계산서에 수정세금계산서를 포함시키는 것이 통상의 해석범위를 초과하지도 않는다. 넷째, 수정세금계산서도 본래의 거래를 기준으로 보면 부가가치세법에 따라 세금계산서를 발급하여야 할 자 또는 발급받아야 할 자가 발급하거나 발급받은 세금계산서에 해당한다. 따라서 위와 같은 수정세금계산서도 조세범 처벌법 제10조 제1항 제1호 및 제2항 제1호의 처벌대상인 세금계산서에 해당한다고 해석함이 상당하다.[638]

---

638) 일부 하급심도 수정세금계산서의 거짓 기재를 조세범 처벌법 제10조 제1항 제1호 또는 같은 조 제2항 제1호로 처벌하고 있다.

Ⅳ 계산서의 거짓 기재 발급·수취 관련 범죄

1. 의의

본죄는 소득세법 또는 법인세법에 따라 계산서(전자계산서를 포함)를 발급하여야 할 자가 계산서를 거짓으로 기재하여 발급한 경우 또는 소득세법 또는 법인세법에 따라 계산서를 발급받아야 할 자가 통정하여 거짓으로 기재한 계산서를 발급받은 경우에 성립한다.

2. 구성요건

계산서를 발급하여야 할 자 및 발급받아야 할 자에 대해서는 본장 제2절 Ⅱ. 2. 가항에서 살펴본 바와 같다. 소득세법 시행령에 따라 계산서에 기재하여야 하는 기재사항은 ① 공급하는 사업자의 등록번호와 성명 또는 명칭, ② 공급받는 자의 등록번호와 성명 또는 명칭(다만, 공급받는 자가 사업자가 아니거나 등록한 사업자가 아닌 경우에는 소득세법 제168조 제5항에 따른 고유번호 또는 공급받는 자의 주민등록번호로 한다), ③ 공급가액, ④ 작성 연월일 등이다.

본죄와 관련한 나머지 사항에 관하여는 세금계산서의 거짓 기재 발급·수취 관련 범죄 부분을 참고하라. 계산서는 부가가치세의 과세와 무관하지만 세금계산서의 기능 중 부가가치세의 과세와 관련된 부분을 제외한 나머지 기능은 계산서에도 공통되고, 세금계산서에 관한 대부분의 세법 규정이 계산서에도 준용되므로 세금계산서에서 처벌대상이 되는 중요한 사항의 거짓 기재에 해당한다면 계산서에서도 처벌대상이 되는 중요한 사항의 거짓 기재에 해당한다고 할 수 있을 것이다. 따라서 계산서의 거짓 기재의 처벌범위는 세금계산서의 거짓 기재의 처벌범위에 준하여 해석할 수 있을 것이다.

합계표의 거짓 기재 제출 관련 범죄

1. 세금계산서합계표의 거짓 기재 제출 관련 범죄

조세범 처벌법

제10조(세금계산서의 발급의무 위반 등) ① 다음 각 호의 어느 하나에 해당하는 행위를 한 자는 1년 이하의 징역 또는 공급가액에 부가가치세의 세율을 적용하여 계산한 세액의 2배 이하에 상당하는 벌금에 처한다.
(생략)
3. 「부가가치세법」에 따라 매출처별 세금계산서합계표를 제출하여야 할 자가 매출처별 세금계산서합계표를 거짓으로 기재하여 제출한 행위
(생략)
② 다음 각 호의 어느 하나에 해당하는 행위를 한 자는 1년 이하의 징역 또는 공급가액에 부가가치세의 세율을 적용하여 계산한 세액의 2배 이하에 상당하는 벌금에 처한다.
(생략)
3. 「부가가치세법」에 따라 매입처별 세금계산서합계표를 제출하여야 할 자가 통정하여 매입처별 세금계산서합계표를 거짓으로 기재하여 제출한 행위
(생략)

가. 의의

본죄는 부가가치세법에 따라 매출처별 세금계산서합계표를 제출하여야 할 자가 매출처별 세금계산서합계표를 거짓으로 기재하여 제출한 경우 또는 부가가치세법에 따라 매입처별 세금계산서합계표를 제출하여야 할 자가 통정하여 매입처별 세금계산서합계표를 거짓으로 기재하여 제출한 경우에 성립한다.

나. 구성요건

(1) 세금계산서합계표를 제출하여야 할 자

본죄의 범죄주체가 되는 부가가치세법에 따라 매출·매입처별 세금계산서합계표를 제출하여야 할 자라 함은 세금계산서 또는 수입세금계산서를 발급하였거나 발급받은 사업자로서 매출·매입처별 세금계산서합계표를 제출하여야 할 의무가 있는 자를 말한다. 매출·매입처별 세금계산서합계표를 제출할 의무가 면제되는 자는 본죄의 주체가 될 수 없다. 사업자는 세금계산서 또는 수입세금계산서를 발급하였거나 발급받은 경우에는 매출·매입처별 세금계산서합계표를 해당 예정신고 또는 확정신고를 할 때 함께 제출하여야 한다(부가가치세법 제54조 제1항). 부가가치세법에 따라 예정신고를 해야 하는 사업자가 각 예정신고와 함께 매출·매입처별 세금계산서합계표를 제출하지 못하는 경우에는 해당 예정신고기간이 속하는 과세기간의 확정신고를 할 때 함께 제출할 수 있다(부가가치세법 제54조 제3항).

세금계산서를 발급받은 국가, 지방자치단체, 지방자치단체조합, 부가가치세가 면제되는 사업자 중 소득세 또는 법인세의 납세의무가 있는 자(조세특례제한법에 따라 소득세 또는 법인세가 면제되는 자를 포함), 민법 제32조에 따라 설립된 법인, 특별법에 따라 설립된 법인, 각급 학교 기성회, 후원회 또는 이와 유사한 단체는 매입처별 세금계산서합계표를 해당 과세기간이 끝난 후 25일 이내에 납세지 관할 세무서장에게 제출하여야 한다(부가가치세법 제54조 제5항, 동법 시행령 제97조).

간이과세자의 경우에는 세금계산서를 발급할 수 없기 때문에 매출처별 세금계산서합계표를 제출할 수 없다. 그러나 원칙적으로 세금계산서를 발급받아야 할 의무는 있기 때문에 발급받은 세금계산서에 대한 매출·매입처별 세금계산서합계표를 확정신고서와 함께 제출하여야 한다(부가가치세법 제67조 제3항).[639]

전자세금계산서를 발급하거나 발급받고 전자세금계산서 발급명세를 해당 재화 또는 용역의 공급시기가 속하는 과세기간(예정신고의 경우에는 예정신고기간) 마지막 날의 다음달 11일까지 국세청장에게 전송한 경우에는 해당 예정신고 또는 확정신고 시 매출·매입처별 세금계산서합계표를 제출하지 아니할 수 있다(부가가치세법 제54조 제2항).[640] 하지만 특정거래에 대해 전자세금계산서를 발급하고도 과세기간의 마지막 날의 다음 달 11일까지 전자세금계산서 발급명세를 국세청장에게 전송하지 않은 경우나 종이세금계산서를 발급한 거래가 있는 경우에는 과세기간 종료일 다음 달 11일까지 전송된 전자세금계산서 발급분 등

---

639) 나성길·신민호·정지선, 앞의 책, 451쪽.
640) 전자세금계산서를 발급하는 경우 발급일 다음 날까지 전자세금계산서 발급명세를 국세청장에게 전송하여야 한다(부가가치세법 제32조 제3항, 동법 시행령 제68조 제7항). 하지만 부가가치세 예정신고 및 확정신고 기한의 마지막 날의 다음 달 11일까지 발급명세를 전송하면 합계표 제출의무가 없다.

에 해당하지 않는 위 거래들에 대한 합계표를 제출하여야 한다.

(2) 세금계산서합계표의 거짓 기재

(가) 세금계산서합계표의 기재사항

매출・매입처별 세금계산서합계표에는 ① 공급하는 사업자 및 공급받는 사업자의 등록번호와 성명 또는 명칭, ② 거래기간, ③ 작성 연월일, ④ 거래기간의 공급가액의 합계액 및 세액의 합계액, ⑤ 거래처별 세금계산서 발행매수, ⑥ 그 밖에 기획재정부령으로 정하는 사항을 기재한다(부가가치세법 제54조 제1항, 동법 시행령 제98조). 납세자가 제출한 매입처별 세금계산서합계표의 기재사항 중 거래처별 등록번호 또는 공급가액의 전부 또는 일부가 적히지 아니하였거나 사실과 다르게 적힌 경우 그 기재사항이 적히지 아니한 부분 또는 사실과 다르게 적힌 부분의 매입세액은 공제하지 않는다(부가가치세법 제39조 제1항 제1호).

(나) 세금계산서합계표 거짓 기재의 처벌범위

세금계산서합계표의 모든 기재사항에 관하여 이를 거짓으로 기재한 경우 당연히 본죄가 성립한다고 해석한다면 처벌범위가 지나치게 확대될 우려가 있다. 따라서 세금계산서의 거짓 기재의 처벌에 관한 부분에서 살펴 본 바와 같이, 세금계산서합계표의 거짓 기재 제출의 처벌대상 또한 세금계산서합계표의 상호검증기능이나 매입세액공제기능을 해치는 것으로서 부가가치세제의 정상적인 운영을 저해하는 것으로 평가될 수 있는 중요한 사항에 관한 거짓 기재 제출에 한정된다고 해야 한다. 그렇다면 세금계산서합계표의 경우도 세금계산서의 경우와 마찬가지로 일응 거짓 기재 시 매입세액공제가 허용되지 않는 중요한 사항, 즉 매출・매입처별 세금계산서합계표의 기재사항 중 거래처별 등록번호 또는 공급가액에 관한 거짓 기재 제출이 처벌대상이 될 수 있다고 봄이 상당하다.

(다) 세금계산서합계표 중 과세기간 종료일 다음 달 11일까지 전송된 전자세금계산서 발급분 등에 관한 거짓 기재의 처벌여부

현행 매출・매입처별 세금계산서합계표 서식 중 과세기간 종료일 다음 달 11일까지 전송된 전자세금계산서 발급분 및 발급받은 분(이하 발급분과 발급받은 분을 묶어서 '발급분 등'이라고 한다) 등에 관한 거짓 기재 제출에 관하여는 특수한 문제가 있다. 이하에서 살펴본다.

현행 매출・매입처별 세금계산서합계표 서식을 보면, 과세기간 종료일 다음 달 11일까지 전송된 전자세금계산서 발급분 등과 과세기간 종료일 다음 달 11일까지 전송된 전자세금계산서 외 발급분 등(여기에는 과세기간 종료일 다음 달 12일 이후에 전송된 전자세금계산서와 종이세금계산서 발급분을 기재함)을 나누어서 기재하도록 되어 있다. 전자와 후자는 합계표 서식 내의 기재사항이 다르게 구성되어 있다. 후자에 대해서는 부가가치세법 제54조 제1항에 규정된 세금계산서합계표의 필수적 기재사항을 모두 기재하도록 돼 있지만, 전자는 후자와 달리 전체 매출·매입처수, 매수, 공급가액, 세액만이 기재될 뿐이고 그 밖에 부가가치세법에서 정한 세금계산서합계표의 필수적 기재사항인 매출·매입처별 사업자등록번호, 상호, 세금계산서 총수, 공급가액 합계액, 세액 합계액 등의 명세는 기재되지 않도록 되어 있다.

아래의 매출처별 세금계산서합계표 서식을 참고하라. 매입처별 세금계산서합계표의 서식도 매입·매출의 차이를 제외하고는 동일하다.

■ 부가가치세법 시행규칙 [별지 제38호 서식(1)] (2024. 3. 22. 개정)

홈택스(www.hometax.go.kr)에서도
신청할 수 있습니다.

매출처별 세금계산서합계표(갑)

년 제 기 (월 일 ~ 월 일)

※ 뒤쪽의 작성방법을 읽고 작성하시기 바랍니다.

(앞쪽)

1. 제출자 인적사항

① 사업자등록번호	② 상호(법인명)
③ 성명(대표자)	④ 사업장 소재지
⑤ 거래기간 년 월 일 ~ 년 월 일	⑥ 작성일 년 월 일

2. 매출세금계산서 총합계

구 분		⑦ 매출처수	⑧ 매수	⑨ 공급가액 조 십억 백만 천 일	⑩ 세 액 조 십억 백만 천 일
합 계					
과세기간 종료일 다음 달 11일 까지 전송된 전자 세금계산서 발급분	사업자등록번호 발급분				
	주민등록번호 발급분				
	소 계				
위 전자 세금계산서 외의 발급분	사업자등록번호 발급분				
	주민등록번호 발급분				
	소 계				

3. 과세기간 종료일 다음 달 11일까지 전송된 전자세금계산서 외 발급분 매출처별 명세
(합계금액으로 적음)

⑪ 번호	⑫ 사업자 등록번호	⑬ 상호 (법인명)	⑭ 매수	⑮ 공급가액 조 십억 백만 천 일	⑯ 세액 조 십억 백만 천 일	비고
1						
2						
3						
4						
5						

⑰ 관리번호(매출)	－

위와 같은 기재사항의 차이는 과세기간 종료일 다음 달 11일까지 전송된 전자세금계산서 발급분 등에 대해서는 매출·매입처별 세금계산서합계표를 제출할 의무가 면제되는 것을 반영한 것이라고 할 수 있다.

그렇다면 매출·매입처별 세금계산서합계표 제출의무도 없고, 부가가치세법상의 필수적 기재사항도 기재하지 않는 과세기간 종료일 다음 달 11일까지 전송된 전자세금계산서 발급분 등에 관하여 거짓 기재하여 세금계산서합계표를 제출하였다 하더라도 이를 부가가치세법에 따라 세금계산서합계표를 제출하여야 할 자가 부가가치세법에 따른 세금계산서합계표를 거짓으로 기재하여 제출한 것으로 보기 어렵다. 판례도 세금계산서합계표를 제출할 필요가 없는 과세기간 종료일 다음 달 11일까지 전송된 전자세금계산서 발급분 등에 관하여 세금계산서합계표를 제출하였더라도 부가가치세법에 따른 세금계산서합계표를 기재하여 제출한 것으로 평가하기는 어렵다는 취지로 판시하고 있다.[641]

그러나 과세기간 종료일 다음 달 11일까지 전송된 전자세금계산서 외 발급분 등에 대해서는 여전히 세금계산서합계표를 제출할 의무가 있고, 세금계산서합계표 서식에도 이에 대해서는 세금계산서합계표의 필수적 기재사항을 기재하도록 되어 있다. 따라서 세금계산서합계표 중 과세기간 종료일 다음 달 11일까지 전송된 전자세금계산서 외 발급분 등에 대한 것은 여전히 부가가치세법에서 정한 세금계산서합계표에 해당하므로 그 기재사항인 공급가액 등을 거짓으로 기재하면 본죄가 성립한다. 판례의 입장도 이와 같다.[642]

(라) 세금계산서합계표상 공급가액의 거짓 기재에 관한 의율 문제

매출·매입처별 세금계산서합계표 서식 중 여전히 세금계산서합계표에 해당하는 부분, 즉 과세기간 종료일 다음 달 11일까지 전송된 전자세금계산서 외 발급분 등에 대한 매출처별 또는 매입처별 명세란의 공급가액[643]이 과다하게 거짓 기재된 경우[644]에 진실한 공급가액(합계액)을 초과하는 허위의 공급가액 기재행위를 어떻게 취급할지 문제된다.

이와 관련하여 상정가능한 견해로는 다음의 네 가지가 있다. 첫째는, 진실한 공급가액(합계액)을 초과하는 허위의 공급가액 부분(합계액)을 세금계산서합계표의 공급가액에 관한 단순 거짓 기재로 보아 조세범 처벌법 제10조 제1항 제3호 또는 동조 제2항 제3호를 적용하는 방안이다(이하 '제1설'이라고 한다). 둘째는, 진실한 공급가액(합계액)을 초과하는 허위

---

641) 대법원 2017. 12. 28. 선고 2017도13677 판결 ; 대법원 2017. 12. 28. 선고 2017도11628 판결.
642) 대법원 2022. 4. 14. 선고 2020도18305 판결.
643) 합계표의 '공급가액'란에는 매출처 또는 매입처별로 해당 과세기간 동안 정상적으로 발급·수취한 세금계산서의 공급가액의 합계액을 기재하여야 한다.
644) 특정거래처와 사이에 공급가액이 과다기재된 세금계산서가 수수되거나, 실물거래 없는 세금계산서가 수수되거나, 두 가지 유형의 세금계산서가 모두 수수된 상태에서 이를 바로 잡지 않고 그 세금계산서 내용대로 세금계산서합계표를 작성하여 제출한 경우와 세금계산서와 상관없이 세금계산서합계표의 공급가액을 임의로 과다기재하여 제출한 경우 등이 이에 해당할 것이다.

의 공급가액 부분(합계액)을 실물거래 없이 세금계산서합계표상 공급가액을 거짓 기재한 것으로 보아 조세범 처벌법 제10조 제3항 제3호 적용하는 방안이다(이하 '제2설'이라고 한다). 셋째는, 세금계산서합계표에 합산되어 있는 공급가액을 개개의 세금계산서를 기준으로 구분하여, 구분된 공급가액별로 해당 세금계산서의 공급가액과 동일하게 취급하여 조세범 처벌법 제10조 제1항 제3호 또는 동조 제2항 제3호를 적용하거나 동법 제10조 제3항 제3호를 적용하는 방안이다(이하 '제3설'이라고 한다). 넷째는 제1설과 제2설에 의한 범죄가 모두 성립하고 양자가 상상적경합 관계에 있다고 보는 방안이다(이하 '제4설'이라고 한다).

제1설을 취하게 되면, 세금계산서합계표상 과다하게 기재된 허위의 공급가액 부분은 특정 범죄 가중처벌 등에 관한 법률 제8조의2의 가중처벌의 대상에서 제외되나, 제2설과 제4설을 취하게 되면, 과다하게 기재된 허위의 공급가액 부분 전체가 특정범죄 가중처벌 등에 관한 법률 제8조의2의 가중처벌 대상이 될 수 있고, 제3설을 취하게 되면, 세금계산서합계표상 공급가액 중 실물거래 없이 발급·수취된 세금계산서의 공급가액에 대응하는 허위의 공급가액 부분만이 특정범죄 가중처벌 등에 관한 법률 제8조의2의 가중처벌 대상이 될 수 있다.

살피건대, 우선 제1설은 전체적으로 실물거래 없이 세금계산서를 발급·수취하며 세금계산서합계표를 제출하는 자료상 등이 소액의 실물거래를 끼워넣는 방법으로 조세범 처벌법 제10조 제3항 제3호의 적용을 회피하는데 악용될 소지가 있으므로 부당하다. 다음으로 제3설에 관하여 살펴본다. 사업자가 세금계산서의 공급가액을 실물거래 없이 허위로 기재하거나 실물거래 보다 과다기재하였을지라도 세금계산서합계표를 제출할 때에는 이를 바로 잡아 공급가액을 사실대로 기재하여야 할 의무가 있다. 그럼에도 불구하고 통상 사업자가 공급가액을 실물거래 없이 허위로 기재하거나 실물거래보다 과다기재한 세금계산서 내용 그대로 세금계산서합계표를 거짓으로 작성하여 제출하는 것은 세금계산서를 위법하게 발급·수취한 목적을 달성하기 위한 방편일 뿐이고, 법규정 등에 의해 당연히 거짓 기재한 세금계산서대로 세금계산서합계표를 기재해야 하는 것이 아니다. 따라서 세금계산서합계표상 공급가액의 과다기재 제출행위는 세금계산서에 관한 의무위반행위와는 별개의 의무위반행위로서 독립적으로 법적평가가 이루어져야 한다. 거짓된 공급가액의 현출이 세금계산서상 공급가액의 과다계상 형태를 띠든 허위 세금계산서의 발급 형태를 띠든 그 속성은 동일하므로 세금계산서합계표 단계에서까지 둘을 구분할 필요는 없다. 또한 개개의 세금계산서를 기준으로 공급가액을 구분하여 각각에 다른 법조항을 적용하는 것은 매우 복잡하고 어렵다. 따라서 제3설은 타당하지 않다.[645]

생각건대, 세금계산서 중 진실한 공급가액을 초과하여 과다기재된 공급가액 부분은 실물

---

645) 이와 유사한 취지의 견해로는 안창남·양수영, 앞의 논문, 495쪽이 있다.

거래 없이 수수된 허위 세금계산서[646]와 마찬가지로 그에 대응하는 실물거래가 존재하지 않고, 매앱세액공제에 미치는 영향 또한 과다기재분과 동일한 공급가액으로 수수된 허위 세금계산서와 같다. 따라서 세금계산서 중 과다기재된 공급가액 부분에 대하여는 그와 동일한 공급가액으로 수수된 허위 세금계산서와 마찬가지로 조세범 처벌법 제10조 제3항 제1호를 적용하는 것이 성격상 타당하다. 그런데 문언해석상 실물거래가 존재하는 세금계산서의 공급가액 과다기재분에 대하여는 조세범 처벌법 제10조 제3항 제1호를 적용할 수 없을 따름이다. 하지만 개별거래를 구분하지 않고 공급가액 등의 합계 방식으로 기재되는 세금계산서합계표는 실물거래가 존재하는 부분과 존재하지 않는 부분을 구분할 때도 각각에 해당하는 공급가액의 합계액을 기준으로 구분할 수밖에 없다. 따라서 세금계산서합계표의 공급가액을, 납세자가 세금계산서합계표를 진정하게 작성하여 제출하였을 경우에 기재되어야 할 공급가액의 합계액 부분과 실물거래와 상관없이 허위로 기재한 공급가액의 합계액 부분으로 구분하여 후자에 대하여는 조세범 처벌법 제10조 제3항 제3호를 적용함이 상당하다(제2설 수용). 그런데 문언해석상 일부 실물거래가 존재하는 가운데 진실한 공급가액(합계액)을 초과하여 세금계산서합계표에 공급가액을 과다하게 거짓으로 기재하는 행위는 조세범 처벌법 제10조 제1항 제3호 또는 동조 제2항 제3호의 구성요건도 충족한다고 할 수 있다(제1설 수용). 따라서 이러한 경우에는 조세범 처벌법 제10조 제1항 제3호 또는 동조 제2항 제3호의 위반죄와 조세범 처벌법 제10조 제3항 제3호의 위반죄가 각각 성립하고, 양자는 상상적경합 관계에 있다고 봄이 타당하다(제4설).

판례도 제4설과 같은 결론을 취하고 있다. 대법원은 조세범 처벌법 제10조 제2항 제2호 및 제10조 제3항 제3호의 내용 및 입법 취지, 매입처별세금계산서합계표의 의의와 기능 등을 종합하면, 위 합계표에 기재된 매입처의 공급가액에 해당하는 실물거래가 전혀 존재하지 않거나 일부 실물거래가 존재하더라도 전체적으로 그 공급가액을 부풀려 허위로 기재한 합계표를 정부에 제출한 경우에는 그 가공 혹은 허위의 공급가액 부분 전체에 관하여 위 허위기재를 내용으로 하는 구 조세범 처벌법 제10조 제3항 제3호에 해당하고(대법원 2010. 5. 13. 선고 2010도336 판결 참조), 이 경우에 통정하여 일부 실물거래가 존재하나 전체적으로 공급가액을 부풀려 거짓으로 기재한 매입처별세금계산서합계표를 정부에 제출한 부분에 대하여는 구 조세범 처벌법 제10조 제2항 제2호가 별도로 성립하며, 양자는 상상적 경합범의 관계에 있다고 판시하였다.[647][648]

646) 실물거래가 전혀 없이 발급·수취되는 세금계산서를 말한다.
647) 대법원 2021. 2. 4. 선고 2019도10999 판결. 관련 판례로 대법원 2017. 12. 5. 선고 2017도11564 판결 ; 대법원 2015. 10. 15. 선고 2015도9651 판결 ; 대법원 2010. 5. 13. 선고 2010도336 판결 등이 있다.
648) 안창남·양수영, 앞의 논문, 497쪽은 판례의 입장과 관련하여, 가공거래 없이 과다기재된 세금계산서만 존재하는 경우에는 실물거래가 있음에도 세금계산서와 달리 해석하여 세금계산서합계표를 조세범 처벌법 제

(3) 거짓 기재한 세금계산서합계표의 제출

본죄는 부가가치세법에 따라 매출·매입처별 세금계산서합계표를 제출하여야 할 자가 거짓으로 기재한 매출·매입처별 세금계산서합계표를 제출하여야 성립한다. 거짓으로 기재한 매입처별 세금계산서합계표를 제출하는 자는 매출처별 세금계산서합계표를 제출하는 자와 통정한 경우에 한하여 처벌한다.

(4) 고의

본죄는 고의범이므로 착오나 과실이 아닌 고의에 의하여 거짓 기재를 하는 경우에만 범죄가 성립한다.

다. 기수시기, 죄수

본죄는 거짓 기재한 세금계산서합계표를 실제로 제출하는 때에 기수가 성립한다. 여러 세금계산서합계표를 제출한 경우 각 합계표마다 각각 1죄가 성립한다. 하나의 합계표 안에 여러 매출처별로 각 허위의 사실이 기재되어 있다 하더라도 1개의 조세범처벌법위반죄가 성립한다.[649]

2. 계산서합계표의 거짓 기재 제출 관련 범죄

조세범 처벌법

제10조(세금계산서의 발급의무 위반 등) ① 다음 각 호의 어느 하나에 해당하는 행위를 한 자는 1년 이하의 징역 또는 공급가액에 부가가치세의 세율을 적용하여 계산한 세액의 2배 이하에 상당하는 벌금에 처한다.
(생략)
4. 「소득세법」 또는 「법인세법」에 따라 매출처별 계산서합계표를 제출하여야 할 자가 매출처별 계산서합계표를 거짓으로 기재하여 제출한 행위
② 다음 각 호의 어느 하나에 해당하는 행위를 한 자는 1년 이하의 징역 또는 공급가액에 부가가치세의 세율을 적용하여 계산한 세액의 2배 이하에 상당하는 벌금에 처한다.
(생략)
4. 「소득세법」 또는 「법인세법」에 따라 매입처별 계산서합계표를 제출하여야 할 자가 통정하여 매입처별 계산서합계표를 거짓으로 기재하여 제출한 행위

10조 제3항을 적용하는 것은 부당하다고 비판한다.
649) 대법원 2010. 5. 13. 선고 2010도336 판결 ; 대법원 2009. 8. 20. 선고 2008도9634 판결.

가. 의의

본죄는 소득세법 또는 법인세법에 따라 매출처별 계산서합계표를 제출하여야 할 자가 매출처별 계산서합계표를 거짓으로 기재하여 제출한 경우 또는 소득세법 또는 법인세법에 따라 매입처별 계산서합계표를 제출하여야 할 자가 통정하여 매입처별 계산서합계표를 거짓으로 기재하여 제출한 경우에 성립한다.

구 조세범 처벌법에서는 매출처별 계산서합계표의 거짓 기재 제출과 통정에 의한 매입처별 계산서합계표의 거짓 기재 제출에 대한 처벌규정을 두고 있지 않았으나 2019. 1. 1. 개정을 통해 조세범 처벌법 제10조 제1항 제4호와 같은 조 제2항 제4호에 이에 대한 처벌규정을 신설하였다.

나. 구성요건

(1) 계산서합계표를 제출하여야 할 자

매출·매입처별 계산서합계표를 제출하여야 할 자가 본죄의 범죄주체가 된다. 사업자(법인 포함)는 계산서 또는 수입계산서를 발급하였거나 발급받은 경우에는 매출처별 계산서합계표와 매입처별 계산서합계표를 과세기간 다음연도 2월 10일까지 제출하여야 한다. 다만, 수입계산서를 발급받은 수입자는 그 계산서의 매입처별 합계표를 제출하지 아니할 수 있고, 전자계산서를 발급하거나 발급받고 전자계산서 발급명세를 전자계산서 발급일의 다음 날까지 국세청장에게 전송한 경우에는 매출·매입처별 계산서합계표를 제출하지 아니할 수 있다(소득세법 제163조 제5항, 동법 시행령 제212조 제1항, 법인세법 제121조 제5항, 동법 시행령 제164조 제4항).

또한, 전자계산서를 발급하거나 발급받고 전자계산서 발급명세를 과세기간 마지막 날의 다음 달 11일까지 국세청장에게 전송한 경우에는 해당 예정신고 또는 확정신고시 매출·매입처별 계산서합계표를 제출하지 아니할 수 있다(소득세법 시행령 제212조 제2항, 부가가치세법 제54조 제2항, 법인세법 시행령 제164조 제7항). 하지만 전자계산서를 발급하고도 과세기간의 마지막 날의 다음 달 11일까지 전자계산서 발급명세를 국세청장에게 전송하지 않은 경우나 종이계산서를 발급한 거래가 있는 경우에는 이에 대한 합계표를 제출하여야 한다.

또한, 부가가치세법에 따라 매출·매입처별 세금계산서합계표를 제출한 분에 대해서는 매출·매입처별 계산서합계표를 제출한 것으로 본다(소득세법 제163조 제6항, 법인세법 제121조 제6항).

(2) 계산서합계표의 거짓 기재

(가) 계산서합계표의 기재사항

매출·매입처별 계산서합계표의 양식은 매출·매입처별 세금계산서합계표의 양식과 거의 동일하다. 매출·매입처별 계산서합계표에는 ① 공급하는 사업자 및 공급받는 사업자의 등록번호와 성명 또는 명칭, ② 거래기간, ③ 작성 연월일, ④ 거래기간의 공급가액의 합계액, ⑤ 거래처별 계산서 발행매수 등을 기재한다(소득세법 시행령 제212조 제1항, 제2항, 동법 시행규칙 제100조 제31호).

(나) 계산서합계표 거짓 기재의 처벌범위

본죄와 관련한 나머지 사항에 관하여는 세금계산서합계표의 거짓 기재 제출 관련 범죄 부분을 참고하라. 계산서합계표는 매입세액공제기능은 없지만 세금계산서합계표와 마찬가지로 상호검증기능과 증빙서류로서의 기능이 있고 기재사항도 대부분 일치하므로 세금계산서합계표에서 거짓 기재 제출 시 처벌대상이 되는 중요한 사항이라면 계산서합계표에서도 거짓 기재 제출 시 처벌대상이 되는 중요한 사항에 해당될 것이다. 따라서 계산서합계표의 거짓 기재 제출의 처벌범위는 세금계산서합계표의 거짓 기재 제출의 처벌범위에 준하여 해석할 수 있을 것이다.

(다) 과세기간 종료일 다음 달 11일까지 전송된 전자계산서 발급분 등에 관한 거짓 기재의 처벌여부

현행 매출·매입처별 계산서합계표 서식 중 과세기간 종료일 다음 달 11일까지 전송된 전자계산서 발급분 등에 관한 거짓 기재 제출에 관하여는 특수한 문제가 있다. 이하에서 살펴본다.

현행 매출·매입처별 계산서합계표 서식을 보면, 과세기간 종료일 다음 달 11일까지 전송된 전자계산서 발급분 등과 과세기간 종료일 다음 달 11일까지 전송된 전자계산서 외 발급분 등을 나누어서, 전자와 후자에 대한 기재사항이 다르게 구성되어 있다. 후자는 소득세법 시행령 제212조 제1항, 제2항 등에 규정된 계산서합계표의 필수적 기재사항을 모두 기재하도록 돼 있지만, 전자는 후자와 달리 전체 매출·매입처수, 매수, 공급가액만이 기재될 뿐 그 밖에 계산서합계표의 필수적 기재사항인 매출·매입처별 사업자등록번호, 상호, 계산서 매수, 공급가액 합계액 등의 명세가 기재되지 않게 되어 있다.

아래의 매입처별 계산서합계표 서식을 참고하라. 매출처별 계산서합계표의 서식도 매입·매출의 차이를 빼고는 동일하다.

■ 소세법 시행규칙 [별지 제29호 서식(2)] (2023. 3. 20. 개정)　　　　홈택스(www.hometax.go.kr)에서도
　　　　　　　　　　　　　　　　　　　　　　　　　　　　　　　신청할 수 있습니다.

매입처별 계산서합계표(갑)
(　　　　　년　　　기)

(3쪽 중 제1쪽)

1. 제출자 인적사항

① 사업자등록번호	－　　　－	② 상호(법인명)	
③ 성 명(대 표 자)		④ 사업장 소재지	
⑤ 거래기간	년 월 일 ~ 년 월 일	⑥ 작성일	년　　월　　일

2. 매입계산서 총합계

구　분	⑦ 매입처 수	⑧ 매수	⑨ 공 급 가 액				
			조	십억	백만	천	일
합　계							
과세기간 종료일 다음 달 11일까지 전송된 전자 계산서 발급받은 분							
위 전자계산서 외의 발급받은 분							

3. 과세기간 종료일 다음달 11일까지 전송된 전자계산서 외 발급받은 매입처별 명세
(합계금액으로 적음)

⑩ 번호	⑪ 사업자 등록번호	⑫ 상 호 (법인명)	⑬ 매수	⑭ 공 급 가 액					비고
				조	십억	백만	천	일	
1									
2									
3									
4									
5									

(　　)쪽

⑮ 관리번호(매입) 　　　　　　　　　　　　－

210mm×297mm[백상지 80g/㎡ 또는 중질지 80g/㎡]

위와 같은 기재사항의 차이는 과세기간 종료일 다음 달 11일까지 전송된 전자계산서 발급분 등에 대해서는 매출·매입처별 계산서합계표를 제출할 의무가 면제되는 것을 반영한 것이라고 할 수 있다.

그렇다면 매출·매입처별 계산서합계표 제출의무도 없고, 소득세법 시행령상 필수적 기재사항도 기재하지 않는 과세기간 종료일 다음 달 11일까지 전송된 전자계산서 발급분 등에 관하여 거짓 기재하여 계산서합계표를 제출하였다 하더라도 이를 소득세법 또는 법인세법에 따라 계산서합계표를 제출하여야 할 자가 소득세법 또는 법인세법에 따른 계산서합계표를 거짓으로 기재하여 제출한 것으로 보기 어렵다.[650]

그러나 과세기간 종료일 다음 달 11일까지 전송된 전자계산서 외 발급분 등에 대해서는 여전히 계산서합계표를 제출할 의무가 있고, 계산서합계표 서식에도 이에 대해서는 계산서합계표의 필수적 기재사항을 기재하도록 되어 있다. 따라서 계산서합계표 중 과세기간 종료일 다음 달 11일까지 전송된 전자계산서 외 발급분 등에 대한 것은 여전히 소득세법 또는 법인세법에서 정한 계산서합계표에 해당하므로 그 기재사항인 공급가액 등을 거짓으로 기재하면 본죄가 성립할 수 있다.

(3) 거짓 기재한 계산서합계표의 제출

본죄는 소득세법 또는 법인세법에 따라 매출·매입처별 계산서합계표를 제출하여야 할 자가 거짓으로 기재한 매출·매입처별 계산서합계표를 제출하여야 성립한다. 거짓으로 기재한 매입처별 계산서합계표를 제출하는 자는 매출처별 계산서합계표를 제출하는 자와 통정한 경우에 한하여 처벌한다.

(4) 고의

본죄는 고의범이므로 착오나 과실이 아닌 고의에 의하여 거짓 기재를 하는 경우에만 범죄가 성립한다. 본죄와 관련된 나머지 사항에 관하여는 세금계산서합계표의 거짓 기재 제출 관련 범죄 부분을 참고하라.

---

650) 대법원 2017. 12. 28. 선고 2017도13677 판결 ; 대법원 2017. 12. 28. 선고 2017도11628 판결 등의 취지 참조.

제3절 **실물거래가 없는 세금계산서, 계산서 및 합계표 관련 범죄**

I 실물거래가 없는 세금계산서의 발급·수취 관련 범죄

조세범 처벌법

제10조(세금계산서의 발급의무 위반 등) (생략)
　③ 재화 또는 용역을 공급하지 아니하거나 공급받지 아니하고 다음 각 호의 어느 하나에 해당하는 행위를 한 자는 3년 이하의 징역 또는 공급가액에 부가가치세의 세율을 적용하여 계산한 세액의 3배 이하에 상당하는 벌금에 처한다.
　1.「부가가치세법」에 따른 세금계산서를 발급하거나 발급받은 행위
　(생략)

1. 의의, 입법취지

　본죄는 재화 또는 용역을 공급하지 아니하거나 공급받지 아니하고 부가가치세법에 따른 세금계산서를 발급하거나 발급받은 경우에 성립한다. 위와 같이 실물거래 없이 세금계산서를 발급·수취하는 이유는 다양하다. 사업자들은 무자료로 매출하거나 매입한 것에 따라 발생한 회계장부상의 매출과 매입 사이의 불균형을 해소하거나, 회사의 영업실적과 경영상태를 좋게 보이도록 가장하여 대출을 받거나, 회사를 코스닥시장 또는 증권시장에 상장하거나, 입찰에서 유리한 지위를 점하려고 하는 등의 목적에서 실물거래 없이 세금계산서를 발급하거나 발급받는다.

　어떤 경우에든 실물거래 없는 세금계산서의 발급과 수취는 세금계산서 거래질서를 문란하게 하고, 세금계산서의 증빙서류로서의 기능을 해하므로 조세범 처벌법은 이를 조세위해범으로서 처벌하고 있다. 판례는 본죄의 규정은 입법취지가 실물거래 없이 세금계산서를 수수하는 행위를 처벌함으로써 세금계산서 수수질서를 도모하려는데 있고 조세포탈 여부가 구성요건이 되는 다른 규정과 달리 위 규정은 세금계산서가 갖는 증빙서류로서의 기능을 중시하고 있다고 판시한다.[651]

---

651) 대법원 2014. 4. 30. 선고 2012도7768 판결.

2. 구성요건

가. 범죄의 주체

본죄는 범행주체에 제한이 없는 비신분범이다. 누구든지 재화 또는 용역의 공급 없이 세금계산서를 발급하거나 발급받으면 본죄가 성립하고, 세금계산서의 발행을 업으로 하는 전형적인 이른바 '자료상'으로부터 세금계산서를 수수한 것이 아니라고 하여 달리 보지 않는다.[652]

판례에 의하면 현행 조세범 처벌법 제10조 제3항 제1호 또는 제3호는 재화 또는 용역을 공급하지 아니한 자가 자신을 공급하는 자로 기재한 세금계산서를 교부하고 세금계산서합계표를 제출한 행위를 처벌 대상으로 규정한 것이다. 따라서 재화 등을 공급하거나 공급받은 자가 제3자의 위임을 받아 제3자의 사업자등록을 이용하여 그 제3자를 공급하는 자로 기재한 세금계산서를 교부하거나 그 제3자가 공급받는 자로 기재된 세금계산서를 교부받은 경우 및 그 제3자의 명의로 그 재화 등의 공급에 관한 세금계산서합계표를 작성하여 정부에 제출한 경우에는, 제3자가 위 세금계산서 수수 및 세금계산서합계표 작성·제출행위를 한 것으로 볼 수 있으므로 그가 재화 등을 공급하거나 공급받지 아니한 이상 조세범 처벌법 제10조 제3항 제1호 또는 제3호 범행의 정범이 되고, 재화 등을 공급하거나 공급받은 자는 가담 정도에 따라 그 범행의 공동정범이나 방조범이 될 수 있을 뿐 그 범행의 단독정범이 될 수 없다고 한다.[653]

나. 실물거래의 부존재

(1) '재화 또는 용역을 공급하거나 공급받지 아니하고'의 의미

본죄가 성립하기 위해서는 재화 또는 용역을 공급하지 아니하거나 공급받지 아니하고 세금계산서를 발급하거나 발급받아야 한다. 재화의 공급이란 계약상 또는 법률상의 모든 원인에 따라 재화를 인도하거나 양도하는 것이고, 용역의 공급이란 계약상 또는 법률상의 모든 원인에 따라 역무를 제공하거나 시설물, 권리 등 재화를 사용하게 하는 것이다(부가가치세법 제9조, 제11조).

이러한 계약상 또는 법률상의 모든 원인에 따른 재화나 용역의 공급 없이 세금계산서를

---

652) 대법원 2010. 1. 28. 선고 2007도10502 판결.
653) 대법원 2012. 5. 10. 선고 2010도13433 판결(만일 누군가가 제3자로부터 그와 같은 위임을 받지 아니하고 제3자를 공급자로 하여 세금계산서를 발급하거나 제3자를 공급받는 자로 기재하여 세금계산서를 발급받는 등의 행위를 한 경우에는 그에게 형법상 문서위조죄 등의 죄책을 물을 수 있음은 별론으로 하고, 그가 조세범 처벌법 제10조 제3항 제1호 및 제3호 범행의 정범이 될 수 없다고 판시하였다) ; 대법원 2014. 11. 27. 선고 2014도1700 판결.

발급하거나 수취하는 경우 본죄가 성립한다. 계약상 또는 법률상의 모든 원인에 따른 재화나 용역의 공급이 없다는 것은 실물거래가 존재하지 않는 것을 의미한다. 만약 실물거래가 존재한다면 재화나 용역의 공급시기 이전에 세금계산서를 발급하였다 하더라도 본죄가 성립하지 않는다. 판례도 '재화 또는 용역을 공급함이 없이 세금계산서를 교부한 자'라 함은 실물거래 없이 가공의 세금계산서를 발행하는 행위를 하는 자(이른바 자료상)를 의미하는 것으로 보아야 할 것이고, 재화나 용역을 공급하기로 하는 계약을 체결하는 등 실물거래가 있음에도 세금계산서 교부시기에 관한 부가가치세법 등 관계 법령의 규정에 위반하여 세금계산서를 교부함으로써 그 세금계산서를 교부받은 자로 하여금 현실적인 재화나 용역의 공급 없이 부가가치세를 환급받게 한 경우까지 처벌하려는 규정이라고는 볼 수 없다고 판시하고 있다.[654] 따라서 A회사가 B회사에 재생화이바 생산설비를 1,240,500,000원에 납품하기로 계약을 체결하면서 B회사로부터 계약금의 일부인 165,000,000원만 약속어음으로 받은 상태에서 B회사의 요구에 따라 계약금 전액에 해당하는 세금계산서를 발급하여 주고 부가가치세 신고까지 하였으나, 이후 계약금으로 받은 약속어음이 모두 부도가 나 A회사가 위 납품계약을 해제한 경우, A회사와 B회사 사이에 세금계산서 발급의 기초가 되는 실물거래가 존재하기 때문에 A회사 대표이사에게 부가가치세법의 규정에 의한 재화나 용역을 공급함이 없이 세금계산서를 교부한다는 범의가 있었다고 보기는 어렵다고 한다.[655]

(2) 실물거래 존재 여부의 판단

먼저 실물거래의 존재 여부는 세금계산서를 발급하고 발급받는 두 당사자 사이에서 실물거래가 존재하는지를 기준으로 판단한다.[656] 세금계산서에 기재된 실물거래 자체는 객관적으로 존재하지만 그 거래가 세금계산서를 발급하고 발급받는 당사자 간에 존재하는 것이 아니면 실물거래 없이 세금계산서를 발급하거나 발급받은 것에 해당한다. 따라서 실물거래 없이 세금계산서를 발급·수취하는 행위에는 재화 또는 용역을 공급받은 자가 재화 또는 용역을 실제로 공급한 자가 아닌 다른 사람이 작성한 세금계산서를 발급받은 경우도 포함되고, 마찬가지로 재화 또는 용역을 공급한 자가 재화 또는 용역을 실제로 공급받은 자가 아닌 다른 사람에게 세금계산서를 발급한 경우도 포함된다. 이때 재화 또는 용역을 공급한 자가 재화 또는 용역을 실제로 공급받은 자에게 세금계산서를 발급하지 아니한 행위에 대

---

654) 대법원 2004. 6. 25. 선고 2004도655 판결 ; 대법원 2009. 10. 29. 선고 2009도8069 판결.
655) 대법원 2004. 6. 25. 선고 2004도655 판결.
656) 어떤 사람이 제3자로부터 명의를 대여받아 형식적으로 제3자의 명의로 사업자등록을 하고 제3자의 관여 없이 독자적으로 자기 사업을 영위하는 경우에는 그 명의자인 제3자가 아니라 실제로 사업체를 운영하면서 재화 등을 공급하는 거래행위를 한 사람이 실제로 세금계산서를 발급하고 발급받는 자에 해당한다. 따라서 이때에는 제3자가 아니라 실제 사업자를 기준으로 실물거래가 존재하는지 여부를 판단하여야 한다.

해서는 조세범 처벌법 제10조 제1항 제1호에서 정한 세금계산서 미발급으로 인한 죄가 별개로 성립한다.[657]

그리고 두 당사자 간에 실물거래가 존재한다고 하려면 두 당사자가 명목상의 법률관계를 형성하는 것이 아니라 공급하는 사업자로부터 실제로 재화 또는 용역을 공급받거나, 공급받는 자에게 실제로 재화 또는 용역을 공급하는 거래행위를 하여야 한다. 다시 말해 두 당사자가 재화 또는 용역의 공급과 관련한 계약의 진정한 당사자여야 한다. 두 당사자가 계약의 당사자인지 여부는 민사상 계약당사자 확정의 법리를 따르면 된다. 판례에 의하면 계약을 체결하는 행위자가 타인의 이름으로 법률행위를 한 경우에 행위자 또는 명의인 가운데 누구를 당사자로 볼 것인가에 관하여는, 우선 행위자와 상대방의 의사가 일치한 경우에는 그 일치한 의사대로 행위자 또는 명의인을 계약의 당사자로 확정하여야 할 것이고, 행위자와 상대방의 의사가 일치하지 않는 경우에는 그 계약의 성질·내용·목적·체결경위 등 그 계약체결 전후의 구체적인 제반 사정을 토대로 상대방이 합리적인 사람이라면 행위자와 명의인 중 누구를 계약당사자로 이해할 것인가에 의하여 당사자를 결정하여야 할 것이고, 언제나 그 계약상의 명의인이 계약당사자가 되는 것은 아니라고 한다.[658]

만약 A회사가 B회사에 컴퓨터 및 그 부품을 공급함에 있어, 컴퓨터 도소매업체를 경영하는 甲이 중간에 끼어 A회사로부터 이를 공급받아 다시 B회사에 공급하는 것처럼 명의를 대여하고 일정한 이익을 얻으면서 매입세금계산서를 교부받고 매출세금계산서를 교부한 경우, 재화 또는 용역을 공급함이 없이 세금계산서를 교부하거나 교부받은 경우에 해당한다.[659]

또한 실물거래가 있다는 것은 당사자 사이에 재화나 용역을 공급하기로 하는 구속력 있는 합의가 있음을 의미하는 것으로서 부가가치세법에서 세금계산서에 기재할 사항 중의 하나로 규정하고 있는 공급가액, 공급품목, 단가, 수량 등에 관하여도 합의가 있어야 한다.[660]

다. 세금계산서의 발급·수취

조세범 처벌법 제10조 제3항의 구성요건 중 부가가치세법에 따른 세금계산서를 발급하

---

657) 대법원 2014. 7. 10. 선고 2013도10554 판결 ; 대법원 2010. 1. 28. 선고 2007도10502 판결.
658) 대법원 1998. 5. 15. 선고 97다53045 판결. 건설업면허를 갖고 있지 못한 甲회사가 건설업면허를 가지고 있는 乙회사로부터 그 명의만을 빌려 건축주와 도급계약을 체결하고 직접 시공한 사안인데, 대법원은 甲회사가 비록 乙회사 명의를 빌리기는 하였지만 위 공사를 스스로 시공하고 공사대금도 자기의 계산으로 하려고 한 것으로서 스스로 계약당사자가 될 의사였다고 할 것이며, 건축주로서도 乙회사와 甲회사의 명의대여관계를 알고서 甲회사와 직접 계약관계를 형성할 의사로써 도급계약을 체결한 것으로 봄이 상당하다는 이유로 甲회사가 수급인에 해당한다고 판시한 바 있다.
659) 대법원 2003. 1. 10. 선고 2002도4520 판결.
660) 대법원 2012. 11. 15. 선고 2010도11382 판결.

거나 발급받는다는 것은 세금계산서의 필요적 기재사항 등을 갖추어 세금계산서를 발급하거나 그와 같은 세금계산서를 수취하는 것을 의미한다.

이하에서는 실무상 종종 논쟁이 되고 있는 실물거래 없이 수정세금계산서를 발급하거나 수취하는 행위 및 실물의 수입 없이 수입세금계산서를 발급받는 행위가 본죄에 해당하는지에 대해 살펴보기로 한다.

(1) 수정세금계산서의 발급·수취의 경우

(가) 의의

이미 발급한 세금계산서의 기재사항을 착오로 잘못 적거나 세금계산서를 발급한 후 당초의 공급가액에 추가되는 금액 또는 차감되는 금액이 발생한 경우 등 그 기재사항에 관하여 부가가치세법 시행령으로 정하는 사유가 발생하면 종전 세금계산서의 내용을 수정한 세금계산서를 발급할 수 있는데 이를 수정세금계산서라고 한다(전자세금계산서는 수정전자세금계산서라고 함). 세금계산서의 수정발급은 세금계산서를 발급한 사업자가 그 거래에 대해서만 할 수 있고, 공급시기에 적법한 세금계산서를 발급한 일이 없는 거래에 대해서는 수정발급할 수 없다.

(나) 발급사유

수정세금계산서를 발급하는 사유로는 ① 처음 공급한 재화가 환입(還入)된 경우, ② 계약의 해제로 재화 또는 용역이 공급되지 아니한 경우, ③ 계약의 해지 등에 따라 공급가액에 추가되거나 차감되는 금액이 발생한 경우, ④ 재화 또는 용역을 공급한 후 공급시기가 속하는 과세기간 종료 후 25일(과세기간 종료 후 25일이 되는 날이 공휴일 또는 토요일인 경우에는 바로 다음 영업일을 말한다) 이내에 내국신용장이 개설되었거나 구매확인서가 발급된 경우, ⑤ 필요적 기재사항 등이 착오로 잘못 적힌 경우(일정 사유로 과세표준 또는 세액을 경정할 것을 미리 알고 있는 경우는 제외한다), ⑥ 필요적 기재사항 등이 착오 외의 사유로 잘못 적힌 경우(일정 사유로 과세표준 또는 세액을 경정할 것을 미리 알고 있는 경우는 제외한다), ⑦ 착오로 전자세금계산서를 이중으로 발급한 경우, ⑧ 면세 등 발급대상이 아닌 거래 등에 대하여 발급한 경우, ⑨ 세율을 잘못 적용하여 발급한 경우(과세표준 또는 세액을 경정할 것을 미리 알고 있는 경우는 제외한다) 등이 있다(부가가치세법 시행령 제70조 제1항).

수정세금계산서는 당초의 공급가액에 추가되는 금액 또는 차감되는 금액이 발생한 발급사유의 경우(재화의 환입, 계약의 해제, 공급가액의 변동 등)에는 그 추가되는 금액 또는 차감되는 금액이 발생한 때 발급하고, 필요적 기재사항 등이 착오로 잘못 기재된 경우에는 재화나 용역의 공급일이 속하는 과세기간에 대한 확정신고 기한까지 발급한다(부가가치세법 시행령 제70조 제1항).

(다) 발급방식

수정세금계산서 발급 방식은 세 가지 유형으로 나눌 수 있다. 제1유형은 계약의 해제로 인하여 재화 또는 용역이 공급되지 아니한 경우처럼 당초의 세금계산서 전체를 취소하는 음(−)의 표시[또는 붉은색 글씨로 기재]를 한 수정세금계산서를 발급하는 경우이다. 제2 유형은 필요적 기재사항 등이 착오로 잘못 적힌 경우처럼 처음에 발급한 세금계산서 전체를 취소하는 음(−)의 표시[또는 붉은색 글씨로 기재]를 한 세금계산서를 발급하고 수정한 세금계산서를 별도로 발급하는 경우이다. 제3유형은 처음 공급한 재화가 환입된 경우나 공급가액이 변동한 경우처럼 변동된 가액만큼의 음(−)의 표시[또는 붉은색 글씨로 기재] 또는 양(+)의 표시를 한 수정세금계산서를 발급하는 경우이다.

(라) 수정세금계산서의 유형별 범죄 성립여부

① 실물거래 없이 발급·수취된 원래의 세금계산서의 전부 또는 일부를 취소하는 음(−)의 수정세금계산서의 경우

이와 관련하여, 판례는 "구 조세범 처벌법 제10조 제3항의 문언과 체계, 입법 취지 등을 종합하면, 재화나 용역을 공급하지 아니하거나 공급받지 아니하고 가공의 세금계산서를 발급·수취한 후 이를 취소하는 의미에서 같은 공급가액에 음의 표시를 하여 작성한 수정세금계산서를 발급·수취한 경우, 뒤의 공급가액이 음수인 수정세금계산서를 발급·수취한 행위는 새로이 재화나 용역을 공급하거나 공급받은 것을 내용으로 하는 가공의 세금계산서를 발급·수취하기 위한 것이 아니라 앞선 실물거래 없이 가공의 세금계산서를 발급·수취한 행위를 바로잡기 위한 방편에 불과하므로, 구 조세범 처벌법 제10조 제3항 제1호에서 정한 죄에 해당하지 않는다고 봄이 타당하다. 나아가 실물거래 없이 가공의 세금계산서를 발급·수취함으로써 구 조세범 처벌법 제10조 제3항 제1호의 죄가 기수에 이르고, 그 후 이러한 가공의 세금계산서를 취소하는 취지로 음수의 수정세금계산서를 발급·수취하였다 하더라도 이미 완성된 위 범죄의 성립에 아무런 영향을 미칠 수 없다. 따라서 특정범죄가중 법 제8조의2 제1항에 따라 가중처벌을 하기 위한 기준인 '공급가액등의 합계액'을 산정할 때에도 이와 같이 실물거래 없이 발급·수취한 가공의 세금계산서를 취소하는 의미에서 발급·수취한 음수의 수정세금계산서의 공급가액은 고려할 필요가 없다"고 판시하였다.

② 실물거래 없이 발급·수취된 원래의 세금계산서의 전부를 음(-)의 세금계산서를 통해 취소한 다음, 다시 양(+)의 수정세금계산서를 발급·수취한 경우

필요적 기재사항 등의 착오기재를 이유로 수정세금계산서를 발급하는 경우처럼 원래의 세금계산서를 음(-)의 세금계산서를 통해 취소하고 다시 발급·수취한 양(+)의 수정세금계산서는 최초의 세금계산서를 대신하여 일반 세금계산서와 동일하게 취급된다. 그리고 부가가치세법 제32조 제7항이 원래의 세금계산서와 수정세금계산서를 구분하고 있으나, 이는 수정 여부를 기준으로 형식적으로 구분한 것일 뿐이어서 수정 때문에 당연히 달라지는 것 말고는 동법은 수정세금계산서와 세금계산서를 동일하게 취급한다. 또한 이러한 수정세금계산서의 발급·수취는 원래의 허위 세금계산서를 취소하는 의미의 음(-)의 세금계산서와 달리 세금계산서의 증빙서류 및 과세자료로서의 기능을 새로이 침해하고, 세금계산서의 수수질서를 더욱 문란케 함으로써 조세범 처벌법 제10조 제3항의 보호법익을 추가적으로 침해하므로 독립적인 가벌성이 존재한다. 그리고 부가가치세법상 세금계산서라는 용어는 광의로는 종이 세금계산서, 전자세금계산서, 수정세금계산서를 모두 포함하는 의미로 사용되므로(예를 들면 부가가치세법 제17조의 경우), 조세범 처벌법 제10조 제3항 제1호의 "부가가치세법에 따른 세금계산서"라는 문언에 수정세금계산서를 포함시키는 것이 통상의 해석범위를 초과하지도 않는다. 따라서 위와 같은 양(+)의 수정세금계산서도 조세범 처벌법 제10조 제3항 제1호의 처벌대상에 포함된다고 해석함이 상당하다. 그러므로 이러한 양(+)의 수정세금계산서에 기재된 공급가액은 원래의 허위 세금계산서의 공급가액과 함께 특정범죄 가중처벌 등에 관한 법률 제8조의2 제1항 소정의 공급가액 등의 합산대상에서 포함된다.[661)]

③ 실물거래 없이 발급·수취된 최초의 세금계산서의 공급가액 증가분에 대해 양(+)의 세금계산서를 발급·수취하는 경우

위에서 살펴본 바와 같이 제3유형의 수정세금계산서 발급방식에 따라 발급된 양(+)의 수정세금계산서는 원래의 세금계산서의 공급가액을 증액시키는 역할을 하게 된다. 이러한 수정세금계산서도 세금계산서와 증빙서류로서의 본질적인 기능이 동일하고 부가가치세의 매출세액이나 매입세액 산정에 있어서 미치는 영향 또한 동일하다. 그리고 이와 같은 양(+)의 세금계산서는 음(-)의 세금계산서와 달리 세금계산서의 증빙서류로서의 기능을 추가적으로 침해하고, 최초의 허위 세금계산서에 의해 야기된 부가가치세나 법인세 등의 포탈의 위험성을 증가시키므로 최초의 허위 세금계산서와 별도의 가벌성이 존재한다. 따라서 위와 같은 수정세금계산서도 조세범 처벌법 제10조 제3항 제1호의 처벌대상에 포함된다.[662)]

---

661) 대법원 2020. 10. 15. 선고 2020도118 판결(수정세금계산서와 세금계산서가 본질적으로 동일하고 이것이 허위로 발급되었을 경우 세정질서에 미치는 위험성도 세금계산서와 동일하므로 양(+)의 수정세금계산서가 조세범 처벌법 제10조 제3항의 처벌대상이 된다는 취지의 원심 인용).

(2) 수입세금계산서의 발급·수취의 경우

세관장은 수입되는 재화에 대하여 부가가치세를 징수할 때(부가가치세법 제50조의2에 따라 부가가치세의 납부가 유예되는 때를 포함한다)에는 수입된 재화에 대한 세금계산서 (이를 "수입세금계산서"라 한다)를 수입하는 자에게 발급하여야 한다(부가가치세법 제35조 제1항). 그런데 재화의 수입을 가장하여 세관장으로부터 수입세금계산서를 발급받는 행위가 조세범 처벌법 제10조 제3항 제1호의 재화 또는 용역을 공급받지 아니하고 부가가치세법에 따른 세금계산서를 발급받은 행위에 해당하는지 문제된다. 부가가치세법은 재화의 공급과 재화의 수입을 다른 거래로 구분하고 있고(부가가치세법 제4조), 재화 또는 용역을 공급하는 경우에 공급하는 사업자가 발급하는 세금계산서(부가가치세법 제32조)와 수입된 재화에 대해 세관장이 수입자에 대해 발급하는 수입세금계산서(부가가치세법 제35조)를 명확히 구분하고 있으며, 세금계산서 양식과 수입세금계산서 양식[663]의 기재사항이 상당히 다른 점 등에 비추어 볼 때, 수입된 재화에 대해 세관장으로부터 발급받는 수입세금계산서는 재화나 용역을 공급하거나 공급받는 데에 따른 세금계산서가 아니므로 이에 대하여 조세범 처벌법 제10조 제3항을 적용할 수 없다.[664]

라. 고의

본죄는 고의범이므로 실물거래가 존재하지 아니함에도 세금계산서를 발급하거나 수취한 다는 범의가 있어야 범죄가 성립한다.

3. 구체적 범행유형

가. 자기 명의로 사업자등록을 한 자(법인 포함)가 실물거래 없이 자기 명의로 세금계산서를 발급하거나 발급받는 경우

자기 명의로 사업을 영위하는 사업자가 무자료 거래로 인한 장부상의 매입과 매출의 불

---

662) 대법원 2020. 10. 15. 선고 2020도118 판결도 같은 취지이다. 위 판결은 '수정세금계산서도 기존에 발급한 세금계산서에 착오 또는 정정사유가 있을 경우 이에 덧붙여 발급한다는 차이가 있을 뿐, 증빙서류이자 과세자료로서 가지는 본질적인 기능은 세금계산서와 다를 것이 없으므로 허위로 발급되었을 경우 세정질서에 미칠 위험성도 세금계산서와 동일하다고 평가할 수 있고, 더욱이 수정세금계산서도 세금계산서와 마찬가지로 부가가치세법 시행령 제70조 제1항 각 호의 해당 사유에 따라 공급가액이 증액되는 경우에는 추가 매입세액 공제를 통한 부가가치세 감면의 위험을 초래하므로 수정세금계산서도 조세범 처벌법상 처벌대상에 포함된다'는 취지의 원심을 확정하였다.
663) 세금계산서 양식은 부가가치세법 시행규칙 별지 제14호 서식에 규정돼 있는 반면, 수입세금계산서 양식은 "수입세금계산서 교부에 관한 고시"(관세청 고시)에 규정돼 있고, 기재사항에 상호 상당한 차이가 있다.
664) 일부 하급심 판결도 위와 같이 판시하고 있다.

균형 해소, 매출실적 과장, 기업의 신용도나 전문성 과장 등을 위해 자기 명의로 실물거래 없이 세금계산서를 발급하거나 발급받는 경우이다. 위와 같은 각종 불법적인 목적의 달성을 위해 세금계산서를 필요로 하는 사업자들을 상대로 대가를 받고 세금계산서를 발급하거나 발급받는 것을 업으로 하는 자를 속칭 자료상이라고 부른다.

나. 자기 명의로 사업자등록을 한 자(법인 포함)가 실물거래 상대방이 아닌 제3자에게 세금계산서를 발급한 경우

앞서 살펴본 바와 같이 세금계산서 발급의 근거가 되는 실물거래의 존재여부는 세금계산서를 발급하고 발급받는 당사자 사이에 실물거래가 존재하는가 여부를 기준으로 판단하므로 이와 같은 경우 본죄가 성립한다.

다. 자기 명의로 사업을 하는 실물거래 당사자가 제3자의 위임을 받아 제3자 명의로 세금계산서를 발급·수취하는 경우

재화나 용역을 공급하거나 공급받은 실물거래 당사자가 세금계산서를 발급하거나 발급받아야 하는데, 자신에게 사업자등록이 없거나 거래사실을 은닉하고 싶을 때 제3자의 승낙을 받아 제3자를 세금계산서상의 당사자로 내세우는 경우가 있다. 세금계산서 발급의 근거가 되는 실물거래의 존부는 원칙적으로 세금계산서를 발급하고 발급받는 당사자 간에 실물거래가 있는지 여부를 기준으로 판단하므로 이 경우 본죄가 성립한다.

예를 들어, 건설업면허를 받은 A건설회사가 건설공사를 직접 시공한 일이 없이 타인에게 건설업면허를 대여하고 그로 하여금 A건설회사 명의로 건설공사를 시공하도록 한 경우 A건설회사가 재화나 건설용역을 공급한 일이 없는 이상 재화나 용역의 공급을 과세대상으로 하는 부가가치세를 납부할 의무가 성립할 여지가 없고, A건설회사가 발급하거나 발급받은 세금계산서는 실물거래 없이 수수한 허위 세금계산서라고 할 것이다.[665]

그러나 수급인 회사가 도급인과의 사이에 실제로 공사도급계약을 체결하고 다만 시공은 타인으로 하여금 수급인 회사 명의로 수행하여 공사를 완성하게 한 후 도급인에게 수급인 회사 명의의 세금계산서를 발급한 경우에는 실물거래 없이 세금계산서가 발급되었다고 할 수 없다. 따라서 甲이 대표이사로 있던 A회사가 'KSK 사옥신축공사'와 관련하여 乙에게 명의를 대여하여 乙이 A회사 명의로 공사를 하기는 하였으나, 실제로 도급인과 사이에 위 공사에 관한 도급계약을 체결한 계약당사자는 A회사이고 乙이 실제공사를 맡아서 하고 공사대금도 사실상 받아갔을 뿐인 경우라면, A회사가 도급인에게 세금계산서를 교부한 것이

---

665) 대법원 1989. 9. 29. 선고 89도1356 판결 ; 대법원 2017. 12. 15. 선고 2017도11564 판결.

재화 또는 용역을 공급함이 없이 세금계산서를 교부한 행위에 해당한다고 할 수는 없다.[666] 앞의 판례에서는 세금계산서를 발급한 건설업면허대여자가 건설공사의 진정한 계약당사자가 아닌 반면에 뒤의 판례에서는 세금계산서를 발급한 건설업면허대여자가 건설공사의 진정한 계약당사자라는 점에서 차이가 있다.

라. 형식적으로 제3자 명의로 사업자등록이 된 개인사업체를 운영하는 자가 그 제3자의 사업자등록 명의로 세금계산서를 발급하거나 수취하는 경우

신용불량, 소득은닉, 강제집행면탈, 각종 규제회피 등 여러 가지 사유로 자신의 명의로 사업자등록을 하지 않고 제3자로부터 명의를 대여받아 형식적으로 제3자의 명의로 사업자등록을 하고 제3자의 관여없이 독자적으로 자기 사업을 영위하는 경우가 있다. 이처럼 실제로는 자신이 직접 사업체를 운영하며 재화나 용역을 공급하는 자가 사업자등록 명의만 형식적으로 제3자로 한 경우에는, 그 명의자인 제3자가 아니라 실제로 사업체를 운영하면서 재화 등을 공급하는 거래행위를 한 사람을 세금계산서를 발급하고 세금계산서합계표를 기재·제출하여 부가가치세를 납부하여야 하는 주체로 보아야 한다. 이것은 실질과세원칙에 비추어 보아도 당연한 결론이다. 판례도 위와 같은 전제 하에서 형식적으로 제3자 명의로 사업자등록이 된 사업체를 운영하여 재화 등을 공급하는 사람이 비록 제3자 명의로 세금계산서를 발행하고 세금계산서합계표를 기재·제출하였다고 하더라도 실제로 그 세금계산서 및 세금계산서합계표에 기재된 수량의 재화 등을 그 기재된 가격으로 공급한 이상, 이에 대하여 재화 등을 공급하지 아니한 사람이 세금계산서를 발급하거나 그 공급에 관한 세금계산서합계표를 거짓으로 기재하였다 할 수 없으므로 조세범 처벌법 제10조 제3항 제1호 및 제3호에 해당한다고 할 수 없다고 판단하였다.[667] 다만 '공급하는 자'에 관한 기재사항을 거짓으로 기재하였으므로 조세범 처벌법 제10조 제1항 제1호 및 제3호의 죄가 성립한다.[668] 한편, 제3자 명의를 빌려 사업자등록을 마친 혐의로 조세범 처벌법 제11조 제1항(명의대여행위) 위반으로 처벌될 수 있다.

---

666) 대법원 2008. 8. 11. 선고 2008도4930 판결.
667) 대법원 2015. 2. 26. 선고 2014도14990 판결. 위 판례에서는 제3자의 사업자등록 명의대여 여부의 판단과 관련하여, "사업자등록을 한 경우에는 그 사업에 관한 거래에서 대외적으로 권리·의무의 주체가 되는 사업자가 그 명의자임을 밝힌 것이므로, 극히 예외적인 경우가 아니라면 그 명의자의 사업자로서의 지위를 쉽게 부정하여서는 아니 될 것이며, 다른 사람의 부탁에 의하여 사업자등록을 하였다는 사정만을 가지고 섣불리 그 사업자등록이 형식적인 것에 불과하고 그 명의자가 사업자가 아니라고 단정하여서는 아니될 것이다"라고 판시하기도 하였다.
668) 대법원 2015. 2. 26. 선고 2014도14990 판결.

마. 순환거래 또는 회전거래

재화나 용역의 공급 없이 세금계산서만 발급·수취하는 가공거래 유형 중에서 재화의 공급이 A→B→C→D→A 형태로 순환하는 형태의 거래를 순환거래 또는 회전거래라고 한다. 이는 유사한 수량과 가격을 가진 동일 품목의 재화가 A업체의 매출로부터 출발하여 다시 A업체에 매입 형태로 돌아오는 거래형태이다. 물론 각 거래단계마다 세금계산서가 발급·수취된다. 이러한 순환거래는 1-2일 등 단기간에 모든 거래가 이루어지는 특징이 있다. 그리고 거래에 참여하는 업체의 관계자들이 한 자리에 모여서 인터넷뱅킹 등으로 거래대금을 순차적으로 송금하는 방식으로 순식간에 거래를 끝내기도 한다. 유사한 수량과 가격을 가진 동일 품목의 재화가 순환하는 것 자체가 가공거래의 정황증거가 될 수 있으나, 특수한 경우에는 정상적인 형태로서 위와 같은 순환거래가 있을 수 있고 순환거래 참여자 중에서는 순환거래에 대한 인식이 없는 경우도 존재할 수 있으므로 순환거래 형태일지라도 개별적이고 구체적인 사정을 종합하여 혐의 유무를 판단하여야 한다.

바. 중간업체를 끼워넣은 거래의 조작

두 사업자 간의 직접 거래임에도 불구하고 중간에 명목상의 사업자를 인위적으로 끼워 넣는 방식으로 양자 간의 거래를 3자간 또는 그 이상의 다단계의 거래로 조작하는 경우가 있다. 예를 들어 A→C 형태의 양자간 직접거래를 A→B→C 3자간 거래로 조작하는 것이다. 위와 같은 중간업체 끼워넣기는 B업체에 영업실적을 쌓아주기 위한 목적에서 이루어지거나, A와 C 사이의 직접거래를 숨기기 위한 목적에서 이루어지거나 A의 직원이 B를 끼워넣어 B에게 시가보다 낮게 재화를 공급하고 B는 C에게 시가에 재화를 공급하여 그 차액을 부정취득할 목적에서 이루어지기도 한다.

이러한 거래에서 세금계산서는 A가 C에게 발급하는 것이 타당하나 거래 조작에 따라 A는 B에게, B는 C에게 세금계산서를 발급하게 된다. 위 거래는 A와 C의 거래이므로 A가 B에게, B가 C에게 발급하는 세금계산서는 모두 재화나 용역의 공급 없이 발급·수취한 것에 해당한다.

다만, 실제 사안에서 B를 중간에 끼워 넣는 거래구조에도 불구하고 법적 계약 당사자가 여전히 A와 C라는 점이 입증되어야, 위와 같은 끼워넣기가 거래의 조작에 불과하여 B가 공급하는 자 또는 공급받는 자로 기재된 세금계산서가 허위 세금계산서가 되는 것인데 과세관청 등이 이를 입증하는 것은 상당히 어려운 일이다.

판례는 끼워 넣기 형태로서 매입세액공제가 부정되는 부가가치세법 제39조 제1항 제1호 소정의 사실과 다른 세금계산서의 판단과 관련하여, "어느 일련의 거래과정 가운데 특정거래가 실질적인 재화의 인도 또는 양도가 없는 명목상의 거래인지 여부는 각 거래별로 거래당사자의 거래의 목적과 경위 및 태양, 이익의 귀속주체, 현실적인 재화의 이동과정, 대가의 지급관계 등 제반사정을 종합하여 개별적·구체적으로 판단하여야 한다(2008. 12. 11. 선고 2008두9737 판결 등 참조)"라고 판시한 바 있다.[669]

사. 기존 거래에 대한 수정세금계산서 대신 기존거래와 반대되는 세금계산서를 수수한 경우

재화나 용역의 공급계약을 체결하고, 일부 대금을 지급한 다음 세금계산서까지 주고받았으나 계약이 해제되는 경우 부가가치세법 제32조 제7항에 따라 수정세금계산서를 발급하거나 발급받아야 한다. 그런데 그렇게 하지 않고 편의상 공급받은 자가 공급자에게 다시 재화 또는 용역을 공급한 것처럼 반대의 세금계산서를 발급하는 경우가 종종 있다. 이런 경우 두 당사자들의 매출세액과 매입세액의 합계액에는 아무런 영향을 미치지 않아 국가의 조세수입을 감소시키지는 않지만, 실물거래 없이 세금계산서를 발급하거나 발급받는 것을 처벌하는 이유는 세금계산서 수수질서의 정상화를 도모하고, 세금계산서가 가지는 증빙서류로서의 기능을 보호하기 위한 것임을 고려해 볼 때 위와 같은 행위 역시 처벌이 필요하고 허위 세금계산서 발급 등에 대한 범의도 있다고 할 것이다. 판례도 이와 같은 세금계산서를 조세범 처벌법 제10조 제3항 제1호로 처벌한다.[670]

4. 기수시기, 죄수

본죄는 실물거래 없이 허위 세금계산서를 발급하거나 발급받은 때 기수가 된다. 실물거래 없이 허위 세금계산서를 발급하거나 발급받는 행위로 인한 조세범처벌법위반죄는 각 세금계산서마다 하나의 죄가 성립한다.[671] 한 사람이 양쪽 회사를 대표하여 양쪽 회사 간에 동일한 세금계산서를 발급하고 발급받은 경우, 매출용 세금계산서와 매입용 세금계산서에 대해 각각 1죄가 성립하지만, 동일한 세금계산서를 발급하고 발급받는 행위 자체는 사회관념상 하나의 행위로 평가되므로 그 각 세금계산서를 교부함으로 인한 조세범처벌법위반죄와 이를 교부받음으로 인한 조세범처벌법위반죄는 상상적 경합에 해당한다.[672]

실물거래 없이 조세범 처벌법 제10조 제3항 각 호의 행위를 한 경우, 즉 세금계산서나

---

669) 대법원 2012. 11. 15. 선고 2010두8263 판결.
670) 대법원 2014. 4. 30. 선고 2012도7768 판결.
671) 대법원 2010. 1. 14. 선고 2008도8868 판결 ; 대법원 2006. 10. 26. 선고 2006도5147 판결 ; 대법원 2007. 6. 29. 선고 2007도2076 판결.
672) 대법원 2012. 10. 25. 선고 2012도7172 판결.

계산서를 수수한 때 또는 세금계산서합계표를 제출한 때에는 문서마다 1개의 범죄가 성립한다. 세금계산서 수수와 세금계산서합계표 제출이 동일한 거래에 관한 것이라 할지라도 별도의 범죄가 성립하고, 특정범죄 가중처벌 등에 관한 법률 제8조의2 제1항에서 규정한 공급가액 등의 합산액을 산정할 때에도 각각의 공급가액을 별도로 더해야 한다.

5. 대향범의 법리

범죄 중 구성요건상 2인 이상의 서로 대향된 행위의 존재를 필요로 하는 범죄를 대향범이라고 한다. 예를 들어 뇌물수수죄와 뇌물공여죄는 구성요건상 두 사람 사이에서 한쪽은 뇌물을 주고 한쪽은 뇌물을 받는 행위를 필요로 하기 때문에 대향범에 해당한다. 허위 세금계산서를 발급한 죄와 이를 발급받은 죄 또한 2인 이상의 서로 대향된 행위의 존재를 필요로 하는 대향범에 해당한다.

이러한 대향범에 있어서는 서로 대향된 행위의 존재를 필요로 할 뿐 각자 자신의 구성요건을 실현하고 별도의 형벌규정에 따라 처벌되는 것이어서, 2인 이상이 가공하여 공동의 구성요건을 실현하는 공범관계에 있는 자와는 본질적으로 다르며, 대향범 관계에 있는 자 사이에서는 각자 상대방의 범행에 대하여 형법 총칙의 공범규정이 적용되지 아니한다.[673]

이러한 대향범의 법리에 의할 때, 허위 세금계산서를 발급하는 자와 해당 허위 세금계산서를 발급받는 자가 서로의 행위에 가담했다 하더라도 각자 상대방의 범행에 대하여 형법 총칙상의 공범규정이 적용되지 않는다. 예를 들어 A회사를 운영하는 甲, 乙과 B회사를 운영하는 丙이 공모하여, A회사 명의로 B회사에 허위 세금계산서를 발급하고 B회사는 이를 수취하는 경우, 甲과 乙에 대해서는 A회사 명의로 B회사에 허위 세금계산서를 발급한 것에 대해서만 조세범처벌법위반죄가 성립할 뿐, 이와 별개로 甲과 乙이 丙과 공모하여 B회사 명의로 A회사로부터 허위 세금계산서를 발급받았다는 내용의 조세범처벌법위반 혐의는 성립하지 않는다.[674]

한편, 허위의 매출처별 세금계산서합계표를 정부에 제출하는 행위와 허위의 매입처별 세금계산서합계표를 정부에 제출하는 행위는 서로 대향된 행위의 존재를 필요로 하지 않으므로 대향범에 해당하지 않는다. 따라서 위와 같은 행위를 한 자들이 서로의 범행에 가담한 경우에는 공범이 성립할 수 있다. 대법원은 "재화 또는 용역을 공급하는 자가 허위의 매출처별 세금계산서합계표를 정부에 제출하는 행위와 재화 또는 용역을 공급받는 자가 허위의

---

673) 대법원 2015. 2. 12. 선고 2012도4842 판결.
674) 서울북부지방법원 2020. 8. 28. 선고 2019고합391 판결 등 다수의 하급심 판례가 허위 세금계산서를 발급하는 죄와 해당 허위 세금계산서를 발급받는 죄를 대향범으로 보고 있다.

매입처별 세금계산서합계표를 정부에 제출하는 행위가 서로 대향된 행위의 존재를 필요로 하는 대향범의 관계에 있다고 할 수는 없고, 재화 또는 용역을 공급하는 자가 허위의 매출처별 세금계산서합계표를 정부에 제출하는 행위와 재화 또는 용역을 공급받는 자가 허위의 매입처별 세금계산서합계표를 정부에 제출하는 행위가 별도로 처벌된다고 하여 재화 또는 용역을 공급받는 자가 이를 공급하는 자의 허위 매출처별 세금계산서합계표 제출행위에 가담하는 경우에 공범에 관한 형법총칙의 규정이 적용될 수 없는 것은 아니므로, 재화 또는 용역을 공급받는 자가 이를 공급하는 자의 허위 매출처별 세금계산서합계표 제출행위에 가담하였다면 그 가담 정도에 따라 그 범행의 공동정범이나 교사범 또는 종범이 될 수 있다"라고 판시하고 있다.[675]

 ## Ⅱ 실물거래가 없는 계산서의 발급 · 수취 관련 범죄

조세범 처벌법

제10조(세금계산서의 발급의무 위반 등) (생략)
③ 재화 또는 용역을 공급하지 아니하거나 공급받지 아니하고 다음 각 호의 어느 하나에 해당하는 행위를 한 자는 3년 이하의 징역 또는 공급가액에 부가가치세의 세율을 적용하여 계산한 세액의 3배 이하에 상당하는 벌금에 처한다.
(생략)
2. 「소득세법」 및 「법인세법」에 따른 계산서를 발급하거나 발급받은 행위
(생략)

1. 의의

본죄는 재화 또는 용역을 공급하지 아니하거나 공급받지 아니하고 소득세법 및 법인세법에 따른 계산서를 발급하거나 발급받은 때에 성립한다.

2. 구성요건

실물거래 없이 소득세법 또는 법인세법에 따른 필요적 기재사항 등 요건을 갖춰 실제로 계산서를 발급하거나 발급받아야 본죄가 성립한다. 본죄에 관한 나머지 사항은 실물거래가 없는 세금계산서의 발급 · 수취 관련 범죄 부분을 참고하라.

675) 대법원 2014. 12. 11 선고 2014도11515 판결.

실물거래가 없는 세금계산서합계표 거짓 기재 제출 관련 범죄

제10조(세금계산서의 발급의무 위반 등) (생략)

③ 재화 또는 용역을 공급하지 아니하거나 공급받지 아니하고 다음 각 호의 어느 하나에 해당하는 행위를 한 자는 3년 이하의 징역 또는 공급가액에 부가가치세의 세율을 적용하여 계산한 세액의 3배 이하에 상당하는 벌금에 처한다.
(생략)
3. 「부가가치세법」에 따른 매출·매입처별 세금계산서합계표를 거짓으로 기재하여 제출한 행위
(생략)

1. 의의

본죄는 재화 또는 용역을 공급하지 아니하거나 공급받지 아니하고 부가가치세법에 따른 매출·매입처별 세금계산서합계표를 거짓으로 기재하여 제출한 경우에 성립한다.

2. 구성요건

본죄의 구성요건 중 '재화 또는 용역을 공급하지 아니하거나 공급받지 아니하고' 부분의 해설에 관하여는 실물거래가 없는 세금계산서의 발급·수취 관련 범죄 부분을 참고하고, '부가가치세법에 따른 매출·매입처별 세금계산서합계표를 거짓으로 기재하여 제출한 행위' 부분의 해설에 관하여는 세금계산서합계표의 거짓 기재 제출 관련 범죄 부분을 참고하라.

한편, 현행 매출·매입처별 세금계산서합계표 서식 중 과세기간 종료일 다음 달 11일까지 전송된 전자세금계산서 발급분 등에 대하여 실물거래 없이 거짓 기재하여 제출한 행위의 처벌에 관하여는 본장 제2절 V. 1. 나.(2)(다)항에서 살펴본 바와 같은 특수한 문제가 있다. 매출·매입처별 세금계산서합계표 양식에서 과세기간 종료일 다음 달 11일까지 전송된 전자세금계산서 외 발급분 등에 대해서는 부가가치세법 제54조 제1항에 규정된 세금계산서합계표의 필수적 기재사항을 모두 기재하도록 돼 있지만, 과세기간 종료일 다음 달 11일까지 전송된 전자세금계산서 발급분 등에 대해서는 세금계산서합계표의 필수적 기재사항이 대부분 기재되지 않도록 되어 있고, 이에 대해서는 매출·매입처별 세금계산서합계표를 제출할 의무도 면제된다는 것은 앞서 살펴본 바와 같다. 그렇다면 매출·매입처별 세금

계산서합계표 제출의무도 없고, 세금계산서합계표의 필수적 기재사항도 기재되지 않는 과세기간 종료일 다음 달 11일까지 전송된 전자세금계산서 발급분 등에 거짓 기재가 있는 경우 이를 매출·매입처별 세금계산서합계표를 거짓 기재하여 제출한 것으로 볼 수 있는지 의문이 생긴다.

판례는 실물거래 없이 발급된 허위 전자세금계산서의 존재로 인하여 매출·매입처별 세금계산서합계표 중 과세기간 종료일 다음 달 11일까지 전송된 전자세금계산서 발급분 등의 공급가액 등이 거짓 기재되어 제출된 사안에서, "국세청장에게 발급명세가 전송된 전자세금계산서 발급분 등에 대하여는 매출·매입처별 세금계산서합계표를 제출할 의무가 없을 뿐만 아니라 이를 제출하더라도 부가가치세법에서 정한 세금계산서합계표의 필수적 기재사항이 기재되지 않는 점에 비추어 볼 때, 세금계산서합계표를 제출할 필요가 없는 전자세금계산서 발급분 등에 관하여 세금계산서합계표를 제출하였더라도 부가가치세법에 따른 세금계산서합계표를 기재하여 제출한 것으로 평가하기는 어렵고, 따라서 설령 그 부분 거래가 허위로 발급된 전자세금계산서에 관한 것이라도 조세범 처벌법 제10조 제3항 제3호의 '부가가치세법에 따른 매출·매입처별 세금계산서합계표를 거짓으로 기재하여 정부에 제출한 행위'에 해당한다고 볼 수 없다"라고 판시하였다.[676]

그러나 과세기간 종료일 다음 달 11일까지 전송된 전자세금계산서 외 발급분 등에 대해서는 여전히 세금계산서합계표 제출의무가 있고, 세금계산서합계표 서식에도 이에 대해서는 세금계산서합계표의 필수적 기재사항을 기재하도록 되어 있다. 따라서 매출·매입처별 세금계산서합계표 중 과세기간 종료일 다음 달 11일까지 전송된 전자세금계산서 외 발급분 등의 부분은 여전히 부가가치세법에서 정한 세금계산서합계표에 해당하므로 실물거래 없이 그 기재사항을 거짓으로 기재하면 본죄가 성립한다.[677]

3. 기수시기, 죄수

본죄는 실물거래 없이 거짓 기재한 매출·매입처별 세금계산서합계표를 실제로 제출할 때 기수가 성립한다. 그리고 매출·매입처별 세금계산서합계표를 제출한 때에는 각 문서마다 1개의 죄가 성립하는 것이 원칙이다.[678] 하나의 매출·매입처별 세금계산서합계표에 여러 가지 사항에 관하여 허위의 사실을 기재하였더라도 전체로서 하나의 매출·매입처별 세금계산서합계표를 허위로 작성하여 정부에 제출하는 것이므로 하나의 조세범처벌법위반죄가 성립한다.[679]

---

676) 대법원 2017. 12. 28. 선고 2017도13677 판결 ; 대법원 2017. 12. 28. 선고 2017도11628 판결.
677) 대법원 2022. 4. 14. 선고 2020도18305 판결도 같은 결론이다.
678) 대법원 2011. 9. 29. 선고 2009도3355 판결.

실물거래가 없는 계산서합계표 거짓 기재 제출 관련 범죄

제10조(세금계산서의 발급의무 위반 등) (생략)
③ 재화 또는 용역을 공급하지 아니하거나 공급받지 아니하고 다음 각 호의 어느 하나에 해당하는 행위를 한 자는 3년 이하의 징역 또는 공급가액에 부가가치세의 세율을 적용하여 계산한 세액의 3배 이하에 상당하는 벌금에 처한다.
(생략)
4. 「소득세법」 및 「법인세법」에 따른 매출·매입처별 계산서합계표를 거짓으로 기재하여 제출한 행위
(생략)

본죄는 재화 또는 용역을 공급하지 아니하거나 공급받지 아니하고 소득세법 및 법인세법에 따른 매출·매입처별 계산서합계표를 거짓으로 기재하여 제출한 때에 성립한다. 본죄에 관한 나머지 사항은 실물거래가 없는 세금계산서합계표 거짓 기재 제출 관련 범죄 부분을 참고하라.

 허위 세금계산서 발급 등에 대한 알선·중개 관련 범죄

제10조(세금계산서의 발급의무 위반 등) (생략)
④ 제3항의 행위를 알선하거나 중개한 자도 제3항과 같은 형[680)]에 처한다. 이 경우 세무를 대리하는 세무사·공인회계사 및 변호사가 제3항의 행위를 알선하거나 중개한 때에는 「세무사법」 제22조 제2항에도 불구하고 해당 형의 2분의 1을 가중한다.
(생략)

1. 의의

본죄는 조세범 처벌법 제10조 제3항 소정의 범칙행위 즉, 재화 또는 용역을 공급하지 아

---

679) 대법원 2009. 8. 20. 선고 2008도9634 판결.
680) 3년 이하의 징역 또는 공급가액에 부가가치세의 세율을 적용하여 계산한 세액의 3배 이하에 상당하는 벌금

니하거나 공급받지 아니하고 ① 세금계산서 또는 계산서를 발급하거나 발급받은 행위, ②
매출·매입처별 세금계산서합계표를 거짓으로 기재하여 제출한 행위, ③ 매출·매입처별
계산서합계표를 거짓으로 기재하여 제출한 행위를 알선하거나 중개한 경우에 성립한다.

2. 구성요건

일반적으로 처벌규정에서의 '알선'이란 '일정한 사항에 관하여 어떤 사람과 그 상대방의
사이에 서서 중개하거나 서로를 연결하여 편의를 도모하는 것'을 의미한다.[681] 따라서 제3
자로서 두 당사자 사이에 서서 일을 주선하는 것을 의미하는 '중개'는 위와 같은 알선에 포
함되는 개념이라고 할 수 있다. 재화나 용역의 공급 없이 세금계산서 등을 발급하고 매출처
별 세금계산서합계표 등을 제출하려는 자와 재화나 용역을 공급받음 없이 세금계산서 등을
발급받고 매입처별 세금계산서합계표 등을 제출하려는 자 사이에 서서 양측을 소개하여 서
로 알게 하는 등의 방법으로 허위 세금계산서 발급과 수취의 편의를 도모하는 행위 등이
본죄에서의 알선에 해당한다.

실물거래 없이 세금계산서를 발급하거나 발급받는 것을 업으로 하는 속칭 자료상에게 허
위 세금계산서를 필요로 하는 사업자를 소개하고 대가를 받는 경우[682], 재화를 공급받은
다음 세금계산서는 공급자가 제3자에게 발급하게 한 경우[683] 등에 본죄가 성립한다.

3. 세무사 등에 대한 가중처벌

세무사법 제22조 제2항은 "세무사로서 조세범 처벌법에 규정된 범죄와 형법 중 공무원의
직무에 관한 죄를 교사(敎唆)한 자는 그에 대하여 적용할 해당 조문의 형기(刑期) 또는 벌
금의 3분의 1까지 가중하여 벌한다"라고 규정하고 있다. 그런데 세무를 대리하는 세무사·
공인회계사 및 변호사가 조세범 처벌법 제10조 제3항의 행위를 알선하거나 중개한 때에는
세무사법 제22조 제2항에도 불구하고 해당 형의 2분의 1을 가중한다(조세범 처벌법 제10조 제4
항 후문).

조세범 처벌법 제10조 제4항 후문은 세무사 등의 신분으로 인하여 본래의 죄보다 그 형
이 가중되는 부진정신분범에 해당한다.

---

681) 대법원 2013. 1. 31. 선고 2012도2409 판결 ; 대법원 2013. 2. 15. 선고 2011도13606 판결 ; 대법원 2010.
9. 30. 선고 2010도6490 판결 ; 대법원 2009. 4. 23. 선고 2009도1203 판결 ; 대법원 2000. 10. 24. 선고 99도
3115 판결.
682) 대법원 2018. 1. 25. 선고 2017도16781 판결.
683) 대법원 2019. 9. 10. 선고 2019도8109 판결.

Ⓥ 특가법에 의한 가중처벌

> **특정범죄 가중처벌 등에 관한 법률**
>
> 제8조의2(세금계산서 교부의무 위반 등의 가중처벌) ① 영리를 목적으로 「조세범 처벌법」 제10조 제3항 및 제4항 전단의 죄를 범한 사람은 다음 각 호의 구분에 따라 가중처벌한다.
> 1. 세금계산서 및 계산서에 기재된 공급가액이나 매출처별 세금계산서합계표 · 매입처별 세금계산서합계표에 기재된 공급가액 또는 매출 · 매입금액의 합계액(이하 이 조에서 "공급가액등의 합계액"이라 한다)이 50억 원 이상인 경우에는 3년 이상의 유기징역에 처한다.
> 2. 공급가액등의 합계액이 30억 원 이상 50억 원 미만인 경우에는 1년 이상의 유기징역에 처한다.
> ② 제1항의 경우에는 공급가액등의 합계액에 부가가치세의 세율을 적용하여 계산한 세액의 2배 이상 5배 이하의 벌금을 병과한다.

1. 의의, 입법취지

영리를 목적으로 조세범 처벌법 제10조 제3항 및 제4항 전단의 죄를 범한 사람, 즉 재화 또는 용역을 공급하지 아니하거나 공급받지 아니하고, 세금계산서를 발급하거나 발급받는 행위, 소득세법 및 법인세법에 따른 계산서를 발급하거나 발급받는 행위 및 매출 · 매입처별 세금계산서합계표 또는 매출 · 매입처별 계산서합계표[684]를 거짓으로 기재하여 제출한 행위를 한 사람 및 위와 같은 행위를 알선하거나 중개한 사람은 공급가액등의 합계액이 50

---

684) 공급가액등의 합산범위를 규정하고 있는 특정범죄 가중처벌 등에 관한 법률 제8조의2 제1항 제1호가 "세금계산서 및 계산서에 기재된 공급가액이나 매출처별 세금계산서합계표 · 매입처별 세금계산서합계표에 기재된 공급가액 또는 매출 · 매입금액이 50억 원 이상인 경우에는 3년 이하의 유기징역에 처한다"라고 규정되어 있어, 외관상으로는 매출 · 매입처별 계산서합계표에 기재된 공급가액이 합산범위에서 누락되어 있는 것처럼 보인다. 하지만 특정범죄 가중처벌 등에 관한 법률 제8조의2 제1항에서 조세범 처벌법 제10조 제3항의 죄를 범한 자를 특정범죄 가중처벌 등에 관한 법률 제8조의2 제1항 제1호 또는 제2호의 구분에 의해 가중처벌한다고 명백히 규정하고 있고, 같은 조 제1호 중 "또는 매출 · 매입금액" 부분은 과거 매출 · 매입처별 계산서합계표 양식에서 "공급가액" 대신 사용되던 용어이므로(현재는 계산서합계표 양식에도 일부를 제외하고는 매출 · 매입금액이라는 용어 대신 공급가액이라는 용어를 사용하고 있음), 특정범죄 가중처벌 등에 관한 법률 제8조의2 제1항 제1호의 합산범위에 매출 · 매입처별 계산서합계표에 기재된 공급가액도 포함된다고 해석함이 상당하다. 다만 혼란을 방지하기 위하여 특정범죄 가중처벌 등에 관한 법률 제8조의2 제1항 제1호에서 "또는 매출 · 매입금액"을 삭제하고 "매출 · 매입처별 계산서합계표에 기재된 공급가액"을 추가함이 타당하다. 판례도 명시적으로 판단하지는 않았으나 매출 · 매입처별 계산서합계표에 기재된 공급가액도 합산범위에 포함된다고 본다(대법원 2011. 10. 13. 선고 2011도9104 판결).

억 원 이상인 경우에는 3년 이상의 유기징역에, 공급가액등의 합계액이 30억 원 이상 50억 원 미만인 경우에는 1년 이상의 유기징역에 처하고, 각 공급가액등의 합계액에 부가가치세의 세율을 적용[685]하여 계산한 세액의 2배 이상 5배 이하의 벌금을 병과한다.

이러한 가중처벌 규정을 특정범죄 가중처벌 등에 관한 법률에 둔 이유는 세금계산서 수수질서를 확립하여 궁극적으로는 근거과세와 공평과세를 실현하기 위한 것이다.[686]

2. 구성요건

가. 법인에의 적용여부

특정범죄 가중처벌 등에 관한 법률 제8조의2 제1항의 죄는 징역형과 벌금형을 병과하도록 규정돼 있는데 현행 형벌체계상 법인에게는 징역형을 과할 수 없는 점에 비추어 볼 때 위 특정범죄 가중처벌 등에 관한 법률 제8조의2 규정은 위에서 본 조세포탈범의 법정책임자와 이러한 자의 포탈행위에 가담한 공범자인 자연인을 가중처벌하기 위한 규정으로 봄이 상당하다. 따라서 죄형법정주의 원칙상 법인에 대하여는 특정범죄 가중처벌 등에 관한 법률상으로 법인을 조세범 처벌법의 각 본조에 정한 벌금형을 가중하여 처벌한다는 명문의 처벌규정(양벌규정)이 없는 이상 위 특정범죄 가중처벌 등에 관한 법률 제8조에 의하여 가중처벌할 수 없다고 해석함이 상당하다.[687]

따라서 행위자가 특정범죄 가중처벌 등에 관한 법률 제8조의2 제1항에 의해 처벌된다고 할지라도 양벌규정으로 처벌되는 법인은 여전히 조세범 처벌법 제10조 제3항 또는 제4항이 적용된다.

---

685) 판례에 의하면 영세율이 적용되는 거래를 위장한 허위 세금계산서를 발급한 경우라 할지라도 그 공급가액등의 합계액에 영세율이 아닌 부가가치세율 10%를 적용하여 계산한 세액을 기준으로 벌금형을 병과한다. 허위 세금계산서를 교부한 자 등을 처벌하는 취지는 영리를 목적으로 허위 세금계산서를 교부하여 조세포탈을 유발하는 행위를 근절하기 위하여 그러한 행위를 하는 자를 실제로 조세를 포탈한 자에 준하여 처벌하도록 하는 것이고, 영세율이 적용되는 거래를 위장한 허위 세금계산서가 발급되더라도 허위 손금산입에 의한 법인세 등 포탈의 위험은 상존하는 점, 부가가치세법 제14조에 따른 부가가치세의 세율은 원칙적으로 100분의 10이고, 부가가치세법 제11조의 영세율 규정은 수출하는 재화, 외화를 획득하는 재화나 용역의 공급 등에 한하여 예외적으로 적용되는 특별규정이지 재화와 용역의 공급이 없는 허위 세금계산서 발행의 경우에까지 적용되는 것이라고 볼 수는 없기 때문이라고 한다(대법원 2010. 10. 14. 선고 2010도10133 판결).
686) 대법원 2020. 2. 13. 선고 2019도12842 판결.
687) 대법원 1992. 8. 14. 선고 92도299 판결. 이 판례는 특정범죄 가중처벌 등에 관한 법률 제8조에 대한 것이기는 하지만, 해당 논리는 특정범죄 가중처벌 등에 관한 법률 제8조의2의 해석에도 그대로 적용될 수 있다.

나. 영리목적

여기서의 영리목적은 널리 경제적인 이익을 취득하고자 하는 목적이다.[688] 판례는 허위 세금계산서를 발급하거나 발급받는 것 자체에 대한 직접적 대가를 받으려고 하는 경우뿐만 아니라, 허위 세금계산서를 발급하거나 발급받는 것을 이용하여 간접적인 경제적 이익을 얻으려고 하는 경우에도 널리 영리목적을 인정한다.[689] 그런데 본죄는 기본적 구성요건인 조세범 처벌법 제10조 제3항의 죄보다 법정형이 매우 높게 설정되어 있으므로 영리목적의 해석을 지나치게 확장하는 것은 책임주의에 반하는 과잉처벌을 초래할 우려가 있으므로 제한적으로 해석할 필요가 있다.[690]

판례상 영리목적이 인정되는 경우로는 ① 과세자료의 거래를 통하여 조세를 포탈함으로써 경제적인 이익을 얻고자 하는 목적이나 부정한 이익을 얻으려는 범행(예컨대 업무상배임, 횡령)의 수단으로서 실물거래 없이 부가가치세법에 따른 세금계산서를 발급하거나 발급받아 경제적인 이익을 취득하려는 목적[691], ② 거짓으로 기재한 매입처별 세금계산서합계표를 제출하여 부당하게 부가가치세를 환급·공제받으려는 목적[692], ③ 직영공사를 통한 공사비 절감 목적[693], ④ 회사의 매출과 이익을 인위적으로 신장시켜 주가를 부양할 목적[694], ⑤ 허위의 거래실적을 만들어 금융기관으로부터 대출을 받거나 기존 대출금의 상환을 연장받으려는 목적[695], ⑥ 무자료로 공급받은 물품을 마치 정상적으로 공급받은 물품인 것처럼 가장하여 이를 판매하려는 경우[696], ⑦ 외형상의 거래규모를 부풀림으로써 관급공사의 입찰자격을 갖추려는 목적[697], ⑧ 매출을 부풀려 대기업이나 해외로부터 수주를 유지하거나 받기 위한 주된 목적, ⑨ 회사를 코스닥에 상장시키는 데 도움이 되도록 하기 위한 목적[698] 등이 있다.

---

688) 대법원 2014. 9. 24. 선고 2013도5758 판결.
689) 대법원 2013. 9. 27. 선고 2013도7953 판결(원심).
690) 조윤희·곽태훈, "특정범죄 가중처벌 등에 관한 법률 제8조의2 범죄 구성요건에 관한 비판적 고찰", 『조세법연구』 23(3), 한국세법학회, 2017, 110쪽. 영리목적에 관한 판례의 입장에 따르면 극히 예외적인 경우를 제외하고는 영리목적이 인정될 것인데, 이렇게 되면 조세범 처벌법 제10조 제3항의 구성요건과 특정범죄 가중처벌 등에 관한 법률 제8조의2 제1항의 구성요건에 차이가 없게 되어, 입법자가 '영리목적'을 특정범죄 가중처벌 등에 관한 법률 제8조의2 제1항의 구성요건에 추가하여 가중처벌의 범위를 제한하려고 한 입법 취지에 반하게 된다고 비판한다. 나아가 '영리목적'을 '영업으로', '대가를 받고' 또는 '세액의 환급·공제 이외의 경제적 이익을 얻을 목적으로'라는 형태로 개정하거나 '업으로 한 행위'와 같은 문구를 추가하는 방향으로 개정할 필요가 있다고 제안한다.
691) 대법원 2015. 5. 28. 선고 2015도146 판결.
692) 대법원 2014. 9. 24. 선고 2013도5758 판결.
693) 대법원 2017. 12. 5. 선고 2017도11564 판결. 골프장 건설시행사가 공사비 절감을 위해 건설회사의 명의를 대여받아 직영으로 공사를 진행하면서 위 건설회사로부터 세금계산서를 발급받은 사안이다.
694) 대법원 2017. 9. 21. 선고 2017도7843 판결.
695) 대법원 2010. 2. 11. 선고 2009도13342 판결.
696) 대법원 2014. 9. 26. 선고 2014도6479 판결.
697) 대법원 2011. 10. 27. 선고 2011도9592 판결.

다. 공급가액등의 합계액이 30억 원 또는 50억 원 이상일 것

(1) 공급가액등의 합계액 계산방법

합산은 피의자별로 하되 원칙적으로 피의자가 범한 조세범 처벌법 제10조 제3항 또는 제4항 위반행위에 해당하는 모든 문서에 기재된 공급가액을 합산하여야 한다.[699] 그런데 피의자가 범한 조세범 처벌법 제10조 제3항 또는 제4항 위반행위의 각 공급가액이 아무런 제한 없이 합산되는 것은 아니고, 1개의 특정범죄 가중처벌 등에 관한 법률 제8조의2 제1항의 위반행위로 포괄될 수 있는 조건을 갖춘 경우에만 합산의 대상이 된다. 일죄로 포괄할 수 있는 조건으로는 영리목적, 단일한 범의, 시간적·장소적 연관성, 범행수법의 동일성 등이 있다.

판례는 "특정범죄 가중처벌 등에 관한 법률 제8조의2 제1항은 영리의 목적과 세금계산서 및 계산서에 기재된 공급가액이나 매출처별 세금계산서합계표·매입처별 세금계산서합계표에 기재된 공급가액 또는 매출·매입금액(이하 '공급가액등'이라 한다)의 합계액이 일정액 이상이라는 가중사유를 구성요건화 하여 조세범 처벌법 제10조 제3항 위반과 합쳐서 하나의 범죄유형으로 정하고 공급가액등의 합계액에 따라 구분하여 법정형을 정하고 있음에 비추어 보면, 조세범 처벌법 제10조 제3항의 각 위반행위가 영리를 목적으로 단일하고 계속된 범의 아래 일정기간 계속하여 행해지고 그 행위들 사이에 시간적·장소적 연관성이 있으며 범행의 방법 간에도 동일성이 인정되는 등 하나의 특정범죄 가중처벌 등에 관한 법률 제8조의2 제1항 위반행위로 평가될 수 있고, 그 행위들에 해당하는 문서에 기재된 공급가액 등을 모두 합산한 금액이 위 조항에 정한 금액에 해당하면, 그 행위들에 대하여 포괄하여 위 조항 위반의 1죄가 성립될 수 있다"고 판시하고 있다.[700]

한 사람이 여러 사업자명의로 허위 매출·매입처별 세금계산서합계표를 제출하거나 허위 세금계산서를 발급한 경우에, 서로 다른 사업자명의로 세금계산서나 합계표가 작성되었다 하더라도, 영리의 목적으로 단일하고 계속된 범의 아래 일정기간 계속하여 행하여지고 그 행위들 사이에 시간적·장소적 연관성이 있으며 범행의 방법 간에도 동일성이 인정되는 등 하나의 특정범죄 가중처벌 등에 관한 법률 제8조의2 제1항의 위반행위로 평가될 수 있다면 비록 각각 다른 과세기간에 작성된 문서들일지라도 포괄하여 특정범죄 가중처벌 등에 관한 법률 제8조의2 제1항의 죄가 성립하는 것이지, 사업자명의별로 각각 1개의 특정범죄 가중처벌 등에 관한 법률 제8조의2 제1항의 죄가 성립하는 것은 아니다.[701]

---

698) 대법원 2011. 9. 29. 선고 2011도4397 판결 : 대법원 2013. 9. 27. 선고 2013도7953 판결.
699) 대법원 2011. 9. 29. 선고 2011도4397 판결.
700) 대법원 2018. 10. 25. 선고 2018도9810 판결.
701) 대법원 2015. 6. 23. 선고 2015도2207 판결.

(2) 구체적 사례별 계산방법

(가) 동일한 거래에 관한 세금계산서와 매출·매입처별 세금계산서합계표의 공급가액 합산

동일한 거래에 관한 허위 세금계산서 발급·수취 행위와 허위의 매출·매입처별 세금계산서합계표 제출 행위는 서로 구별되는 별개의 행위로서 각 행위에 따른 결과라고 할 수 있는 '공급가액' 역시 별도로 산정하여야 하며, 특정범죄 가중처벌 등에 관한 법률 제8조의2에 따라 가중처벌을 하기 위한 기준인 '공급가액등의 합계액'을 산정함에 있어서도 위와 같이 별도로 산정된 각 '공급가액'을 합산하는 것이 타당하다.[702]

(나) 매출·매입처별 세금계산서합계표상 과다기재된 공급가액의 합산

매출·매입처별 세금계산서합계표에 기재된 각 매출처에의 공급가액에 해당하는 실물거래가 전혀 존재하지 않거나 일부 실물거래가 존재하더라도 전체적으로 그 공급가액을 부풀려 허위로 기재한 합계표를 정부에 제출한 경우에는 위 합계표를 구성하는 개별 세금계산서를 허위기재한 경우와 달리 그 가공 혹은 허위의 공급가액 부분 전체에 관하여 위 허위기재를 내용으로 하는 조세범 처벌법 제10조 제3항 제3호에서 정한 '재화 또는 용역을 공급하지 않고 부가가치세법에 따른 매출·매입처별 세금계산서합계표를 거짓으로 기재하여 정부에 제출한 행위'에 해당하므로, 이러한 허위의 공급가액 부분을 특정범죄 가중처벌 등에 관한 법률 제8조의2에 따라 가중처벌을 하기 위한 기준인 '공급가액등의 합계액'을 산정할 때 합산한다.[703]

(다) 동일인이 두 회사를 대표하여 두 회사 사이에서 세금계산서를 발급하고 발급받는 경우

한 사람이 세금계산서를 발급하고 발급받는 두 회사를 모두 경영하면서 실물거래 없이 재화 또는 용역을 공급하는 사업자로서 허위 세금계산서를 발급하는 한편, 다른 별개의 사업자로서 위 허위 세금계산서를 발급받은 경우, 특정범죄 가중처벌 등에 관한 법률 제8조의2 제1항에서 정한 공급가액등의 합계액을 산정할 때에는 발급하는 사업자로서의 공급가액과 발급받는 사업자로서의 공급가액을 합산하여야 한다. 종전에는 동일인이 1개의 세금계산서의 발급자이자 수취자인 경우 위와 같은 공급가액등 합계액 산정 시 이중으로 합산하여서는 안 된다는 하급심 판결들이 존재했는데 대법원은 이에 대해서, 특정범죄 가중처벌 등에 관한 법률 제8조의2 제1항 가중처벌 규정은 세금계산서 수수질서를 확립하여 궁극적으로 근거과세와 공평과세를 실현하기 위한 것이고, 세금계산서는 이를 발급하는 사업자와

---

702) 대법원 2011. 9. 29. 선고 2009도3355 판결.
703) 대법원 2017. 12. 5. 선고 2017도11564 판결 ; 대법원 2015. 10. 15. 선고 2015도9651 판결 ; 대법원 2010. 5. 13. 선고 2010도336 판결.

발급받는 사업자 모두에게 부가가치세 과세자료가 되며, 조세범 처벌법 제10조 제3항 제1호가 세금계산서를 발급한 사람과 발급받은 사람을 모두 처벌하고 있는 점 등을 종합하여 보면, 위와 같은 경우 발급하는 사업자로서의 공급가액과 발급받는 사업자로서의 공급가액을 합산하는 것이 타당하다고 판시하였다.[704]

(라) 수정세금계산서의 경우

최초의 허위 세금계산서의 전부 또는 일부를 취소하는 음(-)의 수정세금계산서는 조세범 처벌법 제10조 제3항 제1호에 해당하지 않으므로 이는 합산의 대상에서 제외한다. 하지만 최초의 허위 세금계산서를 취소한 다음 다시 발급하는 양(+)의 수정세금계산서와 공급가액의 증가로 인하여 추가적으로 발급하는 양(+)의 수정세금계산서의 공급가액은 조세범 처벌법 제10조 제3항 제1호의 구성요건을 충족하므로 그 공급가액을 특정범죄 가중처벌 등에 관한 법률 제8조의2 제1항에서 정한 공급가액등의 합계액을 산정할 때에 합산에 포함시켜야 한다. 이에 관한 상세한 내용은 본장 제3절 Ⅰ. 2. 다항을 참고하라.

라. 고의

본죄는 고의범이므로 영리를 목적으로 실물거래 없이 세금계산서를 발급하거나 발급받는 행위, 소득세법 및 법인세법에 따른 계산서를 발급하거나 발급받는 행위 및 매출·매입처별 세금계산서합계표 또는 매출·매입처별 계산서합계표를 거짓으로 기재하여 제출한 행위를 하거나 위와 같은 행위를 알선하거나 중개한다는 범의가 인정되어야 성립한다.

3. 고발전치주의

조세범 처벌법 제21조에 의하면 동법에 규정된 모든 조세범에 대해서는 국세청장, 지방국세청장, 세무서장의 고발이 있어야 공소제기가 가능하다. 그런데 특정범죄 가중처벌 등에 관한 법률 제16조는 동법 제6조 및 제8조의 죄에 대해서는 고소 또는 고발이 없는 경우에도 공소를 제기할 수 있다고 규정하는 반면, 동법 제8조의2의 죄에 대해서는 별다른 규정이 없다. 그렇다면 동법 제16조에 고발전치주의를 배제하는 명시적 규정이 없는 동법 제8조의2의 죄는 공소제기에 과세관청의 고발이 여전히 필요하다고 해석함이 상당하다.

판례도 마찬가지 입장이다. 대법원은 특정범죄 가중처벌 등에 관한 법률 제8조의2 제1항의 죄는 조세범 처벌법 제10조 제3항 및 제4항 전단의 죄 중 영리의 목적이 있고 공급가액등의 합계액이 일정금액 이상인 경우를 가중처벌하는 것에 불과하여 위 조세범 처벌법 규

---

704) 대법원 2020. 2. 13. 선고 2019도12842 판결 ; 대법원 2020. 2. 13. 선고 2019도13674 판결.

정에 의하여 규율되지 아니하는 새로운 유형의 범죄를 신설한 것으로 볼 수 없으므로, 법률에 별도의 규정이 없는 한 조세범 처벌법 제21조에 따라 국세청장, 지방국세청장 또는 세무서장의 고발이 없으면 공소를 제기할 수 없다고 판시하고 있다.[705]

4. 기수시기, 죄수

1개의 조세범 처벌법 제10조 제3항 또는 제4항의 죄가 특정범죄 가중처벌 등에 관한 법률 제8조의2의 죄를 구성할 때는 그 실행행위의 종료시점에 본죄의 기수가 성립하고, 여러 개의 조세범 처벌법 제10조 제3항 또는 제4항의 죄가 포괄하여 1개의 특정범죄 가중처벌 등에 관한 법률 제8조의2의 죄를 구성할 때에는 맨 마지막에 행해진 범죄의 실행행위가 종료할 때에 본죄의 기수가 성립한다.

사업자가 장기간에 걸쳐서 범한 여러 유형의 조세범 처벌법 제10조 제3항 또는 제4항 위반행위가 포괄하여 1개의 특정범죄 가중처벌 등에 관한 법률 제8조의2 제1항의 죄가 성립하는 경우 개별 조세범처벌법위반죄는 본죄에 흡수되어 별죄를 구성하지 않는다.

조세범 처벌법 제10조 제3항 또는 제4항 전단의 위반행위를 한 행위자가 특정범죄 가중처벌 등에 관한 법률 제8조의2 제1항에 의해 가중처벌된다 할지라도 위 특정범죄 가중처벌 등에 관한 법률은 앞서 살펴본 바와 같이 행위자에게만 적용되므로, 법인은 양벌규정에 의하여 조세범 처벌법 제10조 제3항 또는 제4항 전단의 위반으로 처벌된다. 따라서 법인의 대표자가 수 개의 조세범 처벌법 제10조 제3항 위반행위에 대하여 특정범죄 가중처벌 등에 관한 법률 제8조의2 제1항 위반의 1죄로 처벌받는다고 하더라도 조세범 처벌법 제18조의 양벌규정에 의하여 처벌되는 법인의 조세범처벌법위반죄는 무거래 세금계산서 수수행위 등으로 인한 조세범처벌법위반죄의 죄수에 관한 일반 법리가 적용되어 특별한 사정이 없는 한 각 세금계산서 등 문서마다 1개의 죄가 성립된다고 보아야 한다.[706]

5. 공소장 변경과 기판력 문제

특정범죄 가중처벌 등에 관한 법률 제8조의2 제1항 위반의 포괄일죄를 구성하는 개별 조세범처벌법위반행위 상호 간에는 공소장 변경이 가능하다. 포괄일죄에 있어서는 공소장 변경을 통한 종전 공소사실의 철회 및 새로운 공소사실의 추가가 가능한 점에 비추어 그 공소장 변경허가 여부를 결정함에 있어서는 포괄일죄를 구성하는 개개 공소사실별로 종전 것과

---

705) 대법원 2014. 9. 24. 선고 2013도5758 판결.
706) 대법원 2015. 6. 24. 선고 2014도16273 판결.

의 동일성 여부를 따지는 것이 아니라 변경된 공소사실이 전체적으로 포괄일죄의 범주 내에 있는지 여부, 즉 단일하고 계속된 범의 하에 동종의 범행을 반복하여 행하고 그 피해법익도 동일한 경우에 해당한다고 볼 수 있는지 여부에 초점을 맞추어야 하기 때문이다.[707] 예를 들어 허위의 매입처별 세금계산서합계표 제출 행위에 대하여 특정범죄 가중처벌 등에 관한 법률 제8조의2 제1항을 적용하여 기소한 종전 공소사실을 그 매입처별 세금계산서합계표의 기초가 된 각 허위 세금계산서 수취의 공소사실로 변경하는 것도 가능하다.

특정범죄 가중처벌 등에 관한 법률 제8조의2 제1항 위반죄에 대한 확정판결이 있는 때에는 그 확정판결의 범죄사실과 포괄일죄 관계에 있는 것으로 평가되는 허위 세금계산서 발급 등의 범죄에 대해 그 확정판결의 기판력이 미친다. 그렇지만 확정판결의 기판력이 미치는 범위는 그 확정된 사건 자체의 범죄사실과 죄명을 기준으로 정하는 것이 원칙이므로, 그 전의 확정판결에서 조세범 처벌법 제10조 제3항 각 호의 위반죄로 처단되는 데 그친 경우에는, 설령 확정된 사건 자체의 범죄사실이 뒤에 공소가 제기된 사건과 종합하여 특정범죄 가중처벌 등에 관한 법률 제8조의2 제1항 위반의 포괄일죄에 해당하는 것으로 판단된다 하더라도, 뒤늦게 앞서의 확정판결을 위 포괄일죄의 일부에 대한 확정판결이라고 보아 기판력이 그 사실심판결 선고 전의 이 사건 법률조항 위반 범죄사실에 미친다고 볼 수 없다.[708]

---

707) 대법원 2006. 4. 27. 선고 2006도514 판결.
708) 대법원 2015. 6. 23. 선고 2015도2207 판결 ; 대법원 2004. 9. 16. 선고 2001도3206 전원합의체 판결.

제 **6** 장

무면허 주류의 제조 및 판매 관련 범죄

조세범 처벌법

제6조(무면허 주류의 제조 및 판매)「주류 면허 등에 관한 법률」에 따른 면허를 받지 아니하고 주류, 밑술·술덧을 제조(개인의 자가소비를 위한 제조는 제외한다)하거나 판매한 자는 3년 이하의 징역 또는 3천만 원(해당 주세 상당액의 3배의 금액이 3천만 원을 초과할 때에는 그 주세 상당액의 3배의 금액) 이하의 벌금에 처한다. 이 경우 밑술과 술덧은 탁주로 본다.

본죄는 주류 면허 등에 관한 법률에 따른 면허를 받지 아니하고 주류, 밑술·술덧을 제조(개인의 자가소비를 위한 제조는 제외한다)하거나 판매하는 경우에 성립한다. 이 경우 밑술과 술덧[709]은 탁주로 본다.

일본의 유력한 견해는 조세수입 확보를 위해서 특정한 행위가 일반적으로 금지되고 있는 경우에 허가를 받지 아니하고 그 행위를 하는 것을 간접포탈범으로 분류하는데, 무면허 주류 제조 및 판매행위가 여기에 해당한다. 이러한 위반행위는 이에 의하여 필연적으로 조세채권의 침해가 생기므로 이를 탈세범으로 일종으로 본다고 한다.[710]

조세포탈의 위험성 때문에 주류 제조 면허나 판매 면허 없이 주류를 제조 또는 판매하는 행위 자체를 본조에서 처벌하지만, 나아가 무면허 제조자나 판매자 등이 실제로 조세포탈까지 하였다면 본죄와는 별도로 조세포탈죄가 성립한다.

제조의 의미와 관련하여 유흥주점에서 주류제조 면허 없이 손님들이 먹다가 남긴 양주를 빈 양주병에 넣어 마개를 봉함하는 방법으로 소위 가짜 양주를 만든 행위도 본죄의 무면허 주류 제조행위에 해당한다.

---

709) "밑술"이란 효모를 배양·증식한 것으로서 당분이 포함되어 있는 물질을 알코올 발효시킬 수 있는 재료를 말한다. "술덧"이란 주류의 원료가 되는 재료를 발효시킬 수 있는 수단을 재료에 사용한 때부터 주류를 제성(製成)하거나 증류(蒸溜)하기 직전까지의 상태에 있는 재료를 말한다.
710) 金子 宏, 앞의 책, 1123쪽.

제7장

체납처분의 면탈 관련 범죄

제1절 **체납처분면탈죄**[711]

> **조세범 처벌법**
>
> 제7조(체납처분 면탈) ① 납세의무자 또는 납세의무자의 재산을 점유하는 자가 체납처분의 집행을 면탈하거나 면탈하게 할 목적으로 그 재산을 은닉·탈루하거나 거짓 계약을 하였을 때에는 3년 이하의 징역 또는 3천만 원 이하의 벌금에 처한다.

I 의의, 보호법익

본죄는 납세의무자 또는 납세의무자의 재산을 점유하는 자가 체납처분의 집행을 면탈하거나 면탈하게 할 목적으로 그 재산을 은닉·탈루하거나 거짓 계약을 하였을 경우에 성립한다(조세범 처벌법 제7조 제1항). 종전에는 본죄의 범죄주체를 '체납자 또는 체납자의 재산을 점유하는 자'로 규정했었으나 체납 전 고의적 면탈범에 대한 처벌을 가능하게 하기 위해 2010. 1. 1. 조세범 처벌법 전면 개정 시 범죄주체를 '체납자'에서 '납세의무자'로 변경하고 형량도 높임으로써 처벌을 강화하였다.

체납처분(강제징수)[712]이란 공법상의 금전급부의무를 이행하지 아니하는 경우에 행정청이 강제적으로 급부의무가 이행된 것과 같은 상태를 실현하는 행정상의 강제집행의 하나이다. 국세에 관한 체납처분(강제징수)은 국세징수법에 규정돼 있다. 국세에 대한 체납처분(강제징수)은 체납자의 재산에 대한 압류, 공매, 청산의 순으로 진행된다.

체납처분면탈죄는 궁극적으로는 조세수입의 확보를 목적으로 하면서도 직접적으로는

---

711) 이는 정식 죄명이 아니지만 실무상 조세범 처벌법 제7조 제1항의 죄를 지칭하는 용어로 흔히 사용되고 있다.

712) 2021. 1. 1. 국세징수법 개정 시 체납처분이라는 용어가 강제징수라는 용어로 변경되었으나 이러한 개정사항이 조세범 처벌법에는 아직 반영되지 않았으므로 여기서는 체납처분이라는 용어를 그대로 사용하기로 한다.

국가의 국세징수라는 권력작용 그 자체의 보호를 목적으로 하는 죄라고 봄이 상당하다.[713)714)] 따라서 현실적으로 체납처분을 면하여 조세수입이 감소하는 결과가 발생하지 않더라도 체납처분을 면탈할 목적으로 구성요건적 행위를 하였다면 범죄가 성립한다고 해석해야 할 것이다.[715)]

 구성요건

1. 범죄의 주체

본죄는 범죄주체가 납세의무자 또는 납세의무자의 재산을 점유하는 자에 한정되는 신분범이다. 체납처분(강제징수)의 대상이 될 수 있는 제2차 납세의무자나 연대납세의무자도 범죄주체가 될 수 있다. 납세의무자라는 구성요건이 충족되려면 납세의무가 존재해야 한다.[716)] 조세포탈죄에서와 마찬가지로 과세요건의 충족으로 추상적 납세의무가 성립했다면 '납세의무자'라는 구성요건 자체는 충족되었다고 할 것이다.

판례도 같은 입장이다. 대법원은 체납처분면탈죄의 범죄 주체인 "납세의무자"의 의미와 관련하여 『「조세범 처벌법」 제7조 제1항 위반죄는 납세의무자 또는 납세의무자의 재산을 점유하는 자가 체납처분의 집행을 면탈하거나 면탈하게 할 목적으로 그 재산을 은닉·탈루하거나 거짓 계약을 하였을 때에 성립한다. 국세기본법 제2조 제9호는 "납세의무자란 세법에 따라 국세를 납부할 의무(국세를 징수하여 납부할 의무는 제외한다)가 있는 자를 말한다."라고 규정하고, 제21조 제1항은 "국세를 납부할 의무는 이 법 및 세법이 정하는 과세요건이 충족되면 성립한다."라고 규정한다. 따라서 「조세범 처벌법」 제7조 제1항 위반죄의 주체인 '납세의무자'는 면탈하고자 하는 체납처분과 관련된 조세를 납부할 의무가 있는 자를 의미하고, 그 '납세의무자'로서의 지위는 국세기본법 제21조에 규정된 '과세요건이 충족된 때'에 성립한다.』라고 판시하였다.[717)]

---

713) 中井隆司, "滯納處分妨害罪に關する一考察", 「稅大ジャーナル」 7, 稅務大學校, 2008, 6쪽 ; 長坂光弘, "國稅徵收法上の罰則規定についての一考察", 「稅務大學校 論叢」 第23号, 稅務大學校, 1993, 316쪽(체납처분면탈죄의 보호법익은 궁극적으로는 조세채권이지만 통상의 경우는 그 전제로서 체납처분의 기능도 보호하고 있다고 생각해야 한다고 한다).
714) 한편 판례는 본죄와 유사한 형법상의 강제집행면탈죄의 보호법익에 관하여 민사집행법에 의한 강제집행을 면탈하려는 행위를 처벌하여 주로 채권자의 정당한 권리행사를 보호하고 부수적으로 강제집행의 기능보호를 법익으로 한다고 한다(대법원 2011. 9. 8. 선고 2011도5165 판결 ; 대법원 2012. 4. 26. 선고 2010도5693 판결).
715) 中井隆司, 앞의 논문, 7쪽.
716) 대법원 1982. 10. 26. 선고 82도2157 판결.
717) 대법원 2022. 9. 29. 선고 2022도5826 판결.

위 판례 사안에서, 피고인 갑은 상가분양권을 매도하고 2018. 4. 20.경 매도대금을 수령하였는데 양도소득세가 부과될 것이 예상되자 이를 면탈하기 위해 2018. 4. 20. 매도대금 중 4억 1천만 원을 배우자인 피고인 을에게 증여하였다. 나아가 피고인 갑은 2018. 6. 12.경 자신 소유의 주택과 부속 토지의 지분 중 4분의 3을 배우자인 피고인 을에게 증여하고 나머지 4분의 1을 아들인 피고인 병에게 증여하였다. 이에 피고인은 갑은 양도소득세에 대한 체납처분의 집행을 면탈할 목적으로 그 재산을 은닉·탈루한 혐의로 기소되었고, 피고인 을과 병은 피고인 갑이 위와 같은 범행을 하는 것을 알고도 이를 방조한 혐의로 기소되었다.

대법원은 위 사안에서 부동산을 취득할 수 있는 권리인 상가분양권의 양도에 따른 양도소득세는 대금이 모두 지급되어 청산된 날로서 양도일[718]이 속하는 달의 말일에 납세의무가 성립하기 때문에[719] 피고인은 갑에게 양도소득세 납세의무자의 지위가 성립하는 날은 2018. 4. 30.이라고 판단하였다. 따라서 대법원은 피고인 갑이 납세의무자의 지위에 있지 않았던 2018. 4. 20.경 4억 1천만 원 증여행위에 대해서는 체납처분면탈죄가 성립하지 아니하고, 피고인 갑이 납세의무자의 지위에 있었던 2018. 6. 12.경 각 지분 증여행위에 대해서는 체납처분면탈죄가 성립한다고 판단하였다.

2. 범죄의 객체

체납처분(강제징수)의 대상이 될 수 있는 재산이 본죄의 객체이다. 동산, 부동산, 물권, 채권 기타 압류 및 공매가 가능한 재산이라면 체납처분 면탈의 객체가 될 수 있다. 장래의 권리라도 채무자와 제3채무자 사이에 채무자의 장래청구권이 충분하게 표시되었거나 결정된 법률관계가 존재하면 본죄의 객체에 해당한다.[720] 따라서 납세의무자가 장차 경매절차에서 배당받을 배당금지급채권은 체납처분 면탈의 객체가 될 수 있다.

납세의무자의 재산은닉 등 행위 시를 기준으로 납세의무자에게 체납처분의 집행을 확보하기에 충분한 다른 재산이 있었다면 국가의 조세수입이나 체납처분의 기능을 침해하였거나 침해할 우려가 있다고 보기 어려우므로 체납처분면탈죄가 성립하지 않는다고 봄이 상당하다.[721]

---

718) 양도소득세에서의 양도의 시기 내지 양도일에 대해서는 소득세법 제98조, 동법 시행령 제162조를 참고하라.
719) 상가분양권 양도에 따른 양도소득세 납세의무의 성립시기에 관하여는 소득세법 제105조, 제106조, 국세기본법 제21조 제3항 제2호를 참고하라.
720) 대법원 2011. 7. 28. 선고 2011도6115 판결.
721) 위의 판결. 이는 강제집행면탈죄에 관한 판례이지만 체납처분 면탈의 죄에도 같은 법리가 적용될 수 있을 것이다.

3. 체납처분(강제징수)을 받을 객관적 상태

본죄와 유사한 강제집행면탈죄가 성립하기 위해서는 강제집행을 받을 객관적 상태(이를 '강제집행의 절박성 요건'이라고 하기도 한다)가 존재하여야 한다는 것이 판례의 입장이다. 강제집행을 받을 객관적인 상태 하에서 구성요건적 행위를 한 경우에 비로소 보호법익 침해의 구체적 위험이 발생하여 가벌성이 부여되기 때문이다. 강제집행을 받을 객관적 상태란 강제집행, 가압류 또는 가처분 등의 집행을 당할 구체적 염려가 있는 상태를 말하는데, 채권자가 채권확보를 위해 그 보전신청이나 소송을 제기할 태세를 보이면 위 요건이 인정된다.[722]

강제집행면탈죄와 체납처분면탈죄의 구성요건이 서로 비슷하여 우리나라의 학설과 실무에서는 구성요건에 대한 해석이나 법리의 적용에 있어서 양 죄를 동일하게 취급하는 경우가 많은데, 이 문제에 있어서도 강제집행면탈죄에서와 마찬가지로 체납처분(강제징수)을 받을 객관적인 상태(이를 '체납처분의 절박성 요건'이라고 하기도 한다) 하에서 구성요건적 행위를 한 경우에 비로소 보호법익 침해의 구체적 위험이 발생하고 가벌성이 부여되어 동죄가 성립한다고 보는 것이 타당하다.

그렇다면 언제 체납처분(강제징수)을 받을 객관적인 상태가 있었다고 인정할 것인지 문제된다. 이 문제에 관한 구체적 검토를 위한 전제로서 먼저 국세징수절차를 간단히 살펴보기로 하자. 관할 세무서장은 국세를 징수하려면 납세자에게 그 국세의 과세기간, 세목, 세액 및 그 산출근거, 납부기한과 납부장소를 적은 납세고지서를 발급하여야 한다(국세징수법 제6조 제1항).[723] 관할 세무서장은 납세자의 체납액을 제2차 납세의무자등으로부터 징수하는 경우 징수하려는 체납액의 과세기간, 세목, 세액, 산출 근거, 납부하여야 할 기한(납부고지를 하는 날부터 30일 이내의 범위로 정한다), 납부장소, 제2차 납세의무자등으로부터 징수할 금액, 그 산출 근거, 그 밖에 필요한 사항을 적은 납부고지서를 제2차 납세의무자등에게 발급하여야 한다(국세징수법 제7조 제1항).

관할 세무서장은 납세자가 국세를 지정납부기한까지 완납하지 아니한 경우 지정납부기한이 지난 후 10일 이내에 체납된 국세에 대한 독촉장을 발급하여야 한다(국세징수법 제10조 제1항). 그런데 납세자가 제10조에 따른 독촉을 받고 독촉장에서 정한 기한까지 국세를 완납하지 아니한 경우나 제9조 제2항에 따라 납부고지를 받고 단축된 기한까지 국세를 완납하지 아니한 경우에 납세자의 재산을 압류하도록 규정되어 있다(국세징수법 제31조 제1항). 관할 세무서장은 납세자에게 국세징수법 제9조 제1항 각 호의 어느 사유가 있어 국세가 확정된

---

722) 대법원 1999. 2. 29. 선고 96도3141 판결 ; 대법원 1996. 1. 26 선고 95도2526 판결.
723) 신고납세방식의 조세에 있어서, 과세표준신고는 하였으나 신고한 세금을 납부하지 않는 경우 과세관청은 과세표준에 의해 확정된 세액에 가산세를 더하여 납세고지를 한다.

후 그 국세를 징수할 수 없다고 인정할 때에는 국세로 확정되리라고 추정되는 금액의 한도에서 납세자의 재산을 압류할 수 있다(국세징수법 제3조 제2항). 한편, 국세징수법 시행규칙의 별지 제2호 서식인 납부고지서에는 "납부기한 내에 완납하지 아니하면 독촉장을 발부하게 되며, 독촉 납부기한까지 완납하지 아니하면 국세징수법 제34조 제1항에 따라 재산을 압류하게 됩니다"라고 명시되어 있다. 이와 같이 체납처분(강제징수)은 국세징수법에 정해진 절차에 따라 순차적으로 실행하도록 되어 있고 납세고지서에 이미 체납처분(강제징수)에 대한 예고가 이루어진다.

위와 같은 국세징수절차를 감안할 때 언제 체납처분(강제징수)을 받을 객관적인 상태가 인정된다고 할 것인가. 먼저, 납세의무가 신고나 결정 또는 경정에 의해 구체적으로 확정되어 있으면 체납처분(강제징수)을 받을 객관적인 상태에 있다고 할 것이다.[724] 납세의무가 구체적으로 확정되면 납부기한 내에 세금의 납부가 이루어지지 않는 경우 국세징수법에 따라 당연히 독촉절차를 거쳐 체납처분(강제징수)이 진행되므로 과세관청으로부터 체납처분(강제징수)에 관한 별도의 언동이 없더라도 체납처분(강제징수)을 받을 객관적인 상태가 존재한다고 봄이 상당하다.

다음으로, 납세의무가 추상적으로 성립된 이후부터 구체적으로 확정되기 전까지의 시기에도 체납처분(강제징수)을 받을 객관적인 상태가 인정될 수 있는가. 이에 관하여는 두 가지 견해가 존재한다. 제1설은 추상적 납세의무가 성립한 이후에는 납세자가 이미 납세의무의 존재를 인식하고 장래의 체납처분(강제징수)을 면탈하기 위한 구성요건적 행위를 할 수 있고, 국세 확정 전 보전압류가 가능하기 때문에 이미 체납처분(강제징수)을 받을 개연성이 높은 상태라고 할 수 있어 다른 사정이 없어도 체납처분의 절박성 요건이 충족된다는 견해이다.[725] 제2설은 납세의무가 추상적으로 성립된 이후부터 구체적으로 확정되기 전까지의 시기에 대해서는 법정신고기한의 경과 여부, 세무조사 관련 상황, 국세 확정 전 체납처분 사유의 발생 등 구체적인 사정을 고려하여 체납처분의 절박성 요건을 판단하여야 한다는 견해이다.[726] 생각건대, 납세의무가 추상적으로 성립한 이후에는 납세자가 장차 구체적으로 확정될 조세채무를 명확하게 인식할 수 있고, 납기 전 징수사유 발생 시 국세 확정

---

724) 일본의 종래의 학설과 하급심 판례[東京高等裁判所 昭和 59年 3月 28日 판결(稅務訴訟資料 142号 1537頁)]는 구체적 납세의무가 성립하여야만 그 이행을 강제할 수 있는 것이므로 체납처분면탈죄가 성립하기 위해서는 납세의무가 확정될 필요가 있다고 보고 있는데, 이에 대해서는 반드시 납세의무가 확정되어 있을 필요까지는 없다고 보는 비판적 견해가 있다(中井隆司, 앞의 논문, 10쪽 이하).

725) 長坂光弘, 앞의 논문, 328쪽. 차규현, "체납처분면탈죄의 성립과 납세의무 확정 요부", 『조세와 법』 제8권 제2호, 서울시립대학교 법학연구소, 2015, 254쪽. 납세의무가 성립하는 때에 체납처분의 절박성이 발현되는 것으로 보아야 하고, 체납처분면탈죄의 성립에 납세의무의 확정을 요하는 것으로 해석한다면 유동적인 납세의무 확정시기에 따라 처벌여부가 달라져 불합리하므로 납세의무 성립 이후의 실행행위에 대해서는 가벌성을 인정해야 한다고 한다.

726) 中井隆司, 앞의 논문, 15쪽의 견해를 위와 같이 요약할 수 있다.

전 보전압류도 가능하며, 납세자가 조세를 납부하지 않을 경우 국세징수법에 따라 당연히 체납처분(강제징수)이 이루어질 거라는 사실을 예상할 수 있으므로 이때부터는 언제든지 체납처분(강제징수)의 면탈을 시도할 가능성이 높다. 따라서 납세의무가 추상적으로 성립한 이후에는 보호법익의 침해에 관한 구체적 위험이 발생한다고 할 것이므로 특별한 사정이 없는 한 체납처분(강제징수)을 받을 객관적 상태에 있다고 인정할 수 있을 것이다.[727]

한편, 대법원은 납세의무가 구체적으로 확정되기 전에는 과세관청이 납세의무자에게 어떠한 독촉을 하였다는 등 과세관청의 체납처분 집행이 임박하였다고 볼 만한 사정이 있어야만 체납처분을 받을 우려가 있는 객관적 상태가 인정된다고 판단한 원심을 받아들인 바 있다.[728]

4. 재산의 은닉, 거짓 계약, 탈루에 관한 해석과 입법론

가. 재산의 은닉, 거짓 계약

본죄는 체납처분(강제징수)의 집행을 면탈하거나 면탈하게 할 목적으로 그 재산을 은닉·탈루하거나 거짓 계약을 하였을 때에 성립한다. '재산의 은닉'이란 재산에 대한 소유권이나 지배·관리권을 유지하면서 조세채권자인 국가로 하여금 체납처분(강제징수) 대상 재산의 발견을 불능 또는 곤란케 하는 것을 말하는 것으로서, 사실행위 또는 법률행위를 불문하므로 재산의 소재를 불명케 하는 경우는 물론 그 소유관계를 불명하게 하는 경우도 포함한다. 하지만 재산의 소유관계를 불명하게 하는 데 반드시 공부상의 소유자 명의를 변경하거나 폐업 신고 후 다른 사람 명의로 새로 사업자등록을 할 것까지 요하는 것은 아니고, 정부가 현실적으로 실제로 손해를 입을 것을 요하는 것이 아니라 손해를 입을 위험성만 있으면 족하다.[729] 채무자 소유의 재산을 담보로 대출을 받아 대출금을 타인 명의의 계좌에

---

727) 이와 관련하여 우리나라의 현재의 하급심 판결은 두 가지로 입장이 나뉜다. 첫째는 민사에서 강제집행을 할 것인지 여부는 전적으로 채권자의 의사에 달렸으므로 그 채권자가 보전신청 등을 할 태세를 보여야만 강제집행을 받을 객관적 상태가 비로소 존재하게 되지만, 체납처분은 현실적으로 체납이 되거나 체납이 예상되는 사유가 있을 때 국세징수법에 정해진 바에 따라 의무적으로 이루어지므로 특별한 사정이 없는 한 세금 발생의 원인이 되는 행위 종료 시에 이미 세금 미납부 시 체납처분이 있을 것을 명확하게 예상할 수 있으므로 체납처분을 받을 객관적인 상태는 정부가 체납처분을 하겠다는 별도의 언동이 없더라도 인정된다고 봄이 상당하다는 입장이다. 둘째는 현실적으로 납부독촉 등이 있어 국세징수법 등에 의한 체납처분의 집행을 받을 객관적인 상태에서 체납처분을 면탈할 목적으로 재산의 은닉 등의 행위를 하여야 체납처분 면탈의 죄가 성립한다는 입장이다.

728) 대법원 2018. 11. 15. 선고 2017도18758 판결(2심, 대구지방법원 2017. 10. 19. 선고 2016노5397 판결) ; 대법원 2018. 10. 12. 선고 2017도10630 판결(2심, 수원지방법원 2017. 6. 19. 선고 2016노3133 판결).

729) 대법원 2003. 10. 9. 선고 2003도3387 판결. 사업장의 유체동산에 대한 강제집행을 면탈할 목적으로 사업자등록의 사업자 명의를 변경함이 없이 사업장에서 사용하는 금전등록기의 사업자 이름만을 변경한 경우, 강제집행면탈죄에 있어서 재산의 '은닉'에 해당한다고 판시하였다.

입금하는 행위[730], 채권자에 의하여 압류된 채무자 소유의 유체동산을 채무자의 모 소유인 것으로 사칭하면서 모의 명의로 제3자이의의 소를 제기하고, 집행정지결정을 받아 그 집행을 저지하는 행위[731], 채무자 소유 부동산을 명의신탁약정 하에 제3자에게 소유권 이전하여 명의신탁하는 행위[732] 등이 재산을 은닉한 경우에 해당한다.

거짓계약은 허위의 계약에 의해 재산의 소유관계를 불명하게 하는 등의 방법으로서 넓은 뜻으로는 은닉의 일종에 해당한다.[733]

나. 탈루에 관한 해석과 입법론

탈루는 밖으로 빼내 새게 한다는 의미의 용어이다. 원래 세법상 '탈루'란 고의나 과실, 사기나 그 밖의 부정한 행위 등 그 수단을 불문하는 넓은 개념이라는 점은 제2부 제2장 제1절 III.항에서 살펴보았다. 체납처분면탈죄는 고의범이므로 조세범 처벌법 제7조 제1항에서의 '재산의 탈루'는 문언상 고의적으로 재산을 빼내어 체납처분의 대상에서 제외되도록 하는 행위라고 해석할 수 있다. 따라서 '재산의 탈루'에 관하여 단순히 문언해석을 하는데 그칠 경우 체납처분 면탈의 처벌범위가 지나치게 확장되는 문제가 있다. 체납처분 면탈의 다른 구성요건적 행위인 '재산의 은닉'이나 '거짓 계약'은 조세포탈죄에서의 부정행위에 준하는 행위인 반면에 '재산의 탈루'는 문언의 의미에 비추어 부정행위에 준하는 행위가 수반되지 않는 진의에 의한 정상적인 재산의 양도나 처분행위 또는 소비행위까지를 광범위하게 포함할 수 있기 때문이다.[734]

납세자가 체납처분을 면탈할 목적으로 진정한 의사로써 재산을 정상적으로 양도하거나 소비하여 조세징수권자인 국가에 불이익을 초래하는 결과가 된 경우에, 그와 같은 진정하고 정상적인 재산의 양도나 소비행위를 체납처분 면탈에서의 탈루로 볼 수 있는지 실무에서도 논란이 된다. 하급심 판례의 입장은 통일되어 있지는 않지만, 진정하고 정상적인 재산의 처분이나 소비행위는 체납처분면탈죄를 구성하지 않는 것으로 보는 것이 주류적인 입장으로 보인다. 예를 들어, 이러한 견해는 체납상태에 있는 피고인이 부동산을 매각하고 그 매매대금을 송금받아 이를 현금으로 인출하여 소비했다고 주장하는 사안(현금인출한 것을

---

730) 대법원 2011. 9. 8. 선고 2011도5165 판결.
731) 대법원 1992. 12. 8. 선고 92도1653 판결.
732) 대법원 2007. 9. 6. 선고 2005다25021 판결.
733) 대법원 2001. 11. 27. 선고 2001도4759 판결.
734) 탈루는 강제집행면탈죄에는 존재하지 않는 행위태양이다. 탈루가 행위태양에 포함되지 않은 강제집행면탈죄에서는 납세의무자가 진의에 의하여 그 재산을 양도하였다면 설령 그것이 강제집행을 면탈할 목적으로 이루어진 것으로서 채권자의 불이익을 초래하는 결과가 되었다고 하더라도 강제집행면탈죄의 허위양도 또는 은닉에 해당하지 않는다고 본다(대법원 1982. 7. 27. 선고 80도382 판결 ; 대법원 1998. 9. 8. 선고 98도1949 판결).

은닉했다는 증거는 없음)에 대해, 납세의무자의 재산의 소비행위가 진의에 의한 것으로 거래관념상 정상적인 것으로 볼 수 있다면 그 소비행위가 체납처분을 면탈할 목적으로 이루어지고 조세징수권자인 국가에 불이익을 초래하는 결과가 되었다고 하더라도 이를 체납처분면탈에 해당한다고 볼 수 없다고 판단한다.

이와 관련하여 판례는 아직 '탈루'의 의미에 관한 해석론에 대하여 구체적인 입장을 밝힌 바 없다. 다만, 앞서 살펴본 바와 같이 대법원 2022. 9. 29. 선고 2022도5826 판결에서 대법원은 납세의무자가 체납처분을 면탈할 목적으로 재산을 배우자나 아들에게 증여하는 행위가 재산의 '은닉·탈루'에 해당한다고 판단하였다.[735]

체납처분면탈죄와 조세포탈죄는 국가의 조세수입을 침해하는 범죄라는 점에서 본질을 같이 한다. 조세포탈죄의 경우 조세채권의 확정을 침해하는 행위라도 부정행위의 정도에 이르지 아니하는 것을 폭넓게 처벌대상에서 제외하고 있음에도 유독 체납처분면탈죄는 진정하고 정상적인 행위에 의한 국세징수권의 침해까지도 처벌대상에 포함할 수 있도록 규정되어 있어 불합리하다고 판단된다. 또한, '탈루'를 문언대로 해석하게 되면 결국 납세자로 하여금 세금을 완납할 때까지 정부를 위하여 책임재산을 보전하도록 강제하는 결과가 초래되는데 이는 지나치게 국고주의적인 태도라고 할 수 있다. 따라서 처분의 경위, 상대방, 대가 등에 비추어 체납처분면탈을 주된 목적으로 이루어진 비상식적이고 비정상적인 처분행위에 의해 책임재산이 감소되는 경우에 한하여 탈루를 인정함이 상당하다. 나아가 본죄의 행위태양에서 '탈루'를 삭제하고 국세징수권 침해행위로서 보다 제한적이고 비난가능성이 높은 면탈행위로 대체하여 규정할 필요가 있다. 향후 체납처분면탈죄의 처벌범위를 어떻게 설정할 것인지에 관하여 해석론과 입법론 측면에서 심도있는 연구가 필요하다고 생각된다.[736]

---

735) 대법원은 위 판결에서 피고인의 체납처분 면탈 목적 증여행위가 재산의 은닉에 해당하는지, 아니면 재산의 탈루에 해당하는지 명확하게 구분하여 판단하지는 않았으나, 위 피고인의 증여행위가 허위가 아니라 진정한 것이었기 때문에 재산의 은닉이 아닌 재산의 탈루에 해당한다고 봄이 타당하다.

736) 참고로 일본의 체납처분면탈죄의 구성요건도 우리나라와 유사한 문제점이 있다고 생각된다. 일본의 체납처분면탈죄는 國稅徵收法 第187條에 규정돼 있다. 國稅徵收法 第187條는 "납세자가 체납처분의 집행을 면탈할 목적으로 그 재산을 은폐, 손괴, 국가에 불이익한 처분, 또는 그 재산에 관한 부담을 거짓으로 증가시키는 행위를 한 자"를 3년 이하의 징역 등으로 처벌하도록 규정하고 있다. 위 구성요건적 행위 중 은폐는 우리나라의 체납처분면탈죄의 구성요건 중 은닉과 유사하고, 재산에 관한 부담을 거짓으로 증가시키는 행위는 우리나라의 거짓 계약과 거의 동일한 반면, 손괴는 일본에만 존재하는 고유의 구성요건이라 할 수 있고, 국가에 불이익한 처분은 우리나라의 탈루와 비교해 볼 수 있는 개념이다. 국가에 불이익한 처분이란 증여, 부당하게 저가인 대가에 의한 처분, 환가가 용이한 재산을 환가가 곤란한 재산으로의 교환, 임차권의 설정, 채무면제 기타 재산의 처분에 의해 국가를 불이익하게 하는 일체의 행위를 의미한다고 한다(日本 國稅徵收法 法令解釋通達 第187條 關係).

5. 고의

본죄는 고의범이므로 납세의무자나 납세의무자의 재산을 점유하는 자가 재산을 은닉, 탈루, 거짓 계약하여 체납처분을 면탈한다는 인식하에 범행하여야 성립한다.

6. 체납처분 면탈의 목적

본죄는 고의 이외에 체납처분(강제징수) 면탈의 목적이 필요한 목적범이다. 판례에 의하면 주관적 구성요건 요소로서의 목적은 그것이 행위의 유일한 동기일 필요는 없으므로 다른 목적과 함께 존재하여도 무방하고 그 경우 어떤 목적이 행위의 주된 원인인지는 문제되지 아니한다. 그리고 그 목적에 대한 인식의 정도는 적극적 의욕이나 확정적 인식임을 요하지 아니하고 미필적 인식이 있으면 족하다.

피고인이 목적의 존재를 부인하는 경우 이러한 주관적 구성요건 요소인 사실은 그 성질상 상당한 관련성이 있는 간접사실 또는 정황사실을 분석하는 방법에 의하여 그 존부를 판단할 수밖에 없다. 이때 무엇이 목적의 존재를 뒷받침할 수 있는 상당한 관련성이 있는 간접사실 또는 정황사실에 해당하는 것인지는 정상적인 경험칙에 바탕을 두고 치밀한 관찰력 및 분석력에 의하여 합리적으로 판단하여야 한다.[737]

Ⅲ 기수시기, 타죄와의 관계

본죄는 이른바 위험범이고 국가의 조세수입의 확보뿐만 아니라 국가의 국세징수라는 권력작용 그 자체의 보호를 목적으로 하므로 체납처분을 면탈하거나 면탈하게 할 목적으로 재산을 은닉·탈루하거나 거짓 계약을 체결하였을 때 바로 성립하는 것이고, 체납처분을 실제로 면탈하는 결과가 야기되어야만 범죄가 성립하는 것은 아니다.[738]

체납처분(강제징수)을 받을 객관적 상태 하에서 체납처분을 면탈하기 위한 재산의 은닉 등의 행위가 조세포탈죄의 구성요건도 충족한다면 체납처분면탈죄와 조세포탈죄가 별도로 각각 성립한다. 이 경우 조세포탈죄의 부정행위에 관한 포괄설의 입장에서는 양죄는 상상적 경합관계에 있게 되고, 제한설의 입장에서는 양자는 실체적 경합관계에 있게 된다.[739]

---

737) 대법원 2018. 4. 12. 선고 2013도6962 판결.
738) 대법원 2008. 5. 8. 선고 2008도198 판결(강제집행면탈 관련 판례).
739) 中井隆司, 앞의 논문, 18쪽.

제2절 압수·압류물건 은닉 등 범죄

조세범 처벌법

제7조(체납처분 면탈) ① (생략)

② 「형사소송법」제130조 제1항에 따른 압수물건의 보관자 또는 「국세징수법」제49조 제1항에 따른 압류물건의 보관자가 그 보관한 물건을 은닉·탈루하거나 손괴 또는 소비하였을 때에도 제1항[740]과 같다.

③ (생략)

 의의

형사소송법 제130조 제1항[741]에 따른 압수물건의 보관자 또는 국세징수법 제49조 제1항에 따른 압류물건의 보관자가 그 보관한 물건을 은닉·탈루하거나 손괴 또는 소비하였을 때에 본죄가 성립한다.

 구성요건

본죄의 주체는 형사소송법 제130조 제1항에 따른 압수물건의 보관자 또는 국세징수법 제39조 제1항에 따른 압류물건의 보관자이다. 먼저 형사소송법 제130조 제1항에 따른 압수물건의 보관자에 관하여 살펴본다. 세무공무원은 범칙조사과정에서 압수·수색을 할 수 있다. 조세범 처벌절차법에서 규정한 사항 외에 압수 또는 수색과 압수·수색영장에 관하여는 형사소송법 중 압수 또는 수색과 압수·수색영장에 관한 규정을 준용한다(조세범 처벌절차법 제10조). 따라서 형사소송법 제130조 제1항도 조세범 처벌절차법에 의한 압수에 준용된다. 본죄 구성요건에서의 "형사소송법 제130조 제1항에 따른 압수물건"이란 본죄가 체납처분 면탈과 관련하여 규정되어 있는 입법취지상 형사소송법에 의한 모든 압수물을 의미하는 것이 아니라 조세범 처벌절차법에 의한 압수물건이라고 해석함이 상당하다.

세무공무원은 범칙조사과정에서 압수한 압수물이 운반 또는 보관에 불편한 경우 간수자

---

740) 3년 이하의 징역 또는 3천만 원 이하의 벌금.

741) 형사소송법 제130조(압수물의 보관과 폐기) 제1항은 "운반 또는 보관에 불편한 압수물에 관하여는 간수자를 두거나 소유자 또는 적당한 자의 승낙을 얻어 보관하게 할 수 있다"라고 규정하고 있다.

를 두거나 소유자 또는 적당한 자의 승낙을 얻어 보관하게 할 수 있다(형사소송법 제130조 제1항). 그리고 국세공무원이 강제징수로서 하는 동산과 유가증권의 압류는 세무공무원이 이를 점유함으로써 한다. 그런데 운반하기 곤란한 동산은 체납자 또는 제3자로 하여금 보관하게 할 수 있다. 이 경우 봉인이나 그 밖의 방법으로 압류재산임을 명백히 하여야 한다(국세징수법 제48조, 제49조 제1항).

위와 같은 압수물건의 보관자 또는 압류물건의 보관자가 그 보관한 물건을 은닉·탈루하거나 손괴 또는 소비하였을 때에 본죄가 성립하는 것이다. 조세범 처벌법 제7조 제1항 소정의 체납처분면탈죄와 달리 본죄의 행위 태양에는 거짓 계약이 없고, 손괴 또는 소비가 추가되어 있다.

제3절

체납처분 면탈 등의 방조

조세범 처벌법

제7조(체납처분 면탈) ① (생략)
  ② (생략)
  ③ 제1항과 제2항의 사정을 알고도 제1항과 제2항의 행위를 방조하거나 거짓 계약을 승낙한 자는 2년 이하의 징역 또는 2천만 원 이하의 벌금에 처한다.

체납처분면탈범행(조세범 처벌법 제7조 제1항)과 압수·압류물건의 은닉 등의 범행(조세범 처벌법 제7조 제2항)의 사정을 알고도 그와 같은 행위를 방조하거나 거짓 계약을 승낙한 경우 본죄가 성립한다. 본죄의 범행은 형법상의 방조범 등에 관한 규정에 의하여 대부분 처벌이 가능할 것이나, 조세범 처벌법은 이를 별도의 범죄로 규정하고 있다.

제8장

장부의 소각·파기 등 범죄

조세범 처벌법

제8조(장부의 소각·파기 등) 조세를 포탈하기 위한 증거인멸의 목적으로 세법에서 비치하도록 하는 장부 또는 증빙서류(「국세기본법」 제85조의3 제3항에 따른 전산조직을 이용하여 작성한 장부 또는 증빙서류를 포함한다)를 해당 국세의 법정신고기한이 지난 날부터 5년 이내에 소각·파기 또는 은닉한 자는 2년 이하의 징역 또는 2천만 원 이하의 벌금에 처한다.

제1절 의의

본죄는 조세를 포탈하기 위한 증거인멸의 목적으로 세법에서 비치하도록 하는 장부 또는 증빙서류(국세기본법 제85조의3 제3항에 따른 전산조직을 이용하여 작성한 장부 또는 증빙서류를 포함한다)를 해당 국세의 법정신고기한이 지난 날부터 5년 이내에 소각·파기 또는 은닉한 경우에 성립한다. 국세기본법과 개별 세법에서는 국세의 부과와 징수를 위해 국세 부과의 원칙적 제척기간 내에서는 장부와 증빙서류를 비치하고 보존하도록 규정하고 있다. 본죄는 이러한 장부나 증빙서류의 비치 및 보존의무의 이행을 형사상 강제하기 위한 구성요건이다.

세법에서 비치하도록 하는 장부 또는 증빙서류

세법상 비치 및 보존이 필요한 장부와 증빙서류가 행위의 객체에 해당한다. 납세자는 각 세법에서 규정하는 바에 따라 모든 거래에 관한 장부 및 증거서류를 성실하게 갖춰 두어야 하고, 위와 같은 장부 및 증거서류는 그 거래사실이 속하는 과세기간에 대한 해당 국세의 법정신고기한이 지난 날부터 5년간 보존하여야 한다. 다만, 국세기본법 제26조의2 제1항 및 제2항 제1호의 국세부과제척기간이 끝난 날이 속하는 과세기간 이후의 과세기간에 소득세 법 제45조 제3항 등에 따라 이월결손금을 공제하는 경우에는 결손금이 발생한 과세기간의 소득세 또는 법인세에 관한 장부와 증거서류는 이월결손금을 공제한 과세기간의 법정신고 기한으로부터 1년간 보존하여야 한다(국세기본법 제85조의3 제2항).

전자문서 및 전자거래 기본법 제5조 제2항에 따른 전자화문서로 변환하여 같은 법 제31 조의2에 따른 공인전자문서센터에 보관한 경우에는 위와 같은 장부 및 증거서류를 갖춘 것 으로 본다. 다만, 계약서 등 위조·변조하기 쉬운 장부 및 증거서류로서 상법 시행령 등 다 른 법령에 따라 원본을 보존하여야 하는 문서 등 국세기본법 시행령으로 정하는 것은 그러 하지 아니하다(국세기본법 제85조의3 제4항). 납세자는 위와 같은 장부와 증거서류의 전부 또는 일부를 전산조직을 이용하여 작성할 수 있는데 이 경우 그 처리과정 등을 국세기본법 시행 령으로 정하는 기준에 따라 자기테이프, 디스켓 또는 그 밖의 정보보존 장치에 보존하여야 한다(국세기본법 제85조의3 제3항).

소득세법은 사업자는 소득금액을 계산할 수 있도록 증명서류 등을 갖춰 놓고 그 사업에 관한 모든 거래사실이 객관적으로 파악될 수 있도록 장부에 기록·관리하여야 한다고 규정 한다(소득세법 제160조 제1항). 장부는 원칙적으로 복식부기에 의한 장부를 기록·비치하여야 하나 업종별 일정 규모 이하의 사업자의 경우에는 간편장부를 기록·비치할 수 있다. 그리 고 비용 등의 지출증명 수취·보관의무, 기부금영수증 발급명세의 작성·보관의무 등이 있 다(소득세법 제160조의2, 제160조의3).

납세의무가 있는 법인은 장부를 갖추어 두고 복식부기 방식으로 장부를 기장하여야 하 며, 장부와 관계있는 중요한 증명서류를 비치·보존하여야 한다. 다만, 비영리법인은 법인 세법 제4조 제3항 제1호 및 제7호의 수익사업(비영리외국법인의 경우 해당 수익사업 중 국 내원천소득이 발생하는 경우만 해당한다)을 하는 경우로 한정한다(법인세법 제112조). 그리 고 법인은 지출증명서류의 수취 및 보관의무, 기부금영수증 발급명세의 작성·보관 의무 등이 있다(법인세법 제116조, 제112조의2).

부가가치세법상의 사업자는 자기의 납부세액 또는 환급세액과 관계되는 모든 거래사실을 시행령에 정하는 바에 따라 장부에 기록하여 사업장에 갖추어 두어야 한다(부가가치세법 제71조 제1항).

Ⅱ 국세의 법정신고기한이 지난 날부터 5년 이내

국세의 법정신고기한이란 조세포탈의 객체가 되는 국세의 법정신고기한을 말한다. 본죄가 성립하기 위해서는 그 기한이 지난 날부터 5년 이내에 소각·파기 또는 은닉행위를 하여야 한다. 본죄는 국세의 원활한 부과와 징수를 확보하기 위한 것이므로 국세의 원칙적 부과제척기간인 5년 이내에 소각·파기하는 행위만을 처벌 대상으로 한다.

Ⅲ 소각, 파기, 은닉

세법에서 비치하도록 하는 장부 또는 증빙서류를 소각·파기 또는 은닉할 때 본죄가 성립한다. 소각·파기는 사실상 장부나 증명서류로서의 기능을 하지 못하도록 불에 태우거나 기타 방법으로 훼손하는 행위를 의미한다. 은닉이란 장부나 증빙서류를 발견하지 못하도록 감추는 행위를 말한다.

Ⅳ 조세포탈을 위한 증거인멸 목적

증거인멸 목적 중에서도 조세를 포탈하기 위한 증거인멸 목적을 가진 경우만이 본죄의 처벌 대상이 된다. 법 문언에 비추어 자신의 조세뿐만 아니라 타인의 조세를 포탈하기 위한 증거인멸 목적도 포함된다.

Ⅴ 고의

본죄는 고의범이므로 조세를 포탈하기 위한 증거인멸의 목적으로 세법에서 비치하도록 하는 장부 또는 증빙서류 등을 해당 국세의 법정신고기한이 지난 날부터 5년 이내에 소각·파기 또는 은닉한다는 인식하에 범행한 경우에 한하여 성립한다.

기수시기, 타죄와의 관계

본죄는 조세를 포탈하기 위한 목적으로 장부를 소각·파기할 때에 기수가 성립한다. 조세를 포탈하기 위해 장부를 소각·파기하는 행위는 조세포탈죄에서의 부정행위이기도 하다. 만일 조세를 포탈하기 위해 장부를 소각·파기하였으나 이후 정상적으로 과세표준신고를 하는 등으로 조세포탈죄가 기수가 되지 않은 경우에는 본죄만이 성립한다. 조세를 포탈하기 위해 장부를 소각·파기한 이후 허위과소신고 또는 허위미신고 등으로 조세포탈죄가 성립하는 경우에는 본죄와 조세포탈죄가 각각 별도로 성립하고 양자는 실체적 경합 관계에 있게 된다.

제 9 장

성실신고 방해 행위 관련 범죄

제1절 세무신고 대리인의 거짓 신고 관련 범죄

> **조세범 처벌법**
>
> 제9조(성실신고 방해 행위) ① 납세의무자를 대리하여 세무신고를 하는 자가 조세의 부과
> 또는 징수를 면하게 하기 위하여 타인의 조세에 관하여 거짓으로 신고를 하였을 때에는
> 2년 이하의 징역 또는 2천만 원 이하의 벌금에 처한다.
> (생략)

Ⅰ 의의, 입법취지

본죄는 납세의무자를 대리하여 세무신고를 하는 자가 조세의 부과 또는 징수를 면하게 하기 위하여 타인의 조세에 관하여 거짓으로 신고를 하였을 때에 성립한다. 판례에 의하면 위 조항은 납세의무자를 대리하여 거짓으로 세무신고를 하는 경우 그 자체로 조세포탈의 결과가 발생할 위험이 매우 크다는 점 등을 고려하여 조세포탈행위와 별도로 그 수단이자 전단계인 거짓신고행위를 처벌하는 데 그 취지가 있다고 한다.[742]

Ⅱ 구성요건

1. 납세의무자를 대리하여 세무신고를 하는 자

납세의무자를 대리하여 세무신고를 하는 자가 본죄의 범죄주체가 되는 신분범이다. 세무대리를 하는 세무사, 공인회계사, 세무사의 직무를 하는 변호사 등이 통상 본죄의 주체가

---

742) 대법원 2019. 11. 14. 선고 2019도9269 판결.

될 것이다. 하지만 납세의무자로부터 위임을 받아 그를 대리하여 세무신고를 하는 자라면 세무사법 등의 법령에 따라 세무대리를 할 수 있는 자격과 요건을 갖추지 않아도 무방하다. 따라서 거래업체들로부터 위임을 받아 대여받은 세무사 명의로 세무신고를 한 자도 이 범죄의 주체가 될 수 있다.[743]

본죄의 입법취지를 고려해 볼 때 여기서의 세무신고란 조세에 관한 신고로서 개별 조세에 대한 과세표준신고 등 조세의 부과 또는 징수를 면하게 할 수 있는 사항에 관한 신고가 여기에 해당한다고 할 것이다. 처벌의 범위가 지나치게 확장되는 것을 방지하기 위하여 여기서의 신고는 법령에 규정된 신고만을 의미한다고 보는 것이 상당하다.

2. 조세의 부과 또는 징수를 면하게 할 목적

세무신고를 대리하는 자가 조세의 부과 또는 징수를 면하게 할 목적으로 거짓으로 세무신고를 하는 경우에 본죄가 성립한다.

3. 타인의 조세에 관하여 거짓으로 신고

타인의 조세에 관한 거짓 신고만이 처벌대상이 되므로 본인의 조세에 관한 허위신고, 법인의 대표자가 법인의 사무로서 법인의 세무신고를 하는 경우는 타인의 조세에 관한 신고가 아니므로 처벌대상이 되지 않는다. 또한 납세의무자인 사업주나 법인으로부터 그 업무에 관하여 관리나 감독을 받는 종업원이나 사용인, 대리인 등 양벌규정에 의한 행위자도 그들이 법인이나 개인사업자의 사무로서 세무신고를 할 때에는 타인의 조세에 관하여 거짓으로 신고한 것으로 볼 수 없다. "타인의 조세에 관하여 거짓으로 신고"라는 구성요건으로 인하여 본인에 해당하는 납세의무자 등은 비록 세무대리인의 거짓 신고에 가담하였다 할지라도 원칙적으로 공범으로 처벌할 수는 없다.

세무대리인이 거래처의 위임을 받아 허위의 매입처별 세금계산서합계표를 제출하여 부가가치세를 허위로 신고하는 행위, 매입액을 과다계상하여 종합소득세를 허위로 신고하는 행위, 필요경비를 허위로 계상하여 양도소득세를 허위로 신고하는 행위 등이 타인의 조세에 관하여 거짓으로 신고한 경우에 해당한다.

---

743) 위의 판결.

4. 고의

본죄는 고의범이므로 납세의무자를 대리하여 세무신고를 하는 자가 조세의 부과 또는 징수를 면하게 하기 위하여 타인의 조세에 관하여 거짓으로 신고한다는 사실을 인식한 상태에서 거짓 신고를 하여야 성립한다. 납세의무자의 말을 믿고 그러한 인식 없이 사실과 다른 신고를 한 경우에는 고의가 인정되지 않는다.

제2절 **과세표준 미신고 또는 거짓 신고 교사 등 범죄**

조세범 처벌법

제9조(성실신고 방해 행위) ① (생략)
② 납세의무자로 하여금 과세표준의 신고(신고의 수정을 포함한다. 이하 "신고"라 한다)를 하지 아니하게 하거나 거짓으로 신고하게 한 자 또는 조세의 징수나 납부를 하지 않을 것을 선동하거나 교사한 자는 1년 이하의 징역 또는 1천만 원 이하의 벌금에 처한다.

Ⅰ 의의, 입법취지

본죄는 납세의무자로 하여금 과세표준의 신고(신고의 수정을 포함한다. 이하 "신고"라 한다)를 하지 아니하게 하거나 거짓으로 신고하게 하거나 또는 조세의 징수나 납부를 하지 않을 것을 선동하거나 교사한 경우에 성립한다.

본죄는 반조세운동 등을 처벌하기 위한 범죄라고 할 수 있다. 일본 國稅通則法 제126조에도 본죄의 구성요건과 유사한 탈세선동의 죄가 규정돼 있다. 일본에서는 1945년대에 악질적인 반조세운동이 전개되는 사태에까지 이르렀던 것에 대응하여, 납세제도의 유지와 언론의 자유와의 조화를 도모하기 위해 1948년에 탈세선동의 죄를 신설하였다고 한다.[744] 위 벌칙조항은 2018년에 폐지된 舊 國稅犯則取締法 제22조에 규정되고 있었으나 위 舊 國稅犯則取締法이 國稅通則法에 편입되면서 현재는 國稅通則法 제126조에 규정되어 있다.[745]

---

744) 國稅通則法(基礎編), 稅務大學校, 2020, 199쪽(https://www.nta.go.jp/about/organization/ntc/kohon/tuusoku/pdf/all.pdf).
745) 일본의 國稅通則法[令和二年六月十二日公布 (令和二年法律第四十九号) 改正] 第126條 第1項은 납세자가 해야 할 국세의 과세표준의 신고(그 수정신고를 포함한다. 이하 이 조에서 '신고'라 한다)를 하지 않는 것, 허위신고를 하는 것 또는 국세의 징수 또는 납부를 하지 않는 것을 선동한 자는 3년 이하의 징역 또는 20만

본죄의 구성요건은 두 가지로 나뉜다. 첫 번째 구성요건은 납세의무자로 하여금 과세표준의 신고(신고의 수정을 포함한다. 이하 "신고"라 한다)를 하지 아니하게 하거나 거짓으로 신고하게 하는 것이다. 본죄는 납세의무자에 대하여 과세표준의 미신고 또는 거짓신고를 교사하는 범죄로서 일반 교사범과 마찬가지로 피교사자인 납세의무자가 교사한 대로 과세표준을 신고하지 아니하거나 거짓으로 신고하여야 기수가 성립된다고 봄이 상당하다. 위와 같은 교사행위에도 불구하고 납세의무자가 그것을 승낙하지 않거나 승낙했더라도 그것을 실행하지 아니하는 소위 실패한 교사라면 본죄가 성립하지 않는다. 교사에 관한 상세한 내용은 제1부 제3장 제3절을 참고하기 바란다.

사실 일본과 달리 우리나라는 과세표준의 미신고 또는 허위신고 자체를 처벌하는 규정이 없기 때문에 정범이 처벌되지 않는 행위에 대해 별다른 정당화 사유 없이 교사범만을 처벌하는 것은 형벌 체계상 불합리하다. 생각건대, 미신고행위 또는 허위신고행위는 그 자체가 세법상 과세표준 신고의무를 위반하는 행위이고 나아가 실제로 조세징수에 장애가 생길 위험성이 있으며, 제3자가 과세표준의 미신고 또는 허위신고를 교사하는 것을 방치하게 되면 신고납세방식 중심의 조세체계의 원활한 운용이 침해될 우려가 크므로 과세표준의 미신고 또는 허위신고를 교사하는 행위 자체를 처벌할 필요가 없는 것은 아니다. 하지만 정범이 처벌되지 않는 행위에 대해 교사범을 처벌하기 위해서는 교사범이 가지는 특수한 신분이나 교사행위 자체의 고유한 위험성 때문에 교사범에 대한 가벌성이 별도로 존재하여야 정당화될 수 있다. 일본의 경우 國稅通則法 제126조 제2항에서 납세의무자로 하여금 미신고 또는 허위신고를 하게 하기 위해 폭행이나 협박을 한 경우에 한하여 처벌하고 있는데 이를 참고할 필요가 있다. 우리나라의 경우도 교사행위가 폭력성을 띠는 등 위험성이 커서 교사행위 자체가 고유의 가벌성이 띠는 경우에만 처벌하는 것으로 개정할 필요가 있다.

두 번째 구성요건은 반조세운동을 처벌하기 위한 것으로, 조세의 징수나 납부를 하지 않을 것을 선동하거나 교사하는 것이다. 납세의무자뿐만 아니라 조세를 징수하거나 납부하는 모든 자, 즉 세무공무원, 원천징수의무자, 부가가치세의 거래징수의무자 등이 선동이나 교사의 객체에 해당한다. 여기서의 선동이란 조세불납 등이 실행되는 것을 목표로 하여 피선동자들에게 조세불납 등의 행위를 결의, 실행하도록 충동하고 격려하는 일체의 행위를 말

엔 이하의 벌금에 처한다고 규정하고, 같은 조 제2항은 납세자가 해야 할 신고를 하지 않게 하기 위해, 허위신고를 하게 하기 위해 또는 국세의 징수 또는 납부를 하지 않게 하기 위해 폭행 또는 협박을 가한 자도 전항의 형과 같다고 규정하고 있다. 이는 본죄와 유사한 구성요건인 만큼 본죄의 해석에 있어서도 참고할 만하다.

하고, 피선동자들에게 반드시 범죄의 결의가 발생할 것을 요건으로 하지 않지만 다수인의 심리상태에 영향을 주는 방법으로 조세의 징수나 납부의 거부욕구를 유발 또는 증대시킴으로써 집단적인 조세불납의 결의와 실행으로 이어지게 할 수 있는 파급력이 큰 행위의 정도에 이르러야 한다고 봄이 상당하다.⁷⁴⁶⁾

---

746) 대법원 2015. 1. 22. 선고 2014도10978 전원합의체 판결. 이 판례는 내란선동에 관한 판례이다.

제 10 장

명의대여행위 관련 범죄

> **조세범 처벌법**
>
> 제11조(명의대여행위 등) ① 조세의 회피 또는 강제집행의 면탈을 목적으로 타인의 성명을 사용하여 사업자등록을 하거나 타인 명의의 사업자등록을 이용하여 사업을 영위한 자는 2년 이하의 징역 또는 2천만 원 이하의 벌금에 처한다.
> ② 조세의 회피 또는 강제집행의 면탈을 목적으로 자신의 성명을 사용하여 타인에게 사업자등록을 할 것을 허락하거나 자신 명의의 사업자등록을 타인이 이용하여 사업을 영위하도록 허락한 자는 1년 이하의 징역 또는 1천만 원 이하의 벌금에 처한다.

제1절 의의

본죄는 조세의 회피 또는 강제집행의 면탈을 목적으로 타인의 성명을 사용하여 사업자등록을 하거나 타인 명의의 사업자등록을 이용하여 사업을 영위한 경우 또는 조세의 회피 또는 강제집행의 면탈을 목적으로 자신의 성명을 사용하여 타인에게 사업자등록을 할 것을 허락하거나 자신 명의의 사업자등록을 타인이 이용하여 사업을 영위하도록 허락한 경우에 성립한다.

구 조세범 처벌법 제13조의2는 명의대여자와 명의차용자에 대해서 조세질서범으로서 50만 원 이하의 벌금 또는 과료를 부과하도록 규정하고 있었으나 처벌의 실효성을 기대하기 어려워 2010. 1. 1. 조세범 처벌법 전면 개정시 법정형을 위와 같이 상향하였다.

사업자등록은 과세관청으로 하여금 납세의무자를 파악하고 그 과세자료를 확보케 하려는 데 입법취지가 있다.[747] 타인의 명의로 사업자등록을 하거나 타인 명의의 사업자등록을 이용하여 사업을 하게 되면 실질귀속자에 대한 조세의 부과와 징수가 어려워지고 강제집행 또한 곤란하게 되므로 이를 처벌하는 것이다.

---

747) 대법원 2000. 2. 11. 선고 98두2119 판결.

사업자등록

　사업상 독립적으로 재화 또는 용역을 공급하는 자를 사업자라고 한다. 사업자등록이란 납세의무자에 해당하는 사업자를 정부에 등록하는 것을 말한다. 사업자는 사업개시일로부터 20일 이내에 관할 세무서장에게 사업자등록을 하여야 한다(부가가치세법 제8조 제1항, 소득세법 제168조, 법인세법 제111조). 부가가치세 과세사업자는 부가가치세법에 따라 사업자등록을 하고, 면세사업자는 소득세법 또는 법인세법에 따라 사업자등록을 한다. 부가가치세 과세사업과 면세사업을 겸영하는 경우에는 부가가치세법에 의한 사업자등록을 하면 된다. 사업자등록은 단순한 사업사실의 신고로서 사업자등록신청서의 제출에 의해 성립되고 사업자등록증의 발급은 등록사실을 증명하는 증서의 교부행위에 불과하다.[748]

Ⅱ 사업자등록명의 차용 또는 사업자등록명의 대여 등

　① 타인의 성명을 사용하여 사업자등록을 하거나, ② 타인 명의의 사업자등록을 이용하여 사업을 영위하는 행위에 의해 조세범 처벌법 제11조 제1항의 죄가 성립한다. 그리고, ③ 자신의 성명을 사용하여 타인에게 사업자등록을 할 것을 허락하거나, ④ 자신 명의의 사업자등록을 타인이 이용하여 사업을 영위하도록 허락한 행위에 의해 조세범 처벌법 제11조 제2항의 죄가 성립한다.

　타인의 성명을 사용하여 사업자등록을 한다는 것은 타인을 사업자로 하여 사업자등록신고를 하여 그 타인이 사업자로서 등록되는 것을 의미한다. 타인 명의의 사업자등록을 이용하여 사업을 영위하는 것은 이미 타인 명의로 사업자등록이 마쳐진 상태에서 그 사업자등록을 이용하여 사업을 하는 것을 말한다. 위 ③, ④는 위 ①, ②의 행위를 다른 사람에게 허락하는 행위이다.

　조세범 처벌법 제11조 제1항 및 제2항의 죄는 사업자등록에서의 사업자의 성명 자체를 다른 사람의 것을 사용하거나 이를 허락한 경우를 말하는 것일 뿐이고, 다른 특별한 사정이 없는 한 법인에 대해 사업자등록을 하면서 단지 법인의 대표자 성명을 다른 사람의 것을 사용하거나 이를 허락한 경우는 위 구성요건에 해당하지 않는다.[749]

---

748) 위의 판결.
749) 대법원 2016. 11. 10. 선고 2016도10770 판결.

조세의 회피 또는 강제집행 면탈 목적

　본죄는 조세의 회피 또는 강제집행 면탈을 목적으로 범하여야 성립하는 목적범이다. 조세범 처벌법은 세법을 위반한 행위를 처벌하는 것을 목적으로 하는 법률인 점, 형법에 강제집행면탈죄가 별도로 규정되어 있는 점, 본죄는 과세관청의 고발을 소추조건으로 하는 점 등을 종합해 볼 때 여기서의 강제집행은 국세징수법에 의한 체납처분(강제징수)을 의미하고 민사상 강제집행을 의미하는 것은 아니라고 할 것이다.

　실무상 종전의 세금체납에 의한 체납처분(강제징수) 등을 회피하기 위한 경우, 세금납부의 의사나 능력이 없는 사람을 바지사장으로 내세워 사업자등록을 하는 경우, 단독사업자임에도 소득분산을 위해 공동사업자인 것처럼 사업자등록을 하는 경우 등에 있어서 조세의 회피 또는 강제집행 면탈의 목적이 인정된다.

Ⅳ 고의

　본죄는 고의범이다. 특히 사업자등록명의 대여의 경우 고의 여부가 문제될 소지가 있는데, 조세의 회피 또는 강제집행의 면탈을 목적으로 자신의 성명을 사용하여 타인에게 사업자등록을 할 것을 허락하거나 자신 명의의 사업자등록을 타인이 이용하여 사업을 영위하도록 허락한다는 인식이 있어야 범죄가 성립한다. 명의차용자에게 조세의 회피 또는 강제집행 면탈의 목적이 있는 것을 알지 못하고 자신의 성명을 사용하여 사업자등록을 할 것을 허락하는 등의 경우에는 고의가 인정되지 않는다.

제11장

납세증명표지의 불법사용 등 범죄

조세범 처벌법

제12조(납세증명표지의 불법사용 등) 다음 각 호의 어느 하나에 해당하는 자는 2년 이하의 징역 또는 2천만 원 이하의 벌금에 처한다.

1. 「주류 면허 등에 관한 법률」 제22조에 따른 납세증명표지(이하 이 조에서 "납세증명표지"라 한다)를 재사용하거나 정부의 승인을 받지 아니하고 이를 타인에게 양도한 자
2. 납세증명표지를 위조하거나 변조한 자
3. 위조하거나 변조한 납세증명표지를 소지 또는 사용하거나 타인에게 교부한 자
4. 「인지세법」 제8조 제1항 본문에 따라 첨부한 종이문서용 전자수입인지를 재사용한 자

 제1절 납세증명표지의 불법사용 등

 의의

본죄는 주류 면허 등에 관한 법률에 따른 납세증명표지를 재사용하거나 정부의 승인을 받지 아니하고 이를 타인에게 양도한 자, 납세증명표지를 위조하거나 변조한 자, 위조하거나 변조한 납세증명표지를 소지 또는 사용하거나 타인에게 교부한 자에 대하여 성립한다.

Ⅱ 구성요건

납세증명표지란 납세 또는 면세사실을 증명하는 표지를 말한다. 국세청장은 주세 보전을 위하여 필요하다고 인정되면 반출하는 주류의 용기에 납세 또는 면세사실을 증명하는 납세 증명표지를 하게 할 수 있다(주류 면허 등에 관한 법률 제22조 제1항). 납세증명표지를 납세증지(納稅證紙)라고도 하는데 주류제조업자가 납부 또는 면세사실을 증명하는 병마개(이를 '납세병마개'라고 한다) 또는 증표(이를 '납세증표'라고 한다)를 사용하는 때에는 납세증지를

붙인 것으로 본다(주류 면허 등에 관한 법률 시행령 제30조 제1항).

위와 같은 납세증명표지는 주류 제조업자가 반출하는 주류에 첩부 또는 사용하여야 한다.[750] 납세증지는 주류제조업자가 관할 세무서장으로부터 교부받아 붙여야 한다. 납세병마개는 국세청장이 지정한 자가 제조한 것을, 그리고 납세증표[751]는 국세청장이 지정한 자가 인쇄한 것을 사용하거나 붙여야 하는데 주류제조업자는 출고 1일 전까지 납세병마개 또는 납세증표 사용신고서를 관할 세무서장에게 제출하여야 한다. 한편, 주류의 반출을 객관적으로 확인할 수 있는 공인기관으로부터 시험·감정을 받은 자동계수기를 설치하여 사용하는 경우에는 납세증지를 붙이지 않아도 된다.[752]

이처럼 주류 반출 시에는 관할 세무서장의 관리감독 하에 인쇄되거나 제조된 납세증명표지를 붙이도록 하여 주세가 납부되지 않은 주류가 반출되지 못하도록 규제하고 있다. 그런데 위와 같은 납세증명표지를 재사용하거나 정부의 승인을 받지 아니하고 이를 타인에게 양도하거나, 납세증명표지를 위조하거나 변조한 경우, 위조하거나 변조한 납세증명표지를 소지 또는 사용하거나 타인에게 교부한 경우에는 직접적으로 주세가 포탈될 가능성이 높으므로 이를 처벌할 필요가 있는 것이다. 납세증명표지의 재사용 등의 행위 후 과세표준의 허위미신고 또는 허위과소신고로 인하여 주세가 포탈된 경우에는 본죄와 조세포탈죄가 각각 성립하고 양 죄는 실체적 경합관계에 있다.

 제2절 **전자수입인지 재사용**

Ⅰ 의의

본죄는 인지세법에 따라 과세문서에 첩부한 종이문서용 전자수입인지를 재사용한 때에 성립한다(조세범 처벌법 제12조 제4호). 종전의 조세범 처벌법 제12조 제4호는 "인지세법 제10조에 따라 소인(消印)된 인지를 재사용한 자"를 처벌하도록 되어 있었으나, 2019. 1. 1. 이를 "인지세법 제8조 제1항 본문에 따라 첩부한 종이문서용 전자수입인지를 재사용한 자"를 처벌하는 것으로 개정하였다.

---

750) 주정, 탁주 및 맥주에 대한 주세의 과세표준은 주류 제조장에서 반출한 수량이나 수입신고하는 수량으로 한다(주류 면허 등에 관한 법률 제7조).
751) 생맥주와 관입하는 주류 등 납세증지 또는 납세병마개 사용이 곤란한 주류에 첩부한다.
752) 상세한 내용은 '주세납세증명표지에 관한 주류제조자가 지켜야 할 사항 고시'를 참고하기 바란다.

Ⅱ 구성요건

인지세란 국내에서 재산에 관한 권리 등의 창설·이전 또는 변경에 관한 계약서나 이를 증명하는 그 밖의 문서를 작성할 때에 그 문서에 대해 부과하는 세금이다. 인지세는 과세문서에 '수입인지에 관한 법률' 소정의 종이문서용 전자수입인지[753]를 첨부하여 납부한다.[754] 본죄는 이미 과세문서에 첨부한 종이문서용 전자수입인지를 재사용하여 재사용한 전자수입인지의 금액만큼의 인지세 납부를 면하는 행위를 처벌한다.

---

753) 수입인지 중 정보통신망을 통하여 발행하는 수입인지를 전자수입인지라고 한다. 전자수입인지에는 종이문서용 전자수입인지(종이문서에 첨부하는 출력물 형태의 전자수입인지)와 전자문서용 전자수입인지(전자문서에 붙이는 전자적 정보형태의 전자수입인지)가 있다(수입인지에 관한 법률 제2조).
754) 다만, 인지세법 시행령으로 정하는 바에 따라 인지세액에 해당하는 금액을 납부하고 과세문서에 인지세를 납부한 사실을 표시함으로써 종이문서용 전자수입인지를 첨부하는 것을 갈음할 수 있다(인지세법 제8조 제1항).

제 12 장

원천징수의무위반 관련 범죄

> 제13조(원천징수의무자의 처벌) ① 조세의 원천징수의무자가 정당한 사유 없이 그 세금을 징수하지 아니하였을 때에는 1천만 원 이하의 벌금에 처한다.
> ② 조세의 원천징수의무자가 정당한 사유 없이 징수한 세금을 납부하지 아니하였을 때에는 2년 이하의 징역 또는 2천만 원 이하의 벌금에 처한다.

제1절 의의

본죄는 조세의 원천징수의무자가 정당한 사유 없이 그 세금을 징수하지 아니하였을 때 또는 조세의 원천징수의무자가 정당한 사유 없이 징수한 세금을 납부하지 않았을 때에 성립한다. 조세범 처벌법 제13조 제1항은 원천징수의무를 불이행한 경우에, 같은 조 제2항은 원천징수를 하였으나 이를 납부하지 않은 경우에 성립한다.

원천징수란 소득금액 또는 수입금액을 지급하는 자가 그 금액을 지급할 때 상대방이 내야 할 세금을 세법이 정하는 바에 따라 정부를 대신하여 징수하여 정부에 납부하는 조세의 징수방법이다. 원천징수되는 세금에 대해서는 납세의무자의 납세의무의 이행이 원천징수를 통해 간접적으로 실현된다. 원천징수는 조세수입의 조기확보와 조세징수의 효율성 도모 등을 위한 제도이다.

원천징수제도는 세금징수에 관한 행정권한을 사인에게 위탁한 것이라고 할 수 있다.[755] 납세의무자의 납세의무 불이행은 사기나 그 밖의 부정한 행위에 의할 때에만 처벌 대상으로 하는 반면에 원천징수의무자의 원천징수의무 불이행은 정당한 사유가 없다면 사기나 그 밖의 부정한 행위에 의한 것인지를 불문하고 처벌 대상으로 하고 있다는 점에서 납세의무자 보다 폭넓게 처벌하는 셈이 된다.

---

755) 이태로·한만수, 앞의 책, 117쪽.

제12장 • 원천징수의무위반 관련 범죄 | 355

제2 절 **구성요건**

I 원천징수의무자 및 원천징수의무

　본죄는 원천징수의무자가 범죄주체가 되는 신분범이다. 원천징수의무자란 국내에서 거주자, 비거주자 및 법인에게 세법에 따른 원천징수 대상 소득금액이나 수입금액을 지급하는 개인이나 법인으로서 사업자등록이나 고유번호등록 여부에 관계없이 지급받는 자로부터 세법에 정해진 세율에 따라 소득세, 법인세 등을 원천징수하여 납부하여야 할 의무가 있는 자를 말한다(원천징수사무처리규정 제2조 제1호). 원천징수의무자는 국가 또는 법인 및 개인사업자, 비사업자 등이 모두 포함된다. 본래의 원천징수의무를 지는 자를 대리하여 또는 그로부터 위임을 받아 소득의 지급을 행하는 자는 수권 또는 위임의 범위 안에서 본래의 지급자로 간주되어 원천징수의무자가 된다(소득세법 제127조 제2항, 법인세법 제73조 제4항).

　소득세 및 법인세 대한 원천징수의무는 소득금액 또는 수입금액을 지급하는 때에 성립하고, 성립과 동시에 그 세액이 확정된다(국세기본법 제21조 제3항 제1호, 제22조 제4항 제2호). 원천징수 대상 소득이 발생해도 현실적으로 지급이 이루어지지 않으면 원천징수의무가 발생하지 않는다. 지급은 금전의 교부에만 한정되지 않고 지급채무를 소멸시키는 일체의 행위가 포함된다. 예를 들어 가지급금 채권을 대손처리한 경우 채무자에게 동액 상당의 채무면제액을 제공한 것이므로 지급자는 채무자의 그 소득에 따른 소득세를 원천징수할 의무가 있다.[756]

II 원천징수 적용대상

　국세에 대한 원천징수의무는 소득세법, 법인세법, 농어촌특별세법, 조세특례제한법 등에 규정되어 있다.[757]

　소득세법과 법인세법 및 농어촌특별세법에 의한 원천징수 대상소득 또는 수입금액은 아래 도표와 같다.

---

756) 대법원 1986. 12. 9. 선고 85누892 판결.
757) 지방세법은 원천징수의무자가 소득세, 법인세를 원천징수하는 때에 그 세액의 10%를 특별징수하여 다음 달 10일까지 신고·납부하도록 규정하고 있다. 지방세법은 원천징수라는 용어를 사용하는 국세와 달리 특별징수라는 용어를 사용한다(지방세법 제103조의13, 제103조의29).

적용대상		대상소득	납부세목
소득세법	거주자	이자소득, 배당소득, 사업소득(시행령에서 정한 것에 한함), 근로소득, 연금소득, 기타소득, 퇴직소득, 봉사료(시행령에서 정한 것에 한함)	소득세 (종합소득세, 퇴직소득세, 양도소득세)
	비거주자	국내원천소득인 이자소득, 배당소득, 선박 등의 임대소득, 사업소득, 인적용역소득, 근로소득, 퇴직소득, 사용료소득, 토지·건물의 양도소득, 유가증권양도소득, 기타소득	
법인세법	내국법인	이자소득, 배당소득(집합투자기구로부터의 이익 중 투자신탁의 이익에 한함)	법인세
	외국법인	국내원천소득인 이자소득, 배당소득, 사업소득, 인적용역소득, 토지·건물의 양도소득, 사용료소득, 유가증권양도, 기타소득	
농어촌 특별세법	거주자 또는 비거주자	조세특례제한법에 따라 감면받는 이자소득, 배당소득에 대한 소득세 감면세액. 조세특례제한법, 관세법, 지방세법, 지방세특례제한법에 따라 감면을 받는 소득세, 법인세, 관세, 취득세 또는 등록에 대한 등록면허세의 감면세액	농어촌특별세

국세기본법 제14조 제1항에 규정된 실질과세원칙은 원천징수에도 그대로 적용된다. 따라서 국내원천배당소득을 지급하는 자는 특별한 사정이 없는 한 그 소득에 관하여 귀속 명의와 달리 실질적으로 귀속하는 자가 따로 있는지를 조사하여 실질적인 귀속자를 기준으로 그 소득에 대한 법인세를 원천징수할 의무가 있다는 것이 판례의 입장이다. 다만, 소득을 지급하는 자가 거래 또는 소득금액의 지급과정에서 성실하게 조사하여 확보한 자료 등을 통해서도 그 소득의 실질적 귀속자가 따로 있다는 사정을 알 수 없었던 정당한 사유가 있는 경우에는 실질적인 귀속자를 기준으로 그 소득에 대해 원천징수를 할 의무가 있다고 볼 수 없다고 한다.[758]

지급하는 소득에 대한 실질귀속자가 누구인지 쟁점이 되는 사례들은 외국법인의 국내원천소득과 관련하여 빈번하게 발생한다. 외국법인이 국내에 투자를 하면서 조세를 회피하기 위해 우리나라와의 조세조약상 해당 소득에 대한 과세가 면제되거나 제한세율이 적용되는 나라에 도관회사를 설립하여 두고 그 도관회사를 통해 국내에 투자하고 그로부터 발생하는

---

758) 대법원 2013. 4. 11. 선고 2011두3159 판결.

소득을 실질적으로 지배, 관리하는 경우가 많기 때문이다. 판례는 일본국 은행이 이자소득에 대한 과세가 면제되는 아일랜드와 우리나라의 조세조약의 적용을 받기 위하여 아일랜드에 형식적 도관회사를 설립하여 그를 통해 국내 유동화전문 유한회사가 발행한 유동화사채를 인수하여 이자소득을 지급받은 사안에서, 실질과세의 원칙에 따라 이자소득을 지급하는 국내 유동화전문 유한회사는 명목상 채권자인 도관회사가 아닌 일본국 은행을 이자소득의 실질적 귀속자로 보고 일본국과 대한민국의 조세조약상 이자소득에 대한 제한세율 10%로 법인세를 원천징수해야 한다고 판시하였다.[759]

Ⅲ 원천징수 미이행 또는 원천징수금 미납부

원천징수는 원칙적으로 소득금액 또는 수입금액을 지급할 때에 하여야 한다. 위와 같이 원천징수를 하여야 할 시기에 정당한 사유 없이 원천징수를 하지 않으면 조세범 처벌법 제13조 제1항의 죄가 성립한다.[760] 원천징수를 아예 하지 않은 경우뿐만 아니라 원천징수를 하였으나 허위장부를 작성하여 실제 지급한 소득금액 보다 적은 소득금액에 대하여만 원천징수를 한 경우에도 원천징수가 되지 않은 부분에 대해서는 본죄가 성립한다.

원천징수한 소득세나 법인세는 징수일이 속하는 달의 다음 달 10일까지 원천징수 관할 세무서 등에 납부하여야 한다(소득세법 제128조 제1항, 법인세법 제73조). 다만 직전 과세기간의 상시 고용인원이 20명 이하인 원천징수의무자(금융업 및 보험업을 경영하는 자는 제외) 또는 종교단체는 원천징수 관할 세무서장의 승인받거나 국세청장이 정하는 바에 따라 지정을 받은 경우 법인세법 제76조에 의해 처분된 상여·배당·기타소득 등 일부를 제외하고는 징수한 세액을 원천징수일이 속하는 반기의 마지막 달의 다음 달 10일까지 납부할 수 있다(소득세법 제128조 제2항, 동법 시행령 제186조, 법인세법 제73조 제7항, 동법 시행령 제115조).

그런데 원천징수의무자가 정당한 사유 없이 원천징수한 세액을 위 시기까지 납부하지 아니하면 조세범 처벌법 제13조 제2항의 죄가 성립한다.

---

759) 대법원 2016. 11. 9. 선고 2013두23317 판결.
760) 소득세법 또는 법인세법에는 소득금액 또는 수입금액을 실제로 지급하지는 않았지만 지급한 것으로 의제하는 경우도 규정되어 있는데 이 경우에는 그 지급이 의제되는 시기에 원천징수하여야 한다. 원천징수의무 위반의 경우 원칙적으로 조세범 처벌법 제13조 제1항의 위반이 되지만, 지급이 의제되어 발생하는 원천징수의무의 불이행 부분까지도 처벌대상이 되는지는 의문이 있다. 현실적인 지급에도 불구하고 원천징수를 하지 않은 경우와 소득을 지급하지 못하여 원천징수를 하지 않는 경우 사이에는 가벌성에 있어서 상당한 차이가 있기 때문이다.

고의

  본죄는 고의범이므로 과실이나 착오로 인하여 원천징수를 하지 아니하거나 원천징수한 세금을 납부하지 못한 경우에는 범죄가 성립하지 않는다.

 정당한 사유의 부존재

  원천징수의무자가 정당한 사유 없이 원천징수를 불이행하거나 원천징수를 하고도 원천징수세액을 미납부한 경우에 본죄가 성립한다. 정당한 사유란 원천징수의무 해태를 탓할 수 없는 사유로서, 원천징수의무자가 그 의무를 알지 못한 것이 무리가 아니었다고 할 수 있어 그를 정당시할 수 있는 사정이 있거나 그 의무의 이행을 당사자에게 기대하는 것이 무리라고 하는 사정이 있을 때에는 정당한 사유가 있다고 봄이 상당하다.[761]

제3절   **기수시기, 죄수**

  본죄는 조세의 원천징수의무자가 정당한 사유 없이 세법상 원천징수를 하여야 하는 시점에 그 세금을 징수하지 아니하였을 때 또는 조세의 원천징수의무자가 정당한 사유 없이 징수한 세금을 납기 내에 납부하지 않았을 때에 성립한다.

  원천징수를 하지 않거나 원천징수세액을 납부하지 않은 의무불이행의 행위시마다 일죄가 성립한다. 다만, 통상 원천징수는 매달 급여지급 시에 피고용자들에 대하여 일괄적으로 행하게 되는데 같은 지급기일에 다수의 납세의무자에 대해 동일한 세목을 원천징수하지 않은 경우 소득자 전부에 대해 포괄일죄가 성립한다. 판례는 근로소득에 대한 원천징수불이행의 죄수에 대해, 근로소득에 대한 원천징수를 이행하지 않음으로 인한 조세범처벌법위반죄의 구성요건은 근로소득의 지급이 아니라 근로소득에 대하여 원천징수를 하지 아니하였다는 것이므로 근로소득자 전부에 대하여 하나의 포괄일죄가 성립하되, 매월분의 근로소득을 지급하는 때에 소득세를 원천징수하지 아니한 죄와 연말정산에 따른 소득세를 원천징수하지 아니한 죄가 각 성립하며 이들은 실체적 경합범의 관계에 있다고 판시하였다.[762]

---

761) 대법원 2005. 4. 15. 선고 2003두4089 판결 ; 대법원 2003. 1. 10. 선고 2001두7886 판결. 이는 원천징수의무 불이행과 관련하여 가산세를 부과할 수 없는 '정당한 사유'에 관한 판결인데 본죄의 해석에 있어서도 적용이 가능하다고 본다.

조세포탈죄가 세목별로 1죄가 성립하듯이 본죄도 각 세목별로 1죄가 성립하되 동일한 지급시에 여러 세목에 대한 원천징수가 불이행되거나 여러 세목이 같은 납부기일에 불납부된 경우에는 각 세목별로 1죄가 성립하고 각 범죄들은 상상적 경합 관계에 있다고 봄이 상당하다.

---

762) 대법원 2011. 3. 24. 선고 2010도13345 판결.

제 13 장

허위 근로소득 원천징수영수증의 발급 등 범죄

조세범 처벌법

제14조(거짓으로 기재한 근로소득 원천징수영수증의 발급 등) ① 타인이 근로장려금(「조
세특례제한법」 제2장 제10절의2에 따른 근로장려금을 말한다)을 거짓으로 신청할 수
있도록 근로를 제공받지 아니하고 다음 각 호의 어느 하나에 해당하는 행위를 한 자는
2년 이하의 징역 또는 그 원천징수영수증 및 지급명세서에 기재된 총급여·총지급액의
100분의 20 이하에 상당하는 벌금에 처한다.
1. 근로소득 원천징수영수증을 거짓으로 기재하여 타인에게 발급한 행위
2. 근로소득 지급명세서를 거짓으로 기재하여 세무서에 제출한 행위
② 제1항의 행위를 알선하거나 중개한 자도 제1항과 같은 형에 처한다.

제1절 의의, 개정취지

본죄는 타인이 조세특례제한법상 근로장려금을 거짓으로 신청할 수 있도록, 근로를 제공
받지 아니하고 근로소득 원천징수영수증을 거짓으로 기재하여 타인에게 발급한 경우와 근
로소득 지급명세서를 거짓으로 기재하여 세무서에 제출한 경우에 성립한다. 그리고 이와
같은 행위를 알선하거나 중개한 자도 같은 형으로 처벌한다.

종전에는 '타인이 근로장려금을 거짓으로 신청할 수 있도록' 하려는 목적이 없더라도, 근
로를 제공받지 아니하고 근로소득 원천징수영수증을 거짓으로 기재하여 타인에게 발급하
는 경우이거나 근로소득 지급명세서를 거짓으로 기재하여 세무서에 제출한 경우라면 전부
처벌대상으로 삼았다. 따라서 타인이 실업급여를 부정수급할 수 있도록 위와 같은 행위를
하는 경우도 조세범처벌법위반죄로 처벌하였다. 그런데 2019. 1. 1. 시행된 개정 조세범 처
벌법에서는 형법의 특별법인 조세범 처벌법을 그 성격에 맞게 운영하기 위하여 세법상 의
무위반에 대한 형벌만 조세범 처벌법에 규정한다는 취지에서 '타인이 근로장려금을 거짓으
로 신청할 수 있도록' 하려는 목적을 구성요건에 추가하였다.

근로장려금이란 정부가 사업소득, 근로소득, 종교인소득이 있는 저소득 가구의 근로의욕을 고취하고 소득을 지원하기 위하여 일정 금액 이하의 저소득 계층의 가구에 대하여 가구원 구성과 총급여액, 재산합계액 등을 고려하여 산정한 금액을 세금 환급의 형태로 지급하는 제도이다(조세특례제한법 제100조의2 이하). 이러한 제도를 근로장려세제라고 한다. 근로장려금은 조세환급제도를 이용한 소득지원금으로서 환급 가능한 기납부세액으로 처리되므로(조세특례제한법 제100조의7 제4항) 원칙적으로 종합소득 과세표준 확정신고 기간에 관할 세무서에 이를 신청하여야 하며, 국세기본법상 환급절차에 따라 지급한다(조세특례제한법 제100조의8 제1항).

정부는 2019. 1. 1. 시행한 개정 조세특례제한법에서 근로장려금 반기별 지급신청제도를 도입하였다(조세특례제한법 제100조의6 제7항). 개정법에 따라 반기 동안 대통령령으로 정하는 근로소득만 있는 거주자는 상반기 소득분에 대해 9. 1.~9. 15.까지, 하반기 소득분에 대해 다음 연도 3. 1.~3. 15.까지 근로장려금을 신청할 수 있다.

근로장려금 신청 시에는 조세특례제한법 시행령에 따라 근로소득 원천징수영수증을 첨부하여야 한다. 그런데 타인이 근로장려금을 거짓으로 신청할 수 있도록 근로를 제공받지 아니하고 근로소득 원천징수영수증 거짓으로 기재하여 타인에게 발급하면 본죄가 성립한다.

한편, 소득세 납세의무가 있는 개인에게 근로소득, 원천징수대상 사업소득 등을 지급하는 자는 그 지급기일이 속하는 과세기간의 다음 연도 2월 말일까지 원천징수 관할 세무서장 등에게 지급한 소득에 관한 지급명세서를 제출하여야 한다(소득세법 제164조). 또한 정부는 2019. 1. 1. 근로장려금 반기별 지급신청제도 도입과 함께 상용근로소득 및 원천징수 대상 사업소득에 대한 간이지급명세서 제출제도를 신설하였다. 소득세 납세의무가 있는 개인에게, ① 일용근로자가 아닌 근로자에게 지급하는 근로소득, ② 원천징수대상 사업소득을 지급하는 자는 그 지급일이 속하는 반기의 마지막 달의 다음 달 마지막 날까지 간이지급명세서를 원천징수 관할 세무서장 등에게 제출하여야 한다(소득세법 제164조의3 제1항).

그런데 타인이 근로장려금을 거짓으로 신청할 수 있도록 근로를 제공받지 아니하고 근로소득 지급명세서를 거짓으로 기재하여 세무서에 제출한 경우 본죄가 성립한다. 그리고 근로장려금을 거짓으로 신청하려는 자와 그에 필요한 근로소득 원천징수영수증 등을 발급하거나 근로소득 지급명세서를 세무서에 제출하려는 자 사이에서 위와 같은 행위를 중개하거나 알선한 자도 동일한 형으로 처벌한다.

2007. 1. 1. 근로장려금제도가 최초 도입될 당시에는 적용대상자가 근로소득자로 한정되

었으나 이후 적용대상자가 사업소득자, 종교인소득자에게까지 확대되고, 근로소득 반기별 지급신청제도가 도입되었음에도, 거짓 제출한 서류의 처벌범위에 근로소득 원천징수영수증과 근로소득 지급명세서만을 포함시키고, 사업소득 원천징수영수증, 종교인소득 지급명세서, 원천징수대상 사업소득 (간이)지급명세서 및 근로소득 간이지급명세서를 누락시킨 것은 입법의 불비라고 하겠다. 이들 서류도 본죄의 처벌범위에 포함되도록 조세범 처벌법을 개정할 필요가 있다.

제 14 장

해외금융계좌 관련 범죄

조세범 처벌법

제16조(해외금융계좌 신고의무 불이행) ① 「국제조세조정에 관한 법률」 제53조 제1항에 따른 계좌신고의무자로서 신고기한 내에 신고하지 아니한 금액이나 과소 신고한 금액(이하 이 항에서 "신고의무 위반금액"이라 한다)이 50억 원을 초과하는 경우에는 2년 이하의 징역 또는 신고의무 위반금액의 100분의 13 이상 100분의 20 이하에 상당하는 벌금에 처한다. 다만, 정당한 사유가 있는 경우에는 그러하지 아니하다.
② 제1항의 죄를 범한 자에 대해서는 정상에 따라 징역형과 벌금형을 병과할 수 있다.

국제조세조정에 관한 법률

제53조(해외금융계좌의 신고) ① 해외금융계좌를 보유한 거주자 및 내국법인 중에서 해당 연도의 매월 말일 중 어느 하루의 해외금융계좌 잔액(해외금융계좌가 여러 개인 경우에는 각 해외금융계좌 잔액을 합산한 금액을 말한다)이 대통령령으로 정하는 금액을 초과하는 자(이하 "계좌신고의무자"라 한다)는 해외금융계좌정보를 다음 연도 6월 1일부터 30일까지 납세지 관할 세무서장에게 신고하여야 한다.
(생략)

Ⅰ 의의, 입법취지

본죄는 해외금융회사에 개설된 해외금융계좌를 보유한 거주자 및 내국법인 중에서 해당 연도의 매월 말일 중 어느 하루의 보유계좌잔액(보유계좌가 복수인 경우에는 각 계좌잔액을 합산한다)이 5억 원을 초과하는 신고의무자가 신고기한 내 신고하지 아니한 금액이나 과소신고한 금액이 50억 원을 초과하고, 이에 대하여 정당한 사유가 없는 경우에 성립한다.

거주자 및 내국법인으로 하여금 해외금융계좌를 신고하도록 하고 미신고자에 대하여 과태료 또는 형사처벌을 하도록 한 것은 불법 재산해외반출 및 역외소득탈루를 사전에 억제하고 기왕의 재산 반출자를 정상 과세권 내로 유인함으로써 해외탈세 차단을 위한 제도적 인프라를 마련하고 세원기반 확대 및 세수증대를 도모하기 위함이다.[763]

해외금융계좌 신고제도가 국제조세조정에 관한 법률에 최초로 도입된 2010. 12. 27. 당시에는 신고의무를 위반하는 경우 과태료만을 부과하도록 돼 있었으나, 2013. 1. 1. 동법 개정 시 신고의무 위반금액이 50억 원을 초과하는 경우 형사처벌하도록 하는 규정이 신설되었다. 그러다가 2019. 1. 1. 동법 개정 시 형사처벌 규정인 제34조의2가 삭제되는 대신 같은 내용이 조세범 처벌법 제16조에 신설되었다. 한편, 국제조세조정에 관한 법률은 2020. 12. 28. 전면 개정되어 2021. 1. 1.부터 시행되었다.

2022. 1. 1.부터는 신고 대상 해외금융계좌에 가상자산거래를 위하여 해외금융회사등에 개설한 계좌가 추가되었다.

Ⅱ 구성요건

1. 신고의무자

해외금융회사에 개설된 해외금융계좌를 보유한 거주자 및 내국법인 중에서 해당 연도의 매월 말일 중 어느 하루의 보유계좌잔액(보유계좌가 복수인 경우에는 각 계좌잔액을 합산한다) 5억 원을 초과하는 경우 신고의무자가 된다. 그런데 신고의무자 중 신고의무 위반금액이 50억 원을 초과하는 자만이 본죄의 처벌대상이 된다(국제조세조정에 관한 법률 제53조 제1항).

가. 해외금융회사등

"해외금융회사등"이란 국외에 소재하는 ① 금융 및 보험업과 이와 유사한 업종을 하는

---

763) 국제조제조정에 관한 법률[법률 제10410호, 2010. 12. 27. 시행] 제정·개정 이유.

금융회사, ② 「특정 금융거래정보의 보고 및 이용 등에 관한 법률」 제2조 제1호 하목의 가상자산사업자 및 이와 유사한 사업자에 해당하는 자로서 대통령령으로 정하는 자[764]를 말한다. 이 경우 내국법인의 국외사업장을 포함하고, 외국법인의 국내사업장은 제외한다(국제조세조정에 관한 법률 제52조 제1호, 동법 시행령 제92조 제1항).

나. 해외금융계좌

"해외금융계좌"란 해외금융회사등과 금융거래(「금융실명거래 및 비밀보장에 관한 법률」 제2조 제3호의 금융거래 및 이와 유사한 거래를 포함한다) 및 가상자산거래(「특정 금융거래정보의 보고 및 이용 등에 관한 법률」 제2조 제2호 라목의 가상자산거래 및 이와 유사한 거래를 포함한다)를 위하여 해외금융회사등에 개설한 계좌로서 다음 각 항의 계좌를 말한다(국제조세조정에 관한 법률 제52조 제2호).

① 「은행법」 제27조에 따른 은행업무와 관련하여 개설한 계좌
② 「자본시장과 금융투자업에 관한 법률」 제4조에 따른 증권 및 이와 유사한 해외증권의 거래를 위하여 개설한 계좌
③ 「자본시장과 금융투자업에 관한 법률」 제5조에 따른 파생상품 및 이와 유사한 해외 파생상품의 거래를 위하여 개설한 계좌
④ 「특정 금융거래정보의 보고 및 이용 등에 관한 법률」 제2조 제3호의 가상자산 및 이와 유사한 자산의 거래를 위하여 국외에 있는 같은 조 제1호 하목의 가상자산사업자 및 이와 유사한 사업자에 개설한 계좌
⑤ ①부터 ④까지에서 규정한 계좌 외의 계좌로서 그 밖에 금융거래 또는 가상자산거래를 위하여 해외금융회사등에 개설한 계좌

현금·주식·채권·펀드·보험, 가상자산 등을 보유하는 계좌가 모두 해당된다. 해외금융계좌는 거래실적 등이 없는 계좌, 연도 중에 해지된 계좌 등 해당 연도 전체 기간 중에 보유한 모든 계좌를 포함하되, 보험업에 따른 보험상품 및 이와 유사한 해외보험상품으로서 순보험료가 위험보험료만으로 구성되는 보험계약에 해당하는 금융계좌 및 근로자퇴직급여 보장법에 따른 퇴직연금제도 및 이와 유사한 해외퇴직연금제도에 따라 설정하는 퇴직연금계좌로서 일정한 요건을 갖춘 계좌는 제외된다(동법 시행령 제93조 제2항).

---

764) 동법 시행령 제92조(해외금융계좌의 신고 등) ① 법 제52조 제1호 각 목 외의 부분 전단에서 "대통령령으로 정하는 자"란 금융회사등 또는 외국의 금융 관련 법령에 따라 설립된 금융회사등 중 이와 유사한 금융회사등과 「특정 금융거래정보의 보고 및 이용 등에 관한 법률」 제2조 제1호 하목의 가상자산사업자 또는 외국의 가상자산 관련 법령에 따라 설립된 가상자산사업자 중 이와 유사한 가상자산사업자(이하 "가상자산사업자등"이라 한다)를 말한다.

다. 거주자 및 내국법인

"거주자"란 소득세법에 의해 납세의무를 지는 내국인이며, "내국법인"이란 법인세법에 의해 납세의무를 지는 법인을 의미한다. 거주자와 내국법인 해당여부는 신고대상 연도 종료일을 기준으로 판정한다(동법 시행령 제92조 제2항).

라. 해외금융계좌에 대한 실질적 소유자, 공동명의자

해외금융계좌 중 실지명의에 의하지 아니한 계좌 등 그 계좌의 명의자와 실질적 소유자가 다른 경우에는 명의자 및 실질적 소유자를, 공동명의 계좌인 경우에는 공동명의자 각각을 해외금융계좌 관련자라고 하며, 해외금융계좌 관련자들은 해당 계좌 잔액 전부를 각각 보유한 것으로 보므로 신고의무 또한 각각 부여된다(동법 제53조 제2항, 동법 시행령 제92조 제6항).

국제조세조정에 관한 법률 제53조 제2항 제1호에 따른 실질적 소유자란 해당 계좌의 명의와는 관계없이 해당 해외금융계좌와 관련한 거래에서 경제적 위험을 부담하거나 이자·배당 등의 수익을 받거나 해당 계좌를 처분할 권한을 가지는 등 해당 계좌를 사실상 관리하는 자를 말한다. 이때 내국인이 외국법인의 의결권 있는 주식의 100퍼센트를 직접 또는 간접으로 소유(내국인과 「국세기본법」 제2조 제20호 가목 또는 나목의 관계에 있는 자가 직접 또는 간접으로 소유한 주식을 포함한다)한 경우에는 그 내국인을 실질적 소유자에 포함한다. 다만, 해당 외국법인이 우리나라와 조세조약을 체결하고 시행하는 국가에 소재하는 경우에는 그렇지 않다(동법 시행령 제94조 제1항, 제2항).

그러나 국제조세조정에 관한 법률 시행령 제94조 제1항 및 제2항 본문에도 불구하고 다음 각 항의 어느 하나에 해당하는 자를 명의인으로 하는 해외금융계좌를 통해 투자한 자는 실질적 소유자로 보지 않는다(동법 시행령 제94조 제3항).

① 「자본시장과 금융투자업에 관한 법률」 제9조 제18항에 따른 집합투자기구 또는 이와 유사한 외국에서 설립된 집합투자기구(같은 법 제279조 제1항에 따라 금융위원회에 등록된 것으로 한정한다)

② 「자본시장과 금융투자업에 관한 법률」 제8조 제3항에 따른 투자중개업자 또는 같은 법 제294조에 따른 한국예탁결제원

③ 「자본시장과 금융투자업에 관한 법률 시행령」 제103조에 따른 금전신탁계약의 신탁업자

④ 「벤처투자 촉진에 관한 법률」 제2조 제11호에 따른 벤처투자조합

판례에 의하면 해외금융계좌 신고제도는 과세관청으로 하여금 과세관련 정보를 효율적으로 획득할 수 있도록 하기 위함이지 실질과세원칙에 따른 납세의무에 어떤 영향을 미치

거나 납세의무자의 범위를 확대하고자 하는 것은 아니다. 따라서 국제조세조정에 관한 법률에 의하여 해외금융계좌 신고의무를 지는 실질적 소유자는 세법상 실질과세원칙에 따라 소득세 등의 납세의무자에 해당하는지 여부와는 별도로 판단하여야 한다.[765] 그러므로 구 국제조세조정에 관한 법률 시행령 제50조 제4항의 괄호 규정(현행 시행령 제94조 제2항에 해당), 즉 "내국인이 외국법인의 의결권 있는 주식의 100분의 100을 직접 또는 간접으로 소유(내국인과 국세기본법 제2조 제20호 가목 또는 나목의 관계에 있는 자가 직접 또는 간접으로 소유한 주식을 포함한다)한 경우 그 내국인을 포함하되, 내국법인이 의결권 있는 주식의 100분의 100을 직접 또는 간접으로 소유한 외국법인이 우리나라와 국제조세조정에 관한 법률 제2조 제1항 제2호의 조세조약을 체결하고 시행하는 국가에 소재하는 경우는 제외한다"라는 부분은 모법의 위임범위를 초과하지 않을 뿐만 아니라 위 제50조 제4항 본문 (현행 시행령 제94조 제1항)에 규정되어 있는 신고의무자 판정기준과는 별개의 병렬적인 신고의무자 판정기준에 해당하므로 위 괄호 규정 부분의 요건이 충족되는 경우에는 제50조 제4항 본문(현행 시행령 제94조 제1항) 부분의 요건이 충족되지 않아도 해당 내국법인은 완전자회사 명의의 해외금융계좌에 대해서 신고의무를 부담한다.[766]

마. 매월 말일 전체 해외금융계좌 잔액 합계액 5억 원 초과

신고 대상 연도 중 매월 말일의 종료시각 현재 보유하고 있는 모든 해외금융계좌의 잔액의 합계액이 5억 원을 초과하는 날이 하루라도 있으면 신고의무가 발생한다. 신고의무자의 매월 말일 보유계좌잔액은 신고의무자가 보유한 각 해외금융계좌의 자산에 대하여 동법 시행령 제93조에 정한 바에 따라 산정한 금액을 해당 표시통화의 환율(외국환거래법에 따른 일별 기준환율 또는 재정환율을 말한다)로 각각 환산한 후 합산하여 산출한다.

합산대상인 해외금융계좌에는 거래실적 등이 없는 계좌, 연도 중에 해지된 계좌 등 해당 연도 전체 기간 중에 보유한 모든 계좌를 포함한다. 다만, 아래의 각 항의 계좌는 제외한다.

① 「보험업법」에 따른 보험상품 및 이와 유사한 해외보험상품으로서 순보험료가 위험보험료만으로 구성되는 보험계약에 해당하는 금융계좌

② 「근로자퇴직급여 보장법」에 따른 퇴직연금제도 및 이와 유사한 해외퇴직연금제도에 따라 설정하는 퇴직연금계좌로서 다음의 요건을 모두 갖춘 계좌

㉮ 계좌가 해당 국가에서 다음의 어느 하나에 해당하는 세제 혜택 대상일 것

㉠ 계좌에 대한 납입금이 계좌 보유자의 총소득에서 공제 또는 제외되는 경우

---

765) 대법원 2020. 3. 12. 선고 2019도11381 판결.
766) 위의 판결.

ⓛ 계좌에 대한 납입금이 감면된 세율로 과세되는 경우(계좌에 대한 납입금의 전부 또는 일부가 종합소득산출세액에서 공제되는 경우를 포함한다)

ⓒ 계좌로부터 발생하는 투자소득에 대한 과세가 이연되거나 감면된 세율로 과세되는 경우

㉯ 계좌와 관련하여 해당 외국 과세당국에 매년 정보 보고가 이루어질 것

㉰ 특정 퇴직연령 도달, 장애 또는 사망과 같은 특정 사건이 발생하는 경우에만 인출이 허용되거나 특정 사건이 발생하기 전에 인출을 할 경우 불이익이 있을 것

㉱ 계좌에 대한 연간 납입금이 5천만 원 이내로 제한되거나 전체 납입금이 10억 원 이내로 제한될 것. 이 경우 해외퇴직연금제도에 따른 퇴직연금계좌가 여러 개인 경우에는 합계액을 기준으로 판단한다.

해외금융계좌에 보유하고 있는 자산별 산출방법은 다음과 같다. 피상속인 명의의 해외금융계좌를 여러 사람이 공동으로 상속받은 경우에는 계좌잔액 중 공동상속인 각자의 상속분에 해당하는 금액만큼만 환산하여 더한다(동법 시행령 제93조 제1항).

① 현금 : 해당하는 매월 말일의 종료시각 현재의 잔액

② 「자본시장과 금융투자업에 관한 법률」에 따른 증권시장 또는 이와 유사한 해외 증권시장에 상장된 주식과 그 주식을 기초로 발행한 예탁증서 : 해당하는 매월 말일의 종료시각 현재의 수량 × 해당하는 매월 말일의 최종 가격(해당하는 매월 말일이 거래일이 아닌 경우에는 그 직전 거래일의 최종 가격)

③ 「자본시장과 금융투자업에 관한 법률」에 따른 증권시장 또는 이와 유사한 해외 증권시장에 상장된 채권 : 해당하는 매월 말일의 종료시각 현재의 수량 × 해당하는 매월 말일의 최종 가격(해당하는 매월 말일이 거래일이 아닌 경우에는 그 직전 거래일의 최종 가격)

④ 「자본시장과 금융투자업에 관한 법률」에 따른 집합투자증권 및 이와 유사한 해외집합투자증권 : 해당하는 매월 말일의 종료시각 현재의 수량 × 해당하는 매월 말일의 기준가격(해당하는 매월 말일의 기준가격이 없는 경우에는 해당하는 매월 말일 현재의 환매가격 또는 해당하는 매월 말일 전 가장 가까운 날의 기준가격)

⑤ 「보험업법」에 따른 보험상품 및 이와 유사한 해외보험상품 : 해당하는 매월 말일의 종료시각 현재의 납입금액

⑥ 가상자산사업자등으로서 본점 또는 주사무소가 외국에 있는 국외 가상자산사업자등(사업의 실질적 관리장소가 국내에 있지 않는 경우만 해당한다)이 보관·관리하는 「특정 금융거래정보의 보고 및 이용 등에 관한 법률」 제2조 제3호의 가상자산 및 이와 유사

한 가상자산 : 해당하는 매월 말일의 종료시각 현재의 수량 × 해당하는 매월 말일의 최종 가격(해당하는 매월 말일이 거래일이 아닌 경우에는 그 직전 거래일의 최종 가격)

⑦ ①부터 ⑥까지에서 규정한 자산 외의 자산 : 해당하는 매월 말일의 종료시각 현재의 수량 × 해당하는 매월 말일의 시가(시가 산정이 곤란한 경우에는 취득가액)

바. 신고의무면제자

신고의무자 중 ① 신고대상연도 종료일 10년 전부터 국내에 주소나 거소를 둔 기간의 합계가 5년 이하인 외국인 거주자 및 재외동포의 출입국과 법적 지위에 관한 법률 제2조 제1호의 재외국민으로서 해당 신고대상 연도 종료일 1년 전부터 국내에 거소를 둔 기간의 합계가 183일 이하인 자, ② 국가, 지방자치단체 및 공공기관의 운영에 관한 법률에 따른 공공기관, ③ 금융회사 등, ④ 해외금융계좌 관련자 중 어느 하나가 자신의 해외금융계좌를 신고하면서 본인의 해외금융계좌정보를 함께 제출함에 따라 납세지 관할 세무서장이 본인이 보유한 모든 해외금융계좌정보를 확인할 수 있는 자, ⑤ 다른 법령에 따라 국가의 관리·감독이 가능한 기관으로서 자본시장과 금융투자업에 관한 법률에 따른 금융투자업관계기관, 집합투자기구, 집합투자기구평가회사 및 채권평가회사, 금융지주회사법에 따른 금융지주회사, 외국환거래법에 따른 외국환업무취급기관 및 외국환중개회사, 신용정보의 이용 및 보호에 관한 법률에 따른 신용정보회사 및 채권추심회사 등은 신고의무가 면제된다(국제조세조정에 관한 법률 제54조, 동법 시행령 제95조).

2. 신고의무위반 금액 50억 원 초과

신고의무자는 신고 대상 연도의 다음 연도 6월 1일부터 30일까지 보유자의 성명·주소 등 신원에 관한 정보, 계좌번호, 금융회사의 이름, 매월 말일의 보유계좌잔액의 최고금액 등 보유계좌에 관한 정보, 해외금융계좌 관련자에 관한 정보 등을 기재한 해외금융계좌 신고서를 납세지 관할 세무서장에게 제출하여야 한다. 그런데 신고의무가 있음에도 신고를 하지 않거나 과소신고한 경우, 그 미신고 금액이나 과소신고 금액, 즉 신고의무 위반금액이 50억 원을 초과한 경우 본죄가 성립한다.

3. 고의

본죄는 고의범이므로 신고 대상 연도의 매월 말일의 모든 보유계좌 잔액 합계액의 최고 금액이 50억 원을 초과한다는 사실 등에 대한 고의가 존재하여야 한다. 따라서 해외금융계좌 잔액 합산의 오류 등 단순 착오에 따라 신고하지 않았다고 인정할 만한 사유가 있는 경우에는 고의가 인정되지 않는다.

4. 정당한 사유의 부존재

정당한 사유란 신고의무 해태를 탓할 수 없는 사유로서, 그 의무의 이행을 당사자에게 기대하는 것이 무리라고 하는 사정이 있을 때에는 정당한 사유가 있다고 볼 수 있을 것이다.

 기수시기, 죄수

본죄는 신고기한의 경과로 기수가 성립한다. 신고의무자는 신고 대상 연도의 다음 해 6월 1일부터 30일까지 해외금융계좌 신고를 마쳐야 하므로 신고 대상 연도 다음 해 7월 1일이 본죄의 기수시기가 된다.

본죄는 신고 대상 연도별로 1죄가 성립하고, 각 신고 대상 연도별로 성립한 본죄 상호간은 실체적 경합범 관계에 있다.

 처벌

본죄를 범한 자는 2년 이하의 징역 또는 신고의무 위반금액의 100분의 13 이상 100분의 20 이하에 상당하는 벌금에 처한다. 정상에 따라 징역형과 벌금형을 병과할 수 있다. 본죄에 대한 규정이 조세범 처벌법으로 옮겨지기 전 규정인 구 국제조세조정에 관한 법률 제34조의2 제1항에서는 본죄를 범한 자를 2년 이하의 징역 또는 신고의무 위반금액의 100분의 20 이하에 상당하는 벌금에 처하도록 규정하고 있었다. 그런데 2019. 1. 1. 시행된 조세범 처벌법으로 위 처벌규정이 이동하여 신설되면서 법정형에 벌금형의 하한이 규정되었다.

신고의무위반행위에 대하여는 국제조세조정에 관한 법률 제62조에 근거하여 과태료가 부과된다. 그러나 신고의무위반행위가 본죄에 해당하여 조세범 처벌법 제16조 제1항에 따라 처벌되거나 조세범 처벌절차법 제15조 제1항에 따른 통고처분을 받고 그 통고대로 이행한 경우에는 과태료를 부과하지 아니한다(국제조세조정에 관한 법률 제62조 제4항). 통고처분은 2019년 신고분(2018년 보유분)부터 적용된다.

계좌신고의무자가 신고기한까지 해외금융계좌정보를 미신고·과소신고한 경우 미신고·과소신고한 금액별 양정기준은 아래와 같다(국제조세조정에 관한 법률 제102조 제1항).

| 금액별 과태료 산정 기준 |

미신고·과소신고한 금액	과태료
가. 미신고·과소신고한 금액이 20억 원 이하인 경우	
1) 미신고한 경우	미신고금액×10퍼센트
2) 과소신고한 경우	(신고한 금액−신고해야 할 금액)×10퍼센트
나. 미신고·과소신고한 금액이 50억 원 이하인 경우	
1) 미신고한 경우	2억 원+(미신고금액−20억 원)×15퍼센트
2) 과소신고한 경우	2억 원+(신고한 금액−신고해야 할 금액−20억 원)×15퍼센트
다. 미신고·과소신고한 금액이 50억 원 초과인 경우	
1) 미신고한 경우	[6억 5천만 원+(미신고금액−50억 원)×20퍼센트]와 20억 원 중 작은 금액
2) 과소신고한 경우	[6억 5천만 원+(신고한 금액−신고해야 할 금액−50억 원)×20퍼센트]와 20억 원 중 작은 금액

위와 같은 기준에 따라 산정된 과태료는 그 위반행위의 정도, 위반 횟수, 위반행위의 동기와 결과 등을 고려하여 그 금액의 50퍼센트 범위에서 줄이거나 늘릴 수 있다(국제조세조정에 관한 법률 제102조 제2항). 다만, 과태료를 늘리는 경우에는 국제조세조정에 관한 법률 제62조 제1항 및 제2항에 따른 과태료의 상한을 넘을 수 없다. 국세청 훈령인 '해외금융계좌 신고의무 불이행 등에 대한 과태료 양정 및 부과·징수 규정'에 의한 과태료 가중 및 감경 기준은 아래와 같다.

과태료 가중 및 감경 기준

유형	사유	내용	비율
가중[1]	상습적 위반[2] (위반횟수)	2차 위반	30%
		3차 이상 위반	50%
	고의적 위반 (위반정도, 결과)	해외금융계좌를 이용한 해외재산 불법반출·은닉 또는 조세탈루 사실이 확인되는 경우	30~50%
감경	조세회피의도 없는 단순 미신고 (위반동기, 결과)	세법에 따른 신고의무 이행 등으로 미신고 해외금융계좌의 보유내역이 확인되는 경우 * (예) 상속세 신고 시 상속재산 명세에 해외계좌가 포함된 경우 등	50%
		미신고 해외금융계좌에서 발생된 국외 소득을 관련 세법에 따라 신고한 것이 확인되는 경우 * 소득 신고가 확인된 계좌에 한하여 적용	
		그 밖에 외국환거래법에 따른 외환거래신고, 정상 회계처리(법인의 경우) 등으로 미신고 해외금융계좌를 이용한 조세회피 의도가 없음이 입증되는 경우	
	계좌정보가 일부 확인되는 경우 (위반결과)	공동명의자 등 관련인의 신고로 미신고 해외금융계좌의 일부가 확인되는 경우 * 확인되는 미신고 금액에 해당하는 과태료에 한하여 감경	50%
		이전 연도에 기 신고된 계좌로 계좌번호, 개설은행 등이 확인되는 경우	

* 1) 해외금융계좌를 수정신고나 기한 후 신고(단 과세당국의 과태료 부과를 미리 알고 신고한 경우는 제외)한 경우는 가중 제외
  2) 상습적 위반 가중은 위반행위 적발 횟수 기준으로 1회 적발 시 여러 연도 과태료가 부과되더라도 1회 적발로 봄.

과세당국은 해외금융계좌 신고의무 불이행 등에 따른 과태료 부과 대상자가 「외국환거래법」 제20조에 따라 해외에서 거래한 예금의 잔액현황보고서를 제출한 경우 국제조세조정에 관한 법률 제102조 제1항에 따른 과태료의 50퍼센트 범위에서 그 금액을 줄여 부과할 수 있다(국제조세조정에 관한 법률 시행령 제102조 제3항).

국제조세조정에 관한 법률 제102조 제1항부터 제3항까지의 규정에 따라 산정된 과태료는 계좌신고의무자가 신고기한이 지난 후 수정신고를 하거나 기한 후 신고를 한 경우 그 기간에 따라 최저 30%에서 최고 90%까지 과태료를 감경할 수 있다. 다만, 계좌신고의무자가 과세당국의 과태료 부과를 미리 알고 신고한 경우는 제외한다(국제조세조정에 관한 법률 시행령 제102조 제4항).

천재지변, 화재·재난, 도난 등 불가항력적 사유로 증명서류 등이 없어져 소명이 불가능

한 경우나 해외금융계좌 소재 국가의 사정 등으로 신고의무자가 신고의무 위반금액의 출처에 대하여 소명하는 것이 불가능한 경우에는 과태료를 부과하지 아니한다(국제조세조정에 관한 법률 제62조 제2항 단서, 동법 시행령 제102조 제5항).

국제조세조정에 관한 법률 제102조 제1항에 따른 과태료를 부과할 때 해외금융계좌 잔액 합산의 오류 등 단순 착오에 따라 신고하지 않았다고 인정할 만한 사유가 있는 경우에는 과태료를 부과하지 않을 수 있다(국제조세조정에 관한 법률 시행령 제102조 제6항).

국제조세조정에 관한 법률 제102조 제1항에 따른 과태료를 부과할 때 신고하지 않거나 과소 신고한 계좌가 추가로 확인되는 경우 추가로 부과하는 과태료는 신고하지 않거나 과소 신고한 전체 금액을 기준으로 부과할 과태료에서 이미 부과한 과태료를 뺀 금액으로 한다(국제조세조정에 관한 법률 시행령 제102조 제7항).

해외금융계좌 신고의무자가 미(과소)신고한 금액이 50억 원을 초과하는 경우에는 국세정보공개심의위원회의 심의를 거쳐 성명·나이·직업·주소·위반금액 등 인적 사항을 공개할 수 있다(국세기본법 제85조의5). 다만, 국제조세조정에 관한 법률에 따라 수정신고 및 기한 후 신고를 한 경우 등 일정한 사유가 있으면 명단공개 대상에서 제외된다(국세기본법 시행령 제66조 제1항 제4호).

해외금융계좌정보의 비밀유지의무 위반범죄

조세범 처벌법

제15조(해외금융계좌정보의 비밀유지 의무 등의 위반) ① 「국제조세조정에 관한 법률」 제 38조 제2항부터 제4항까지 및 제57조를 위반한 사람은 5년 이하의 징역 또는 3천만 원 이하의 벌금에 처한다.
② 제1항의 죄를 범한 자에 대해서는 정상(情狀)에 따라 징역형과 벌금형을 병과할 수 있다.

국제조세조정에 관한 법률

제57조(해외금융계좌정보의 비밀유지) ① 세무공무원은 해외금융계좌정보를 타인에게 제 공 또는 누설하거나 목적 외의 용도로 사용해서는 아니 된다. 다만, 「국세기본법」 제81 조의13 제1항 각 호의 어느 하나에 해당하는 경우에는 그 사용 목적에 맞는 범위에서 해외금융계좌정보를 제공할 수 있다.
② 제1항에 따라 해외금융계좌정보를 알게 된 자는 이를 타인에게 제공 또는 누설하거 나 그 목적 외의 용도로 사용해서는 아니 된다.

Ⅰ 의의

본죄는 세무공무원으로서 법적 근거 없이 해외금융계좌정보를 타인에게 제공 또는 누설 하거나 목적 외의 용도로 사용한 자와 국제조세조정에 관한 법률 제57조 제1항 단서에 따 라 알게 된 해외금융계좌정보를 타인에게 제공 또는 누설하거나 그 목적 외의 용도로 사용 한 자에 대하여 성립한다(조세범 처벌법 제15조 제1항, 국제조세조정에 관한 법률 제57조).

Ⅱ 구성요건

세무공무원은 국제조세조정에 관한 법률 제52조 제3호 소정의 해외금융계좌정보를 타인 에게 제공 또는 누설하거나 목적 외의 용도로 사용하여서는 아니 된다. 다만, 예외적으로 과세정보를 제공할 수 있는 사유를 규정하고 있는 국세기본법 제81조의13 제1항 각 호에 해당하는 경우에는 그 사용목적에 맞는 범위에서 해외금융계좌정보를 제공할 수 있다. 그리고 국제조세조정에 관한 법률 제57조 제1항 단서에 따라 해외금융계좌정보를 알게 된 사람은 이를 타인에게 제공 또는 누설하거나 그 목적 외의 용도로 사용하여서는 아니 된다(국제조세조정에 관한 법률 제57조 제1항, 제2항).

그럼에도 불구하고 세무공무원이 해외금융계좌정보를 타인에게 제공 또는 누설하거나 목적 외의 용도로 사용한 경우와 국제조세조정에 관한 법률 제57조 제1항 단서에 따라 해외금융계좌정보를 알게 된 사람이 이를 타인에게 제공 또는 누설하거나 그 목적 외의 용도로 사용한 경우에 본죄가 성립한다. 본죄에는 양벌규정이 적용되지 않는다.[767]

국세기본법 제81조의13 제1항 각호에 따라서 세무공무원으로부터 해외금융계좌정보를 포함한 과세정보를 제공받은 사람 중 공무원이 아닌 사람은 형법이나 그 밖의 법률에 따른 벌칙을 적용할 때에는 공무원으로 본다(국세기본법 제81조의13 제5항).

---

[767] 조세범 처벌법 제18조는 국제조세조정에 관한 법률 제57조 위반의 경우에는 양벌규정을 적용하지 않도록 규정하고 있다.

제 15 장

조세 관련 금융정보의 불법제공, 누설 등 범죄

조세범 처벌법

제15조(해외금융계좌정보의 비밀유지의무 등의 위반) ① 「국제조세조정에 관한 법률」 제38조 제2항부터 제4항까지 및 제57조를 위반한 사람은 5년 이하의 징역 또는 3천만 원 이하의 벌금에 처한다.

② 제1항의 죄를 범한 자에 대해서는 정상(情狀)에 따라 징역형과 벌금형을 병과할 수 있다.

국제조세조정에 관한 법률

제38조(비밀유지의무 등) (생략)

② 금융회사등에 종사하는 사람은 제36조 제3항·제4항 및 제6항을 위반하여 금융정보의 제공을 요구받으면 그 요구를 거부하여야 한다.

③ 제36조 제3항·제4항·제6항 및 제7항에 따라 금융정보를 알게 된 사람은 그 금융정보를 체약상대국의 권한 있는 당국 외의 자에게 제공 또는 누설하거나 그 목적 외의 용도로 이용해서는 아니 되며, 누구든지 금융정보를 알게 된 사람에게 그 금융정보의 제공을 요구해서는 아니 된다.

④ 제3항과 제36조 제3항, 제4항 및 제6항을 위반하여 제공되거나 누설된 금융정보를 취득한 사람은 그 위반 사실을 알게 된 경우 그 금융정보를 타인에게 제공하거나 누설해서는 아니 된다.

제36조(조세정보 및 금융정보의 교환) (생략)

③ 우리나라의 권한 있는 당국은 체약상대국의 권한 있는 당국이 조세조약에 따라 거주자·내국법인 또는 비거주자·외국법인의 금융정보(「금융실명거래 및 비밀보장에 관한 법률」 제2조 제3호에 따른 금융거래의 내용에 대한 정보 또는 자료를 말한다. 이하 이 조에서 같다)를 요청하는 경우 「금융실명거래 및 비밀보장에 관한 법률」 제4조에도 불구하고 다음 각 호의 어느 하나에 해당하는 금융정보의 제공을 금융회사등(같은 법 제2조 제1호에 따른 금융회사등을 말한다. 이하 같다)의 특정 점포에 요구할 수 있다. 이 경우 그 금융회사등에 종사하는 사람은 요구받은 금융정보를 제공하여야 한다.

1. 조세에 관한 법률에 따라 제출의무가 있는 과세자료에 해당하는 금융정보

2. 상속·증여재산의 확인에 필요한 금융정보

3. 체약상대국의 권한 있는 당국이 조세 탈루 혐의를 인정할 만한 명백한 자료를 확인하기 위하여 필요한 금융정보

4. 체약상대국 체납자의 재산조회에 필요한 금융정보

5. 체약상대국의 권한 있는 당국이「국세징수법」제9조 제1항 각 호의 어느 하나에 해당하는 사유로 필요한 금융정보

④ 우리나라의 권한 있는 당국은 제3항에 따라 체약상대국의 권한 있는 당국이 요청하는 정보가 다음 각 호에 해당하는 경우에는 그 금융정보의 제공을 금융회사등의 장에게 요구할 수 있다. 이 경우 그 금융회사등에 종사하는 사람은 요구받은 금융정보를 제공하여야 한다.

1. 특정 금융거래와 관련된 명의인의 인적사항을 특정할 수 없는 집단과 관련된 정보인 경우

2.「상속세 및 증여세법」제83조 제1항에 따른 금융재산 일괄조회에 해당하는 정보인 경우

⑤ 제3항 및 제4항에도 불구하고 우리나라의 권한 있는 당국은 상호주의 원칙에 따라 체약상대국에 금융정보를 제공하는 것을 제한할 수 있다.

⑥ 우리나라의 권한 있는 당국은 조세조약에 따라 체약상대국과 상호주의에 따른 정기적인 금융정보의 교환을 위하여 필요한 경우「금융실명거래 및 비밀보장에 관한 법률」제4조에도 불구하고 체약상대국의 조세 부과 및 징수와 납세의 관리에 필요한 거주자·내국법인 또는 비거주자·외국법인의 금융정보의 제공을 금융회사등의 장에게 요구할 수 있다. 이 경우 그 금융회사등에 종사하는 사람은 대통령령으로 정하는 바에 따라 이를 제공하여야 한다.

⑦ 금융회사등은 국가 간 금융정보의 교환을 지원하기 위하여 제6항에 따른 요구가 없는 경우에도 그 사용 목적에 필요한 최소한의 범위에서 해당 금융회사등의 금융거래 상대방(조세조약에 따른 체약상대국이 아닌 다른 국가의 금융거래 상대방을 포함한다. 이하 같다)에 대한 납세자번호(개별 국가에서 납세자 식별을 위하여 부여된 고유번호를 말한다)를 포함한 인적사항 등을 미리 확인·보유할 수 있다.

(생략)

제1절 의의

조세조약에 따른 국가 간 거주자 등에 대한 금융정보 요구·제공 또는 정기적인 금융정보의 교환과 관련하여 국제조세조정에 관한 법률 제38조 제2항 내지 제4항에 의해 요구되

는 의무를 위반한 경우에 본죄가 성립한다. 조세조약에 따른 국가 간 거주자 등에 대한 금융정보의 요구·제공 또는 정기적인 금융정보의 교환제도는 역외탈세와 국외재산은닉을 방지하기 위한 목적으로 이루어진다.

제2 절 **구성요건**

 국가 간 금융정보의 요구·제공 또는 금융정보 교환 관련 의무

권한 있는 당국은 체약상대국의 권한 있는 당국[768]이 조세조약에 따라 거주자·내국법인 또는 비거주자·외국법인의 금융정보를 요청하는 경우 금융실명거래 및 비밀보장에 관한 법률상의 금융거래의 비밀보장에 관한 규정에도 불구하고 ① 조세에 관한 법률에 따라 제출의무가 있는 과세자료에 해당하는 금융정보, ② 상속·증여재산의 확인에 필요한 금융정보, ③ 체약상대국의 권한 있는 당국이 조세탈루 혐의를 인정할 만한 명백한 자료를 확인하기 위하여 필요한 금융정보, ④ 체약상대국 체납자의 재산조회에 필요한 금융정보, ⑤ 체약상대국의 권한 있는 당국이 「국세징수법」 제9조 제1항 각 호의 어느 하나에 해당하는 사유로 필요한 금융정보 등을 금융회사등의 특정 점포 등에 대하여 요구할 수 있다. 이 경우 그 금융회사등에 종사하는 사람은 요구받은 금융정보를 제공하여야 한다(국제조세조정에 관한 법률 제36조 제3항).

우리나라의 권한 있는 당국은 국제조세조정에 관한 법률 제36조 제3항에 따라 체약상대국의 권한 있는 당국이 요청하는 정보가 ① 특정 금융거래와 관련된 명의인의 인적사항을 특정할 수 없는 집단과 관련된 정보인 경우, ② 「상속세 및 증여세법」 제83조 제1항에 따른 금융재산 일괄조회에 해당하는 정보인 경우에는 그 금융정보의 제공을 금융회사등의 장에게 요구할 수 있다. 이 경우 그 금융회사등에 종사하는 사람은 요구받은 금융정보를 제공하여야 한다(동법 제36조 제4항).

또한 권한 있는 당국은 조세조약에 따라 체약상대국과 상호주의에 따른 정기적인 금융정보의 교환을 위하여 필요한 경우 금융실명거래 및 비밀보장에 관한 법률상의 금융거래의 비밀보장에 관한 규정에도 불구하고 체약상대국의 조세 부과 및 징수와 납세의 관리에 필

---

768) 국제조세조정에 관한 법률 제2조 제1항 제9호는 "권한 있는 당국"을 우리나라의 경우 기획재정부장관 또는 그의 권한을 위임받은 자로, 체약상대국의 경우 조세조약에서 권한 있는 당국으로 지정된 자로 정하고 있다.

요한 거주자·내국법인 또는 비거주자·외국법인의 금융거래 내용 등 금융정보의 제공을 금융회사등의 장에게 요구할 수 있다. 이 경우 그 금융회사등에 종사하는 사람은 대통령령으로 정하는 바에 따라 이를 제공하여야 한다(동법 제36조 제6항).

금융회사등은 국가 간 금융정보의 교환을 지원하기 위하여 동법 제36조 제6항에 따른 요구가 없는 경우에도 그 사용 목적에 필요한 최소한의 범위에서 해당 금융회사등의 금융거래 상대방(조세조약에 따른 체약상대국이 아닌 다른 국가의 금융거래 상대방을 포함한다. 이하 같다)에 대한 납세자번호(개별 국가에서 납세자 식별을 위하여 부여된 고유번호를 말한다)를 포함한 인적사항 등을 미리 확인·보유할 수 있다(동법 제36조 제7항).

Ⅱ 국가 간 금융정보의 요구·제공 또는 금융정보 교환 관련 의무위반

금융회사등에 종사하는 사람은 위 국제조세조정에 관한 법률 제36조 제3항, 제4항 및 제6항의 요건에 위반하여 금융정보의 제공을 요구받으면 그 요구를 거부하여야 한다(동법 제38조 제2항). 동법 제36조 제3항·제4항·제6항 및 제7항에 따라 금융정보를 알게 된 사람은 그 금융정보를 체약상대국의 권한 있는 당국 외의 자에게 제공 또는 누설하거나 그 목적 외의 용도로 이용해서는 아니 되며, 누구든지 금융정보를 알게 된 사람에게 그 금융정보의 제공을 요구해서는 아니 된다(동법 제38조 제3항). 동법 제38조 제3항과 제36조 제3항, 제4항 및 제6항을 위반하여 제공되거나 누설된 금융정보를 취득한 사람은 그 위반 사실을 알게 된 경우 그 금융정보를 타인에게 제공하거나 누설해서는 아니 된다(동법 제38조 제4항).

위와 같은 금지의무, 즉 국제조세조정에 관한 법률 제38조 제2항부터 제4항까지의 금지규정을 위반할 경우 본죄가 성립한다. 본죄는 고의범이므로 과실에 의한 행위는 처벌되지 않는다. 본죄를 범한 자에 대해서는 정상(情狀)에 따라 징역형과 벌금형을 병과할 수 있다.

참고문헌

[국내 단행본]

고성춘, 『조세형사법』, 삼일인포마인, 2013.

김성돈, 『형법총론』, 박영사, 2024.

김완석 외 3, 『주석 국세기본법』, 삼일인포마인, 2023.

김완석·정지선, 『소득세법론』, 삼일인포마인, 2024.

김태희, 『조세범 처벌법』, 박영사, 2020.

나성길·신민호·정지선, 『부가가치세법론』, 삼일인포마인, 2019.

안대희, 『조세형사법』, ㈜도서출판 평안, 2015.

오윤, 『세법원론』, 한국학술정보, 2020.

이재상·장영민·강동범, 『형법총론』, 박영사, 2024.

이준봉, 『조세법총론』, 삼일인포마인, 2024.

이창희, 『세법강의』, 박영사, 2024.

이태로·한만수, 『조세법강의』, 박영사, 2023.

임승순, 『조세법』, 박영사, 2024.

임웅, 『형법총론』, 법문사, 2024.

[국내 논문]

김두형, "조세법에 있어서 경제적 관찰방법의 의의와 본질", 『조세연구』 1집, 세경사, 1996.

김종민, "조세포탈범의 형사처벌과 관련한 제문제", 『사법논집』 제45집, 2007.

류석준, "조세범 처벌법 제9조 제1항의 처벌대상 행위와 가벌성의 범위", 『비교형사법연구』 제10권 제2호, 비교형사법학회, 2008.

민한홍, "조세범칙사건의 처리 일고", 『월간 조세』, 1993.

박훈, "과세요건이 사실행위인 경우 조세법상 실질과세원칙의 적용문제", 『한양법학』 28(2), 한양법학회, 2017.

서경환, "기망행위에 의한 조세포탈과 사기죄의 성립 여부", 『대법원판례해설』, 법원도서관, 2008.

안경봉, "세법에 있어서 형식과 실질", 『성곡논총』 제35집 상권, 성곡학술문화재단, 2004.

안창남·양수영, "세금계산서에 따른 조세범죄에 관한 연구", 『조세법연구』 22(2), 한국세법학회, 2016.

윤지현, "실질과세의 원칙과 가장행위에 관한 고찰 -판례를 중심으로-", 『중앙법학』 제9집 제2호, 중앙법학회, 2007.

이재호·이경호, "조세범 처벌법상 '사기나 그 밖의 부정한 행위'의 해석기준에 관한 소고", 『조세와 법』 제6권 제2호, 서울시립대학교 법학연구소, 2103.

이재희, "조세회피행위의 규제와 조세법률주의", 『저스티스』 통권 제115호, 한국법학원, 2010.

이준봉, "조세포탈죄의 고의에 관한 연구", 『조세법연구』 25(3), 한국세법학회, 2019.

이중교, "소득세법상 권리확정주의의 위상에 대한 재정립", 『저스티스』 제142호, 한국법학원, 2014.

이중교, "취득세와 등록세의 회피에 관한 연구 : '스타타워 사건'을 중심으로", 『법조』 57권 제9호(통권 제624호), 법조협회, 2008.

이진석, "위법소득과 몰수·추징", 『대법원판례해설』 제106호, 법원도서관, 2016.

이창희, "조세조약과 실질과세", 『사법』 25호, 사법발전재단, 2013.

조윤희·곽태훈, "특정범죄 가중처벌 등에 관한 법률 제8조의2 범죄 구성요건에 관한 비판적 고찰", 『조세법연구』 23(3), 한국세법학회, 2017.

조현욱, "조세범 처벌법상 사기나 그 밖의 부정한 행위의 의미", 『홍익법학』 제16권 제3호, 홍익대학교 법학연구소, 2015.

최형기, "판례를 중심으로 한 조세포탈범의 성립요건과 문제점", 『재판자료』 제50집, 1990.

차규현, "체납처분면탈죄의 성립과 납세의무 확정 요부", 『조세와 법』 제8권 제2호, 서울시립대학교 법학연구소, 2015.

황남석, "실질과세원칙의 적용과 관련된 최근 판례의 동향 및 쟁점", 『조세법연구』 23(1), 한국세법학회, 2017.

[일본 단행본]

金子 宏, 『租稅法』, 弘文堂, 2019.

酒井克彦, 『租稅法』, 財経詳報社, 2015.

安達敏男, 『直接國稅ほ脱事件の總合的 檢討(1)』, 日本 司法研修所論集 91, 1994.

左藤英明, 『脱稅と制裁(增補版)』, 弘文堂, 2018.

國稅通則法(基礎編), 稅務大學校, 2020.

[일본 논문]

長坂光弘, "國稅徵收法上の罰則規定についての一考察", 『稅務大學校 論叢』第23号, 稅務大學校, 1993.

中井隆司, "滯納處分妨害罪に關する一考察", 『稅大ジヤーナル』7, 稅務大學校, 2008.
小田原 卓也, "近年の租稅罰則見直しと租稅ほ脫犯の實行行爲に關する一考察", 『稅大ジヤーナル』, 2013.

[미국 단행본 및 논문]

Townsend, Compagna, Johnson & Schumacher., Tax Crimes, California Academic Press, 2015.

Nicholas A. Mirkay III, "The supreme court's decision in Cheek : Does it encourage willful tax evasion?", Missouri Law Review, Vol.56. No. 4., 1991.

Mark C. Winings, "Ignorance is bliss, especially for the tax evader", Criminal Law and Criminology, Vol. 84. No. 3., 1993.

김종근

[학력]
- 서울대학교 법과대학 졸업
- University of California, Los Angeles School of Law Visiting Scholar
- 서울시립대학교 세무전문대학원 석사과정 졸업(세무학석사)
- 서울시립대학교 세무전문대학원 박사과정 졸업(세무학박사)

[경력]
- 사법연수원 교수
- 검찰 조세전문검사커뮤니티 운영팀장
- 공인전문검사(조세)
- 사법연수원 수료(제29기)
- 서울중앙지방검찰청 검사
- 대구지방검찰청 검사(특수부)
- 한국방송통신위원회 법률자문관(파견)
- 서울중앙지방검찰청 부부장 검사(형사, 경제, 조세)
- 서울중앙지방검찰청 공판부장검사
- 서울중앙지방검찰청 형사제9부 부장검사(형사, 조세, 사행)
- 대검찰청 감찰1과장
- 인천지방검찰청 제2차장검사(특수, 공안, 노동, 마약, 관세 전담)
- 창원지방검찰청 차장검사
- (전) 국세청 본청 국세심사위원
- (전) 중부지방국세청 조세범칙조사심의위원
- (전) 인천본부세관 관세심사위원
- 중부지방국세청 조세법률고문
- 금융감독원 금융분쟁조정위원
- 전자통관국제협력재단 이사
- 한국세무사회 법률자문변호사
- 법무부 교정정책자문위원
- (현) 법무법인 율우 변호사

[논문]
- 공익법인에 대한 주식출연 관련 증여세 과세문제 - 구원장학재단의 사례를 중심으로 - (공저)
- 실질과세원칙의 기능과 적용범위(석사학위논문)
- 세법상 배당소득의 범위에 관한 연구(박사학위논문)
- 배당소득 요건의 정립에 따른 배당소득 과세제도 개선방안
- 위법소득에 관한 조세포탈의 처벌을 둘러싼 쟁점 고찰

제3판　　**조세형사법**

2021년 1월 14일 초판 발행
2025년 2월 28일 3판 발행

저　자　김　종　근
발행인　이　희　태
발행처　**삼일피더블유씨솔루션**

서울특별시 용산구 한강대로 273 용산빌딩 4층

등록번호 : 1995. 6. 26. 제3 - 633호

전　　화 : (02) 3489 - 3100

F　A　X : (02) 3489 - 3141

I S B N : 979 - 11 - 6784 - 346 - 3　93360

저자협의
인지생략